# A
# META

Título original: *The Goal: A Process of Ongoing Improvement*

Originalmente publicado por North River Press, EUA

1ª edição: Junho 2024

© 1984, 1986, 1992, 2004 Eliyahu M. Goldratt.
Edição comemorativa 40 anos © 2024 Goldratt1 Ltd.
Todos os direitos reservados a Goldratt1 Ltd.

Direitos reservados desta edição: Goldratt1 Ltd.

O conteúdo desta obra é de total responsabilidade do autor
e não reflete necessariamente a opinião da editora.

**Autores:**
Eliyahu M. Goldratt
Jeff Cox

**Tradução:**
Thomas Corbett

**Revisão:**
Gabriel Silva
Iracy Borges

**Composição:**
Julio Portellada

**Capa:**
Rafael Brum

**DADOS INTERNACIONAIS DE CATALOGAÇÃO NA PUBLICAÇÃO (CIP)**

Goldratt, Eliyahu M.
  A meta : um processo de melhoria contínua / Eliyahu M. Goldratt, Jeff Cox ; tradução de Thomas Corbett. — Porto Alegre : Citadel, 2024.
  384 p.

ISBN 978-65-5047-461-4
Título original: The goal

1. Ficção israelense 2. Negócios 3. Administração I. Título II. Cox, Jeff III. Corbett, Thomas

24-2864                                               CDD 893.4

Angélica Ilacqua - Bibliotecária - CRB-8/7057

**Produção editorial e distribuição:**

contato@citadel.com.br
www.citadeleditora.com.br

Para obter mais informações sobre as ideias apresentadas neste livro, acesse Goldrattgroup.com

# ELIYAHU M. GOLDRATT & JEFF COX

# A META

**UM PROCESSO DE MELHORIA CONTÍNUA**
EDIÇÃO COMEMORATIVA DE 40 ANOS

*Tradução*
THOMAS CORBETT

2024

# INTRODUÇÃO

No início dos anos 1980, o Dr. Eliyahu Goldratt, físico jovem e ambicioso, estava envolvido com desenvolvimento e venda de TPO (tecnologia de produção otimizada), um software de administração de última ponta projetado para aumentar a produção. Eram os primórdios da indústria do software, e, com número cada vez maior de consumidores e empregados, sua empresa, a Creative Output, crescia rápido. Seus dois parceiros ficavam a cargo dos aspectos técnicos de programação, enquanto ele era o rosto da empresa, lidava com as vendas e com o atendimento ao cliente. Para tirar o máximo proveito do software, ele percebeu que seria preciso fazer alguns ajustes em como o chão de fábrica era manejado. Ele desenvolveu novas diretrizes para a fase de integração e tentou convencer os gestores de produção a usá-las. Algo inesperado logo ficou evidente: as empresas que usavam o software, mas não seguiam as recomendações dele, não melhoravam nem um pouco, enquanto as empresas que implementavam as diretrizes obtinham resultados muito melhores, mesmo se não usassem o software. Isso foi uma verdadeira revelação. Ele tinha em mãos algo básico, porém poderoso: princípios de administração que, embora fossem senso comum, não costumavam ser usados.

Goldratt decidiu, então, incorporar suas ideias num livro. Ele não estava interessado em escrever mais um manual monótono, mas um livro de negócios que as pessoas iam gostar de ler. Em suas palavras, "um livro que os gestores recomendarão com entusiasmo para os colegas e para os familiares". O fato de que não se viam livros como esses na época não o incomodava. Para compensar a falta de experiência em escrever, ele recrutou um coautor e pôs mãos à obra. Uma vez concluído o manuscrito, Goldratt o enviou para diversas editoras grandes. Ele achava que elas reconheceriam o potencial do livro e esperava uma recepção calorosa, porém,

A META

ao contrário, todas rejeitaram o manuscrito. Um dos editores se deu o trabalho de explicar o motivo, dizendo, numa carta: "Caro Dr. Goldratt, se quiser publicar um livro sobre administração, provavelmente publicaremos. Se quiser publicar um romance, podemos considerá-lo. Mas um livro sobre administração que é um romance? Nem sabemos em que prateleira colocar um desses". Desistir não era uma opção. Goldratt continuou procurando uma editora. Após ser rejeitado umas dez vezes, ele foi apresentado a Laurence Gadd, dono da North River Publishing Corporation, e *A meta* foi publicado em 1984.

Fiel à dedicação em ajudar pessoas e empresas a prosperar, Goldratt queria mudar a direção de sua empresa, do desenvolvimento de software para a consultoria, e usar *A meta* como ferramenta principal de divulgação. Os sócios não queriam ter parte nisso e, como resultado, votaram para removê-lo da empresa. Goldratt abriu sua própria firma de consultoria e continuou a desenvolver suas metodologias de gestão e a expandir a aplicação destas, da produção para a gestão de projetos, logística, marketing e até habilidades de gestão. Essas metodologias foram aplicadas com sucesso em todas as áreas: indústria, saúde, educação, agências governamentais e muito mais. Ao longo dos anos, ele ganhou a reputação de guru da indústria. Ele estava reformulando o pensamento de gestão, e *A meta* passou a ser conhecido como a introdução de sua Teoria das Restrições (TOC, em inglês). Traduzido para quarenta idiomas, *A meta* já foi lido por milhões de pessoas e ganhou espaço de destaque na academia, ensinado em faculdades de administração e MBAs em todo o mundo.

O que faz de *A meta* um livro tão interessante não é somente o estilo único de escrita, mas os insights profundos que podem ser aplicados não somente a todo tipo de operação de negócios, mas também à vida pessoal e à educação. Com o passar dos anos, as empresas vêm enfrentando cada vez mais desafios para reduzir custos e aumentar a produção. Os gestores investem tempo e dinheiro para implementar melhorias sempre que veem potencial para aumentar a eficiência, mas em geral os resultados obtidos são limitados. Para aumentar o desempenho geral, os gestores precisam concentrar seus esforços. Segundo Goldratt, esse foco começa com o que *não* fazer. As empresas deveriam parar de desperdiçar a atenção dos gestores e, em vez disso, focar as restrições do sistema. Os componentes da operação não são todos iguais, e somente as restrições precisam ser utilizadas totalmente. Essa abordagem de gestão foi implementada em milhares de operações e levou a bilhões de dólares em lucros. É por isso que, embora tenha sido publicado quarenta anos atrás, *A meta* é não somente um clássico, mas também um dos livros de administração mais relevantes da atualidade.

Produção e projetos são vistos, em geral, como áreas separadas, mas, na verdade, muitas operações não são somente produção ou somente projetos, pois contêm elementos de ambos. Para aumentar a produção, é mais fácil começar com o foco nas restrições, mas é difícil fazer isso em áreas que são, por natureza, mais voltadas para projetos. Goldratt foi reparando, aos poucos, que a chave de todos os tipos de operação é o fluxo. Em 2008, ele escreveu o influente artigo "Sobre os ombros de gigantes", no qual conta a história do fluxo de gestão na produção e explica os quatro conceitos de fluxo em qualquer operação. Esse artigo foi publicado pela primeira vez no *Diamond Weekly*, grande jornal de negócios do Japão, e, mais tarde, acrescentado como apêndice em *A meta*. Ao longo dos anos, Goldratt publicou mais dez livros. Seu próximo livro seria sobre fluxo de gestão; um livro que daria os contornos da abordagem da Teoria das Restrições para ambientes multiprojeto e serviria como suplemento para *A meta*, para produção. Infelizmente, ele não conseguiu terminá-lo. Goldratt faleceu em 2011.

Como filha do Dr. Goldratt, eu não era apenas espectadora, mas parte de seu círculo íntimo; tanto o ajudava na escrita quanto ensinava os processos de raciocínio da Teoria das Restrições. Antes de o meu pai falecer, colaboramos na escrita de seu livro de filosofia de vida *A escolha*. Escrevi *Goldratt: as regras do fluxo*, o livro que meu pai pretendia escrever em seguida, para ele. Pudemos publicá-lo em tempo para o 40º aniversário de *A meta*.

Dra. Efrat Goldratt-Ashlag

# — 1 —

Nesta manhã, ao atravessar o portão às 7h30, vejo do outro lado do estacionamento a Mercedes carmim. Está parada ao lado da fábrica, perto dos escritórios, e na *minha* vaga. Quem mais faria isso a não ser Bill Peach? Não importa que o estacionamento esteja quase todo vazio. Não importa que existam vagas marcadas "Visitantes". Não, Bill tem de parar na minha vaga, ele gosta de fazer afirmações sutis. Tudo bem, ele é o vice-presidente da divisão e eu sou apenas um mero gerente de fábrica. Imagino que ele possa parar a porcaria da Mercedes dele onde bem entenda.

Paro o meu Buick ao lado da sua Mercedes (na vaga designada ao *controller*). Quando olho a placa do carro e vejo escrito "NÚMERO 1", tenho certeza de que é mesmo o carro de Bill. Como todos sabem, isto é bem o que ele quer: ser presidente da empresa. Mas isso eu também quero. Pena que talvez eu nunca venha a ter essa oportunidade.

De qualquer forma, ando em direção à porta do escritório. A adrenalina a toda. Estou imaginando por que diabos Bill está aqui. Já perdi as esperanças de fazer algum trabalho hoje de manhã. Geralmente chego cedo para fazer tudo o que não tenho tempo de fazer durante o dia. Realmente consigo fazer muita coisa antes de o telefone tocar e as reuniões começarem, antes de os incêndios começarem. Mas não hoje.

– Sr. Rogo! – ouço alguém chamar.

Paro e vejo quatro pessoas saindo de uma porta ao lado da fábrica. Vejo Dempsey, supervisor do turno; Martinez, representante do sindicato; um dos horistas e um supervisor do centro de usinagem chamado Ray. Estão todos falando ao mesmo tempo. Dempsey está me dizendo que temos um problema. Martinez está gritando que haverá uma paralisação. O horista está falando algo sobre estar sendo perseguido. Ray está dizendo que não podemos acabar algo porque não temos todas as peças. De repente estou no meio dessa confusão. Fico olhando para eles, eles para mim, e ainda nem tomei um cafezinho.

Quando finalmente consigo acalmar todos para que me contem o que está acontecendo, percebo que o sr. Peach chegou há mais ou menos uma hora, entrou na fábrica e mandou que lhe mostrassem o status do pedido número 41.427.

# A META

Por azar, ninguém sabia nada sobre o pedido 41.427. Então Peach fez com que todos se mexessem e descobrissem o que estava acontecendo. Descobrem que era um pedido relativamente grande e também atrasado. Grande novidade. Tudo nessa fábrica está atrasado. Baseado na minha experiência diria que essa fábrica tem quatro níveis de prioridade: Quente... Muito Quente... Incandescente... e Faça AGORA! Simplesmente não conseguimos ficar à frente de nada.

Logo que descobre que o 41.427 não está nem perto de ser expedido, Peach começa a brincar de agilizador. Correndo por todos os lados, berrando ordens ao Dempsey. Finalmente descobrem que quase todas as peças estão prontas e esperando – uma pilha delas. Porém, elas não podem ser montadas. Está faltando uma peça de alguma submontagem, que ainda precisa ser processada em alguma outra operação. Se os caras não tiverem essa peça, não poderão fazer a montagem e, se não fizerem a montagem, eles naturalmente não vão entregar o pedido.

Descobrem que as peças que estão faltando se encontram paradas ao lado de umas das máquinas de controle numérico, onde esperam a sua vez de serem processadas. Entretanto, quando chegam a esse departamento, percebem que os operadores *não* estão preparando a máquina para processar as peças em questão, estão preparando a máquina para algum outro trabalho rotulado de "Faça AGORA!", que alguém impôs a eles.

Peach não dá a mínima sobre o outro trabalho urgente, pois só se importa em expedir o 41.427. Por isso, diz ao Dempsey que mande o seu supervisor, Ray, instruir o seu operador para esquecer o outro pedido ultraurgente e se preparar para começar a processar a peça que falta para o 41.427. Com isso, o operador olha para Ray, Dempsey e Peach, joga sua chave inglesa no chão e diz que eles estão todos loucos. Ele e seu auxiliar acabaram de levar uma hora e meia para preparar a máquina para a outra peça de que todos necessitavam desesperadamente e agora eles querem deixar essa peça de lado e querem preparar a máquina para outra peça? Aos diabos com tudo isso! Então Peach, sempre diplomata, passa por cima de Dempsey e do supervisor e diz ao operador que, se não fizer o que ele está mandando, será demitido. Mais algumas coisas são ditas. O operador ameaça abandonar o trabalho. O representante do sindicato aparece. Estão furiosos e ninguém está trabalhando. E, quando chego, essas quatro pessoas, muito chateadas, vêm me cumprimentar na frente de uma fábrica ociosa.

– Onde está o Bill Peach? – pergunto.

– Ele está no seu escritório – responde Dempsey.

– Bem, você o avisa que logo vou encontrá-lo?

Dempsey corre, agradecido, em direção à porta dos escritórios. Viro-me para o Martinez e o horista, que descubro ser o operador em questão. Digo a eles que até onde sei não haverá nenhuma demissão ou suspensões – que todo o episódio é apenas um grande mal-entendido. Em um primeiro momento, Martinez não fica totalmente satisfeito, e o operador parece querer um pedido de desculpa de Peach. Não tenho a menor intenção de mexer com isso. Também sei que Martinez não tem autoridade para, sozinho, começar uma paralisação. Portanto, digo que o sindicato pode fazer uma queixa formal, que eu terei o maior prazer em, hoje mesmo, conversar com o presidente local do sindicato, Mike O'Donnell, e que nós lidaremos com tudo isso apropriadamente. Percebendo que não pode mesmo fazer mais nada sem antes consultar O'Donnell, Martinez finalmente aceita minha proposta, e ele e o horista começam a voltar para a fábrica.

– Então, vamos fazê-los voltar ao trabalho? – pergunto ao Ray.

– Com certeza, mas em que vamos mexer? – pergunta Ray. – No trabalho que estávamos prontos a fazer ou no que Peach quer?

– Faça o que ele quer – respondo.

– Tudo bem, mas estaremos desperdiçando uma preparação.

– Assim seja! Ray, eu nem sei qual é a situação, mas se Bill está aqui deve haver algum tipo de emergência. Não parece lógico?

– Claro. Olhe, eu só quero saber o que fazer.

– Tudo bem, sei que você teve o azar de ser pego no meio de tudo isso – digo, com a intenção de fazer com que se sinta melhor. – Vamos fazer essa preparação o mais rápido possível e começar a processar aquela peça.

– Certo – concorda ele.

Já dentro, Dempsey passa em direção à fábrica. Acabou de sair do meu escritório e parece que saiu de lá às pressas. Balança a cabeça para mim.

– Boa sorte – resmunga.

A porta do meu escritório está bem aberta. Entro, e lá está ele. Bill Peach está sentado atrás da minha mesa. Ele é um cara baixo e atarracado, com cabelos grisalhos bem grossos e olhos quase da mesma cor. Enquanto coloco minha pasta sobre a mesa, seus olhos se fixam em mim com uma expressão de quem diz: *É o seu pescoço que está em jogo, Rogo.*

# A META

— Então, Bill, o que está acontecendo? — pergunto.

— Temos muita coisa para conversar. Sente-se.

— Bem que eu gostaria, mas você está sentado na minha cadeira. — Talvez eu não devesse ter dito isso.

— Você quer saber por que estou aqui? — ele começa. — Estou aqui para salvar sua maldita pele.

— Julgando pela recepção que acabei de ter, diria que você está aqui para destruir meu relacionamento com o sindicato.

Ele me olha e diz:

— Se você não consegue fazer as coisas funcionarem por aqui, não terá de se preocupar com o sindicato. Isso porque você não terá mais esta fábrica para se preocupar. Na verdade, Rogo, você pode nem ter um emprego para se preocupar.

— Opa, espere um pouco, vá com calma — eu digo. — Vamos conversar sobre isso. Qual o problema com esse pedido?

Primeiro, Bill me diz que na noite anterior ele recebeu uma ligação em casa, por volta das 22h, do bom e velho Bucky Burnside, presidente de um dos maiores clientes da UniCo. Parece que Bucky estava tendo chiliques por causa do atraso de sete semanas no seu pedido (41.427). Ele ficou uma hora ao telefone dando a maior bronca em Peach. Parece que Bucky tinha feito de tudo para que o pedido fosse dado a nós, e não a um dos nossos concorrentes. Ele tinha acabado de jantar com vários dos seus clientes e recebera muitas reclamações pelo grande atraso de seus pedidos — fato esse causado por nós. Bucky estava furioso (e provavelmente um pouco embriagado). Peach só conseguiu tranquilizá-lo depois que prometeu lidar com o problema pessoalmente, garantindo que o pedido seria expedido no final daquele dia, não importando que montanhas ele tivesse de mover.

Tento dizer ao Bill que estávamos errados por ter deixado esse pedido atrasar tanto e que eu mesmo cuidaria daquele problema, mas será que ele tinha de vir aqui hoje de manhã e bagunçar toda a minha fábrica?

Ele então pergunta onde eu estava na noite anterior, quando tentou ligar para a minha casa. Devido às circunstâncias, não posso contar-lhe que tenho uma vida pessoal. Não posso dizer que as duas primeiras vezes que o telefone tocou eu deixei tocar porque estava no meio de uma briga com minha esposa, que, por incrível que pareça, estava reclamando que tenho lhe dado pouca atenção ultimamente. Na terceira vez que o telefone tocou estávamos fazendo as pazes.

Prefiro dizer a Peach que cheguei tarde em casa. Ele não insiste no assunto e pergunta como é que eu não sei o que está se passando dentro da minha própria fábrica. Ele está cansado de ouvir reclamações sobre atrasos. Por que é que não posso estar com tudo em dia?

— Uma coisa eu sei – digo a ele. – Depois que você nos forçou, há três meses, a fazer uma segunda leva de demissões, com 20% de corte nos custos, temos sorte de conseguir expedir alguma coisa em tempo.

— Al – ele fala baixo –, apenas produza esses malditos produtos. Você está me entendendo?

— Então me dê o pessoal de que preciso!

— Você tem gente o suficiente! Pelo amor de Deus, olhe para as suas eficiências! Você tem espaço para melhorar, Al, não venha chorar para mim sobre mais gente até que você mostre que pode usar com eficiência o que já tem.

Estou prestes a falar algo quando Peach levanta a mão e faz um sinal para eu me calar. Ele levanta. "Que droga", é o pensamento que me vem à cabeça.

Perto da porta ele se vira e me diz:

— Sente-se.

Eu estava de pé o tempo todo. Sento em uma das cadeiras na frente da mesa, lugar das visitas. Peach volta para trás da mesa.

— Veja bem, Al, é perda de tempo discutir sobre isso. Seu último relatório de operações conta toda a história – Peach começa.

— Tudo bem, você está certo. A questão é terminar logo o pedido do Burnside – respondo.

Peach grita:

— Não, a questão não é o pedido de Burnside! Esse pedido é apenas um sintoma do problema. Você acha que eu viria até aqui apenas para apressar um pedido atrasado? Você acha que não tenho mais nada a fazer? Vim aqui para acender um fogo embaixo de você e de todo mundo aqui nesta fábrica. Isso não é apenas uma questão de atendimento ao cliente. Sua fábrica está perdendo dinheiro.

Ele para por um momento, como se tivesse de me deixar absorver isso. Então – bum – ele bate o punho na minha mesa e aponta para mim.

# A META

– Se você não pode entregar os pedidos a tempo – ele continua –, então vou mostrar a você como se faz. Se mesmo assim você não conseguir, então nem você nem esta fábrica têm serventia para mim.

– Bill, espere um pouco...

– Não, não posso esperar nem um minuto! – ele ruge. – Não tenho mais tempo para desculpas e não preciso de explicações. Preciso de resultados. Preciso de pedidos expedidos. Preciso de lucro!

– Sim, Bill, eu sei disso.

– Talvez você não saiba que a divisão está tendo as piores perdas da sua história. Estamos caindo em um buraco tão fundo que talvez nunca consigamos sair dele, e sua fábrica é a âncora que está nos puxando para baixo.

Sinto-me exausto, mas ainda assim arrumo forças e pergunto:

– Muito bem, o que quer de mim? Estou aqui há seis meses. Admito que tudo piorou desde que estou aqui, mas estou dando o melhor de mim.

– Se você quer mesmo saber, Al, aqui vai: você tem três meses para dar um jeito nesta fábrica.

– E se não conseguirmos fazer isso nesse tempo?

– Então irei ao conselho administrativo com uma recomendação para fecharmos esta fábrica.

Fico sentado sem palavras. Isso é com certeza pior do que qualquer coisa que esperava ouvir esta manhã. Porém, mesmo assim, não é tão surpreendente. Olho para fora da janela. O estacionamento começa a encher com os carros das pessoas que trabalham no primeiro turno. Quando olho de volta, Peach levantou-se e está vindo na minha direção. Ele se senta na cadeira do meu lado e se inclina para a frente. Agora vem o papo para tentar me animar.

– Al, sei que a situação que você recebeu aqui não era das melhores. Dei-lhe esse cargo porque achava que era a pessoa que podia transformar esta fábrica de perdedora em... bom, em pelo menos uma pequena vencedora. E ainda penso assim, mas, se você quiser subir nesta empresa, precisa gerar resultados.

– Mas, Bill, preciso de tempo.

– Desculpe, você tem três meses e, se as coisas piorarem, talvez nem isso eu possa lhe dar.

Fico sentado enquanto Bill olha para o relógio e se levanta – final de papo.

– Se sair agora, só perderei minha primeira reunião – ele diz.

Levanto-me. Ele caminha até a porta.

Com a mão na maçaneta, ele se vira e diz com um sorriso:

– Agora que o ajudei a fazer as coisas funcionarem por aqui, não terá nenhum problema para expedir o pedido de Bucky hoje, não é?

– Pode deixar, Bill.

– Que bom! – ele murmura dando uma piscadinha enquanto abre a porta.

Um minuto depois, vejo, pela janela, ele entrar na Mercedes e atravessar o portão.

Três meses. Só consigo pensar nisso.

Não me lembro de ter saído de perto da janela. Não sei quanto tempo passou. De repente, percebo que estou sentado na minha cadeira olhando para o nada. Decido que é melhor eu mesmo dar uma olhada no que está acontecendo na fábrica. Da prateleira do lado da porta pego o capacete e os óculos de segurança e vou para a fábrica. Passo pela minha secretária.

– Fran, vou estar na fábrica por um tempo – digo de passagem.

Fran para de digitar uma carta, olha para mim e sorri.

– Tudo bem – ela diz. – A propósito, aquele carro que estava na sua vaga hoje de manhã era do Peach?

– Sim, era.

– Belo carro – ela comenta e ri. – Assim que o vi, achei que poderia ser seu.

Com isso eu é que rio. Ela se inclina para a frente.

– Diga-me uma coisa, quanto é que custa um carro daqueles?

– Não sei muito bem, mas deve ser algo em torno de trinta mil dólares.

Fran respira fundo.

– Você tá brincando! Tudo isso? Não tinha ideia de que um carro pudesse custar tanto. Uau. Acho que não vou trocar tão cedo o meu Chevette por um desses.

Ela ri e volta a digitar.

Fran é ótima pessoa. Quantos anos teria? Acho que uns quarenta e poucos, com dois filhos adolescentes, que ela está tentando sustentar. Seu ex-marido é alcoólatra. Eles se divorciaram faz um bom tempo… Desde então, ela não quis ter mais nada com homem algum. Bem, quase nada. Ela me contou tudo isso no seu segundo dia na fábrica. Gosto dela e também gosto do seu trabalho. Pagamos um bom salário para ela... Pelo menos por enquanto. De qualquer forma, ela ainda tem três meses.

Entrar na fábrica é como entrar em um lugar onde demônios e anjos se casaram para fazer um tipo de magia cinza. Pelo menos é sempre assim que sinto o ambiente. Por todos os lados há coisas mundanas e milagrosas. Sempre achei que fábricas são lugares fascinantes – mesmo só considerando o visual. Mas a maior parte das pessoas não tem a mesma percepção.

Passando um conjunto de portas que separam o escritório da fábrica, o mundo muda. No teto há um jogo de luminárias suspensas, e tudo está coberto pela luz quente e alaranjada das lâmpadas de sódio e iodo. Há uma extensa área fechada, com prateleiras do chão ao teto, com compartimentos cheios de peças e materiais de tudo o que fazemos. Em um corredor estreito, entre duas prateleiras, um homem está sentado na cesta de um guindaste suspenso que corre ao longo de um trilho no teto. No chão da fábrica, uma bobina de aço brilhante se desenrola lentamente para dentro da máquina que a cada poucos segundos solta um "pa-pum".

Máquinas. A fábrica é na verdade apenas uma grande sala, um grande espaço cheio de máquinas. Elas são organizadas em blocos e os blocos são separados por corredores. A maioria das máquinas está pintada com cores carnavalescas – laranja, roxo, amarelo, azul. Algumas das máquinas mais novas têm um display digital com alguns números brilhantes. Braços robóticos realizam programas de dança mecânica.

Aqui e ali, muitas vezes quase escondidas entre as máquinas, estão as pessoas. Elas olham na minha direção quando passo por perto. Algumas acenam para mim; aceno de volta. Um carrinho elétrico passa fazendo barulho, com um gordo enorme na direção. Mulheres trabalham com arames coloridos junto de uma longa mesa. Um cara grande, de macacão, ajusta a sua máscara e acende um maçarico. Atrás de um vidro, uma ruiva gordinha digita em um terminal de computador com um display âmbar.

Como pano de fundo, há um ruído contínuo criado pelo movimento de hélices, motores e do ar nos ventiladores – tudo soa como um sopro sem fim. Às vezes se ouve um "bum" de algo indefinido. Atrás de mim tocam as campainhas de alarme de um guindaste suspenso que se movimenta no seu trilho. A sirene toca. Do sistema de alto-falantes uma voz paira acima de tudo, feito Deus, de forma intermitente e incompreensível.

## ELIYAHU M. GOLDRATT

Mesmo com todo esse barulho ouço o apito. Dando meia-volta, vejo a figura inconfundível de Bob Donovan andando no corredor. Ainda está um pouco distante. Pode-se dizer que Bob é um armário, com seu 1,90 metro de altura e seus 115 quilos, dos quais uma boa parte é decorrente da cervejinha. Não é o cara mais lindo do mundo... Acho que seu barbeiro foi treinado no exército. Também não tem um discurso muito sofisticado; e parece que se orgulha disso. Apesar de certa aspereza, que tenta esconder, Bob é um grande sujeito. Há nove anos é o gerente de produção daqui. Se você quer que algo aconteça, só precisa falar com Bob, e se for viável será feito antes de você mencionar novamente o assunto.

Leva um tempinho para nos aproximarmos. À medida que ficamos mais perto, percebo que ele não está muito contente. Também me sinto assim.

– Bom dia – diz Bob.

– Não sei o que há de bom nele – digo. – Você já ouviu falar da visita que recebemos?

– Claro, toda a fábrica já sabe.

– Creio então que já sabe da urgência de expedirmos o pedido 41.427.

Ele começa a ficar vermelho.

– É sobre isso que preciso falar com você.

– Por quê? O que está acontecendo?

– Não sei se você já ficou sabendo, mas Tony, o operador com quem o Peach berrou, pediu demissão hoje de manhã – diz Bob.

– Que droga – resmungo.

– Acho que não preciso dizer que não é fácil achar um cara como ele. Vai ser duro encontrar um substituto.

– Podemos fazê-lo mudar de ideia?

– Bom, talvez não valha a pena. Antes de se demitir ele preparou a máquina que Ray havia pedido e a colocou no automático. O problema é que ele não apertou dois dos parafusos de ajuste. A máquina se desconjuntou em mil partes.

– Quantas peças teremos de refugar?

– Bom, não muitas. A máquina funcionou por pouco tempo.

– Teremos o suficiente para expedir todo aquele pedido?

# A META

– Vou ter de verificar. Mas, veja bem, o problema é que a máquina está parada e pode ficar assim por um bom tempo.

– Que máquina é?

– A NCX-10.

Fecho os olhos. É como se uma mão gelada agarrasse o meu estômago. Essa máquina é a única desse tipo na fábrica. Pergunto a Bob o tamanho do estrago. Ele diz:

– Não sei. Eles estão com a máquina quase toda desmontada. Estamos, neste exato momento, falando ao telefone com o fabricante.

Começo a andar rápido. Deus do céu, estamos com um tremendo pepino. Olho para Bob, que me acompanha.

– Você acha que foi sabotagem? – pergunto.

Bob parece surpreso.

– Bom, não dá para saber. Acho que o cara estava tão chateado que não estava pensando direito. Acabou fazendo uma besteira.

Posso me sentir corar. A mão fria sumiu. Agora estou tão furioso com Bill Peach que fantasio ligar para ele e berrar no seu ouvido. A culpa é dele! Na minha cabeça posso vê-lo. Vejo-o atrás da minha mesa me ensinando a expedir os pedidos. Certo, Bill, você realmente mostrou como devo fazer as coisas.

# - 2 -

Não é estranho sentir que seu mundo está caindo enquanto o mundo das pessoas mais próximas a você está firme como uma rocha? E nem dá para tentar compreender por que elas não estão perturbadas como você. Saio da fábrica lá pelas 18h30 para correr até em casa e jantar. Quando entro, Julie para de ver televisão e olha para mim.

– Oi! Gostou do meu cabelo?

Ela vira a cabeça. O cabelo castanho, que era grosso e liso, agora é uma massa de cachos. E de outra cor. Em alguns lugares está mais claro.

– Sim, está ótimo – falo automaticamente.

– O cabeleireiro disse que realça os meus olhos – ela comenta, piscando para mim. Seus olhos azuis são grandes e lindos. Na minha opinião não precisam ser realçados, mas, de qualquer forma, o que é que eu entendo disso?

– Legal – digo.

– Ih, você não parece muito entusiasmado.

– Desculpe-me, mas tive um dia horrível.

– Ah, coitadinho. Mas tive uma ótima ideia! Vamos sair para jantar e assim você esquece o seu dia horrível.

Discordo com a cabeça.

– Não posso. Tenho de comer rapidinho e voltar para a fábrica.

Ela levanta e coloca as mãos na cintura. Percebo que ela está usando um vestido novo.

– Você é realmente muito divertido! Justo agora que também me livrei das crianças.

– Julie, estamos numa crise. Hoje de manhã uma das minhas máquinas caras quebrou e preciso dela para processar uma peça de um pedido urgente. Tenho de ficar em cima disso.

– Tudo bem. Não há nada para comer, pois achei que íamos sair. Ontem à noite você disse que sairíamos hoje.

Então me lembro. Ela está certa. Foi uma das promessas que fiz quando estávamos fazendo as pazes depois da briga.

– Desculpe. Olhe, quem sabe a gente possa sair por uma hora – digo a ela.

– Essa é a sua ideia de uma noitada? Esqueça, Al.

– Ouça-me. Bill Peach apareceu de repente hoje de manhã. Ele está pensando em fechar a fábrica.

A expressão dela muda. Será que seu humor melhorou?

– Fechar a fábrica… é mesmo?

– Sim, a coisa está feia.

– Falou com ele sobre qual seria o seu próximo trabalho?

Depois de um segundo de incredulidade, digo:

– Não, não falei sobre meu próximo trabalho. Meu trabalho é *aqui* – nesta cidade, naquela fábrica.

– Bom, se a fábrica vai fechar, você não quer saber onde vai morar? Eu quero.

– Ele só está pensando no fechamento da fábrica.

– Ah!

Olho-a fixamente e digo:

– Você realmente quer deixar esta cidade o mais rápido possível, não é?

– Eu não nasci aqui, Al. Não tenho o mesmo apego que você tem.

– Faz apenas seis meses que estamos aqui.

– Só isso? Apenas seis meses? Al, eu não tenho nenhum amigo aqui. Não posso conversar com mais ninguém a não ser você, e a maior parte do tempo você nem está em casa. Sua família é muito boa, mas depois de uma hora com sua mãe fico maluca. Então, para mim, não parece que se passaram apenas seis meses.

– O que quer que eu faça? Eu não pedi para vir para cá. A empresa me mandou para cá para fazer um trabalho. Foi a sorte.

– Que sorte?

– Julie, não tenho tempo para brigar com você de novo.

Ela começa a chorar.

– Tudo bem! Pode ir embora! Vou simplesmente ficar aqui abandonada – ela grita. – Como todas as noites.

– Ah, Julie.

Finalmente coloco meus braços em volta dela. Ficamos abraçados por alguns minutos, os dois quietos. Quando ela para de chorar, dá um passo para trás e olha para mim.

– Desculpe – diz. – Se você tem de voltar para a fábrica é melhor ir logo.

– Por que não saímos amanhã à noite?

Ela levanta os braços.

– Tudo bem…

Pergunto:

– Você vai ficar bem?

– Claro. Deve ter algo para comer no freezer.

Até me esqueci do jantar.

– Bom, acho que vou arrumar algo para comer no caminho para a fábrica. Nos vemos mais tarde.

Quando entro no carro percebo que perdi o apetite.

Desde que mudamos para Bearington as coisas não têm sido fáceis para Julie. Sempre reclama quando conversamos sobre a cidade, e acabo na defensiva.

Realmente nasci e fui criado aqui, então é claro que me sinto em casa. Conheço todas as ruas. Sei quais são os melhores lugares para se fazer compras, os bons bares e também sei aonde não ir, todas essas coisas. Tenho um sentimento de propriedade com relação a esta cidade, e muito mais afeto por ela do que por qualquer outra cidadezinha por aí. Esta cidade foi meu lar por dezoito anos.

Mas creio que não tenho muitas ilusões sobre ela. Bearington é uma cidade industrial. Qualquer pessoa que passasse por aqui não veria nada de especial. Acabo tendo a mesma reação à medida que dirijo pela cidade. O bairro no qual moramos se parece com qualquer outro subúrbio americano. As casas são relativamente novas. Há centros comerciais por perto, restaurantes de *fast-food*, e perto da estrada estadual há um grande shopping center. Aqui não é muito diferente de todos os outros subúrbios nos quais já moramos.

O centro da cidade é meio deprimente. A rua está cheia de velhos prédios de tijolos que têm um ar decrépito. Muitas vitrines de lojas estão vazias ou tapadas com compensado. Há muitos trilhos de trem, mas poucos trens.

Na esquina da Main com a Lincoln fica o único prédio alto de escritórios da cidade, uma torre solitária no horizonte. Há uns dez anos, quando estava sendo construído, todos os seus quatorze andares eram muito cobiçados. Os bombeiros usaram o prédio como pretexto para comprar um caminhão novinho, só para terem uma escada bem longa para alcançar o topo do edifício. (Acho que desde então estão torcendo secretamente para que haja um incêndio no último andar para poderem usar a nova escada.) Os entusiastas locais afirmavam que o novo edifício de escritórios era um tipo de símbolo da vitalidade de Bearington, um sinal de renascimento de uma velha cidade industrial. Porém, há uns dois anos a administração do prédio colocou um sinal enorme em cima dele que diz, em letras vermelhas: "Compre-me!". E informa o número de telefone. Da estrada parece até que toda a cidade está à venda. O que não deixa de ser um pouco verdadeiro.

Todo dia, no meu caminho para o trabalho, passo por outra fábrica que fica na mesma estrada, atrás de uma cerca enferrujada com arame farpado em cima. Na frente da fábrica há um estacionamento asfaltado – vinte mil metros quadrados de concreto com tufos de grama marrom brotando das rachaduras. Há muitos anos nenhum carro estaciona ali. A tinta nas paredes desbotou e está um pouco acinzentada. No alto do muro

# A META

da frente ainda se pode ver o nome da empresa; há uma tinta mais escura cobrindo o lugar em que haviam estado o nome e o logotipo.

A empresa que era dona da fábrica foi para o sul. Construiu uma fábrica nova em algum lugar da Carolina do Sul. Pelo que se comenta, estava querendo fugir de algum problema sindical. Também se comenta que em uns cinco anos o sindicato a alcançará. Nesse meio-tempo terá conseguido cinco anos de salários mais baixos e talvez menos dores de cabeça com os trabalhadores. Também devemos lembrar que, para o planejamento gerencial moderno, cinco anos parecem uma eternidade. Com isso Bearington ganhou mais uma carcaça de dinossauro industrial na sua periferia e cerca de duas mil pessoas desempregadas.

Há seis meses tive a oportunidade de entrar na fábrica. Naquela época estávamos procurando um espaço barato para armazenamento por perto. Não que fizesse parte da minha função, mas fui com outras pessoas apenas para dar uma olhada no lugar. (Como eu era sonhador quando cheguei aqui, achava que talvez um dia precisaríamos de mais espaço para expandir. Que piada isso é agora!) Foi o silêncio que realmente me tocou. Era tudo tão quieto! Os passos ecoavam. Era muito estranho. Todas as máquinas haviam sido retiradas. Era simplesmente um enorme espaço livre.

Passando por ela agora não consigo parar de pensar que nós estaremos nessa mesma situação em três meses. Fico enjoado só de pensar nisso.

Odeio ver essas coisas acontecendo. Desde meados da década de 1970 a cidade tem perdido, em média, uma grande fonte de empregos por ano. Ou elas quebram ou saem daqui e vão para outro lugar. Parece que isso não vai acabar, e talvez agora seja a nossa vez.

Quando vim para cá para administrar a fábrica, o jornal local fez uma reportagem sobre mim. Sei que não é grande coisa, mas por algum tempo fui uma pequena celebridade. O garoto da cidade havia vencido. Era como um sonho de colégio se realizando. Detesto pensar que a próxima vez que meu nome sair no jornal será em uma reportagem sobre o fechamento da fábrica. Já começo a me sentir um traidor da cidade.

Donovan parece um gorila nervoso quando volto para a fábrica. Hoje, com toda a correria, ele deve ter perdido uns dois quilos. À medida que caminho no corredor que leva à NCX-10, observo-o deslocar seu peso de uma perna para outra. Ele então anda por uns dez segundos e para.

De repente corre e atravessa o corredor para conversar com alguém, logo depois sai dali para verificar algo. Dou um assobio, daqueles de dois dedos, mas ele não me ouve. Tenho de segui-lo por dois departamentos antes de conseguir alcançá-lo – de volta na NCX-10. Parece surpreso em me ver.

– Vamos conseguir? – pergunto.

– Estamos tentando – responde.

– Sim, mas vamos conseguir?

– Estamos fazendo o melhor que podemos.

– Bob, vamos expedir o pedido hoje à noite ou não?

– Talvez.

Dou uma volta e fico parado olhando para a NCX-10, que é uma bela coisa para se ver. É um equipamento enorme, nossa mais cara máquina de controle numérico. É toda pintada de um roxo bem pálido. (Não me pergunte por quê.) De um lado há um painel de controle repleto de luzes vermelhas, verdes e amarelas, interruptores brilhantes, um teclado preto e uma tela de computador. É uma máquina sexy, cujo foco é o trabalho sendo feito bem no seu centro, onde um torno segura um pedaço de aço. Cavacos de metal estão sendo cortados por uma ferramenta. Um fluxo contínuo de lubrificante turquesa é jogado sobre o trabalho e leva os cavacos embora. Pelo menos o diabo da coisa já está funcionando de novo.

Hoje tivemos sorte. O estrago não foi tão grande como imaginávamos. Mas o técnico de manutenção só começou a recolher suas coisas às 4h30 da tarde. A essa hora já estávamos no segundo turno.

Pagamos hora extra a todos da montagem, embora a política corrente da divisão proibisse a hora extra. Não sei onde vamos lançar essa despesa, mas temos de expedir esse pedido esta noite. Hoje já recebi quatro telefonemas só do nosso gerente de marketing, Johnny Jons. Ele também está sendo muito pressionado por Peach, pelos seus próprios vendedores e pelo cliente. Definitivamente temos de expedir esse pedido esta noite.

Espero que mais nada dê errado. À medida que cada peça é terminada, ela é levada individualmente para a submontagem. E assim que essa etapa é concluída, o supervisor da área faz com que cada submontagem siga para a montagem final. Você quer falar sobre eficiência? Pessoas carregando as peças uma a uma, de um lugar para outro… Nossa produção de peças por pessoa deve estar ridícula. Isso é uma loucura. Na verdade estou querendo saber em que lugar Bob arrumou toda essa gente.

# A META

Dou uma olhada à minha volta. Quase não há ninguém trabalhando nos departamentos que não têm relação com o pedido 41.427. Donovan pegou todo mundo que podia para trabalhar nesse pedido. Não é assim que se deve fazer, mas o pedido será expedido.

No meu relógio, já passava um pouco das 11h da noite. Estamos na expedição. As portas atrás do caminhão estão sendo fechadas. O caminhoneiro sobe na cabine, dá a partida, solta os freios e sai pela noite.

Olho para Donovan. Ele olha para mim.

– Parabéns!

– Obrigado, mas não me pergunte como fizemos isso.

– Está bem, não vou perguntar. Está a fim de comer?

Donovan sorri pela primeira vez no dia. Já a uma boa distância, o caminhoneiro troca de marcha.

Vamos no carro de Donovan, pois está mais perto. Tentamos dois lugares, mas eles estavam fechados. Então sugiro a Donovan outra opção. Atravessamos o rio na Rua 16, descemos a Rua Bessemer, viramos na South e chegamos ao moinho. Aí digo a Donovan que vire à direita e seguimos por umas ruas laterais. As casas do lugar são construídas umas juntas às outras, sem jardim, sem árvores. As ruas são estreitas e todos estacionam perto, o que faz com que tenhamos de guiar com cuidado. Finalmente chegamos ao Sednikk's Bar e Grill. Donovan olha para o lugar e pergunta:

– Tem certeza de que quer entrar aqui?

– Claro. Venha, eles têm o melhor hambúrguer da cidade.

Sentamo-nos em uma mesa perto do fundo. Maxine me reconhece e vem me cumprimentar. Conversamos um pouco e então Donovan e eu pedimos alguns hambúrgueres, batatas fritas e cerveja. Donovan dá uma olhada no lugar e diz:

– Como é que você conhece este lugar?

– Tomei minha primeira cerveja bem ali no bar. Acho que foi no terceiro banquinho à esquerda, mas já faz um bom tempo.

– Você começou a beber depois de velho ou cresceu nesta cidade?

– Fui criado a duas quadras daqui. Meu pai tinha uma mercearia de esquina. Hoje, é meu irmão que toma conta do negócio.

– Não sabia que você é de Bearington – diz Donovan.

– Com todas as transferências levei uns quinze anos para voltar para cá.

A cerveja chega.

– São por conta do Joe – diz Maxine.

Ela aponta para Joe Sednikk, que está atrás do bar. Donovan e eu levantamos as mãos para ele em agradecimento. Donovan levanta seu copo e diz:

– Um brinde, conseguimos expedir o 41.427.

– Vou beber a isso – digo enquanto brindamos.

Depois de alguns goles, Donovan parece bem mais relaxado. Mas eu ainda estou pensando sobre o que aconteceu hoje.

– Sabe, pagamos bem caro por esse pedido – comento. – Perdemos um bom operador. Também têm a conta do reparo na NCX-10 e as horas extras.

– Mais o tempo que perdemos na NCX-10 enquanto ela ficou parada – Donovan acrescenta. – Mas você terá de admitir que, depois que começamos a produzir, a gente engrenou. Gostaria que pudéssemos fazer isso todos os dias.

Eu rio.

– Não, obrigado. Realmente não preciso de dias como o de hoje.

– Não digo que precisamos que o Bill Peach venha até a fábrica todos os dias. Mas nós conseguimos expedir o pedido – Donovan comenta.

– Bob, acho que temos de entregar todos os pedidos, mas não da forma como fizemos hoje.

– Atendemos o pedido, não é verdade?

– Sim. Porém, não podemos permitir que as coisas se passem dessa maneira.

– Eu simplesmente fiz o que precisava ser feito, coloquei todo mundo para trabalhar nisso e não me preocupei nem um pouco com as regras.

– Bob, você tem alguma ideia de como ficaria nossa eficiência se todos os dias gerenciássemos a fábrica assim? Não podemos fazer com que a fábrica inteira se dedique a apenas um pedido por vez. A economia de escala sumiria. Nossos custos aumentariam, isto é, seriam ainda piores do que são hoje. Não podemos administrar a fábrica nas coxas.

Donovan fica quieto e finalmente diz:

– Talvez eu tenha aprendido as coisas erradas nos tempos em que era agilizador.

– Veja bem, você fez um ótimo trabalho hoje. Sério. Mas estabelecemos regras por um motivo. Você deveria saber disso. E tem mais, mesmo que o Bill Peach tenha causado toda essa bagunça para que acabássemos um pedido, ele voltaria para nos azucrinar no final do mês se nossa eficiência não estivesse alta.

Lentamente ele balança a cabeça, e em seguida pergunta:

– Então o que fazemos na próxima vez que isso acontecer?

Eu sorrio.

– Provavelmente a mesma coisa – respondo.

Em seguida viro-me e peço:

– Maxine, mais duas, por favor. Na verdade, traga logo umas três garrafas.

Assim, sobrevivemos à crise de hoje. Ganhamos. Mas foi por pouco, e agora que o Donovan se foi e os efeitos do álcool estão diminuindo, não consigo ver o que havia para celebrar. Hoje conseguimos acabar um pedido que estava muito atrasado. Grande coisa! O que importa é que tenho uma fábrica em uma situação crítica. Peach nos deu três meses de vida.

Isso quer dizer que tenho mais uns dois ou talvez três relatórios mensais para tentar fazê-lo mudar de ideia. Depois disso, a sequência será a ida dele ao conselho administrativo e apresentação dos números. Todos na mesa vão olhar para Granby. Granby fará algumas perguntas, olhará os números mais uma vez, balançará a cabeça e ponto-final. Uma vez que a decisão executiva tiver sido tomada, não haverá como mudá-la.

Eles nos darão algum tempo para terminar os pedidos atrasados e então seiscentas pessoas irão para a lista dos desempregados – onde vão se juntar aos seus amigos e ex-colegas de trabalho, os outros seiscentos que já demitimos.

E assim a Divisão UniWare sairá de mais um mercado no qual não pode competir. O que quer dizer que o mundo não poderá mais comprar nenhum dos bons produtos que não conseguimos produzir a um preço baixo o suficiente, ou rapidamente o suficiente, ou bem o suficiente, ou alguma coisa o suficiente para ganharmos dos japoneses. Ou, para falar a verdade, de qualquer um no mercado. É isso que nos torna mais uma boa divisão da "família" UniCo. de empresas (que tem um histórico de crescimento de lucro que parece o Kansas*), e é por isso que vamos acabar sendo

---

\* O Estado do Kansas, nos EUA, tem divisas retas e horizontais (N.T.).

apenas mais uma boa empresa em uma corporação qualquer quando os homens lá na matriz orquestrarem uma fusão com outro perdedor. Essa parece ser a essência do plano estratégico corrente da empresa.

O que há conosco?

A cada seis meses parece que um grupo lá da matriz aparece com um novo programa que é a mais nova panaceia para todos os nossos problemas. Alguns deles parecem funcionar, mas nenhum ajuda. Vamos tropeçando, mês a mês, e nunca melhora. Na maior parte das vezes só fica pior.

Rogo, chega de reclamar. Tente acalmar-se. Tente pensar sobre isso racionalmente. Não há ninguém por perto e é tarde. Finalmente estou sozinho... aqui no meu escritório tão cobiçado, a sala do trono do meu império. Nada de interrupções. O telefone não está tocando. Então vamos tentar analisar a situação. Por que não conseguimos produzir rapidamente um produto barato e de boa qualidade que possa ganhar da concorrência? Algo está errado. Não sei o que é, mas algo bem básico está errado. Não devo estar vendo algo. Estou no controle de uma fábrica que deveria ser boa. Ou melhor, ela é uma boa fábrica. Temos a tecnologia. Temos algumas das melhores máquinas de controle numérico que o dinheiro pode comprar. Temos robôs. Temos um sistema de computador que supostamente faz tudo, menos o cafezinho.

Temos um bom pessoal. Pelo menos a maioria é boa. Está certo, em algumas áreas não temos gente suficiente, mas as pessoas que temos são boas, se bem que com certeza poderíamos usar mais gente. E não tenho muito problema com o sindicato. Às vezes ele nos azucrina, mas a concorrência também tem sindicatos. E não podemos esquecer que na última vez os trabalhadores até fizeram algumas concessões – não todas que gostaríamos, mas podemos sobreviver com o nosso contrato.

Tenho as máquinas. Tenho as pessoas. Tenho todos os materiais de que preciso. Sei que há um mercado lá fora, pois os produtos dos concorrentes estão sendo vendidos. Então, que diabos acontece?

É a porcaria da concorrência. Desde que os japoneses entraram no nosso mercado, a concorrência tem sido incrível. Há três anos eles ganhavam de nós em qualidade e design. Nós acabamos de empatar com eles nesses quesitos, mas agora eles estão ganhando no preço e no prazo de entrega. Gostaria de saber qual o segredo deles.

O que é que posso fazer para me tornar mais competitivo?

# A META

Já fiz redução de custos. Nenhum outro gerente nessa divisão cortou tanto os custos como eu. Não há mais nenhuma gordura a ser cortada.

E, apesar do que fala o Peach, minhas eficiências estão muito boas. Sei que ele tem outras fábricas com piores eficiências. Mas as melhores não têm a concorrência que tenho. Talvez eu pudesse aumentar ainda mais a eficiência, mas... não sei. É como chicotear um cavalo que já está correndo o mais rápido que pode.

Simplesmente temos de fazer algo a respeito dos pedidos atrasados. Não entregamos nada nesta fábrica sem apagar incêndios. Temos pilhas e pilhas de inventário. Liberamos o material de acordo com a programação, mas nada sai na hora programada. Isso não é incomum. Quase toda fábrica que conheço tem agilizadores. E, aqui nos Estados Unidos, em quase toda fábrica do tamanho da nossa você vai encontrar o tanto de estoque em processo que nós temos. Não sei o que é. Por um lado, esta fábrica não é pior do que quase toda fábrica que conheço – e, na verdade, é melhor que muitas. Entretanto, estamos perdendo dinheiro.

Se pudéssemos ao menos nos livrar dos pedidos atrasados. Algumas vezes parece que há pequenos *gremlins* na fábrica. Quando começamos a colocar as coisas em ordem, eles sorrateiramente aparecem entre os turnos e bagunçam tudo. Juro que devem ser os *gremlins*.

Ou talvez eu é que não saiba o suficiente. Mas, caramba, sou um engenheiro. Fiz um MBA. Peach não teria me dado esse cargo se não achasse que eu era qualificado. Então o problema não pode ser eu. Ou será que pode?

Puxa, quanto tempo faz que comecei nessa vida de gerente industrial, um garoto esperto que achava que sabia tudo – quatorze, quinze anos? Quantos longos dias já se passaram desde então?

Eu costumava achar que se trabalhasse duro poderia fazer qualquer coisa. Trabalho desde o dia em que fiz doze anos. Trabalhava depois da escola na mercearia do meu velho. Trabalhei durante todo o colegial. Quando tinha idade suficiente passava as férias trabalhando nas velhas fábricas aqui da região. Sempre me falaram que, se trabalhasse firme o bastante, no final tudo daria certo. Isso é verdade, não é? Veja o meu irmão; como é o mais velho, escolheu o caminho mais fácil. Agora é dono de uma mercearia em um bairro violento da cidade. Mas olhe para mim. Eu trabalhei duro. Suei para acabar os estudos de engenharia. Arrumei um emprego em uma grande empresa. Acabei me transformando em um desconhecido

— 28 —

para minha mulher e meus filhos. Aceitei toda a porcaria que a UniCo. me dava e pensei "Quero mais!". Rapaz, como estou feliz de ter feito isso. Cá estou, 38 anos de idade, e sou uma porcaria de gerente de fábrica! Isso não é o máximo? Agora estou realmente me divertindo.

Está na hora de sumir daqui. Já tive muita diversão para um dia.

# – 3 –

Acordo com Julie em cima de mim. Infelizmente, ela não está sendo amorosa, está tentando alcançar o criado-mudo onde o despertador está tocando há três minutos. Agora são 6h03 da manhã. Julie bate no botão para desligá-lo. Com um suspiro, ela sai de cima de mim. Logo depois ouço sua respiração voltar a um ritmo cadenciado; ela dormiu de novo. Bem-vindo a um dia novinho em folha.

Uns 45 minutos depois estou dando ré com o Buick para sair da garagem. Ainda está escuro. Após alguns quilômetros na estrada o céu começa a clarear. Na metade do caminho o sol aparece. Em um primeiro momento estou muito ocupado, pensando, para perceber isso. Olho para o lado e lá está ele, pairando sobre as árvores. O que algumas vezes me deixa furioso é que estou sempre tão ocupado – como a maioria das pessoas deve estar – que não tenho tempo para prestar atenção nos milagres diários que acontecem à minha volta. Em vez de deixar os meus olhos se deliciarem com a alvorada, estou prestando atenção na estrada e preocupado com Peach. Ele convocou uma reunião na matriz para todos os seus subordinados diretos – os seus gerentes de fábrica e a sua equipe. Fomos avisados de que a reunião vai começar às oito da manhã em ponto. O intrigante é que Peach não disse o propósito da reunião. É um grande segredo – você sabe: segredo de Estado, como se houvesse uma guerra ou coisa do gênero. Ele nos avisou para estarmos lá às oito e para levarmos relatórios e dados que permitam fazer uma avaliação rigorosa de todas as operações da divisão.

Claro que todos nós já descobrimos do que se trata a reunião. Pelo menos temos uma boa ideia do que será. De acordo com a "rádio peão", Peach vai usar a reunião para nos informar sobre o péssimo desempenho da divisão no primeiro trimestre. A seguir, ele vai impor um novo esforço de produtividade, com metas para cada fábrica, compromissos e todo o tipo de coisas. Suponho que por esse motivo mandaram que estivéssemos lá às oito em ponto com os números à mão; Peach deve ter achado que isso daria um certo ar de disciplina e urgência à reunião.

A ironia é que, para conseguir estar lá a essa hora da manhã, metade dos participantes teve de viajar na noite anterior. O que significa despesas com hotel e jantar. Então, para anunciar o mau estado da divisão, Peach vai gastar um bom dinheiro a mais do que gastaria se começasse a reunião uma ou duas horas mais tarde.

Acho que ele está começando a tropeçar. Não que eu ache que ele está perto de ter um colapso ou algo do gênero. Mas é que ultimamente ele parece ter reações exageradas por qualquer motivo. Ele está se comportando como um general que sabe que está perdendo a batalha e esquece sua estratégia no desespero de vencer.

Há uns dois anos ele era diferente. Tinha autoconfiança. Não tinha medo de delegar responsabilidades, deixava que cada um cuidasse do seu próprio negócio – desde que gerasse um lucro respeitável. Ele tentou ser o administrador "esclarecido". Queria estar aberto a novas ideias. Se algum consultor viesse à empresa e dissesse: "Os funcionários têm de se sentir bem com o seu trabalho para serem produtivos", Peach tentaria ouvir. Mas naquela época as vendas eram bem melhores e os orçamentos eram grandes.

O que ele diz agora?

– Não me importo se eles vão se sentir bem. Se custar um centavo a mais não vamos pagar por isso.

Foi isso que ele disse a um gerente que estava tentando convencê-lo a ter uma academia de ginástica para os funcionários; o raciocínio era que todos trabalhariam melhor porque um funcionário saudável é um funcionário feliz etc. Peach quase o jogou para fora do seu escritório.

E agora ele está entrando na minha fábrica e bagunçando tudo em nome do atendimento ao cliente. Essa nem foi a primeira briga que tive com ele. Já tive outras duas, porém nenhuma tão séria quanto a de ontem. O que realmente me chateia é que antes eu me dava muito bem com Peach. Houve um tempo em que eu até achava que éramos amigos. Antes, quando fazia parte da sua equipe, algumas vezes, no final do dia, sentávamos no seu escritório e conversávamos por horas. De vez em quando saíamos juntos para tomar uns drinques. Todos achavam que eu estava puxando o saco dele, mas acho que ele gostava de mim justamente porque eu não fazia isso. Eu simplesmente fazia um bom trabalho para ele. Nós nos dávamos bem juntos.

Uma vez, numa noite muito maluca durante a reunião anual de vendas em Atlanta, Peach, eu e outros doidos roubamos o piano do bar do hotel e fomos cantar no elevador. Alguns hóspedes do hotel que estavam esperando por um elevador viam as portas se abrirem e lá estávamos nós, no meio de alguma canção irlandesa com Peach dedilhando o piano. (Ele até que toca bem.) Depois de uma hora, o gerente do hotel finalmente descobriu. Àquela hora a multidão já estava muito grande para assistir à nossa apresentação no elevador, e fomos para o telhado cantar para toda a cidade. Tive de separar uma briga entre Bill e os dois leões de chácara que o gerente havia mandado para acabar com a festa. Que noite! Bill e eu acabamos brindando com suco de laranja ao alvorecer, em alguma espelunca gordurosa na região mais pobre da cidade.

Foi Peach que me disse que eu realmente tinha futuro na empresa. Foi ele que me deu uma oportunidade quando eu ainda era apenas um engenheiro de projetos, quando tudo o que eu sabia fazer era trabalhar duro. Foi ele quem me escolheu para trabalhar na matriz. Foi Peach quem arranjou tudo para que eu pudesse voltar a estudar e fazer o meu MBA.

Agora estamos gritando um com o outro. Não dá para acreditar.

Às 7h50 estou estacionando meu carro sob o prédio da UniCo. Peach e sua equipe ocupam três andares do prédio. Saio do carro e pego minha pasta no porta-malas. Hoje ela está pesando uns quatro quilos porque está cheia de relatórios e formulários impressos. Não espero ter um dia agradável. Com a cara carrancuda começo a andar na direção do elevador.

– Al! – Ouço alguém chamar.

Eu me viro; é Nathan Selwin que está vindo na minha direção, e eu espero.

– Tudo bem? – pergunta ele.

– Tudo bem, é bom vê-lo de novo.

Começamos a andar juntos.

– Vi o memorando que falava da sua transferência para a equipe do Peach. Parabéns.

– Obrigado. Claro que, neste momento, com tudo o que está acontecendo, não sei se é o melhor lugar para se estar.

– Como assim? O Bill está fazendo você trabalhar à noite?

– Não, não é isso.

Ele então se vira e olha para mim.

– Você não ficou sabendo?

– O quê?

Ele para de repente e olha à sua volta. Não há ninguém perto de nós.

– Sobre a divisão – ele fala em voz baixa.

Encolho os ombros; não sei do que ele está falando.

– Toda a divisão vai ser posta à venda. Todos no 15º andar estão tremendo. Granby falou com Peach há uma semana. Ele tem até o fim do ano para melhorar o desempenho ou a divisão inteira será posta à venda. E não sei se é verdade, mas ouvi Granby dizer que, se a divisão for, o Peach vai com ela.

– Tem certeza?

Nathan balança a cabeça e acrescenta:

– Parece que estavam pensando nisso há um bom tempo.

Começamos a andar de novo.

Num primeiro momento, começo a entender o comportamento maluco do Peach ultimamente. Tudo o que ele trabalhou para conseguir está em perigo. Se outra corporação comprar a divisão, Peach não terá nem um emprego. Os novos donos vão querer arrumar a casa e com certeza começarão por cima.

E eu, será que terei um emprego? Boa pergunta, Rogo. Antes de ouvir essa notícia estava achando que Peach provavelmente me ofereceria outro cargo se a fábrica fechasse. Geralmente é assim que acontece, e é óbvio que pode não ser o que quero. Sei que não há nenhuma fábrica UniWare precisando de um gerente. Mas estava achando que Peach me daria o antigo emprego de volta na sua equipe – embora também saiba que ele já contratou outro para esse cargo e ouvi dizer que está muito satisfeito com ele. Pensando bem, ontem ele até deu uma ameaçada com seus comentários iniciais falando que eu talvez ficasse sem emprego.

Droga, posso estar na rua em três meses!

– Veja bem, Al, se alguém perguntar, não fui eu que contei isso a você – diz Nat.

— 32 —

E ele se foi. Encontro-me sozinho, de pé, no corredor do 15º andar. Nem me lembro de ter entrado no elevador, mas cá estou. Lembro-me vagamente de Nat conversando comigo dentro do elevador, falando algo sobre todos estarem procurando emprego.

Olho à minha volta, sinto-me estúpido, tentando lembrar aonde devia ir e então me lembro da reunião. Dirijo-me ao fim do corredor, onde vejo outras pessoas entrando em uma sala de reunião.

Entro e me sento. Peach está de pé na outra ponta da mesa. Há um retroprojetor bem na sua frente. Ele está começando a falar. Um relógio na parede mostra que são exatamente oito horas.

Observo as pessoas à minha volta. Cerca de vinte, a maioria olhando para Peach. Uma delas, Hilton Smyth, está olhando para mim. Ele também é um gerente de fábrica, e eu nunca gostei muito dele. Por uma razão, não gosto do estilo dele – ele está sempre promovendo uma coisa nova que está fazendo, e na maioria das vezes o que ele está fazendo não é nem um pouco diferente do que aquilo que todos estão fazendo. De qualquer forma, ele está olhando para mim como se estivesse me examinando. Será que é porque pareço um pouco abatido? Eu me pergunto o que ele sabe e encaro-o até ele desviar o olhar para Peach.

Quando finalmente presto atenção ao que Peach está falando, vejo que ele está passando a palavra ao *controller* da divisão, Ethan Frost, um homem mais velho, enrugado e magro, que com um pouco de maquiagem poderia ficar parecido com a morte.

A mensagem de hoje faz jus ao mensageiro. O primeiro trimestre acabou de ser concluído e foi terrível para todos. A divisão agora apresenta o perigo iminente de falta de caixa. Todos os cintos têm de ser apertados.

Quando Frost acaba, Peach levanta-se e começa a fazer um discurso firme sobre como vamos vencer esse desafio. Tento prestar atenção, mas depois das primeiras frases minha mente divaga. Tudo o que ouço são fragmentos.

– ... é imperativo que minimizemos o risco de perda... aceitável para a nossa postura mercadológica corrente... sem reduzir a despesa estratégica... requer sacrifícios... aumento da produtividade em todas as operações...

O retroprojetor começa a mostrar alguns gráficos. Um intercâmbio interminável de medições começa a ocorrer entre Peach e os outros. Faço um esforço, mas simplesmente não consigo me concentrar.

– ... as vendas no primeiro trimestre caíram 22% comparadas a um ano atrás... custo total de matéria-prima aumentou... as variações de mão de obra direta estão aumentando... e agora, se olharmos o número de horas aplicadas à produção *versus* o padrão, estamos com essas eficiências 12% abaixo...

Digo a mim mesmo que tenho de me controlar e prestar atenção. Ponho uma mão no bolso do paletó para pegar uma caneta e fazer algumas anotações.

– E a resposta está clara – Peach está falando. – O futuro do nosso negócio depende da nossa habilidade em aumentar a produtividade.

Mas não consigo achar uma caneta. Então procuro no meu outro bolso e encontro um charuto. Olho fixamente para ele. Deixei de fumar. Por alguns segundos fico imaginando de onde veio esse charuto. E então me lembro.

# – 4 –

Há duas semanas estava usando este mesmo terno. Isso aconteceu nos bons tempos, quando ainda achava que tudo ia dar certo. Estava viajando e esperando minha conexão no aeroporto de O'Hare. Tinha algum tempo, então fui a uma das salas VIP da companhia aérea. A sala estava lotada de executivos como eu. Procurei um lugar para sentar, correndo os olhos por tudo e por todos, quando me deparei com o solidéu de um homem de malha. Ele estava sentado próximo a uma luz, lendo, com o livro em uma das mãos e um charuto na outra. Ao seu lado havia um assento vago. Corri para pegar o lugar. Quando estava quase sentando, percebi que talvez o conhecesse.

Encontrar um conhecido no meio de um dos aeroportos mais movimentados do mundo é pouco provável. Mas fisicamente ele se parecia muito com alguém que eu conhecia, tinha de ser o Jonah. Quando ia me sentar, ele parou de ler e olhou para mim. Vi na sua cara que ele também estava achando que me conhecia.

– Jonah? – perguntei.

– Sim?

– Sou Alex Rogo. Lembra-se de mim?

Sua expressão mostrou que ele não estava bem lembrado.

– Conheci você há algum tempo. Eu era estudante. Recebi uma bolsa para estudar alguns dos modelos matemáticos com os quais você estava trabalhando. Lembra-se? Naquela época eu usava barba.

Finalmente ele me reconheceu.

– Claro! Lembro-me de você. Alex, certo?

– Isso mesmo.

Uma garçonete me perguntou se queria beber algo. Pedi um uísque com soda e convidei Jonah a me acompanhar. Ele achou melhor não, pois ia embora logo.

– Então, como é que você está? – perguntei.

– Ocupado. Muito ocupado. E você?

– Eu também. Hoje estou indo a Houston. E você, para onde vai?

– Nova York.

Ele parecia meio entediado com essa conversa mole e dava a impressão de que queria ser deixado em paz. Ficamos em silêncio por um momento. Mas, por bem ou por mal, tenho essa tendência (que nunca consegui controlar) de encher o silêncio durante uma conversa com a minha própria voz.

– Engraçado, mas depois de tantos planos de fazer pesquisa que tinha naquela época, acabei entrando no mundo dos negócios – disse. – Agora sou um gerente de fábrica na UniCo.

Jonah balançou a cabeça. Ele parecia mais interessado e soltou uma baforada do seu charuto. Continuei falando. Não preciso de muito estímulo para continuar.

– Na verdade, é por isso que estou indo a Houston. Fazemos parte de uma associação de indústrias, e ela convidou a UniCo. para participar de um painel sobre robótica na conferência anual. A UniCo. me escolheu, já que minha fábrica é a que tem mais experiência com robôs.

– Entendo – Jonah disse. – Esse painel vai discutir conceitos técnicos?

– Mais relacionado aos negócios que técnico – respondi.

Então lembrei-me de que tinha algo que podia mostrar-lhe.

– Espere um pouco...

Abri minha pasta no colo e peguei a cópia do programa que a associação havia me mandado.

# A META

– Aqui está. – E li o programa para ele. – Robótica: a solução da década de 1980 para a Crise de Produtividade dos Estados Unidos... um painel de usuários e especialistas discute o impacto de robôs industriais na indústria americana.

Mas, quando olhei para ele, não parecia estar muito impressionado. Logo pensei que, como ele era um acadêmico, não entendia o mundo dos negócios.

– Você disse que sua fábrica usa robôs? – perguntou.

– Em alguns departamentos.

– E eles realmente aumentaram a produtividade da sua fábrica?

– Claro que sim. Tivemos... quanto? – Olho para o teto enquanto tento lembrar os números. – Acho que foi uma melhora de 36% em uma área.

– É mesmo... 36%? Então sua empresa está ganhando 36% mais dinheiro com a sua fábrica apenas com a instalação de alguns robôs? Incrível.

Não consegui me controlar e sorri.

– Bem, na verdade não. Todos gostaríamos que fosse assim tão fácil! Mas é muito mais complicado que isso. Sabe o que é, tivemos uma melhora de 36% apenas em um departamento.

Jonah olhou para o seu charuto e apagou-o no cinzeiro.

– Então você não aumentou de verdade a produtividade – disse ele.

Meu sorriso ficou amarelo.

– Acho que não entendo o que você quer dizer – comentei.

Jonah se inclinou para a frente e em tom conspiratório disse:

– Deixe-me perguntar uma coisa, só aqui entre nós: sua fábrica foi capaz de expedir um produto a mais por dia graças ao que aconteceu no departamento no qual você instalou os robôs?

– Bem, tenho de verificar os números...

– Você demitiu alguém? – ele perguntou.

Inclinei-me para trás, olhando para ele. O que ele queria dizer com isso?

– Você quer saber se mandamos alguém embora por causa da instalação dos robôs? – perguntei. – Não, temos um acordo com o nosso sindicato que diz que ninguém será demitido por causa de melhorias na produtividade. Transferimos as pessoas para outras áreas. Claro que, quando há uma queda nos negócios, nós demitimos.

– Mas os robôs não causaram nenhuma diminuição na despesa com gente na sua fábrica.

– Não – admiti.

– Então me diga, os seus inventários diminuíram?

Eu dei uma risadinha.

– Jonah, o que você quer dizer com isso?

– Apenas me diga. Os inventários diminuíram?

– Assim de cabeça, tenho de dizer que acho que não. Mas realmente preciso verificar os números.

– Verifique seus números se quiser. Mas, se seus inventários não diminuíram... sua despesa com mão de obra não foi reduzida... sua empresa não está vendendo mais produtos – o que obviamente não pode se você não está expedindo mais produtos –, então você não pode me dizer que seus robôs aumentaram a produtividade da sua fábrica.

Comecei a sentir meu estômago embrulhar, era como se estivesse em um elevador e o cabo arrebentasse.

– Sim, entendo o que você quer dizer, mais ou menos – disse. – Mas minhas eficiências aumentaram, meus custos diminuíram.

– Realmente? – Jonah perguntou e fechou seu livro.

– Claro que sim. Na verdade, essas eficiências estão por volta de 90%. E meu custo por peça diminuiu consideravelmente. Vou lhe contar, para continuarmos competitivos nos dias de hoje temos de fazer todo o possível para sermos mais eficientes e reduzirmos os custos.

Minha bebida chegou; a garçonete colocou-a na mesa ao meu lado. Dei uma nota de cinco dólares a ela e esperei o troco.

– Com eficiências tão altas você deve estar fazendo esses robôs trabalharem constantemente – Jonah disse.

– Obviamente. Temos de fazer isso, caso contrário perderíamos nossas economias no custo por peça. E nossas eficiências também cairiam. Isso não se aplica só aos robôs mas também a todos os nossos outros recursos produtivos. Temos de continuar produzindo para permanecermos eficientes e mantermos nossa vantagem no custo.

– É mesmo?

– Sem dúvida nenhuma. Mas isso, obviamente, não quer dizer que não tenhamos nossos problemas.

# A META

– Entendo – Jonah disse. Ele então sorriu. – Vamos lá! Seja honesto. Seus inventários estão saindo pelo teto, não é mesmo?

Olhei para ele. Como é que ele sabia?

– Se você está se referindo ao estoque em processo…

– Todos os seus inventários.

– Bom, depende. Em alguns lugares sim, eles estão altos.

– E tudo está sempre atrasado? – Jonah perguntou. – Você não consegue entregar nada em dia?

– Uma coisa eu admito, temos um tremendo de um problema para entregar os pedidos nas datas certas. Ultimamente isso tem sido um sério contratempo com os nossos clientes.

Jonah concordou com a cabeça, como se tivesse previsto isso.

– Espere um pouco… como é que você sabe de tudo isso?

Ele sorriu e disse:

– É só um palpite. Além do que, vejo muitos desses sintomas em muitas fábricas. Você não está sozinho.

– Mas você não é físico?

– Sou um cientista. E atualmente poderia dizer que estou trabalhando na ciência das organizações – especialmente as organizações industriais.

– Não sabia que existia essa ciência.

– Agora existe.

– O que quer que seja que você está fazendo, você tocou em algumas das minhas piores feridas, tenho de admitir isso. Como é que…

Paro, pois Jonah estava gritando algo em hebraico. De repente ele pegou um relógio velho de dentro de um bolso.

– Desculpe-me, Alex, mas se eu não me apressar vou perder meu voo.

Ele se levantou e pegou seu casaco.

– Que pena. Estou um tanto quanto intrigado com algumas coisas que você falou.

Jonah parou.

– Bem, se você começasse a pensar sobre o que conversamos, provavelmente conseguiria resolver as dificuldades da sua fábrica.

– Espere um pouco, talvez eu tenha lhe passado a impressão errada. Temos alguns problemas, mas não diria que minha fábrica está em dificuldades.

Ele me olhou direto nos olhos. Acho que ele sabia o que estava acontecendo.

— Espere — ouvi-me dizendo. — Tenho de matar um pouco de tempo. Posso acompanhá-lo até o avião? Você se importa?

— Não, claro que não. Mas temos de andar rápido.

Levantei-me e peguei meu casaco e minha pasta. Minha bebida estava lá, intacta. Tomei um gole rapidinho e a deixei lá. Jonah já estava indo na direção da porta e me esperou. Nós dois, então, saímos em um corredor em que as pessoas andavam apressadas para todos os lados. Jonah começou a andar rápido. Precisei me esforçar para acompanhá-lo.

— Estou curioso — disse a Jonah. — O que o fez suspeitar de que algo estava errado com a minha fábrica?

— Você mesmo me disse.

— Eu não disse nada disso.

— Alex, suas próprias palavras deixaram claro para mim que você não está gerenciando sua fábrica tão eficientemente. Você está fazendo exatamente o contrário. Você está gerenciando uma fábrica muito ineficiente.

— Não de acordo com as medições. Você por acaso está tentando me dizer que meu pessoal está errado naquilo que está relatando... que eles estão mentindo para mim ou algo do gênero?

— Não é muito provável que seu pessoal esteja mentindo para você. Mas suas medições definitivamente estão.

— Tudo bem, algumas vezes a gente dá uma ajeitada nos números aqui e ali. Mas todo mundo tem de jogar esse jogo.

— Você não está me entendendo. Você acha que está gerenciando uma fábrica eficiente... mas seu raciocínio está errado.

— O que há de errado com o meu raciocínio? Ele é igual ao raciocínio da maioria dos outros gerentes.

— Exatamente.

— O que você quer dizer com isso? — pergunto.

Estava começando a me sentir um pouco insultado com tudo aquilo.

— Alex, se você for como quase todo mundo, você aceita tantas coisas sem questioná-las que, de fato, acaba não pensando.

— Jonah, estou pensando o tempo todo. Isso faz parte do meu trabalho.

Ele discorda com a cabeça.

# A META

— Alex, diga-me de novo por que você acha que seus robôs foram uma melhoria tão grande assim.

— Porque eles aumentaram a produtividade.

— E o que é produtividade?

Penso por um minuto, tentando lembrar.

— De acordo com a definição da minha empresa, há uma fórmula que devemos usar, algo como o valor agregado por funcionário é igual...

Jonah moveu a cabeça novamente.

— Independentemente de como sua empresa a define, isso não é produtividade. Esqueça as fórmulas e tudo o mais por um instante e apenas me diga, com suas palavras, com a sua experiência: o que quer dizer ser produtivo?

Fiz uma curva. Na nossa frente vi os detectores de metal e os seguranças. Tinha pensado em parar ali e me despedir dele, mas Jonah não diminuiu sua velocidade.

— Apenas me diga, o que quer dizer ser produtivo? — ele perguntou novamente, enquanto passava pelo detector de metais. — Para você, pessoalmente, o que isso quer dizer?

Coloquei minha pasta na esteira e segui Jonah. Estava tentando imaginar o que é que ele queria ouvir.

— Bom, acho que quer dizer que estou realizando alguma coisa.

— Exatamente! Mas está realizando algo em relação a quê?

— Em relação a metas.

— Correto!

Ele tirou do bolso um charuto e o deu para mim.

— Meus parabéns — ele disse. — Quando você é produtivo, você está realizando algo em relação à sua meta, certo?

— Certo — respondi, enquanto pegava minha pasta.

Estávamos passando rapidamente pelos portões de embarque. Eu continuava passo a passo, tentando acompanhar Jonah.

— Alex, eu cheguei à conclusão de que produtividade é o ato de aproximar uma empresa da sua meta. Toda ação que aproximar a empresa da sua meta é produtiva. Toda ação que não aproximar a empresa da sua meta não é produtiva. Você está me entendendo?

— Sim, mas... para dizer a verdade, Jonah, isso é apenas bom senso.

— Isso é pura lógica, isso sim.

Paramos. Observei-o entregar sua passagem no balcão de embarque.

– Mas é muito simplista – digo. – Não me diz nada. Quero dizer, se estiver indo em direção à minha meta, sou produtivo e, se não estiver, então não sou produtivo; e daí?

– O que estou tentando lhe dizer é que produtividade não tem sentido a não ser que você saiba qual é a sua meta.

Ele pegou sua passagem e começou a andar na direção do portão de embarque.

– Tudo bem – eu disse. – Você pode ver dessa forma. Uma das metas da minha empresa é aumentar as eficiências. Portanto, sempre que eu aumento as eficiências estou sendo produtivo. É lógico.

Jonah parou de repente e se voltou para mim.

– Você sabe qual é o seu problema?

– Claro. Preciso melhorar minhas eficiências.

– Não, esse não é o seu problema. Seu problema é que você não sabe qual é a meta. Por falar nisso, só há uma meta, não interessa qual seja a empresa.

Aquilo me perturbou por um segundo. Jonah novamente começou a andar para o portão de embarque. Aparentemente todos os passageiros já haviam embarcado. Só restávamos nós dois na sala de espera. Continuei seguindo-o.

– Espere um pouco! Como assim, não sei qual é a meta? Sei sim.

A essa hora já estávamos na porta do avião. Jonah se voltou para mim. A aeromoça dentro da cabine olhava para nós.

– Verdade? Então me diga, qual é a meta da sua organização industrial?

– A meta é produzir produtos da forma mais eficiente que pudermos.

– Errado. Não é isso. Qual é a verdadeira meta?

Olhei para ele, perdido.

A aeromoça deu um passo à frente.

– Algum de vocês vai embarcar nesta aeronave?

– Só um segundo, por favor – respondeu-lhe Jonah e virou-se para mim. – Vamos lá, Alex! Rápido! Diga-me qual é a verdadeira meta, se você sabe qual é.

– Poder? – sugeri.

Ele pareceu surpreso.

– Bom... não está mau, Alex. Mas você não obtém poder apenas produzindo algo.

A aeromoça estava furiosa.

– Senhor, se não vai entrar nesta aeronave, deve voltar para o terminal – disse friamente.

Jonah a ignorou.

– Alex, você não pode entender o significado de produtividade a não ser que saiba qual é a meta. Enquanto isso, você estará apenas jogando com números e palavras.

– Muito bem, então é participação de mercado – eu disse. – Essa é a meta.

– É mesmo?

Ele entrou no avião.

– Espere! Você não vai me contar? – supliquei.

– Pense sobre isso, Alex. Você pode achar a resposta sozinho.

Ele entregou a passagem à aeromoça, olhou para mim e acenou. Levantei minha mão e percebi que ainda segurava o charuto. Coloquei-o no bolso do paletó. Quando levantei a cabeça de novo, ele já havia partido. Um agente da companhia aérea apareceu e disse secamente que ia fechar a porta.

# – 5 –

Este é um bom charuto.

Para quem conhece talvez esteja um pouco seco, já que passou muitas semanas no bolso do meu paletó. Mas fumo-o com prazer durante a grande reunião de Peach, enquanto me lembro daquele encontro estranho com Jonah.

Será que aquele encontro foi mais estranho que este? Peach está na nossa frente apontando para o centro de um gráfico com uma longa varinha. Uma fumaça dança lentamente no facho de luz do retroprojetor. Na minha frente alguém está usando a calculadora com fervor. A não ser eu, todos estão prestando muita atenção, fazendo anotações, comentários.

– ... parâmetros consistentes... ganho essencial... matriz de vantagens... recuperação plena de lucros... índices operacionais... oferece apoio tangencial...

Não tenho a menor ideia do que está acontecendo. Para mim, suas palavras soam como uma língua diferente – não exatamente uma língua estrangeira, mas uma língua que antes conhecia e da qual agora só tenho uma vaga lembrança. Os termos me parecem familiares, porém agora não tenho certeza de qual seja o significado deles. São apenas palavras.

*Você estará apenas jogando com números e palavras.*

Lá no aeroporto de Chicago, por alguns minutos, tentei pensar sobre o que Jonah havia dito. De alguma maneira o que ele havia dito fazia muito sentido; ele tinha alguns enfoques interessantes. Mas era como se alguém de outro mundo tivesse conversado comigo. Eu tinha de esquecer isso. Tinha de ir a Houston para falar sobre robôs. Estava na hora de pegar meu próprio voo.

Agora estou imaginando se Jonah não está mais perto da verdade do que havia imaginado. Isso porque, à medida que olho cada rosto, tenho a sensação de que compreendemos a medicina que estamos praticando tão bem quanto um curandeiro. Nossa tribo está morrendo e estamos dançando no meio da fumaça cerimonial, tentando exorcizar o demônio que nos aflige.

Qual é a verdadeira meta? Ninguém aqui perguntou algo assim tão básico. Peach está fazendo discursos sobre oportunidades de custos e alvos de "produtividade" e assim por diante. Hilton Smyth grita aleluia para qualquer coisa que Peach fale. Será que alguém realmente entende o que estamos fazendo?

Às dez Peach dá um intervalo. Todos, menos eu, saem para ir ao banheiro ou para tomar um café. Fico sentado até que todos deixem a sala.

O que diabos estou fazendo aqui? Eu me pergunto o que pode haver de bom para mim aqui – para qualquer um de nós – sentado nesta sala. Será que esta reunião (que está programada para durar o dia inteiro) pode tornar minha fábrica mais competitiva, salvar o meu emprego ou ajudar qualquer pessoa a fazer algo que beneficie alguém?

Não sei as respostas. Nem mesmo sei o que é produtividade, então como isso tudo pode deixar de ser uma total perda de tempo? Enquanto penso, guardo meus papéis na pasta e a fecho. A seguir, silenciosamente, saio da sala.

Em um primeiro momento tenho sorte. Chego ao elevador sem que ninguém me diga nada. Mas, enquanto estou esperando, Hilton Smyth passa por mim.

– Você não está nos abandonando, está, Al? – ele pergunta.

Por um segundo acho que vou ignorar a pergunta. Mas então percebo que Smyth pode, propositadamente, dizer algo a Peach.

– Preciso ir – respondo. – Estou com um problema na fábrica que exige minha presença.

– O quê? Uma emergência?

– Podemos dizer que sim.

As portas do elevador se abrem e entro. Smyth fica olhando para mim com uma expressão de curiosidade. As portas se fecham.

Passa pela minha cabeça que Peach pode me mandar embora por eu ter abandonado a reunião. Mas, na situação em que me encontro, isso significa apenas três meses a menos de ansiedade antes de acontecer, na minha opinião, o inevitável.

Não volto para a fábrica logo de cara. Fico dirigindo por um tempo. Coloco o carro em uma estrada e sigo nela até me cansar, quando então pego outra estrada. Algumas horas se passam. Não me importa onde estou; quero apenas estar longe de tudo. A liberdade é energizante, até o momento em que se torna chata.

Enquanto dirijo, tento não pensar nos negócios. Tento esvaziar minha mente. O dia está bonito, com muito sol. Está quente, sem nuvens, céu azul. Mesmo que ainda haja um certo ar de início de primavera, tudo em tons de amarelo e marrom, é um bom dia para cabular aula.

Lembro-me de olhar para o relógio um pouco antes de chegar aos portões da fábrica e vejo que já é mais de uma da tarde. Diminuo para fazer a curva do portão, quando – não encontro outras palavras para dizer isso – sinto que há algo errado. Olho para a fábrica, piso no acelerador e continuo dirigindo. Estou com fome; penso que deveria almoçar.

Mas acho que o motivo verdadeiro é que ainda não quero encontrar ninguém. Preciso pensar e não conseguirei fazer isso se voltar para o escritório agora.

A mais ou menos um quilômetro há uma pizzaria nesta estrada. Vejo que está aberta, então paro e entro. Sou conservador; peço uma pizza média com queijo extra, *pepperoni*, linguiça, cogumelos, pimentões verdes, pimenta, azeitonas pretas, cebola e – hummmmmm – um pouco de aliche. Enquanto espero, não consigo resistir aos petiscos que estão no caixa, e peço ao siciliano que administra o lugar que me sirva salgadinhos, batatas fritas e – dali a pouco – *pretzels*. Traumas abrem o meu apetite.

Mas há um problema. Não dá para engolir salgadinhos com refrigerante. Para isso é preciso cerveja, e adivinha o que eu vejo no refrigerador? Claro que geralmente não bebo durante o dia… mas olho a luz refletida naquelas latinhas geladas…

– Dane-se.

Pego seis latinhas de Bud.

Saio depois de pagar US$ 14,62.

Um pouco antes da fábrica, no outro lado da estrada, há uma estrada de terra que leva a uma pequena colina. É um acesso para uma subestação a um quilômetro dali. Então, impulsivamente, viro com força a direção. O Buick sai da estrada de um salto e entra no chão de terra, e graças a um reflexo rápido seguro a pizza antes que ela caia no chão. Levanto um pouco de poeira para chegar ao topo.

Estaciono o carro, desabotoo a camisa, tiro a gravata e o casaco, para salvá-los do inevitável, e abro minhas guloseimas.

A uma certa distância, lá embaixo, do outro lado da estrada, está a minha fábrica. Ela está situada em um amplo terreno, uma grande caixa cinza de aço sem janelas. Sei que lá dentro estão cerca de quatrocentas pessoas trabalhando no turno do dia. Seus carros estão parados no estacionamento. Olho um caminhão dar marcha a ré entre outros dois que estão no pátio de entregas. Os caminhões trazem materiais que as máquinas e as pessoas lá dentro vão usar para fazer alguma coisa. Do outro lado, mais caminhões estão sendo carregados com o que foi produzido. Em termos simples, é isso que está acontecendo. Eu tenho de administrar as coisas que acontecem lá embaixo.

Abro uma das latas de cerveja e começo a comer a pizza.

A fábrica parece um marco. É como se ela sempre tivesse existido lá, como se sempre fosse estar lá. Sei que a fábrica tem apenas uns quinze anos e que ela pode não existir mais nesse lugar daqui a quinze anos.

# A META

Então, qual é a meta?

O que devemos fazer lá embaixo?

O que mantém esse lugar funcionando?

Jonah disse que há uma só meta. Bom, não entendo como é que pode ser. Fazemos muitas coisas no dia a dia do nosso trabalho, e tudo é importante. Quase tudo... ou não as faríamos. Que diabos, todas essas coisas poderiam ser metas.

Quero dizer, por exemplo, uma das coisas que uma indústria precisa fazer é comprar matéria-prima. Precisamos desse material para produzir e temos de comprá-lo pelo melhor preço; portanto, comprar de uma maneira eficiente é muito importante para nós.

Aliás, a pizza está ótima. Estou devorando meu segundo pedaço quando uma voz dentro da minha cabeça pergunta: mas isso é a meta? Comprar de uma maneira eficiente é a razão da existência dessa fábrica?

Tenho de rir. Quase engasgo.

Até parece. Alguns dos gênios no departamento de compras até agem como se essa fosse a meta. Eles estão aí alugando armazéns para estocar toda a porcariada que eles estão comprando a baixo custo. O que é que temos hoje? Trinta e dois meses de suprimento de arame de cobre? Um inventário de sete meses de chapas de aço inoxidável? Todo tipo de coisa.

Eles têm milhões de dólares comprometidos no que eles compraram – e a preços ótimos.

Não, falando dessa forma, comprar a preços baixos definitivamente não é a meta dessa fábrica.

O que mais fazemos? Empregamos pessoas – centenas delas aqui, e dezenas de milhares em toda a UniCo. Nós, as pessoas, somos supostamente o "ativo mais importante" da UniCo., como já escreveram em um relatório anual. Deixando de lado a cascata, é verdade que a empresa não funcionaria sem bons funcionários com diferentes habilidades e profissões.

Pessoalmente, fico feliz que ela empregue pessoas. Um salário seguro todos os meses vale muito. Mas com certeza a fábrica não existe para dar empregos às pessoas. Afinal de contas, quantas pessoas já mandamos embora até agora?

De qualquer forma, mesmo se a UniCo. oferecesse emprego vitalício como algumas empresas japonesas fazem, mesmo assim eu ainda não poderia dizer que a meta é dar empregos. Muitas pessoas parecem pensar que essa é a meta e agem como tal (alguns gerentes que gostam de criar seus próprios impérios e políticos, e esses são apenas dois exemplos), mas a fábrica não foi construída com o propósito de pagar salários e dar uma ocupação às pessoas.

Muito bem, então por que é que a fábrica foi construída?

Ela foi construída para produzir. Por que motivo essa não pode ser a meta? Jonah disse que não era. Mas não vejo por que não. Somos uma empresa de manufatura. Isso quer dizer que precisamos produzir algo, não é? Não é essa toda a questão, produzir produtos? Por que outro motivo estamos aqui?

Penso sobre alguns dos jargões que ultimamente estão na moda.

E a qualidade?

Talvez seja isso. Se você não cria produtos com qualidade, tudo o que tem no final é um monte de erros caros. Você tem de satisfazer os desejos do cliente com um produto de qualidade, ou logo você não estará mais no mercado. A UniCo. já aprendeu essa lição.

Implementamos um projeto enorme para melhorar a qualidade. Por que o futuro da empresa não está seguro? E, se a meta realmente fosse qualidade, como é que uma empresa como a Rolls-Royce quase foi à falência?

A qualidade, sozinha, não pode ser a meta. É importante, mas não é a meta. Por quê? Por causa dos custos?

Se a produção a baixo custo é essencial, então a eficiência deveria ser a resposta. Tudo bem... talvez sejam as duas juntas: qualidade e eficiência. Elas tendem a caminhar juntas. Quanto menos erros forem cometidos, menos retrabalho terá de ser feito, o que pode levar a custos menores e assim por diante. Talvez fosse isso que o Jonah estava querendo dizer.

Produzir com eficiência um produto de qualidade: essa deve ser a meta. "Qualidade e eficiência". Essas são duas belas palavras. Algo como "maternidade e o jeito americano".

Eu me recosto e abro outra cerveja. A pizza já virou história. Por alguns momentos me sinto satisfeito.

Mas algo não está certo, e não é apenas indigestão. Produzir com eficiência produtos de qualidade pode parecer uma boa meta. Mas essa meta conseguiria manter a fábrica funcionando?

Alguns modelos me vêm à cabeça e me preocupam. Se a meta é produzir com eficiência artigos de qualidade, por que a Volkswagen ainda não voltou a fazer o Fusca? Esse era um produto de boa qualidade que podia ser produzido a baixo custo. Ou, indo ainda mais longe, por que a Douglas não continuou fabricando o DC-3? Pelo que ouvi dizer, o DC-3 era um ótimo avião. Aposto que, se tivessem continuado a fabricá-lo, eles poderiam fazê-lo com muito mais eficiência do que fazem o DC-10.

Produzir com eficiência um produto de qualidade não é suficiente. A meta tem de ser outra coisa.

Mas o quê?

Enquanto bebo a cerveja, observo o acabamento suave da lata de alumínio que tenho na mão. A tecnologia de produção em massa é realmente incrível. E pensar que esta lata, até pouco tempo, era uma rocha dentro da terra. Então nós chegamos com um pouco de *know-how* e algumas ferramentas e transformamos a rocha em um metal leve e maleável que podemos até reciclar. Isso é incrível...

Espere um pouco, é isso!

Tecnologia: esse é o xis da questão. Temos de estar na liderança da tecnologia. Isso é essencial para a empresa. Se não acompanharmos a tecnologia, estaremos acabados. Então essa é a meta.

Bem, pensando bem... não é isso. Se tecnologia é a verdadeira meta de uma organização industrial, então como é que os cargos de maior responsabilidade não são de pesquisa e desenvolvimento? Por que pesquisa e desenvolvimento estão sempre relegados a segundo plano nos organogramas que já vi? E vamos supor que tivéssemos todo tipo de máquina de última geração que pudéssemos usar – isso nos salvaria? Não, claro que não. Então tecnologia é importante, mas não é a meta.

Talvez a meta seja uma combinação de eficiência, qualidade e tecnologia. Mas, nesse caso, volto a afirmar que temos muitas metas importantes. E, na verdade, isso é a mesma coisa que não dizer nada, além do que, isso não se encaixa no que Jonah me falou.

Estou perplexo.

Olho para baixo. Na frente da grande caixa de aço que é a fábrica há uma caixa menor de concreto e vidro que abriga os escritórios. O meu escritório é o da frente, à esquerda. Olhando daqui, quase consigo ver a pilha de recados que minha secretária está amontoando na minha mesa.

Pois bem. Levanto minha cerveja para tomar um longo e gostoso gole. À medida que inclino a cabeça, eu os vejo. Depois da fábrica há outros dois altos e estreitos prédios. São nossos armazéns. Estão lotados até o topo de peças de reposição e de mercadorias não vendidas; vinte milhões de dólares em estoque de produtos acabados: produtos de boa qualidade e da melhor tecnologia, todos produzidos com eficiência, dentro de suas caixas, selados em sacos plásticos com os cartões de garantia e com um pouquinho do ar original da fábrica – e esperando que alguém os compre.

Então é isso. Obviamente que a UniCo. não opera as suas fábricas apenas para encher um armazém. A meta é vender.

Mas, se a meta é vender, por que Jonah não aceitou a participação de mercado como meta? A participação de mercado é ainda mais importante como meta do que as vendas. Se você tem a maior participação de mercado, tem as melhores vendas na sua indústria. Conquiste o mercado e você está feito. Não é verdade?

Talvez não. Lembro-me da velha frase: "Estamos perdendo dinheiro mas vamos compensar isso com volume". Muitas vezes uma empresa vende com prejuízo ou com uma pequena margem sobre os custos – como a UniCo. já é famosa por fazer – só para se livrar do inventário. Você pode ter uma grande participação de mercado, mas quem é que se importa com isso se você não estiver ganhando dinheiro?

Dinheiro. Bem, é claro… dinheiro é o xis da questão. Peach vai fechar a fábrica porque ela está custando muito dinheiro para a empresa. Então tenho de descobrir maneiras de reduzir a perda de dinheiro da empresa…

Espere um pouco. Suponhamos que eu faça algo brilhante e com isso consiga parar as perdas da empresa de forma que não haja mais prejuízo. Isso nos salvaria?

Não a longo prazo. A fábrica não foi construída para apenas não ter prejuízo. A UniCo. não está no mercado apenas para não ter prejuízo. A empresa existe para ganhar dinheiro.

Agora entendo.

A meta de uma empresa industrial é ganhar dinheiro.

Por que outra razão J. Bartholomew Granby teria começado a sua empresa em 1881 e colocado no mercado o seu fogão a carvão aperfeiçoado? Foi pelo amor às utilidades domésticas? Foi um gesto público magnânimo para proporcionar conforto a milhões de pessoas e aquecê-las? Obviamente que não. O velho J. Bart fez isso para ganhar muita grana, e ele se deu bem – pois o fogão era uma joia de produto no seu tempo. Com isso os investidores lhe deram mais dinheiro para que eles pudessem ganhar muita grana e para que J. Bart pudesse ganhar ainda mais.

Mas será que ganhar dinheiro é a única meta? O que são todas essas outras coisas com as quais estive me preocupando?

Tiro um bloco de anotações de dentro da pasta e uma caneta do bolso do casaco. Faço uma lista de todos os itens que as pessoas acham que são metas: compras a baixo custo, empregar bons funcionários, produzir artigos de qualidade, vender produtos de qualidade, conquistar participação de mercado. Incluo até outras coisas, como comunicações e satisfação do cliente.

Todas essas coisas são essenciais para se gerenciar com sucesso uma empresa. O que todas elas fazem? Elas fazem com que a empresa seja capaz de ganhar dinheiro. Mas elas, sozinhas, não são a meta; elas são apenas o meio de se atingir a meta.

Como posso ter certeza disso?

Bem, não tenho certeza. Não certeza absoluta. Mas adotar "ganhar dinheiro" como a meta de uma organização industrial me parece um ótimo pressuposto. Isso porque, primeiramente, não há um só item nessa lista que possa ter algum valor se a empresa não ganhar dinheiro.

Pois o que aconteceria se uma empresa não ganhasse dinheiro? Se a empresa não ganhasse dinheiro produzindo e vendendo produtos, ou com contratos de manutenção, ou vendendo alguns dos seus ativos, ou por algum outro meio... a empresa estaria acabada. Ela encerraria suas atividades. Dinheiro tem de ser a meta. Nada pode substituí-lo. De qualquer forma, tenho de partir desse pressuposto.

Se a meta é ganhar dinheiro, então (usando termos que Jonah talvez usasse) uma ação que nos leve na direção de ganhar dinheiro é produtiva. E uma ação que não nos leve na direção de ganhar dinheiro é não produtiva. No último ano, ou até há mais tempo, a fábrica tem ido na direção oposta à meta. Portanto, para salvar a fábrica tenho de torná-la produtiva; tenho de fazer a fábrica ganhar dinheiro para a UniCo. Essa é uma afirmação simplificada do que está ocorrendo, mas é precisa. Pelo menos é um ponto de partida lógico.

Através do para-brisas, o mundo é frio e luminoso. A luz do sol parece ter ficado bem mais intensa. Olho à minha volta como se tivesse saído de um longo transe. Tudo me é familiar, mas ao mesmo tempo me

# -6-

Pelo meu relógio são 4h30 da tarde quando paro meu Buick no estacionamento da fábrica. Uma coisa que consegui fazer com eficiência foi evitar o escritório. Pego minha pasta e saio do carro. A caixa de vidro do escritório está diante de mim, silenciosa como a morte. Como uma armadilha. Sei que estão todos lá dentro, esperando para dar o bote. Decido fazer um desvio pela fábrica. Quero apenas ter uma visão nova das coisas.

Ando até uma porta para entrar na fábrica. Pego, dentro da minha pasta, os óculos de segurança que sempre carrego comigo. Há uma prateleira com capacetes ao lado de uma das mesas perto da parede. Pego um, coloco-o na cabeça e entro na fábrica.

Quando dobro uma esquina e entro em uma das áreas de trabalho, sem querer surpreendo três sujeitos sentados em um banco em uma das áreas livres. Eles estão lendo jornal e conversando entre eles. Um deles me vê e cutuca os outros. O jornal é dobrado e escondido com a agilidade de uma cobra desaparecendo na grama. Todos os três, sem muita pressa, começam a se ocupar e seguem em direções diferentes.

Em outra ocasião eu poderia ter ignorado o fato. Mas hoje isso me deixa furioso. Que droga, os horistas sabem que esta fábrica está com problemas. Com todas as demissões que foram feitas, eles têm de saber. É de se supor que todos estariam se esforçando para salvar o lugar. E aqui estão três sujeitos, todos ganhando em torno de dez ou doze dólares por hora, sem fazer nada. Vou procurar o supervisor deles.

Depois que lhe conto que três dos seus homens estão à toa sem ter o que fazer, ele me dá alguma desculpa como a de que eles já haviam cumprido suas cotas e estavam esperando umas peças.

— Se você não consegue mantê-los ocupados, eu encontro outro departamento que consiga. Agora ache algo para eles fazerem. Ou você ocupa o seu pessoal, ou fica sem ele, entendeu?

# A META

Do final do corredor olho para trás. Agora o supervisor está fazendo com que os três sujeitos desloquem um material de um lado do corredor para o outro. Sei que provavelmente isso é só para mantê-los ocupados, mas que diabos; pelo menos esses sujeitos estão trabalhando. Se eu não tivesse falado nada, quem sabe quanto tempo teriam ficado sentados?

Então penso em algo: agora aqueles três sujeitos estão ocupados, mas isso vai nos ajudar a ganhar dinheiro? Eles podem estar trabalhando, mas eles estão sendo produtivos?

Por um momento penso em voltar e falar ao supervisor que faça com que os sujeitos produzam algo. Mas talvez não haja nada em que eles possam trabalhar nesse momento. Entretanto, mesmo que eu pudesse transferi-los para um lugar onde pudessem produzir, como saberia que aquele trabalho nos ajudaria a ganhar dinheiro?

Esse é um pensamento estranho.

Posso pressupor que fazer as pessoas trabalharem e ganhar dinheiro é a mesma coisa? Fazíamos isso no passado. A regra básica tem sido manter todos e tudo trabalhando o tempo todo; continuamente empurrando produtos para fora da porta. E quando não há trabalho a fazer, cria-se algum. E se, mesmo assim, não conseguimos fazê-los trabalhar, eles são demitidos.

Olho à minha volta e vejo que a maioria das pessoas *está* trabalhando. Aqui dentro pessoas ociosas são a exceção. Quase todo mundo está trabalhando o tempo todo, e não estamos ganhando dinheiro.

Uma escada em zigue-zague dá acesso a uma plataforma suspensa. Subo até estar a meio caminho do teto, e assim posso olhar toda a fábrica.

Estão acontecendo muitas coisas lá embaixo o tempo todo. Quase tudo que estou vendo é uma variável. A complexidade nesta fábrica – em *qualquer* fábrica – é desconcertante se você pensar no assunto. As situações no chão da fábrica estão sempre mudando. Como é que eu posso controlar o que está acontecendo? Como posso saber se qualquer ação na fábrica é produtiva ou não em termos de ganhar dinheiro?

Supostamente, a resposta está na minha pasta, que está pesada na minha mão. Ela está cheia de relatórios e outras coisas que Lou providenciou para a reunião.

Realmente temos muitas medições que deveriam nos dizer se somos produtivos. Mas o que elas realmente nos dizem é se alguém lá embaixo "trabalhou" todas as horas que nós o pagamos para tal. Elas nos dizem se a produção por hora ficou dentro do nosso padrão para aquela tarefa. Elas nos dizem o "custo do produto", as "variações na mão de obra direta", e todas essas coisas. Mas como é que eu realmente sei se o que acontece aqui está fazendo dinheiro para a gente, ou se estamos apenas jogando com a contabilidade? Deve haver uma conexão, mas como devo defini-la?

Desço a escada.

Talvez eu devesse simplesmente mandar um memorando furioso sobre os males de se ler jornal no trabalho. Será que isso vai nos trazer o lucro de volta?

Quando finalmente piso na minha sala são mais de cinco da tarde, e a maioria das pessoas que poderia estar esperando por mim já se foi. Fran foi provavelmente uma das primeiras a sair, mas ela me deixou recados de todas. Mal posso ver o telefone debaixo deles. Metade dos recados parece ser de Bill Peach. Pelo jeito ele descobriu a minha escapada.

Pego o telefone com relutância e ligo para ele. Mas Deus é misericordioso. O telefone toca por dois minutos e ninguém atende. Respiro calmamente e desligo.

Sentado na minha cadeira, observo o vermelho-dourado do entardecer lá fora e continuo pensando sobre medições, sobre todas as formas que usamos para avaliar o desempenho: cumprimento de programações e de datas de entrega, giro de estoque, vendas totais, despesas totais. Será que há uma forma simplificada de saber se estamos ganhando dinheiro?

Alguém bate levemente à porta.

Eu me viro. É Lou.

Como já mencionei anteriormente, Lou é o *controller* da fábrica. Ele é um homem mais velho e barrigudo, que está a uns dois anos da aposentadoria. Na melhor tradição dos contadores, ele usa óculos bifocais. Mesmo vestindo ternos caros, de alguma forma ele sempre parece estar um pouco desarrumado. Ele veio da matriz para cá há uns vinte anos. Seu cabelo é branco como a neve. Fico pensando que a sua razão de existir é ir à convenção nacional dos contadores e se descontrair. A maior parte do tempo ele é muito bem-educado – até você tentar enganá-lo. Aí ele vira o Godzilla.

– Olá! – ele diz da porta.

Aceno com a mão para ele entrar.

— Queria só avisá-lo que Bill Peach ligou hoje à tarde – diz Lou. – Você não deveria estar em uma reunião com ele hoje?

— O que é que Bill queria?

— Ele precisava atualizar alguns números. Parecia meio irritado porque você não estava lá.

— Você providenciou o que ele queria?

— Sim, quase tudo. Já mandei para ele; deve receber tudo amanhã de manhã. O que ele queria era praticamente o mesmo que dei a você.

— E o que faltou?

— Só umas coisinhas que tenho de juntar. Devo ter isso pronto amanhã.

— Deixe-me ver antes de mandar, está bem? Só para eu ficar a par.

— Claro.

— Você tem um tempinho?

— Sim, o que foi? – ele pergunta, provavelmente achando que eu vou contar o que está acontecendo entre mim e Peach.

— Sente-se.

Lou pega uma cadeira.

Penso por um segundo, tentando achar as palavras certas. Lou espera ansiosamente.

— Esta é apenas uma questão simples, fundamental – digo.

Lou sorri.

— É dessas que gosto.

— Você diria que a meta desta empresa é ganhar dinheiro?

Ele cai na gargalhada.

— Você está brincando? É uma charada?

— Não, só quero saber.

— Claro que é ganhar dinheiro!

— Então a meta da empresa é ganhar dinheiro, certo? – volto a perguntar.

— Sim. Também temos de produzir coisas.

— Opa, espere um pouco. Produzir é apenas um meio para alcançar a meta.

Explico a ele toda a linha de raciocínio. Ele escuta. Lou é um cara bem inteligente. Você não precisa explicar todos os detalhes a ele. No final de tudo, ele concorda comigo.

— Então aonde você quer chegar?

ELIYAHU M. GOLDRATT

– Como é que sabemos se estamos ganhando dinheiro?

– Bom, há várias formas – diz ele.

Nos minutos que seguem, Lou fala sobre vendas totais, participação de mercado, lucratividade, dividendos pagos a acionistas, e assim por diante. Eu finalmente levanto a mão.

– Deixe-me colocar essa questão desta forma. Vamos supor que você vai reescrever os livros. Vamos supor que você não dispõe de todos esses termos e que tem de inventá-los à medida que faz esse trabalho. Qual o número mínimo de medidas que você precisaria para saber se estamos ganhando dinheiro?

Lou coloca um dedo ao longo da face e olha para os seus sapatos através dos óculos bifocais.

– Bom, você teria de ter algum tipo de medida absoluta – diz. – Algo para dizer em dólares ou ienes, ou em qualquer moeda, quanto dinheiro ganhamos.

– Algo como lucro líquido, certo?

– Isso mesmo, lucro líquido. Mas só isso não é suficiente porque uma medida absoluta não vai dizer muita coisa.

– Ah, não? Por que preciso saber algo mais se já sei quanto dinheiro ganhei? Você me entende? Se somar o que ganhei e subtrair as despesas, e com isso calcular o meu lucro líquido, o que mais preciso saber? Vamos dizer que ganhei dez milhões ou vinte milhões de dólares, ou qualquer outra quantia.

Por um instante Lou me olha como se eu fosse muito burro.

– Muito bem – diz. – Vamos supor que você tenha feito os cálculos e descoberto que ganhou dez milhões de dólares de lucro… uma medida absoluta. Assim, isolado, isso parece muito dinheiro, como se você realmente tivesse uma galinha dos ovos de ouro. Mas com quanto você começou?

Ele faz uma pausa para causar efeito.

– Você vê? Quanto foi preciso para gerar dez milhões? Foi apenas um milhão? Então você ganhou dez vezes mais dinheiro do que investiu. Dez para um, isso é realmente muito bom. Mas vamos dizer que você investiu um bilhão e só ganhou uns míseros dez milhões. Isso é péssimo.

– Está bem, está bem. Só estava perguntando para ter certeza.

— Então você também precisa de uma medida relativa. Você precisa de algo como retorno sobre o investimento... RSI, alguma comparação entre o dinheiro ganho e o dinheiro investido.

— Muito bem, mas com essas duas medidas podemos dizer como a empresa está indo, não é?

Lou quase concorda com a cabeça, mas a seguir fica pensativo.

— Bem... — diz.

Também penso sobre isso.

— Sabe, é possível uma empresa ter lucro líquido e RSI positivos e mesmo assim ir à falência.

— Quando ela fica sem caixa? — pergunto.

— Isso mesmo. O que mata a maioria das empresas é um fluxo de caixa ruim.

— Então temos de incluir o fluxo de caixa como uma terceira medida?

Ele concorda com a cabeça.

— Sim, mas suponha que, por um ano, você tenha caixa suficiente entrando todo mês para pagar as despesas – digo. – Se você tem caixa suficiente, então o fluxo de caixa não importa.

— Mas, se não tiver, nada mais importa. Essa é uma medida de sobrevivência: fique acima da linha e você estará bem; vá abaixo da linha e estará morto.

Olhamos um para o outro.

— Isso está acontecendo conosco, não é? — Lou pergunta.

Eu concordo com a cabeça.

Lou olha para fora. Ele fica em silêncio e depois diz:

— Sabia que isso estava para acontecer. Era só uma questão de tempo.

Ele para e olha de novo para mim.

— O que vai acontecer conosco? O Peach falou alguma coisa?

— Eles estão pensando em fechar.

— Vai haver uma consolidação? — ele pergunta.

O que ele está realmente perguntando é se terá um emprego.

— Honestamente, não sei – respondo. – Imagino que algumas pessoas serão transferidas para outras fábricas ou outras divisões, mas não entramos nesse tipo de detalhe.

Lou tira um cigarro do maço que está no bolso da camisa. Vejo-o bater o fundo do cigarro, repetidamente, no braço da cadeira.

— 56 —

– Dois aninhos para a aposentadoria – ele murmura.

– Ei, Lou – falo, tentando evitar o seu desespero. – O pior que pode acontecer com você é uma aposentadoria precoce.

– Droga! Eu não *quero* uma aposentadoria precoce!

Ambos ficamos em silêncio por algum tempo. Lou acende seu cigarro. Estamos sentados. Finalmente digo:

– Olha, eu ainda não desisti.

– Al, se Peach diz que isso é o fim...

– Ele não disse isso. Ainda temos tempo.

– Quanto tempo?

– Três meses.

Ele quase ri.

– Esqueça, Al. Nunca conseguiremos.

– Eu falei que não vou desistir. Certo?

Ele fica em silêncio por um minuto. Fico sentado pensando que não posso afirmar que estou dizendo a verdade. Tudo o que consegui descobrir até agora é que temos de fazer a fábrica ganhar dinheiro.

Muito bem, Rogo, *como* é que fazemos isso? Ouço Lou soltar uma grande baforada de fumaça. Com a voz cheia de resignação ele diz:

– Tudo bem, Al. Vou lhe dar toda a ajuda que puder. Mas...

Ele não termina a sentença, apenas balança a mão no ar.

– Vou precisar da sua ajuda, Lou. A primeira coisa que preciso de você é que não conte nada disso a ninguém, por enquanto. Se isso se espalhar, não vamos conseguir fazer com que levantem um dedo por aqui.

– Tudo bem, mas você sabe que isso não vai ficar em segredo por muito tempo.

Sei que ele está certo.

– Então, qual é o seu plano para salvar este lugar? – Lou pergunta.

– A primeira coisa que estou tentando é ter uma ideia clara do que precisamos fazer para continuarmos no negócio.

– Ah, então era para isso que falamos sobre as medidas. Veja bem, Al, não perca seu tempo com tudo isso. O sistema é o sistema. Você quer saber o que está errado? Eu lhe digo.

E ele fala, por mais ou menos uma hora. A maior parte do que diz eu já havia ouvido antes, é o tipo de coisa que todo mundo já ouviu: é tudo culpa do sindicato; se todos trabalhassem com mais afinco; ninguém dá a

# A META

mínima para a qualidade; veja os japoneses – eles sabem como trabalhar, nós já não sabemos mais; e assim por diante. Ele até me fala que tipo de autoflagelação deveríamos fazer para nos castigar. Na verdade, o que Lou está fazendo é desabafar, e é por isso que o deixo falar.

Mas fico sentado imaginando. Lou é um sujeito inteligente. Somos todos razoavelmente inteligentes; na sua folha de pagamento a UniCo. tem muitas pessoas inteligentes e bem preparadas. Fico sentado ouvindo Lou dar suas opiniões, que parecem boas do jeito que ele as expõe, e fico imaginando por que estamos escorregando para o nada a cada minuto que passa se somos de fato tão inteligentes.

Algum tempo depois do pôr do sol, Lou decide ir para casa. Eu fico. Depois que Lou sai, fico sentado à minha mesa com um bloco de papel na frente. Escrevo no papel as três medidas que Lou e eu concordamos serem centrais para saber se a empresa está ganhando dinheiro: lucro líquido, RSI e fluxo de caixa.

Tento descobrir se alguma dessas três medidas pode ser favorecida em detrimento das outras duas de uma forma que me permita ir atrás da minha meta. Sei, pela minha experiência, que há vários jogos que as pessoas no topo da empresa podem jogar. Elas podem fazer a empresa dar um lucro líquido maior este ano em detrimento do lucro líquido no futuro (não dar dinheiro para pesquisa e desenvolvimento, por exemplo; esse tipo de coisa). Elas podem tomar várias decisões sem risco e fazer com que qualquer uma dessas medidas pareça excelente e que as outras pareçam péssimas. Além disso, a relação entre as três talvez tenha de variar de acordo com as necessidades do negócio.

Então me recosto.

Se eu fosse J. Bart Granby III sentado no topo da torre corporativa da minha empresa e se meu controle sobre a empresa estivesse seguro, eu não iria querer jogar nenhum desses jogos. Não iria querer ver uma medida melhorar enquanto as outras duas fossem ignoradas. Gostaria de ver um aumento no lucro líquido, no retorno sobre o investimento e no fluxo de caixa – as três medidas. Gostaria de ver as três aumentarem o tempo todo.

Rapaz, pense nisso. Se conseguíssemos fazer com que todas as medidas aumentassem simultaneamente e para sempre, realmente estaríamos ganhando dinheiro.

Então esta é a meta: ganhar dinheiro aumentando ao mesmo tempo o lucro líquido, o retorno sobre o investimento e o fluxo de caixa.

Escrevo isso.

Sinto que estou indo bem. As partes parecem estar se encaixando. Encontrei uma meta clara e bem definida. Selecionei três medidas inter--relacionadas para avaliar o progresso em direção à meta. E concluí que temos de tentar alcançar aumentos simultâneos nas três medidas. Nada mau para um dia de trabalho. Acho que Jonah estaria orgulhoso de mim.

Agora eu me pergunto: como crio uma conexão direta entre as três medidas e o que acontece na fábrica? Se conseguir achar alguma relação lógica entre as nossas operações diárias e o desempenho global da empresa, terei base para saber se algo é produtivo ou não... se vai em direção à meta ou no sentido oposto.

Vou até a janela e olho para a escuridão.

Meia hora depois minha mente está tão escura quanto fora da janela.

Minha cabeça está repleta de ideias sobre margem de lucro, investimentos de capital e conteúdo de mão de obra direta, e tudo isso é muito convencional. É a mesma linha básica de pensamento que todos seguem há cem anos. Se eu seguir essa linha de pensamento chegarei às mesmas conclusões que todo mundo e não a um entendimento melhor sobre o que se passa do que o que tenho agora.

Estou perdido.

Saio de perto da janela. Atrás da minha mesa há uma prateleira de livros; pego um livro-texto, dou uma folheada, coloco-o de volta, pego outro, dou uma folheada, coloco-o de volta.

Finalmente desisto. É tarde.

Olho para o relógio – e me assusto. Já são mais de dez da noite. De repente percebo que não liguei para Julie para avisá-la que não iria jantar em casa. Ela deve estar muito furiosa comigo; ela sempre fica quando não ligo.

Pego o telefone e disco. Julie atende.

– Oi – digo. – Adivinhe quem teve um péssimo dia.

– É? Isso não é novidade – diz ela. – Acontece que o meu dia também não foi dos melhores.

– Tudo bem, então nós dois tivemos um dia horrível. Desculpe não ter ligado mais cedo. Fiquei absorto com os problemas.

A META

Uma grande pausa.

– Bem, de qualquer forma, não consegui achar uma babá – diz.

Então a ficha cai; a nossa noite que havia sido adiada deveria acontecer hoje à noite.

– Desculpe, Julie. Desculpe mesmo. Eu esqueci completamente.

– Fiz o jantar. Depois de esperar você por duas horas comemos. O seu jantar está no micro-ondas se você quiser.

– Obrigado.

– Lembra-se da sua filha? A menina que está apaixonada por você? – Julie pergunta.

– Não precisa ser sarcástica.

– Ela esperou ao lado da janela da frente a noite toda até eu mandá-la para a cama.

Fecho os olhos.

– Por quê?

– Ela quer lhe mostrar uma surpresa.

– Olha, chegarei em casa em mais ou menos uma hora.

– Não tem pressa.

Ela desliga antes que eu possa dizer adeus.

Realmente, a essa altura do campeonato, não há por que me apressar para ir para casa. Pego meu capacete e meus óculos e vou até a fábrica fazer uma visitinha ao Eddie, o supervisor do segundo turno, e ver como estão indo as coisas.

Quando chego lá, Eddie não está no seu escritório; ele está lidando com algo no chão da fábrica. Mando chamá-lo. Finalmente, vejo-o chegando do outro lado da fábrica. Observo-o enquanto ele anda para cá. Há algo em Eddie que sempre me irritou. Ele é um supervisor competente. Não é excepcional, mas é bom. Não é o seu trabalho que me irrita, é alguma outra coisa.

Observo a forma como ele anda. Cada passo é muito regular.

Então percebo. É isso que me irrita nele; é o jeito como ele anda. Bom, é mais do que isso; o andar dele é peculiar ao tipo de pessoa que ele é. Ele anda com os pés um pouco voltados para dentro, como se andasse literalmente em uma linha reta e estreita. Suas mãos se cruzam brevemente à sua frente, parecendo apontar para cada pé. E ele faz tudo isso como se tivesse lido em algum manual que é dessa forma que se deve andar.

— 60 —

Enquanto ele se aproxima, penso que Eddie provavelmente nunca fez nada de errado em toda a sua vida – a não ser que isso fosse esperado dele. Podemos chamá-lo de sr. Padrão.

Falamos sobre alguns dos pedidos que estão em andamento. Como sempre, tudo está fora do controle e obviamente Eddie não percebe isso. Para ele, está tudo normal. E, se está normal, deve estar certo.

Ele me conta – detalhadamente – o que está sendo feito esta noite. Só para me distrair, fico com vontade de pedir a Eddie que defina o que ele está fazendo hoje em termos, por exemplo, de lucro líquido.

Gostaria de perguntar-lhe:

– Diga-me uma coisa, Eddie, qual foi o nosso impacto no RSI durante a última hora? O que foi que o seu turno fez para melhorar o nosso fluxo de caixa? Estamos ganhando dinheiro?

Não que Eddie não tenha ouvido falar desses termos, mas é que essas preocupações não fazem parte do seu mundo. Este é medido em termos de peças por hora, homens-horas trabalhadas, número de pedidos completados. Ele sabe quais são os padrões de produção, ele sabe quais são os fatores de refugo, quais são os tempos dos processos, quais são as datas de expedição. Lucro líquido, RSI, fluxo de caixa – para Eddie essas são coisas da matriz. É absurdo pensar que poderia medir o mundo do Eddie com essas três medidas. Para ele, há apenas uma vaga associação entre o que acontece no turno dele e quanto dinheiro a empresa ganha. Mesmo que eu pudesse ampliar o universo de Eddie, ainda assim seria muito difícil estabelecer uma ligação clara entre os valores aqui no chão de fábrica e os valores nos vários andares da matriz da UniCo. Eles são muito diferentes.

No meio da frase, Eddie percebe que estou olhando para ele com uma cara engraçada.

– Algum problema? – pergunta.

# – 7 –

Quando chego em casa está tudo escuro e só há uma luz acesa. Ao entrar, tento não fazer barulho. Julie fez o que disse, deixou algo para eu comer no micro-ondas. Quando abro a porta para ver que delícia me aguarda (parece ser alguma variedade misteriosa de carne), ouço um ruído atrás de mim. Eu me viro e lá está Sharon, a minha menina, no final da cozinha.

– Olhe só, é a minha princesinha! Como é que você está?

Ela sorri.

– Ah!... está tudo bem.

– Como é que você está acordada a esta hora?

Ela chega perto de mim com um envelope na mão. Sento-me à mesa da cozinha e coloco-a no meu colo. Ela me passa o envelope para eu abrir.

– É o meu boletim – ela diz.

– Você tá brincando?

– Você tem de dar uma olhada.

E é isso que faço.

– Tudo nota 10!

Eu a abraço e lhe dou um grande beijo.

– Isso é ótimo! Isso é muito bom, Sharon. Estou tão orgulhoso de você e aposto que você foi a única na classe que foi tão bem assim.

Ela concorda com a cabeça e então precisa me contar tudo. Deixo-a falar tudo, e meia hora depois ela mal consegue ficar com os olhos abertos. Eu a levo até a cama.

Não consigo dormir, mesmo estando cansado como estou. Já passa da meia-noite. Fico sentado na cozinha beliscando a comida. Minha filha só tira nota 10 na escola enquanto eu estou sendo reprovado na empresa.

Talvez devesse simplesmente desistir, usar o tempo que tenho para tentar achar outro emprego. De acordo com o que Selwin falou, é isso que todos na matriz estão fazendo. Por que é que eu deveria ser diferente?

Por um tempo tento me convencer de que um telefonema para um *headhunter* é a melhor coisa que posso fazer. Mas, no final, não consigo. Um emprego em outra empresa tiraria Julie e eu desta cidade e talvez a sorte me trouxesse um emprego ainda melhor que o meu atual (apesar de eu duvidar disso; meu desempenho como gerente de fábrica não tem sido lá dos melhores). Não gosto da ideia de procurar outro emprego porque tenho a sensação de estar fugindo, e simplesmente não posso fazer isso.

Não que eu sinta que devo minha vida à fábrica ou à cidade ou à empresa, mas sinto alguma responsabilidade. E não é só isso, já investi um bom pedaço da minha vida na UniCo. Quero ter um retorno desse investimento. Três meses é melhor que nada para uma última chance.

Decido então que vou dar o melhor de mim nesses três meses.

Resta-me achar a resposta à grande pergunta: o que diabos posso realmente fazer? Já fiz o melhor que pude com o que sei. Fazer mais do mesmo jeito não vai ajudar em nada.

Infelizmente não tenho um ano para voltar à escola e estudar um monte de teorias. Não tenho tempo nem de ler as revistas, os jornais e os relatórios que estão empilhados no meu escritório. Não tenho tempo nem verba para perder com consultores, fazendo estudos e outras besteiras. E, mesmo que tivesse tempo e dinheiro, não tenho certeza de que qualquer uma dessas coisas me daria uma percepção muito melhor do que a que já tenho agora.

Tenho a sensação de que há algumas coisas que estou deixando de lado. Se pretendo sair desse buraco, não posso dar nada por certo; terei de olhar bem de perto e pensar cuidadosamente sobre o que está acontecendo de essencial... seguir um passo atrás do outro.

Lentamente começo a perceber que as únicas ferramentas que tenho – por mais limitadas que sejam – são meus próprios olhos e ouvidos, minhas próprias mãos, minha voz, minha mente. É só isso, eu sou tudo o que tenho. E um pensamento não me sai da cabeça: não sei se isso é suficiente.

Quando finalmente me deito, Julie está dormindo embaixo das cobertas. Ela está do mesmo jeito que a deixei há 21 horas, dormindo. Deitado ao seu lado, ainda sem conseguir dormir, fico olhando para o teto.

É nesse momento que decido tentar encontrar Jonah de novo.

# – 8 –

Saio da cama, e após dar dois passos não tenho vontade de fazer mais nada. Mas a lembrança do apuro em que me encontro volta à minha mente no chuveiro. Quando temos apenas três meses para trabalhar, não temos tempo para desperdiçar com cansaço. Passo correndo por Julie – que não tem muito o que me dizer – e pelas crianças, que parecem já ter percebido que há algo de errado, e vou para a fábrica.

No caminho penso em como encontrar Jonah. Esse é o problema. Para pedir ajuda, preciso encontrá-lo.

A primeira coisa que faço ao chegar ao escritório é pedir a Fran que segure a turba que está do lado de fora pronta para um ataque frontal. Assim que chego à minha mesa, Fran toca o interfone; Bill Peach está na linha.

– Ótimo – resmungo.

Atendo o telefone.

– Bill.

– *Nunca* mais saia de uma das minhas reuniões – Peach urra. – Você está entendendo?

– Sim, Bill.

– Agora, por causa da sua ausência ontem, temos algumas coisas para analisar.

Alguns minutos mais tarde peço a Lou que venha ao meu escritório para me ajudar com as respostas. Peach também chama Ethan Frost e nós quatro temos uma conversa.

E essa é a última chance que tenho para pensar sobre Jonah. Depois que falo com Peach, uma meia dúzia de pessoas entra no meu escritório para uma reunião que já havia sido postergada a semana passada.

Quando dou por mim, olho pela janela e já está escuro lá fora. O sol já se pôs e ainda estou no meio da minha sexta reunião do dia. Depois que todos saem, cuido de uma papelada. Quando entro no carro para ir para casa já são mais de sete da noite.

Enquanto espero um semáforo lento mudar para o verde, finalmente me lembro de como o dia começou. Nesse momento começo a pensar novamente em Jonah. Dois quarteirões depois me lembro da minha velha agenda de endereços.

Paro em um posto de gasolina e uso o orelhão para ligar para Julie.

– Alô – ela atende.

– Oi, sou eu. Olha, tenho de ir para a casa de minha mãe para pegar uma coisa. Não sei bem quanto tempo vai levar, então, por que vocês não jantam sem mim?

– Da próxima vez que você quiser jantar…

– Julie, por favor, me dá um tempo; isso é importante.

Há um segundo de silêncio antes de eu ouvir o clique.

É sempre meio estranho voltar ao antigo bairro, porque onde quer que olhe há alguma lembrança à espera na minha mente. Cruzo a esquina onde briguei com o Bruno Krebsky. Passo pela rua onde jogamos bola durante os verões. Vejo a viela onde beijei a Angelina; foi o meu primeiro beijo. Passo pelo poste onde raspei o para-choques do carro de meu pai (e consequentemente, tive de trabalhar dois meses na mercearia, de graça, para pagar o conserto). Coisas assim. Quanto mais perto chego da casa, mais lembranças enchem a minha cabeça, e mais tenho essa sensação meio agradável e meio opressiva.

Julie odeia vir para cá. Logo que nos mudamos, vínhamos todos os domingos ver minha mãe, Danny e sua esposa, Nicole. Mas houve muitas brigas por causa disso, então paramos de vir.

Estaciono o Buick na frente dos degraus da casa de minha mãe. A casa é estreita, toda de tijolos, parecida com todas as outras da rua. Na esquina está a mercearia de meu pai, que hoje é de meu irmão. Na loja as luzes estão apagadas; Danny fecha às seis. Saindo do carro sinto que salto à vista com meu terno e gravata.

Minha mãe abre a porta.

– Meu Deus! – diz e coloca a mão no coração. – Quem morreu?

– Ninguém morreu, mãe.

– É a Julie, não é? Ela deixou você?

– Ainda não.

– Ah. Bem, deixe-me ver… não é Dia das Mães…

– Mãe, vim aqui procurar algo.

– Procurar algo? Procurar o quê? – ela pergunta, dando passagem para mim. – Entre, entre. Você está fazendo com que todo o ar frio entre em casa. Menino, você me assustou. Você mora na mesma cidade que eu e nunca mais veio me visitar. Qual é o problema? Você agora é muito importante para ficar dando atenção a sua mãe?

– Não mãe, claro que não. Tenho estado muito ocupado com a fábrica.

– Ocupado, ocupado – ela diz, enquanto caminha para a cozinha. – Está com fome?

– Não, mãe, não quero dar trabalho.

– Mas isso não é trabalho. Tenho uma macarronada que posso esquentar. Você quer uma saladinha também?

– Não, um cafezinho já está ótimo. Só preciso encontrar minha velha agenda de endereços. Aquela que eu tinha quando estava na faculdade. Você sabe onde ela pode estar?

Entramos na cozinha.

– Sua agenda velha... – ela reflete, enquanto me serve um pouco de café. – Que tal um pedaço de bolo? O Danny trouxe um lá da mercearia, feito ontem.

– Não, obrigado, mãe. Não preciso de nada. Provavelmente está junto com meus cadernos e minhas outras coisas da faculdade.

Ela me dá a xícara de café.

– Cadernos...

– Sim, você sabe onde eles podem estar?

Seus olhos piscam. Ela está pensando.

– Bem... não. Mas coloquei todas essas coisas no sótão.

– Muito bem, vou lá dar uma olhada.

Com o café na mão me dirijo para as escadas que vão para o segundo andar e depois para o sótão.

– Ou talvez estejam no porão – ela acrescenta.

Três horas mais tarde, depois de vasculhar entre desenhos que fiz na primeira série, meus modelos de avião, uma variedade de instrumentos musicais que meu irmão tentou tocar na intenção de se tornar uma estrela do rock, quatro baús cheios de recibos do negócio de meu pai, velhas cartas de amor, velhas fotos e velhos jornais, enfim, um monte de velharia, ainda não encontrei a agenda. Desistimos do sótão. Minha mãe me convence a comer um pouco da macarronada e depois tentamos o porão.

– Veja! – exclama minha mãe.

– Você achou?

– Não, mas achei uma foto de seu tio Paul antes de ele ser preso por peculato. Já lhe contei essa história?

Mais uma hora procurando em todos os lugares e mais um curso sobre tudo o que há para se saber sobre o tio Paul. Onde é que a agenda pode estar?

– Bem, eu não sei – minha mãe diz. – A não ser que esteja no seu quarto.

Subimos para o quarto que eu dividia com Danny. Em um canto está a velha escrivaninha onde costumava estudar quando era garoto. Abro a primeira gaveta e, obviamente, lá está a agenda.

– Mãe, preciso usar seu telefone.

O telefone fica no meio da escada, entre um andar e outro da casa. É o mesmo telefone que foi instalado em 1936, depois que meu pai começou a ganhar dinheiro o bastante para poder ter um. Sento nos degraus, com um bloco de papel no colo e minha pasta aos pés. Pego o telefone, que é tão pesado que pode ser usado como uma arma contra ladrões, disco o número, o primeiro de muitos.

Já é uma da manhã, mas estou ligando para Israel, que fica do outro lado do mundo. O que quer dizer que seus dias são nossas noites, nossas noites são suas manhãs e, consequentemente, uma da manhã não é um horário ruim para se ligar.

Depois de um bom tempo consigo falar com um amigo da universidade, alguém que sabe onde posso encontrar Jonah. Ele me dá outro número para eu ligar. Às duas da manhã, o papel na minha frente já está todo rabiscado com os números de telefone que anotei, e estou conversando com algumas pessoas que trabalham com Jonah. Convenci uma delas a me dar o número onde posso encontrá-lo. Às três da manhã o localizo. Ele está em Londres. Depois de ser transferido para várias áreas da empresa, alguém me diz que ele vai me ligar quando chegar. Não acredito muito nisso, mas cochilo ao lado do telefone. Quarenta e cinco minutos depois, o telefone toca.

– Alex?

É a voz dele.

– Sim, Jonah – respondo.

– Recebi um recado de que você havia ligado.

– Certo. Você se lembra do nosso encontro no aeroporto de O'Hare?

– Sim, claro que me lembro, e imagino que você agora tenha algo para me dizer.

Fico perdido por um momento e então percebo que ele está se referindo à pergunta: qual é a meta?

– Claro.

– Então?

# A META

Eu hesito. Minha resposta parece tão ridiculamente simples que de repente fico com medo de que ela esteja errada e que ele vai rir de mim. Mas eu falo assim mesmo.

– A meta de uma organização industrial é ganhar dinheiro. E tudo o mais que fazemos são meios de se atingir a meta.

Mas Jonah não ri de mim.

– Muito bem, Alex. Muito bem.

– Obrigado. Mas, veja bem, a razão pela qual estou ligando é para lhe perguntar algo relacionado à discussão que tivemos em O'Hare.

– Qual é o problema? – ele pergunta.

– Bem, para poder saber se minha fábrica está ajudando a empresa a ganhar dinheiro, tenho de ter algum tipo de medição. Certo?

– É verdade.

– E sei que a diretoria da empresa, na matriz, tem medidas como lucro líquido, retorno sobre o investimento e fluxo de caixa, as quais eles aplicam a toda a organização para verificar o desempenho em relação à meta.

– Sim, continue – diz Jonah.

– Mas onde me encontro, no chão da fábrica, essas medidas não têm muito sentido. E as medidas que uso dentro da fábrica... bom, não tenho certeza absoluta, mas não acho que elas me contam toda a história.

– Sim, entendo perfeitamente o que você quer dizer.

– Então, como é que eu posso saber se o que está acontecendo na minha fábrica é produtivo ou não?

Por um segundo o outro lado da linha fica em silêncio. Eu então o ouço falando com alguém perto dele:

– Fale que assim que terminar esta ligação eu me encontro com ele.

A seguir ele fala comigo.

– Alex, você está lidando com algo muito importante. Tenho apenas alguns minutos para falar com você, mas talvez eu consiga sugerir algumas coisas que possam ajudá-lo. Sabe, há mais de uma forma de se expressar a meta. Você entende? A meta fica igual, mas podemos expressá-la de formas diferentes, formas que significam a mesma coisa que aquelas duas palavras: "ganhar dinheiro".

– Muito bem, então posso dizer que a meta é aumentar o lucro líquido, ao mesmo tempo que aumento o RSI e o fluxo de caixa, e isso equivale a dizer que a meta é ganhar dinheiro.

– Exatamente. Uma expressão é equivalente à outra. Mas, como você descobriu, essas medidas convencionais que você usou para expressar a meta não são muito úteis para o dia a dia de uma organização industrial. Na verdade, foi por isso que eu desenvolvi um conjunto de medidas diferentes.

– Que tipo de medidas são essas? – pergunto.

– São medidas que expressam perfeitamente bem a meta de se ganhar dinheiro, mas que também permitem que você desenvolva regras operacionais para gerenciar a sua fábrica. São três medidas. Seus nomes são: ganho, inventário e despesa operacional.

– Todas elas soam familiares – digo.

– Sim, mas suas definições não são. Na verdade, você provavelmente vai querer escrevê-las.

Com a caneta na mão procuro uma folha em branco e digo a ele para começar.

– Ganho é a taxa na qual o sistema gera dinheiro através das vendas.

Anoto isso, letra por letra.

– Mas e a produção? Não seria mais correto dizer...

– Não. Através das *vendas*, não da produção. Se você produzir algo, mas não vender, não é ganho. Entendeu?

– Achei que, como sou um gerente de fábrica, poderia substituir...

Jonah me interrompe.

– Alex, ouça bem. Essas definições, mesmo que pareçam simples, foram elaboradas com muita precisão. E tinham de ser; uma medida definida de forma pouco precisa é completamente inútil. Então sugiro que você as considere com muito cuidado, e em conjunto. E lembre-se de que, se quiser mudar uma delas, terá de mudar pelo menos uma das outras também.

– Tudo bem.

– A próxima medida é inventário – ele diz. – Inventário é todo o dinheiro que o sistema investiu na compra de coisas que tem a intenção de vender.

Escrevo a definição, mas fico pensando sobre isso, pois é muito diferente da definição tradicional de inventário.

– E a última medida? – pergunto.

– Despesa operacional. Despesa operacional é todo o dinheiro que o sistema gasta para transformar inventário em ganho.

– Muito bem – falo enquanto escrevo. – Mas e a mão de obra investida no inventário? Parece que você está dizendo que a mão de obra é despesa operacional?

– Julgue isso de acordo com as definições.

– Mas o valor agregado ao produto pela mão de obra direta tem de fazer parte do inventário, não tem?

– Talvez, mas não necessariamente.

– Por que você diz isso?

– Muito simples. Decidi definir dessa forma porque acredito que é melhor não levar em consideração o valor agregado, isso elimina a confusão sobre se um dólar gasto é um investimento ou uma despesa. Por isso defini inventário e despesa operacional da forma que lhe expus.

– Ah. Muito bem. Mas como eu estabeleço uma relação entre essas medidas e minha fábrica?

– Tudo que você gerencia na sua fábrica é abarcado por essas medidas.

– Tudo? – pergunto, não estou acreditando plenamente nele. – Mas voltando à nossa conversa inicial, como uso essas medidas para avaliar a produtividade?

– Bem, obviamente que você tem de expressar a meta usando as medidas. Espere um pouco, Alex.

Eu então o ouço dizendo a alguém:

– Já estou indo.

– Então, como é que eu expresso a meta? – pergunto, ansioso por continuar a conversa.

– Alex, eu realmente preciso ir. Sei que você é inteligente o bastante para descobrir isso sozinho; tudo o que precisa fazer é pensar sobre o assunto. Mas lembre-se de que estamos sempre falando sobre a organização como um todo; não sobre o departamento de produção, ou sobre uma fábrica, ou sobre um departamento dentro da fábrica. Não estamos preocupados com ótimos locais.

– Ótimos locais? – repito.

Jonah suspira.

– Vou ter de explicar isso a você outra hora.

– Mas, Jonah, isso não é suficiente. Mesmo que consiga definir a meta com essas três medidas, como chego às regras operacionais para gerenciar a minha fábrica?

– Dê-me o telefone de onde possa encontrá-lo.

Dou meu telefone do trabalho.

– Muito bem, Alex, agora eu realmente preciso desligar.

– Certo. Obrigado por…

Ouço o clique do telefone.

– … ter conversado comigo.

Sento ali nos degraus por algum tempo, olhando fixamente para as três definições. A uma certa altura fecho os olhos. Quando os abro de novo vejo raios de sol batendo no carpete da sala de estar. Vou rastejando ao meu antigo quarto até chegar à cama que tinha quando era garoto. Durmo o resto da manhã tentando ajeitar o tronco e os braços entre os calombos do colchão.

Acordo cinco horas depois, sentindo-me amarrotado.

# – 9 –

Acordo às onze da manhã. Assustado com a hora, levanto rapidamente e vou até o telefone ligar para Fran, para que ela possa avisar a todos que não sumi.

– Escritório do sr. Rogo – Fran responde.

– Oi, sou eu.

– Oi, turista. Estávamos prestes a começar a procurá-lo nos hospitais. Você acha que vai dar para vir ao trabalho hoje?

– Ah… sim, é que tive um probleminha com minha mãe; podemos dizer que foi uma emergência.

– Está tudo bem com ela?

– Sim, já dei, mais ou menos, um jeito nas coisas. Tem alguma coisa urgente que eu precise saber?

– Bem, deixe-me ver. Duas máquinas de teste no corredor G não estão funcionando e Bob Donovan quer saber se podemos expedir os produtos sem testá-los.

– De jeito nenhum.

– Tudo bem. Também tem alguém do marketing que está ligando e perguntando algo sobre um pedido atrasado.

Reviro os olhos.

– E teve uma briga de socos ontem à noite no segundo turno... Lou ainda precisa falar com você sobre uns números para o Bill Peach... um repórter ligou hoje de manhã perguntando quando a fábrica seria fechada; falei que ele teria de conversar com você... e uma mulher da área de comunicação da matriz ligou para falar da gravação de um vídeo sobre produtividade e robôs com o sr. Granby.

– Com o *Granby*?

– Foi isso que ela disse.

– Qual é o nome dela e o telefone?

Ela passa os dados para mim.

– Certo, obrigado. Nos vemos mais tarde.

Ligo para a mulher da matriz imediatamente. Mal consigo acreditar que o presidente do conselho virá até a fábrica. Deve haver algum erro. Pode ser que, quando a limusine do Granby chegar, a fábrica esteja fechada.

Mas a mulher confirma o vídeo; eles querem filmar o Granby aqui em meados do próximo mês.

– Precisamos de um robô como fundo para os comentários do sr. Granby – a mulher completa.

– Por que é que vocês escolheram Bearington?

– O diretor viu um slide de um dos seus robôs e gostou da cor. Ele acha que o sr. Granby vai ficar bem, de pé na frente dele.

– Ah, entendo. Você já conversou com o Bill Peach sobre isso?

– Não, achei que não precisava. Por quê? Tem algum problema?

– Talvez seja uma boa ideia falar sobre isso com o Bill, de repente ele tem alguma sugestão. Mas você é quem decide. Só me avise com uma certa antecedência para que eu possa avisar o sindicato e para que possamos limpar a área.

– Tudo bem, eu avisarei.

Desligo e sento nos degraus murmurando:

– Então ele gostou da cor.

– O que é que você estava falando ao telefone? – minha mãe pergunta.

Estamos sentados juntos à mesa. Ela me obrigou a comer algo antes de sair. Conto a ela sobre a vinda do Granby.

— Isso parece muito bom para você, o chefão; qual é o nome dele mesmo?

— Granby.

— Ele vem de tão longe visitar a sua fábrica só para ver você. Que honra.

— Sim, de uma certa forma é uma honra. Mas na verdade ele está vindo para tirar umas fotos com um dos meus robôs.

Os olhos de minha mãe piscam.

— Robôs? Tipo os extraterrestres? — ela pergunta.

— Não. Esses são robôs industriais, não têm nada a ver com os da televisão.

— Ah! — seus olhos piscam de novo. — Eles têm rostos?

— Não, ainda não. Eles têm é muitos braços... que fazem coisas como soldar, mover materiais, pintar e coisas do gênero. Eles são comandados por computadores, e podemos programá-los para fazer trabalhos diferentes — explico.

Minha mãe balança a cabeça, ela ainda está tentando imaginar o que são esses robôs.

— Então, por que esse tal de Granby quer tirar uma foto com um bando de robôs que nem rosto têm?

— Acho que é porque eles estão na moda, e ele quer falar para todo mundo na empresa que devemos estar usando mais robôs para que...

Paro e olho para o outro lado, onde vejo Jonah sentado fumando seu charuto.

— Para quê? — pergunta minha mãe.

— Há... para que possamos aumentar a produtividade — murmuro, gesticulando.

Jonah então diz:

— Eles realmente aumentaram a produtividade da sua fábrica?

— Claro que sim — respondo. — Tivemos — quanto? — uma melhoria de 36% em uma área.

Jonah coloca o charuto na boca.

— Você está bem? — minha mãe pergunta.

— Lembrei de uma coisa, foi só isso.

— O quê? Algo ruim?

— Não, uma conversa que tive há algum tempo com o homem com quem falei ontem à noite.

Minha mãe coloca uma das mãos no meu ombro.

— Alex, o que está acontecendo? Vamos lá, você pode me contar. Sei que algo está errado. Você aparece aqui em casa assim sem mais nem menos, faz umas ligações pelo mundo afora no meio da noite. O que está acontecendo?

— Sabe, mãe, a fábrica não está indo muito bem... e, há... e não estamos ganhando dinheiro.

Minha mãe fica séria.

— Sua grande fábrica não está ganhando dinheiro? Mas você estava me falando desse figurão, Granby, que está vindo para cá, e desses robôs. E você não está ganhando dinheiro?

— Foi isso que eu disse, mãe.

— Esses robôs não funcionam?

— Mãe...

— Se eles não funcionam talvez você possa devolvê-los para a loja.

— Mãe, esqueça os robôs!

Ela dá de ombros.

— Só estava tentando ajudar.

Seguro a mão dela.

— Sim, sei que você está tentando ajudar — digo. — Obrigado. De verdade, obrigado por tudo. Agora preciso ir embora. Tenho muito o que fazer.

Levanto-me e vou pegar minha pasta. Minha mãe me segue. Eu comi o bastante? Não quero um lanche para levar comigo para comer mais tarde? Ela finalmente segura a manga do meu casaco e me faz parar.

— Ouça-me, Al. Talvez você tenha alguns problemas. Sei que tem. Mas essa correria e essa mania de ficar acordado até tarde não vai lhe fazer bem. Você tem de parar de se preocupar. Isso não vai ajudá-lo. Veja o que a preocupação fez com seu pai. Ele morreu de tanto se preocupar.

— Mas, mãe, ele foi atropelado por um ônibus.

— Se ele não estivesse tão ocupado se preocupando com as coisas, ele poderia ter olhado antes de atravessar a rua.

— Claro, mãe. Você até pode estar certa. Mas é mais complicado que isso.

— Estou falando sério! Nada de preocupações! Se esse tal de Granby estiver lhe dando problemas, é só me avisar. Eu ligo para ele e falo como você é um rapaz esforçado. E quem conhece um filho melhor que a mãe? Deixe o Granby comigo, eu dou um jeito nele.

Sorrio e abraço-a.

— Tenho certeza disso, mãe.

— Você sabe que sim.

Peço a minha mãe que me avise assim que a conta de telefone chegar, para que eu possa pagá-la. Abraço-a de novo, dou-lhe um beijo de despedida e saio dali. Saio da casa em plena luz do dia e entro no Buick. Por um momento decido ir direto para o escritório, mas, ao olhar meu terno amarrotado e minha barba por fazer, decido ir para casa primeiro.

No caminho ouço a voz de Jonah dizendo: "Então sua empresa está ganhando 36% mais dinheiro com sua fábrica apenas com a instalação de alguns robôs? Incrível". E me lembro que eu é que estava sorrindo. Isso porque eu que achava que ele não entendia as realidades da produção. Agora me sinto um idiota.

Sim, a meta é ganhar dinheiro. Agora sei disso. E sim, Jonah, você está certo; a produtividade não aumentou 36% só porque instalamos uns robôs. Falando nisso, será que a produtividade aumentou com os robôs? Estamos ganhando mais dinheiro por causa dos robôs? Na verdade não sei.

Mas fico imaginando como é que Jonah sabia disso... Parecia que ele sabia logo de cara que a produtividade não tinha aumentado. Ele havia feito algumas perguntas.

Enquanto dirijo, lembro-me de uma delas. Ele queria saber se havíamos vendido mais produtos por ter instalado os robôs. Queria também saber se havíamos reduzido o número de pessoas na folha de pagamento e se os inventários haviam diminuído. Três perguntas básicas.

Quando chego em casa, vejo que o carro da Julie não está. Ela foi para algum lugar, o que é até melhor. Ela provavelmente está furiosa comigo e agora não tenho tempo para dar explicações.

Entro em casa e abro minha pasta para anotar aquelas perguntas. Vejo a lista das medidas que Jonah me deu na noite passada. Assim que dou outra olhada nas definições fica claro; as perguntas se encaixam nas definições.

Foi assim que Jonah descobriu. Ele usou perguntas simples como forma de verificar as medidas, para ver se seu palpite sobre os robôs estava correto: vendemos mais produtos? (isto é, nosso ganho aumentou?); demitimos alguém? (nossa despesa operacional diminuiu?); e a última, exatamente o que ele disse: nossos inventários diminuíram?

Tendo observado isso, não preciso de muito tempo para descobrir como expressar a meta por meio das medidas de Jonah. Ainda estou um pouco confuso com algumas palavras que ele usou nas definições. Mas, fora isso, está claro que qualquer empresa quer que seu ganho aumente. Qualquer empresa também quer as outras duas coisas: diminuição do inventário e da despesa operacional. E, com certeza, é melhor que tudo isso aconteça simultaneamente – a mesma coisa que Lou e eu descobrimos com o nosso trio.

Então, essa é a forma de expressar a meta?

Aumentar o ganho e ao mesmo tempo diminuir tanto o inventário quanto a despesa operacional.

Isso quer dizer que, se os robôs fizeram com que o ganho aumentasse e as outras duas medidas diminuíssem, eles ganharam dinheiro para o sistema. Mas o que é que realmente aconteceu desde que eles começaram a trabalhar?

Não sei qual o efeito que eles tiveram no ganho, se é que tiveram algum efeito. Mas sei que os inventários em geral aumentaram nos últimos seis ou sete meses; entretanto, não posso afirmar com certeza que a culpa é dos robôs. Os robôs aumentaram a nossa depreciação, isso porque eles são equipamentos novos, mas eles não tiraram, diretamente, nenhum emprego da fábrica; apenas mudamos algumas pessoas de área, o que quer dizer que os robôs aumentaram a despesa operacional.

Muito bem, mas as eficiências aumentaram por causa dos robôs. Talvez isso tenha sido a nossa salvação. Quando as eficiências aumentam, o custo por peça tem de diminuir.

Mas será que o custo realmente diminuiu? Como é que o custo por peça diminuiu se a despesa operacional aumentou?

Quando chego à fábrica já é uma da tarde e eu ainda não encontrei uma boa resposta. Ainda estou pensando sobre isso enquanto entro no escritório. A primeira coisa que faço é ir à sala de Lou.

– Você tem um tempinho? – pergunto.

– Você está brincando? Estou atrás de você o dia todo.

Ele pega uma pilha de papéis no canto da mesa. Sei que deve ser o relatório que ele tem de mandar para a divisão.

– Não, não quero falar sobre isso agora – digo. – Tenho algo mais importante em mente.

Vejo suas sobrancelhas subirem.

– Mais importante que esse relatório para o Peach?

– Infinitamente mais importante que isso.

Lou parece incrédulo enquanto se recosta na cadeira e faz um gesto para que eu me sente.

– Como posso ajudá-lo?

– Depois que aqueles robôs começaram a trabalhar e eliminamos a maior parte dos problemas com eles, o que aconteceu com as nossas vendas?

As sobrancelhas de Lou voltam ao normal; ele está olhando para mim através dos seus óculos bifocais.

– Que tipo de pergunta é essa?

– Espero que seja uma pergunta inteligente. Preciso saber se os robôs tiveram algum impacto nas nossas vendas. Especificamente, se houve algum aumento nas vendas depois que eles começaram a funcionar.

– Aumento? Todas as nossas vendas ou estão no mesmo patamar ou estão caindo, desde o ano passado.

Estou um pouco irritado.

– Bom, você se importa de verificar os números?

Ele ergue as mãos, rendendo-se.

– Claro que não. Tenho todo o tempo do mundo.

Lou abre a gaveta e, depois de folhear alguns arquivos, pega relatórios e gráficos. Nós dois começamos a examinar os números. Descobrimos que, em todos os casos em que um robô foi incorporado à produção, não houve aumento das vendas de nenhum produto que tivesse alguma de suas peças processada por um robô, nem mesmo um pequeno aumento. Só para nos certificarmos, verificamos a expedição da fábrica, mas aí também não houve aumento. Na verdade, o único aumento ocorreu no atraso dos pedidos – isso aumentou muito nos últimos nove meses.

Lou olha para mim.

– Al, não sei o que está tentando provar, mas se você queria mostrar como os robôs podem salvar a fábrica com aumento nas vendas, não há nenhuma evidência sobre isso. Os dados praticamente dizem o oposto.

– Era isso que eu temia.

– Como assim?

# A META

— Daqui a pouco eu explico. Vamos olhar os inventários. Quero saber o que aconteceu com o nosso estoque em processo das peças produzidas pelos robôs.

Lou desiste.

— Nisso eu não posso ajudá-lo. Não tenho dados sobre estoques por número de peça.

— Muito bem, vamos chamar Stacey.

Stacey Potazenik gerencia o controle de estoque na fábrica. Lou faz uma ligação e a tira de outra reunião.

Stacey é uma mulher de uns quarenta e poucos anos. É alta, magra e vai direto ao ponto quando fala. Seu cabelo é preto com alguns fios grisalhos, e ela usa grandes óculos redondos. Veste sempre saia e blazer; nunca a vi com uma blusa com algum tipo de laço, enfeite ou babado. Não sei quase nada sobre sua vida pessoal. Ela usa uma aliança, mas nunca mencionou um marido. Quase nunca fala sobre sua vida fora da fábrica. Sei que trabalha duro.

Quando ela chega, pergunto sobre o estoque em processo das peças que passam pelos robôs.

— Você quer números exatos? — ela pergunta.

— Não, só precisamos saber *grosso modo*.

— Bom, posso dizer sem olhar os dados que o estoque dessas peças aumentou.

— Recentemente?

— Não, isso está acontecendo desde o último verão, por volta do final do terceiro trimestre. E você não pode me culpar por isso (mesmo que todos sempre o façam) porque lutei contra isso todo o tempo.

— Como assim?

— Você se lembra, não? Ou talvez ainda não estivesse aqui. Mas, quando os relatórios chegaram, descobrimos que os robôs da solda estavam apenas trabalhando com uma eficiência de mais ou menos 30%. E os outros robôs não estavam muito melhores. Ninguém ia aceitar uma coisa dessas.

Olho para Lou.

— Tínhamos de fazer algo — diz Lou. — Frost ficaria furioso comigo se eu não tivesse dado apoio. Essas coisas eram novinhas e muito caras. Elas nunca se pagariam no tempo previsto com uma eficiência de 30%.

— Tudo bem, espere um pouco – digo a ele. Olho para Stacey. – Então, o que você fez?

— O que é que eu *poderia* fazer? Tive de liberar mais material para o chão de fábrica em todas as áreas que alimentam os robôs. Dar mais coisas para os robôs produzirem aumentou suas eficiências. Mas, desde então, no final de todo mês temos um excesso dessas peças.

— Mas o que importa é que as eficiências aumentaram – observa Lou, tentando acrescentar algo de bom. – Ninguém pode achar isso ruim.

— Não tenho mais certeza disso – digo. – Stacey, por que é que estão sobrando peças? Como é que não estamos consumindo essas peças?

— Bom, em muitos casos não temos nenhum pedido que necessite delas. E nos casos para os quais temos pedidos, parece que não conseguimos produzir o bastante de outras peças.

— Por quê?

— Você tem de perguntar isso a Bob Donovan – Stacey responde.

— Lou, chame Bob.

Bob entra no escritório com um mancha de graxa na camisa, bem em cima da sua barriga de cerveja, e ele não para de falar sobre o que está acontecendo com a avaria das máquinas de teste.

— Bob – peço –, esqueça isso por enquanto.

— Tem mais algum problema?

— Sim, há. Estamos falando sobre as nossas celebridades, os robôs.

Bob olha de um lado para o outro. Suponho que esteja imaginando do que estamos falando.

— Por que estão preocupados com eles? – ele pergunta. – Agora os robôs estão funcionando muito bem.

— Não temos muita certeza disso – respondo. – Stacey me disse que temos um excesso de peças produzidas pelos robôs. Mas que, em alguns casos, não conseguimos produzir o bastante de outras peças para montar e expedir nossos pedidos.

Bob discorda:

— Não é que não conseguimos produzir peças o bastante; é mais correto dizer que não conseguimos tê-las quando precisamos delas. Isso acontece até com muitas peças que passam pelos robôs. Temos uma pilha de algo como, por exemplo, uma CD-50, que fica disponível por meses esperando por caixas de controle. Quando então chegam as caixas de controle, falta alguma outra coisa. Finalmente temos essa outra coisa, fazemos o pedido e expedimos. Então, quando menos esperamos, estamos procurando por uma CD-50, mas não temos nenhuma. Teremos toneladas de CD-45 e 80, mas não da 50. E, quando conseguimos fazer a 50 de novo, todas as caixas de controle se foram.

— E assim por diante — acrescenta Stacey.

— Mas, Stacey, você disse que os robôs estão produzindo um monte de peças para as quais não temos pedidos — comento. — Isso quer dizer que estamos produzindo peças das quais não precisamos.

— Todos me dizem que nós, algum dia, vamos usá-las. Veja bem, é um jogo que todos jogam. Sempre que as eficiências diminuem, todos adiantam a previsão futura para se manterem ocupados. Produzimos inventário. Teremos um problemão se a previsão não estiver correta. Bom, é isso que está acontecendo agora. Faz mais de meio ano que estamos produzindo inventário, e o mercado não tem nos ajudado nem um pouco.

— Sei disso, Stacey. E não estou culpando você nem ninguém. Só estou tentando entender o que está acontecendo.

Levanto-me e começo a andar de um lado para o outro.

— Então, no frigir dos ovos, para dar mais trabalho aos robôs estamos liberando mais material.

— O que, por sua vez, aumenta os inventários — diz Stacey.

— O que aumentou nossos custos — acrescento.

— Mas o custo dessas peças diminuiu — diz Lou.

— Será? — pergunto. — E o custo extra de manter esse inventário? Isso é despesa operacional. E se isso aumentou, como é que o custo por peça diminuiu?

— Veja bem, isso depende do volume — diz Lou.

— Exatamente — concordo. — Volume de *vendas*... é isso que importa. E temos peças que não podem ser montadas e vendidas porque não temos os outros componentes, ou porque não temos os pedidos, então estamos aumentando nossos custos.

— Al — diz Bob —, você está tentando nos mostrar que os robôs estão acabando conosco?

Sento de novo.

— Não temos gerenciado de acordo com a meta — murmuro.

ELIYAHU M. GOLDRATT

Lou me olha com a cabeça inclinada.

– A meta? Você está se referindo aos nossos objetivos mensais?

Olho para eles.

– Acho que preciso explicar algumas coisas.

# -10-

Em uma hora explico tudo a eles. Estamos na sala de reuniões; escolhi essa sala porque ela tem uma lousa. Desenhei nela um diagrama da meta. Tinha acabado de escrever as definições das três medidas.

Estão todos quietos. Finalmente, Lou diz:

– Onde diabos você conseguiu essas definições?

– Meu antigo professor de física me deu.

– Quem? – Bob pergunta.

– Seu antigo professor de física? – Lou pergunta.

– Isso mesmo – digo, defensivamente. – Qual é o problema?

– Qual é o nome dele? – Bob pergunta.

– Ele se chama Jonah e é de Israel.

– Bem, o que eu quero saber – diz Bob – é: por que ele usa "vendas" na definição do ganho? Nós somos da produção. Não temos nada a ver com vendas; isso é marketing.

Eu dou de ombros, afinal de contas fiz a mesma pergunta. Jonah disse que as definições eram precisas, mas não sei como responder a Bob. Olho para a janela. Então vejo o que deveria ter lembrado.

– Venha aqui – chamo Bob.

Ele se aproxima. Coloco uma mão no seu ombro e aponto para fora da janela.

– O que é aquilo? – pergunto.

– Um armazém.

– Para que serve?

– Para produtos acabados.

– A empresa conseguiria sobreviver apenas manufaturando produtos para encher esses armazéns?

# A META

– Está bem, está bem – diz, entendendo o conceito.

– Então temos de vender as coisas para ganhar dinheiro.

Lou ainda está olhando para a lousa.

– Muito interessante, não acham? Cada uma dessas definições contém a palavra "dinheiro" – ele diz. – Ganho é o dinheiro entrando. Inventário é o dinheiro que está dentro do sistema. E despesa operacional é o dinheiro que temos de pagar para criar o ganho. Uma medida para o dinheiro que entra, uma para o dinheiro que ainda está preso dentro do sistema e uma para o dinheiro que sai.

– Bem, se pensarmos sobre todo o investimento representado pelo que temos no chão da fábrica, podemos ter certeza de que inventário é dinheiro – Stacey afirma. – Mas o que me incomoda é que não vejo como ele está lidando com o valor agregado ao material pela mão de obra direta.

– Também pensei a mesma coisa e posso lhe contar o que ele me disse – observo.

– O quê?

– Ele disse que acha melhor não levarmos em conta o valor agregado. Assim, eliminamos a "confusão" entre o que é um investimento e o que é uma despesa.

Stacey e todos os outros pensam sobre isso por um momento. A sala fica novamente em silêncio.

Stacey então comenta:

– Talvez Jonah ache que a mão de obra direta não deva fazer parte do inventário porque o tempo dos funcionários não é o que estamos vendendo. Em um certo sentido "compramos" tempo dos nossos funcionários, mas não vendemos esse tempo para o cliente; a não ser que estivéssemos prestando serviços.

– Opa, espere um pouco – Bob intervém. – Veja bem, se estamos vendendo o produto não estamos também vendendo o tempo investido nesse produto?

– Certo, mas e o tempo ocioso? – pergunto.

Lou dá sua opinião para acabar com a discussão:

– Se entendi direito, tudo isso é apenas uma forma diferente de se fazer a contabilidade. Todo o tempo do funcionário (seja direto ou indireto, ocioso ou não, ou qualquer outra coisa) é despesa operacional, de acordo com Jonah. Você ainda está contabilizando isso. A diferença é que dessa forma é mais simples, e não precisamos jogar tantos jogos.

Bob desabafa:

– Jogos? Nós da produção somos honestos, trabalhadores, pessoas que não têm tempo para jogos.

– Claro, você está muito ocupado transformando, com um simples movimento de caneta, tempo ocioso em tempo de processo – diz Lou.

– Ou transformando tempo de processo em mais pilhas de inventário – diz Stacey.

Eles continuam falando sobre o assunto por mais algum tempo. Enquanto isso estou pensando se não há mais nada por trás disso além da simplificação. Jonah mencionou a *confusão* entre investimento e despesa; será que agora estamos confusos o bastante para fazermos algo que não deveríamos? Nesse momento ouço Stacey falar.

– Mas como é que sabemos o valor dos nossos produtos acabados?

– Em primeiro lugar, o mercado determina o valor do produto – Lou responde. – E para que a empresa ganhe dinheiro, o valor do produto (e o preço que estamos cobrando) tem de ser maior que a combinação entre o investimento em inventário e a despesa operacional total por unidade que vendemos.

Pelo olhar na cara de Bob vejo que ele está cético. Pergunto o que o preocupa.

– Isto aqui é uma loucura – Bob murmura.

– Por quê? – Lou pergunta.

– Não vai funcionar! Como é que podemos contabilizar tudo em todo o maldito sistema com apenas três medidazinhas?

– Bom – Lou responde enquanto olha para a lousa –, identifique algo que não se encaixe em uma das três medidas.

– Ferramentas, máquinas... – Bob começa a contar com os dedos. – Este prédio, toda a fábrica!

– Essas coisas estão aí – diz Lou.

– Onde? – pergunta Bob.

Lou se volta para ele.

– Essas coisas estão parte em uma medida e parte em outra. Se temos uma máquina, sua depreciação é despesa operacional. A parte do investimento que ainda está na máquina, que poderia ser vendida, é inventário.

## A META

– Inventário? Achei que inventário fossem produtos, peças, esse tipo de coisa – diz Bob. – Vocês sabem, as coisas que vamos vender.

Lou sorri.

– A fábrica inteira é um investimento que pode ser vendido; pelo preço certo e nas condições certas.

E talvez mais cedo do que gostaríamos, pensei.

– Então investimento é a mesma coisa que inventário – reitera Stacey.

– E o óleo lubrificante para as máquinas? – Bob pergunta.

– É despesa operacional – respondo. – Não vamos vender esse óleo para um cliente.

– E o refugo? – ele pergunta.

– Isso também é despesa operacional.

– É mesmo? E o que vendemos para o comprador de refugo?

– Muito bem, nesse caso é como a máquina – diz Lou. – Qualquer dinheiro que perdemos é despesa operacional; qualquer investimento que podemos vender é inventário.

– O custo de carregar os estoques é despesa operacional, não é? – Stacey pergunta.

Lou e eu concordamos com a cabeça.

Então me vêm à cabeça as coisas intangíveis em um negócio, como conhecimento; conhecimento de consultores, conhecimento adquirido pelo nosso próprio departamento de pesquisa e desenvolvimento. Exponho isso a eles para saber como acham que isso deve ser classificado.

O dinheiro envolvido com conhecimento nos deixa um pouco confusos por algum tempo. Então decidimos que isso simplesmente depende do uso que daremos ao conhecimento. Se o conhecimento nos der um novo processo de fabricação, algo que ajude a transformar inventário em ganho, então o conhecimento é despesa operacional. Se tivermos a intenção de vender o conhecimento, como, por exemplo, uma patente ou licença tecnológica, então é inventário. Mas, se o conhecimento é relacionado a um produto que a própria UniCo. vai produzir, então é como uma máquina – um investimento para ganhar dinheiro cujo valor será depreciado com o tempo. Novamente, o investimento que puder ser vendido é inventário; a depreciação é despesa operacional.

– Pensei uma coisa que não se encaixa – diz Bob. – O motorista do Granby.

– O quê?

– Vocês sabem, o velhinho de terno preto que guia a limusine do J. Bart Granby – Bob explica.

– Ele é despesa operacional – diz Lou.

– Que besteira! Como é que o motorista do Granby poderia transformar inventário em ganho? – Bob questiona, e olha à sua volta como se dessa vez ele realmente tivesse ganho. – Aposto que o motorista dele nem sabe que existem coisas como inventário e ganho.

– Infelizmente, nem algumas das nossas secretárias sabem – Stacey comenta.

– Você não precisa colocar as mãos no produto para transformar inventário em ganho – digo. – Bob, você, todos os dias, está lá na fábrica ajudando a transformar inventário em ganho. Mas as pessoas no chão da fábrica provavelmente acham que você só fica andando de um lado para o outro complicando a vida delas.

– É verdade, não tenho o reconhecimento de ninguém – diz Bob. – Mas vocês ainda não me disseram onde é que o motorista se encaixa.

– Bom, talvez o motorista ajude o Granby a ter mais tempo para pensar e para lidar com os clientes, e outras coisas do gênero – sugiro.

– Bob, por que você não faz essa pergunta ao sr. Granby na próxima vez que vocês almoçarem juntos? – Stacey sugere.

– Isso não é tão engraçado quanto vocês pensam – observo. – Hoje de manhã fiquei sabendo que o Granby talvez venha para cá para fazer um vídeo sobre robôs.

– O Granby vem para cá? – Bob pergunta.

– E se o Granby vier, você pode apostar que o Bill Peach e todos os outros virão com ele – diz Stacey.

– Justamente o que precisamos – Lou murmura.

Stacey se volta para Bob.

– Você agora entende por que o Al está fazendo perguntas sobre os robôs? Temos de estar bem diante de Granby.

– Estamos bem – Lou comenta. – As eficiências nessa área estão razoáveis, o Granby não vai ficar envergonhado de aparecer com os robôs no vídeo.

– Droga – desabafo. – Eu não me importo com o Granby e esse vídeo idiota. Na verdade aposto que esse vídeo nunca será filmado aqui, mas isso não vem ao caso. O problema é que todos (e isso me inclui) pensavam que esses robôs haviam melhorado muito a nossa produtividade. E acabamos de descobrir que eles não são produtivos em relação à meta. Da forma que estamos gerenciando os robôs, eles são bem contraproducentes.

Todos ficam em silêncio.

Stacey finalmente tem a coragem de falar:

– Tudo bem. Então, de alguma forma, temos de tornar os robôs produtivos com relação à meta.

– Temos de fazer mais do que isso – digo e me volto para Bob e Stacey. – Ouçam bem, já contei ao Lou e acho que agora é uma boa hora para contar a vocês. Sei que vocês logo ficarão sabendo mesmo.

– Sabendo o quê? – Bob pergunta.

– O Peach nos deu um ultimato; três meses para melhorarmos ou ele fecha a fábrica de vez.

Ambos ficam aturdidos por alguns minutos. Logo estão me fazendo mil perguntas. Em pouco tempo conto a eles tudo que sei, evitando a notícia sobre a divisão; não quero que eles entrem em pânico.

– Sei que não parece muito tempo. Não é muito tempo. Mas eu não vou desistir até eles me chutarem para fora daqui. O que vocês decidirem fazer é problema de vocês, mas se querem desistir, sugiro que saiam agora, pois quero gente trabalhando 100% comigo nos próximos três meses. Se conseguirmos algum progresso irei até o Peach e farei tudo o que for necessário para que ele nos dê mais tempo.

– Você realmente acha que dá para fazer isso? – Lou pergunta.

– Honestamente, não sei. Mas pelo menos agora conseguimos ver algumas das coisas que estamos fazendo errado.

– Então, o que podemos fazer que é diferente do que fazemos hoje? – Bob pergunta.

– Por que não paramos de empurrar material para os robôs e tentamos reduzir os inventários? – Stacey sugere.

– Opa, eu sou a favor de menos inventários – diz Bob. – Mas, se não produzirmos, nossas eficiências vão cair, e vamos acabar ficando na mesma situação.

– Peach não vai nos dar uma segunda chance, se tudo o que vamos conseguir é diminuir as eficiências – diz Lou. – Ele quer altas eficiências, não baixas.

Passo os dedos pelo meu cabelo.

– Talvez você devesse tentar ligar para esse tal de Jonah de novo. Ele parece que entende das coisas – diz Stacey.

– Boa ideia, pelo menos podemos saber o que ele tem a dizer – diz Lou.

– Bem, conversei com ele ontem à noite. Foi quando ele me falou tudo isso – explico, apontando para as definições na lousa. – Ele disse que ia me ligar...

Olho para o rosto de todos.

– Está bem, vou tentar falar com ele de novo – concordo, enquanto vou pegar minha pasta para achar o número do telefone em Londres.

Faço a ligação pelo telefone da sala de reunião, com os três ansiosamente esperando ao redor da mesa. Mas ele não está mais lá. Acabo falando com uma secretária.

– Ah, claro sr. Rogo – ela informa. – Jonah ligou para o senhor, mas a sua secretária disse que o senhor estava em reunião. Ele queria contatá-lo antes da viagem de hoje, mas creio que houve um desencontro.

– Para onde ele está indo?

– Para Nova York. Talvez o senhor consiga falar com ele no hotel.

Anoto o nome do hotel e agradeço. Depois descubro o telefone do hotel em Nova York através do auxílio à lista. Telefono, esperando conseguir apenas deixar uma mensagem para ele. A telefonista me passa para o quarto.

– Alô? – diz uma voz com sono.

– Jonah? Aqui é o Alex Rogo. Acordei você?

– Para falar a verdade, sim.

– Desculpe-me, vou tentar ser breve. Mas realmente preciso falar com você sobre o que estávamos discutindo ontem à noite.

– Ontem à noite? Claro, suponho que para você era "ontem à noite".

– Quem sabe a gente pode combinar de você vir até a minha fábrica e se reunir comigo e com o meu pessoal.

– Bom, o problema é que já tenho compromissos assumidos para as próximas três semanas e depois vou voltar para Israel.

– Mas eu não posso esperar tanto assim. Há alguns problemas sérios que precisam ser resolvidos e não tenho muito tempo. Agora entendo o que você queria dizer sobre os robôs e a produtividade. Mas eu e o meu pessoal não sabemos qual deve ser o próximo passo e… bom, talvez se eu explicasse algumas coisas para você…

– Alex, eu gostaria de ajudá-lo, mas também preciso dormir um pouco. Estou exausto. Tenho uma sugestão: se você puder, por que não nos encontramos amanhã de manhã, às sete, aqui no meu hotel, para tomar o café da manhã?

– Amanhã?

– Isso mesmo. Teremos mais ou menos uma hora para conversar. Caso contrário…

Olho para os outros, e todos estão olhando para mim ansiosos. Peço a Jonah que espere um pouco.

– Ele quer que eu vá para Nova York amanhã – digo a eles. – Alguém acha que eu não devo ir?

– Você está brincando? – Stacey pergunta.

– Vá! – diz Bob.

– O que temos a perder? – diz Lou.

Tiro minha mão do bocal.

– Muito bem, estarei aí amanhã de manhã.

– Ótimo! – diz Jonah, aliviado. – Até amanhã, boa noite.

Quando volto para meu escritório, Fran para de trabalhar e parece surpresa em me ver.

– Finalmente o achei! – ela diz, enquanto pega os recados. – Esse sujeito ligou duas vezes para você, de Londres. Ele não disse se era importante ou não.

– Tenho um trabalho para você: ache uma forma de me colocar em Nova York hoje à noite – digo a ela.

# - 11 -

Julie não entende.

– Obrigada por avisar com antecedência – diz.

– Eu teria avisado antes se soubesse.

– Ultimamente, tudo que se refere a você é inesperado.

– Eu não aviso sempre com antecedência quando vou viajar?

Ela está perto do quarto e eu estou fazendo minha mala, que está em cima da cama. Estamos sozinhos; Sharon está na casa de uma amiga aqui perto e Dave está ensaiando com a banda.

– Quando é que isso vai acabar? – ela pergunta.

Paro de pegar as coisas da gaveta. Essas perguntas estão me irritando porque faz cinco minutos que acabamos de falar sobre tudo isso. Por que é tão difícil para ela entender?

– Julie, não sei. Tenho muitos problemas para resolver.

Ela não gosta disso. De repente penso que talvez ela não confie em mim, ou algo do gênero.

– Olhe, ligo para você assim que chegar a Nova York. Está bem?

Ela dá uma volta, como se fosse sair do quarto.

– Tudo bem. Ligue. Mas talvez eu não esteja em casa.

Paro de novo.

– O que quer dizer com isso?

– Talvez eu saia para ir a algum lugar.

– Bom, acho que vou ter de arriscar.

– Acho que sim – ela fala, furiosa, saindo do quarto.

Pego mais uma camisa e fecho a gaveta com força. Vou procurá-la quando acabo de arrumar a mala. Encontro-a na sala de estar. Ela está de pé, ao lado da janela, mordendo as unhas. Pego sua mão, beijo-lhe os dedos e então tento abraçá-la.

– Veja bem, sei que ultimamente não tenho tido tempo para você. Mas isso é importante, é pela fábrica...

Ela balança a cabeça e se afasta. Sigo-a até a cozinha. Ela fica de pé, de costas para mim.

– Você faz tudo pelo seu trabalho. Você só pensa nisso. Não consigo nem jantar com você, e as crianças estão perguntando por que você está diferente...

Uma lágrima começa a se formar no canto do seu olho. Tento enxugá-la, mas ela empurra meu braço.

– Não! – diz. – Vai embora pegar seu avião para sabe-se lá onde.

– Julie...

Ela passa por mim.

– Julie, isso não é justo! – grito.

Ela se volta para mim.

— Isso mesmo. *Você* não está sendo justo. Comigo e com seus filhos.

Ela sobe sem olhar para trás e eu não tenho tempo de tentar conversar com ela; já estou atrasado para o voo. Pego a mala, coloco-a no ombro e pego a pasta a caminho da porta.

Às 7h10 da manhã estou no lobby do hotel esperando Jonah. Ele está um pouco atrasado, mas, enquanto fico andando de um lado para outro, não estou preocupado com isso. Estou pensando em Julie. Estou preocupado com ela... com nós dois. Ontem à noite, depois que cheguei ao meu quarto no hotel, tentei ligar para casa, mas ninguém atendeu. Nem mesmo as crianças. Fiquei meia hora andando de um lado para o outro do quarto, até chutei algumas coisas, e tentei ligar novamente. Ninguém atendeu. Fiquei ligando a cada quinze minutos até as duas da manhã. Ninguém estava em casa. Cheguei até a verificar se havia algum voo para eu voltar para casa, mas não havia nada naquele horário. Depois, finalmente dormi. O despertador me acordou às seis da manhã. Tentei ligar mais duas vezes antes de sair do quarto. Na segunda vez deixei tocar por cinco minutos, e mesmo assim nada de alguém atender.

— Alex!

Eu me viro. Jonah está andando na minha direção. Ele está usando uma camisa branca — sem gravata e sem paletó — e calça social.

— Bom dia — digo, enquanto damos as mãos. Percebo que ele está com olheiras de quem não dormiu muito; imagino que eu também esteja assim.

— Desculpe o atraso — diz. — Ontem à noite jantei com uns associados e começamos uma discussão que acho que durou até as três da manhã. Vamos achar uma mesa para tomar o café.

Sigo-o até o restaurante onde o maître nos leva a uma mesa com uma toalha de linho branca.

— Como se saiu com as medidas que lhe passei pelo telefone? — ele pergunta, depois de nos sentarmos.

Concentro meus pensamentos nos negócios e digo a ele como expressei a meta usando as medidas. Jonah parece muito satisfeito.

— Excelente — ele diz. — Você se saiu muito bem.

— Bom, obrigado, mas infelizmente preciso mais do que uma meta e algumas medidas para salvar a minha fábrica.

— Para salvar a sua fábrica?

— Bem... sim, é por isso que estou aqui. Eu não liguei para você só para falar sobre filosofia.

Ele sorri.

— Não, não achei que você tivesse procurado por mim só pelo amor à verdade. Muito bem, Alex, diga-me o que está acontecendo.

— Isso é confidencial.

Explico a situação da fábrica e o prazo de três meses antes de fecharem-na. Quando acabo, ele se recosta na sua cadeira.

— O que você espera de mim? – ele pergunta.

— Olha, não sei se existe uma resposta que vá me ajudar a manter a minha fábrica viva e os meus funcionários trabalhando, mas gostaria que você me ajudasse a achá-la.

Jonah olha para outra direção por um momento.

— Vou lhe dizer o *meu* problema – diz. – Sou muito ocupado. É por isso que estamos nos encontrando neste horário. Com os compromissos que já tenho não posso gastar muito tempo fazendo as coisas que você provavelmente esperaria de um consultor.

Suspiro, muito desapontado.

— Tudo bem, se você está muito ocupado...

— Espere, ainda não acabei. Isso não quer dizer que você não pode salvar a sua fábrica. Não tenho tempo de resolver seus problemas por você, mas isso não seria mesmo a melhor solução para você...

— Como assim? – interrompo.

Jonah levanta a mão.

— Deixe-me acabar! Pelo que já ouvi, acho que você pode resolver seus próprios problemas. O que vou fazer é lhe dar algumas regras básicas para você aplicar. Se você e o seu pessoal as seguirem com inteligência, acho que salvarão sua fábrica. Que tal?

— Mas, Jonah, só temos três meses.

Ele impacientemente balança a cabeça.

— Eu sei, eu sei – diz. – Três meses é tempo mais que suficiente para você mostrar melhorias... isto é, se você se esforçar. E se não se esforçar, bem, aí nada que eu disser poderá salvar a fábrica.

— Ah, você pode contar com o nosso esforço, tenha certeza disso.

— Então, vamos tentar? – ele pergunta.

— Sinceramente, não sei mais o que fazer. – E então sorri. – Acho que é melhor eu perguntar quanto é que isso vai me custar. Você cobra uma taxa ou coisa do gênero?

– Não, não tenho uma taxa padrão. Mas podemos fazer uma coisa. Apenas me pague o valor do que você aprender comigo.

– Como é que eu vou saber quanto vale isso?

– Depois que acabarmos, você deverá ter uma boa ideia do valor. Se a sua fábrica falir, então, obviamente, o valor do seu aprendizado não terá sido muito alto e você não vai me dever nada. Por outro lado, se você aprender o bastante comigo para ganhar bilhões, então deverá me pagar de acordo.

Eu rio. O que é que tenho a perder?

– Tudo bem, acho justo – digo.

Apertamos as mãos por cima da mesa.

Um garçom nos interrompe e pergunta se vamos fazer o pedido. Ainda nem abrimos os cardápios, porém nós dois queremos só um café. O garçom nos informa que há uma consumação mínima de cinco dólares para quem senta no restaurante. Então Jonah pede a ele que traga um bule de café para cada um e leite. Ele olha para nós com uma cara carrancuda e desaparece.

– Então – diz Jonah –, por onde devemos começar...

– Acho que primeiro poderíamos nos concentrar nos robôs.

Jonah meneia a cabeça.

– Alex, por hora esqueça-se dos seus robôs. Eles são como um novo brinquedo industrial que as pessoas descobriram. Você tem coisas muito mais fundamentais com as quais se preocupar.

– Mas você não está levando em consideração a importância deles para nós. Eles são um dos nossos equipamentos mais caros. Nós temos de, obrigatoriamente, mantê-los produtivos.

– Produtivos com relação a quê? – ele pergunta, com certa irritação.

– Tudo bem, certo... temos de mantê-los produtivos com relação à meta. Mas preciso de altas eficiências para essas coisas se pagarem, e só consigo essas altas eficiências se os robôs produzirem peças.

Jonah está novamente meneando a cabeça.

– Alex, na primeira vez que nos encontramos, você me falou que a sua fábrica tinha boas eficiências. Se suas eficiências são tão boas assim, então por que vocês estão em dificuldades?

Ele pega um charuto do bolso da camisa e com uma mordida tira a ponta dele.

— Está bem, tenho de me preocupar com as minhas eficiências porque a administração se preocupa com elas – digo.

— Alex, o que é mais importante para os seus superiores: eficiências ou dinheiro?

— Dinheiro, claro. Mas altas eficiências não são essenciais para se ganhar dinheiro?

— Na maioria das vezes o seu esforço para ter altas eficiências o está conduzindo à direção oposta à meta.

— Não entendi. E mesmo que eu entenda, meus superiores não vão entender.

Jonah acende seu charuto e entre baforadas diz:

— Tudo bem, vamos ver se com algumas perguntas básicas eu consigo ajudá-lo a entender. Primeiro me diga: quando você vê um dos seus funcionários sem ter o que fazer, isso é bom ou ruim para a empresa?

— É claro que isso é ruim.

— Sempre?

Sinto que essa pergunta é capciosa.

— Bom, precisamos fazer manutenção...

— Não, não, não. Estou falando de um funcionário da produção que está ocioso porque não há nenhum produto para ser processado.

— Sim, isso é sempre ruim.

— Por quê?

Eu rio.

— Não é óbvio? Porque é um desperdício de dinheiro! O que devemos fazer, pagar as pessoas para não fazerem nada? Não podemos. Não posso me dar ao luxo de ter tempo ocioso. Nossos custos já são muito altos, não podemos tolerar isso. Não interessa como isso é medido; é ineficiência, é baixa produtividade.

Ele se inclina para a frente como se fosse me contar um grande segredo:

— Deixe-me lhe dizer uma coisa. Uma fábrica na qual todos estão trabalhando todo o tempo é uma fábrica muito ineficiente.

— Como é que é?

— Você me ouviu.

— Mas como você pode provar isso?

— 93 —

– Você já provou isso na sua própria fábrica. Está bem na sua frente, mas você não enxerga.

Agora eu é que meneio a cabeça.

– Jonah, acho que não estamos nos comunicando. Sabe, na minha fábrica não tenho gente sobrando. A única forma de expedir os produtos é mantendo todo mundo trabalhando constantemente.

– Diga-me uma coisa, Alex, você tem estoque em excesso na sua fábrica?

– Sim, temos.

– Você tem muito estoque em excesso?

– Bom… sim.

– Você tem *um monte* de estoque em excesso?

– Sim, está bem, temos um monte de estoque em excesso, mas o que é que isso tem a ver com o que estamos falando?

– Você percebe que só se consegue criar estoque em excesso se tiver mão de obra em excesso?

Penso sobre isso. Depois de alguns minutos tenho de concluir que ele está certo; as máquinas não se preparam sozinhas. As pessoas tiveram de criar o estoque em excesso.

– O que é que você sugere que eu faça? – pergunto. – Mandar embora mais gente? Já estou no limite.

– Não, não estou sugerindo que você mande gente embora. Mas estou sugerindo que você questione a forma como está gerenciando a capacidade da sua fábrica. E lhe digo uma coisa, você não está fazendo isso de acordo com a meta.

O garçom coloca dois elegantes bules de prata fumegantes entre nós. Ele também trouxe um pote de creme e serve o café. Enquanto faz isso olho pela janela. Depois de alguns segundos sinto Jonah tocar meu braço.

– Veja o que está acontecendo. No mundo lá fora há uma demanda de mercado para um certo volume do que quer que seja que você produz. Dentro da sua empresa, você tem um certo número de recursos, cada qual com a sua capacidade, para atender a essa demanda. Agora, antes de eu continuar, você sabe o que quer dizer uma fábrica "balanceada"?

– Você está falando de balancear uma linha de produção?

– Uma fábrica balanceada é essencialmente aquilo que todo gerente de produção no Ocidente tem se esforçado para alcançar. É uma fábrica na qual a capacidade de todo recurso é equilibrada com a demanda do mercado. Você sabe por que os gerentes tentam fazer isso?

— Porque se não tivermos capacidade suficiente estamos nos roubando do nosso ganho em potencial. E, se tivermos mais capacidade que o necessário, estaremos desperdiçando dinheiro. Estaremos perdendo uma oportunidade para reduzir custos.

— Sim, esse é exatamente o raciocínio de todo mundo. E a maioria dos gerentes tem a tendência de cortar capacidade sempre que pode, para que nenhum recurso fique ocioso, e todos tenham algo para fazer.

— Sim, claro, sei do que você está falando. Fazemos isso na nossa fábrica. Na verdade, isso é feito em todas as fábricas que eu conheço.

— Sua fábrica é balanceada?

— Bem, é tão balanceada quanto possível. Claro, temos algumas máquinas que ficam ociosas, mas geralmente são apenas equipamentos obsoletos. Porém, quando se trata de pessoas, já reduzimos nossa capacidade ao máximo. Mas ninguém consegue criar uma fábrica perfeitamente balanceada.

— Engraçado, eu também não conheço nenhuma fábrica balanceada. Por que você acha que, após todo esse esforço, ninguém teve sucesso em gerenciar uma fábrica balanceada?

— Posso lhe dar várias razões. A número um é que as condições estão sempre mudando.

— Não, na verdade essa não é a razão número um.

— Claro que é! Veja as coisas que tenho de levar em consideração; meus fornecedores, por exemplo. Podemos estar no meio de um pedido urgente e descobrir que o fornecedor mandou um lote de peças ruins. Ou olhe todas as variáveis relacionadas à minha força de trabalho: absenteísmo, pessoas que não se preocupam com qualidade, rotatividade do pessoal, tantas coisas. E também há o mercado. Ele está sempre mudando. Não é para menos que acabamos com muita capacidade em uma área e pouca em outra.

— Alex, a verdadeira razão pela qual você não pode balancear a sua fábrica é muito mais básica que todas essas coisas que você mencionou. Todas essas coisas são relativamente sem importância.

— Sem importância?

# A META

– A verdadeira razão é que, quanto mais perto você estiver de uma fábrica balanceada, mais perto estará da falência.

– Ora! Você tem de estar brincando.

– Veja bem essa obsessão de cortar capacidade em termos de meta. Quando você manda gente embora, você aumenta as vendas?

– Não, claro que não.

– Você reduz o inventário?

– Não, não mandando gente embora. O que acontece é que reduzimos despesas.

– Sim, é isso mesmo. Você melhora apenas a medida despesa operacional.

– E já não é bom?

– Alex, a meta não é reduzir despesa operacional. A meta não é melhorar uma medida isoladamente. A meta é reduzir despesa operacional e inventário e, simultaneamente, aumentar o ganho.

– Eu concordo com isso. Mas, se reduzirmos as despesas, e o inventário e o ganho permanecerem inalterados, não é uma melhoria?

– Sim, *se* você não aumentar o inventário e/ou reduzir o ganho.

– Muito bem. Mas o balanceamento da capacidade não afeta nenhum desses dois.

– Ah, não? Como é que você sabe disso?

– Acabamos de dizer...

– Eu não falei nada disso. Eu lhe fiz a pergunta e você pressupôs que, se cortasse capacidade para balanceá-la com a demanda de mercado, não afetaria o ganho ou o inventário. Mas, na verdade, esse pressuposto (que é praticamente aceito por todo o Ocidente no mundo dos negócios) está totalmente errado.

– Como é que você sabe que está errado?

– Simples, há uma prova matemática que pode claramente mostrar que, quando a capacidade é cortada para se igualar às demandas de mercado, exatamente, nem um pouco a mais nem um pouco a menos, o ganho diminui e o inventário sai pelo teto. E, por causa desse aumento do inventário, os custos para mantê-lo (que é despesa operacional) aumentam. Então podemos até questionar se você conseguiria a redução pretendida da despesa operacional, que era a medida que você esperava melhorar.

– Como isso é possível?

– Por causa da combinação de dois fenômenos que são encontrados em toda fábrica. Um fenômeno é chamado de "eventos dependentes". Você sabe o que quero dizer com esse termo? Quando um evento, ou uma série de eventos, tem de acontecer antes que outro evento possa começar... o evento subsequente *depende* dos eventos anteriores. Você está me entendendo?

– Sim, claro. Mas o que isso tem de tão importante?

– O importante acontece quando eventos dependentes são combinados com outro fenômeno chamado "flutuações estatísticas". Você sabe sobre o que estou falando?

Encolho os ombros.

– Flutuações nas estatísticas, não é?

– Deixe-me colocar desta forma – ele diz. – Você sabe que alguns tipos de informação podem ser determinados com exatidão. Por exemplo, se precisarmos saber o número de lugares neste restaurante, podemos determinar isso com precisão contando o número de cadeiras em cada mesa.

Ele aponta para as mesas e cadeiras.

– Mas há outros tipos de informação que não podemos determinar com exatidão. Como, por exemplo, quanto tempo o garçom vai demorar para trazer a conta. Ou quanto tempo o cozinheiro vai levar para fazer uma omelete. Ou de quantos ovos a cozinha vai precisar hoje. Esse tipo de informação varia a cada instante. Elas estão sujeitas a *flutuações estatísticas*.

– Sim, mas com a experiência, podemos ter uma ideia do que serão.

– Mas apenas dentro de uma faixa. Na última vez o garçom trouxe a conta em cinco minutos e quarenta e dois segundos. Na vez anterior só levou dois minutos. E hoje? Quem sabe? Poderá demorar três, quatro horas – ele argumenta, olhando à sua volta. – Onde é que ele se meteu?

– Sim, mas, se o cozinheiro vai fazer um banquete e sabe quantas pessoas virão e que todas vão comer uma omelete, então ele sabe de quantos ovos precisa.

– Com exatidão? E se ele deixar um cair no chão?

– Aí ele tem alguns de reserva.

– A maioria dos fatores críticos para gerenciar a sua fábrica não pode ser estimada antes do tempo.

# A META

O braço do garçom se interpõe entre nós quando ele coloca a conta na mesa. Puxo a conta para mim.

– Tudo bem – concordo. – Mas no caso de um operário que faz o mesmo trabalho todo santo dia, essas flutuações acabam por anular umas às outras durante um determinado período de tempo. Francamente, não consigo relacionar qualquer um desses fenômenos a nada.

Jonah se levanta, pronto para ir embora.

– Não estou falando de um ou do outro isoladamente. Estou falando do efeito que os dois causam em conjunto. É sobre isso que quero que você pense, pois agora tenho de ir embora.

– Você já vai?

– Tenho de ir.

– Jonah, você não pode simplesmente sair assim, sem mais nem menos.

– Tenho clientes esperando por mim.

– Jonah, não tenho tempo para enigmas. Preciso de respostas.

Ele coloca uma das mãos no meu braço.

– Alex, se eu simplesmente dissesse a você o que deveria fazer, no final você fracassaria. Você tem de conquistar o entendimento pelo seu próprio esforço para que possa fazer com que as regras funcionem.

Ele aperta a minha mão.

– Até a próxima vez, Alex. Ligue para mim quando conseguir me dizer o que a combinação desses dois fenômenos significa para a sua fábrica.

Ele então vai embora com pressa. Furioso por dentro, chamo o garçom e entrego a conta e o dinheiro. Sem esperar pelo troco, sigo a direção que Jonah tomou rumo ao saguão.

Pego minha mala com o mensageiro do hotel na recepção. Quando dou meia-volta, vejo Jonah, ainda sem terno e gravata, conversando com um homem bem-apessoado, trajando um terno azul-marinho, perto da porta que dá para a rua. Eles cruzam a porta juntos, e eu os sigo a alguns passos. O homem leva Jonah a uma limusine preta estacionada junto à calçada. Quando se aproximam, um motorista sai do carro para abrir a porta de trás para eles.

Ouço o homem de terno azul-marinho dizer, enquanto entra no carro: "Depois da visita às instalações, temos uma reunião programada com o presidente e vários membros do conselho...". Esperando por eles dentro da limusine está um homem grisalho que aperta a mão de Jonah. O motorista fecha a porta e volta para a direção. Consigo apenas ver as vagas silhuetas das suas cabeças por trás do vidro escuro à medida que o grande carro entra silenciosamente no trânsito.

Tomo um táxi. O motorista pergunta:

– Aonde vamos, patrão?

# -12-

Na UniCo. ouvi falar de um sujeito que uma noite chegou em casa e disse: "Oi, querida, cheguei!" e sua voz ecoou pelas salas vazias da casa. Sua esposa havia levado tudo: crianças, cachorro, peixinho, móveis, tapetes, eletrodomésticos, cortinas, quadros, pasta de dente, tudo. Bem, quase tudo – na verdade ela havia deixado duas coisas para ele: suas roupas (que estavam no chão do quarto, pois ela também havia levado os cabides) e um recado escrito com batom no espelho do banheiro, que dizia: "Adeus, seu filho da mãe!".

Enquanto estou dirigindo em direção à minha casa penso sobre isso; na verdade, desde ontem à noite tenho pensado nisso. Antes de estacionar em casa dou uma olhada na grama procurando eventuais marcas deixadas por um caminhão de mudança, mas a grama está impecável.

Paro o Buick na frente da garagem. Antes de entrar em casa, dou uma olhadinha pelo vidro e vejo que o Accord da Julie está lá dentro. Olho para os céus e silenciosamente digo: "Obrigado".

Ela está sentada na mesa da cozinha, de costas para quem entra. Eu a assusto. Ela se levanta rapidamente e dá meia-volta. Ficamos por alguns segundos olhando um para o outro. Posso ver que seus olhos estão vermelhos.

– Oi – digo.

– O que você está fazendo em casa?

Rio; não é uma boa risada, mas sim uma risada exasperada.

– O que estou fazendo em casa? Estou procurando por você!

– Bom, aqui estou eu. Dê uma boa olhada – diz, enfezada.

# A META

— Sim, claro, aqui está você. Mas o que quero saber é onde você estava ontem à noite.

— Saí.

— A noite toda?

Ela está preparada para essa pergunta.

— Nossa, estou surpresa com o fato de você saber que eu não estava em casa.

— Vamos lá, Julie, vamos parar com essa besteirada. Acho que liguei para cá umas cem vezes ontem à noite. Estava muito preocupado com você. Tentei de novo hoje de manhã e ninguém atendeu. E onde estavam as crianças?

— Elas dormiram na casa de amigos.

— Em um dia de semana? E você? Você ficou com algum amigo?

Ela colocou as mãos na cintura.

— Sim, para falar a verdade fiquei com uma pessoa.

— Homem ou mulher?

Ela me olha com firmeza e dá um passo para a frente.

— Você não se importa quando fico em casa, noite após noite, com as crianças. Mas se saio por uma noite, aí você fica todo interessado e quer saber aonde fui e o que fiz.

— Apenas acho que você me deve uma explicação.

— Quantas vezes você já chegou tarde, ou nem voltou para casa, ou ficou sabe-se lá onde?

— Mas foi a trabalho. E se você pergunta eu sempre falo onde estive. Agora quem está perguntando sou eu.

— Não tenho nada a dizer. Eu simplesmente saí com a Jane.

— A Jane? — Demoro um pouco para me lembrar. — Você está se referindo à sua amiga da cidade onde morávamos antes? Você dirigiu até lá?

— Tinha de conversar com alguém. Mas já era muito tarde quando acabamos de conversar e eu havia bebido um pouco demais para dirigir de volta. De qualquer forma, eu sabia que as crianças estavam bem. Então fiquei na casa da Jane.

— Muito bem, mas por quê? Como é que, de repente, você fez isso?

— De repente? Alex, você me deixa sozinha todas as noites, não é para menos que me sinto só. Não foi nada de repente. Desde que você virou gerente, a sua carreira vem em primeiro lugar e nós ficamos com as sobras.

— Julie, estou tentando dar uma vida boa para você e para as crianças.

— É só isso? Então por que você continua aceitando promoções?

— O que devo fazer, não as aceitar?

Ela não responde.

— Veja bem, trabalho muito porque preciso, não porque quero.

Ela continua sem falar nada.

— Está bem. Olhe, eu prometo que vou passar mais tempo com você e as crianças. Verdade, vou ficar mais tempo em casa.

— Al, isso não vai dar certo. Mesmo quando está em casa você está no trabalho. Eu já vi as crianças lhe dizerem algo duas ou três vezes até que você preste atenção nelas.

— As coisas vão ser diferentes quando eu sair do buraco em que estou agora.

— Você está ouvindo o que está dizendo? "Quando eu sair do buraco em que estou agora." Você acha que vai mudar? Você já falou tudo isso antes. Você tem ideia de quantas vezes eu já passei por isso?

— Está certo, você tem razão. Nós já falamos sobre isso um monte de vezes. Mas neste momento não há nada que eu possa fazer.

Ela vira os olhos para o alto e diz:

— Seu emprego sempre esteve em perigo. Sempre. Já que você é um funcionário tão ameaçado, por que será que eles o promovem e lhe dão mais dinheiro?

Coloco a mão na testa.

— Como é que eu posso fazer você entender isso? Não estou na fila para ser promovido de novo, ou para receber um aumento. Desta vez é diferente. Julie, você não tem a menor ideia dos problemas que tenho lá na fábrica.

— E você não tem a menor ideia do que é ficar aqui nesta casa.

— Olhe, eu gostaria de ficar mais tempo em casa, mas o problema é ter tempo.

— Não preciso de todo o seu tempo. Mas preciso de um pouco dele, e as crianças também.

— Sei disso. Mas para salvar a fábrica vou ter de dar tudo de mim nos próximos meses.

— Você não poderia pelo menos vir jantar em casa quase todos os dias? Eu sinto mais a sua falta à noite. Todos nós sentimos a sua falta à

# A META

noite. A casa fica vazia sem você por aqui, mesmo quando as crianças me fazem companhia.

— É bom saber que faço falta, mas às vezes eu preciso até das noites. Eu simplesmente não tenho tempo o bastante durante o dia para fazer coisas como cuidar da papelada.

— Por que você não traz a papelada para casa? — ela sugere. — Trabalhe em casa, assim pelo menos poderíamos ver você. E talvez eu até pudesse ajudar um pouco.

— Não sei se conseguirei me concentrar, mas... está bem, vamos tentar.

Ela sorri.

— Sério?

— Claro, se não der certo a gente conversa de novo. Estamos combinados?

— Combinados — ela diz.

Eu me inclino na direção dela e pergunto:

— Quer fechar o negócio com um aperto de mão ou um beijo?

Ela dá a volta na mesa, senta no meu colo e me dá um beijo.

— Sabe, eu realmente senti a sua falta ontem à noite — digo.

— Mesmo? Também senti a sua. Não tinha a menor ideia do quanto um *singles* bar podia ser deprimente.

— *Singles* bar?

— Foi ideia da Jane. Sério.

Eu balanço a cabeça.

— Não quero nem ouvir falar sobre isso.

— Mas ela me ensinou uns novos passos de dança. E quem sabe neste fim de semana...

Eu a abraço.

— Meu amor, se você quiser fazer algo neste fim de semana eu sou todo seu.

— Ótimo — ela murmura no meu ouvido. — Você sabe que hoje é sexta, então... por que não começamos cedo?

Ela me beija de novo.

— Julie, eu adoraria, mas...

— Mas?

— Eu realmente preciso dar uma olhada na fábrica.

Ela levanta.

# -13-

Abro os olhos no sábado de manhã e vejo uma mancha verde. A mancha é Dave, meu filho, vestindo seu uniforme de escoteiro. Ele está sacudindo o meu braço.

— Dave, o que você está fazendo aqui?

— Pai, são sete da manhã!

— Sete? Estou tentando dormir. Você não deveria estar vendo televisão ou algo do gênero?

— Nós vamos chegar atrasados.

— *Nós vamos chegar atrasados? Aonde?*

— Para a caminhada! Você se esqueceu? Você me prometeu que iria com a gente e ajudaria o chefe da tropa.

Eu murmuro algo que nenhum escoteiro deveria ouvir. Mas Dave não desiste.

— Vamos lá. Vá tomar uma ducha — ele diz, enquanto me puxa para fora da cama. — Ontem à noite eu preparei a sua mochila. Já está tudo no carro. Só precisamos estar lá às oito.

Consigo dar uma última olhada em Julie, seus olhos ainda estão fechados, e me despeço do calor gostoso da cama enquanto Dave me arrasta para o banheiro.

Uma hora e dez minutos mais tarde meu filho e eu chegamos à borda de uma floresta. A tropa está esperando por nós: quinze meninos de bonés, lenços no pescoço, distintivos, tudo o que têm direito.

Antes de eu ter tempo de perguntar: "Onde está o chefe da tropa?", os outros pais que estavam esperando com os meninos vão rapidamente embora, acelerando seus carros. Olho à minha volta e percebo que sou o único adulto por aqui.

— O nosso chefe de tropa não pôde vir — um dos garotos diz.

— Por quê?

# A META

– Ele está doente – acrescenta outro garoto.

– É, ele está tendo problemas com hemorroidas – explica outro garoto. – Então parece que agora você é quem manda.

– O que vamos fazer, sr. Rogo? – pergunta outro garoto.

Bom, minha primeira reação é de fúria por terem me empurrado tudo isso. Mas a ideia de ter de supervisionar um bando de garotos não me assusta – afinal de contas, faço isso todos os dias na fábrica. Então reúno todos os garotos, olhamos o mapa e discutimos os objetivos dessa expedição que nos levará a uma aventura perigosa.

Sou informado de que o plano é conduzir a tropa caminhando através da floresta, seguindo uma trilha marcada até um lugar chamado Garganta do Diabo. Lá devemos acampar à noite. De manhã vamos desmontar acampamento e voltar para o lugar de partida, onde mamãe e papai vão estar esperando seu lindo filhinho e os amiguinhos voltarem da mata.

Primeiro precisamos chegar à Garganta do Diabo, que fica a uns dezesseis quilômetros. Alinho a tropa, todos com suas mochilas nas costas. Com o mapa na mão vou para a frente da fila para mostrar o caminho e saímos.

O tempo está fantástico. O sol brilha através das árvores. O céu está azul. Há uma brisa e não está nada frio, mas, assim que entramos na mata, fica perfeito para caminharmos.

A trilha é fácil de seguir, pois há marcações (manchas de tinta amarela) no tronco das árvores a cada dez metros. Há bastante vegetação em ambos os lados e por isso temos de andar em fila indiana.

Acho que estamos andando a uns três quilômetros por hora, que é a velocidade média de uma pessoa. A essa velocidade, penso, devemos fazer os dezesseis quilômetros em mais ou menos cinco horas. Meu relógio indica que já são quase 8h30. Se usarmos uma hora e meia para descansos e almoço, devemos chegar à Garganta do Diabo lá pelas três da tarde, sem esforço.

Depois de alguns minutos, olho para trás. A fila de escoteiros se espalhou um pouco, não está mais tão junta como quando começamos. Em vez de ter um espaço de mais ou menos um metro entre cada garoto, há espaços maiores, em alguns lugares maior do que em outros. Continuo caminhando.

Entretanto, depois de andar mais um pouco olho para trás e a fila está bem mais espalhada, e alguns espaços grandes apareceram. Mal posso ver o último garoto da fila.

Decido que é melhor eu ficar no final da fila em vez de na frente. Assim sei que posso ficar de olho em toda a fila e me certificar de que ninguém fique para trás. Espero até que o primeiro garoto chegue até mim e pergunto o seu nome.

– Ron – ele responde.

– Ron, quero que você lidere a fila – peço a ele, enquanto entrego o mapa. – Siga a trilha e mantenha um passo moderado. Certo?

– Certo, sr. Rogo.

E lá vai ele, a um passo que parece moderado.

– Fiquem todos atrás do Ron! – grito para os outros. – Ninguém deve ultrapassar o Ron porque ele está com o mapa. Está bem?

Todos concordam com a cabeça ou acenam. Eles entenderam.

Espero ao lado da trilha enquanto a tropa passa. Dave, meu filho, passa por mim conversando com um amigo que está atrás e bem perto dele. Agora que ele está com seus amigos nem quer falar comigo. Ele é muito "adulto" para isso. Mais uns cinco ou seis passam, todos conseguindo, sem problemas, manter o ritmo. Aí então há um intervalo, seguido de mais alguns escoteiros. Depois deles, um intervalo ainda maior aparece. Olho para trás e vejo um menino gordo. Parece que ele já está meio cansado. Atrás dele está o resto da tropa.

– Como é que você se chama? – pergunto, quando ele chega mais perto.

– Herbie – diz o garoto gordo.

– Você está bem, Herbie?

– Claro, sr. Rogo. Está fazendo calor, não está?

Herbie continua pela trilha e os outros o seguem. Parece que alguns gostariam de ir mais rápido, mas eles não conseguem ultrapassar o Herbie. Fico atrás do último garoto. A fila se estende à minha frente e, na maioria das vezes, quando não estamos passando por um morro ou fazendo uma curva, eu consigo ver todo mundo. Parece que a fila se assentou em um ritmo confortável.

Até que a vista é linda, mas, mesmo assim, depois de algum tempo começo a pensar em outras coisas. Em Julie, por exemplo. Eu realmente queria passar este fim de semana com ela, mas tinha me esquecido completamente da caminhada com Dave. Acho que ela diria algo como "Isso é bem coisa sua". Não tenho a menor ideia de como vou arrumar tempo

# A META

para ela. A única coisa que me salva nesta caminhada é que é possível que ela entenda que eu tinha de vir com Dave.

Também penso na conversa que tive com Jonah em Nova York. Ainda não tive tempo de pensar sobre isso. Estou um tanto curioso para saber o que faz um professor de física andar de limusine com grandes homens de negócios. Eu também não entendo o que ele estava querendo dizer com aqueles dois itens que mencionou. Estou me referindo a "eventos dependentes"… "flutuações estatísticas"; e daí? Os dois são bem comuns.

Obviamente que temos eventos dependentes na produção. Tudo o que isso significa é que uma operação tem de ser feita antes de uma segunda operação poder ser realizada. As peças são feitas em uma sequência de passos. A máquina A tem de terminar o Passo Um antes de o Operário B poder realizar o Passo Dois. Todas as peças têm de ser terminadas antes que possamos montar o produto. O produto tem de ser montado antes que possamos expedi-lo, e assim por diante.

Mas encontramos eventos dependentes em qualquer processo, e não apenas em uma fábrica. Dirigir um carro requer uma sequência de eventos dependentes. A própria caminhada que estamos fazendo agora também precisa. Para que possamos chegar à Garganta do Diabo temos de caminhar por uma trilha. Lá na frente, o Ron tem de andar na trilha antes que Dave possa passar por ela. Para que eu possa caminhar nela, o garoto na minha frente precisa fazer isso primeiro. É um caso simples de eventos dependentes.

E as flutuações estatísticas?

Olho para a frente e percebo que o garoto à minha frente está andando um pouco mais rápido que eu. Ele está mais distante de mim do que há alguns minutos. Então dou passos maiores para alcançá-lo e, por um momento, fico muito perto dele, por isso diminuo a velocidade.

Aí está: se estivesse medindo meus passos eu teria registrado flutuações estatísticas. Mas, de novo, e daí?

Se digo que estou andando à velocidade de "três quilômetros por hora", não significa que eu esteja andando o tempo todo a uma velocidade constante de exatamente três quilômetros por hora. Algumas vezes estão fazendo quatro quilômetros por hora e outras vezes talvez dois quilômetros por hora. A velocidade vai flutuar de acordo com o comprimento e a rapidez de cada passo. Mas ao longo do tempo e da distância devo estar andando em média três quilômetros por hora, mais ou menos.

A mesma coisa acontece na fábrica. Quanto tempo é preciso para soldar cabos em um transformador? Bom, se você usar um relógio e cronometrar a operação várias vezes, pode descobrir que ela leva, em média, em torno de 4,3 minutos. Mas o tempo real pode variar entre 2,1 minutos e 6,4 minutos. E ninguém pode falar, antecipadamente, "Desta vez vai levar 2,1 minutos... desta outra vai levar 5,8 minutos".

Ninguém pode prever essa informação.

E o que há de errado nisso? Até onde eu posso ver não há nada de errado e, de qualquer forma, não temos opção. O que podemos usar no lugar de uma "média" ou de uma "estimativa"?

Percebo que estou quase pisando no garoto à minha frente. Diminuímos um pouco a velocidade porque estamos subindo um morro relativamente íngreme e comprido. Todos nós estamos encalacrados atrás de Herbie.

— Vamos lá, Herpes! — grita um dos garotos.

— Herpes? — pergunto.

— É isso aí, Herpes, anda logo — diz outro.

— Já chega — digo aos que estão amolando.

Herbie então chega ao topo. Ele dá meia-volta, seu rosto está vermelho por causa da subida.

— É isso aí, Herbie! — digo para encorajá-lo. — Mantenha o ritmo!

Herbie desaparece morro abaixo. Os outros continuam a subir, e eu fico atrás deles até chegar ao topo. Parando um pouco no topo, olho para a trilha lá embaixo.

Meu Deus do céu! Onde está o Ron? Ele deve estar uns oitocentos metros à nossa frente. Posso ver uns garotos na frente do Herbie, e todos os outros estão bem longe. Coloco as mãos em concha na frente da boca.

— EI! VAMOS LÁ! VAMOS JUNTAR A TROPA! — grito. — RÁPIDO! RÁPIDO!

Herbie começa a andar mais rápido. Os garotos atrás dele começam a correr. Eu corro atrás deles. A cada passo tudo balança, mochilas, cantis e sacos de dormir. E Herbie; não sei o que esse garoto está carregando, mas parece que ele tem um ferro-velho nas costas, pois está fazendo o maior barulho quando ele corre. Depois de uns duzentos metros ainda não alcançamos os outros e Herbie está diminuindo a velocidade. Os garotos estão gritando para que ele vá mais rápido. E eu, ofegante, acompanho tudo isso. Finalmente consigo ver Ron ao longe.

— EI, RON! — grito. — ESPERE UM POUCO!

O grito é passado adiante pelos outros garotos. Ron, que provavelmente já tinha ouvido o meu grito, para e olha para trás. Herbie diminui o passo quando vê a possibilidade de descanso. Assim, todos nós diminuímos o passo. À medida que nos aproximamos, todos estão olhando para nós.

— Ron, eu não tinha dito para andar a um passo moderado? — pergunto.

— Foi o que fiz!

— Bom, de agora em diante vamos todos tentar ficar juntos.

— Ei, sr. Rogo, que tal a gente dar uma descansadinha? — Herbie pergunta.

— Está bem, vamos descansar um pouco.

Herbie se deita ao lado da trilha, com a língua de fora. Todos pegam cantis. Eu encontro o tronco mais confortável e me sento. Dave, depois de alguns minutos, vem se sentar ao meu lado.

— Você está indo muito bem, pai — diz.

— Obrigado. Quanto você acha que a gente já andou?

— Uns três quilômetros.

— Só isso? Tenho a impressão de que já deveríamos estar chegando. Temos de ter andado mais de três quilômetros.

— Não de acordo com o mapa que está com o Ron.

— Bom, então acho melhor a gente se mexer.

Os meninos já estão se alinhando.

— Muito bem, vamos andando — digo.

Começamos de novo. Neste lugar a trilha é reta, portanto posso ver todo mundo. Andamos menos de trinta metros quando percebo que está tudo começando de novo. A fila está se dispersando; os intervalos entre os meninos estão aumentando. Droga, vamos ficar correndo e parando o dia todo se isso continuar. Metade da tropa pode se perder se não conseguirmos ficar juntos.

Tenho de acabar com isso. Primeiro dou uma olhada no Ron. Mas ele realmente está mantendo um passo "médio" regular para a tropa; um passo que não deveria ser problema para ninguém. Olho para a fila e todos os meninos estão andando mais ou menos no mesmo ritmo que Ron. E o Herbie? Ele não é mais o problema. Talvez ele tenha se sentido responsável pelo último atraso, já que agora parece estar se esforçando para manter o ritmo. Ele está grudado no garoto à sua frente.

Se estamos todos andando mais ou menos no mesmo passo, por que a distância entre Ron, na frente da fila, e eu, no final da fila, está aumentando?

Flutuações estatísticas?

Imagine, não pode ser. As flutuações para cima e para baixo deveriam estar se anulando. Estamos todos andando mais ou menos na mesma velocidade, então isso quer dizer que a distância entre nós deve variar um pouco, mas com o tempo vai voltar ao normal. A distância entre Ron e eu também deveria aumentar e diminuir dentro de um certo limite, mas a média deveria ser mantida durante a caminhada.

Mas não é. Embora cada um de nós esteja mantendo um ritmo normal e moderado, como o de Ron, o comprimento da fila está aumentando. Os espaços entre nós estão aumentando.

Exceto entre Herbie e o garoto à sua frente.

E como é que ele está fazendo isso? Fico observando-o. Todas as vezes que Herbie fica para trás ele dá uma corridinha. O que quer dizer que ele está, na realidade, gastando mais energia para manter a mesma velocidade relativa de Ron ou dos outros no começo da fila. Fico pensando por quanto tempo ele aguentará fazer isso.

Todavia... por que é que nós todos não podemos andar na mesma velocidade que o Ron e assim ficarmos juntos?

Estou olhando a fila e algo à minha frente me chama a atenção. Vejo Dave diminuir o passo por alguns segundos. Ele está ajustando sua mochila nas costas. Na sua frente Ron continua andando, distraído. Um intervalo de três... quatro... cinco metros aparece. O que quer dizer que a fila cresceu cinco metros.

Neste momento começo a entender o que está acontecendo. Ron está determinando o ritmo. Toda vez que alguém anda mais devagar que Ron, o comprimento da fila aumenta. Não precisa ser tão óbvio como quando Dave diminuiu a velocidade. Se um dos meninos der uma passada alguns centímetros menor que a passada de Ron, o comprimento de toda a fila poderá ser afetado.

Mas o que acontece quando alguém anda mais rápido que Ron? Passos maiores e mais rápidos não deveriam recuperar a diferença? As diferenças não se equiparam?

# A META

Vamos supor que eu ande mais rápido. Posso diminuir o comprimento da fila? Bem, entre mim e o menino à minha frente há uma distância de um metro e meio. Se ele continuar andando no mesmo ritmo e eu aumentar o meu, posso reduzir a distância; e talvez reduzir o comprimento total da fila, dependendo do que estiver acontecendo lá na frente. Mas só posso fazer isso até bater na mochila do garoto (e se fizesse isso ele contaria para a sua mãe). Então tenho de diminuir o passo para andar no mesmo ritmo dele.

Depois que eliminei o intervalo entre nós, não posso ir mais rápido que o garoto à minha frente. E, basicamente, ele não pode ir mais rápido que o garoto à sua frente, e assim por diante na fila inteira até Ron. O que quer dizer que, exceto por Ron, a velocidade de cada um de nós depende da velocidade daquele à nossa frente.

Está começando a fazer sentido. Nossa caminhada é um conjunto de eventos dependentes... combinados com flutuações estatísticas. A velocidade de cada um de nós está flutuando, para cima e para baixo. Mas a habilidade de ir mais rápido que a média é limitada. Ela depende de todos os outros à minha frente na fila. Então, mesmo que eu conseguisse andar a oito quilômetros por hora, não poderia fazê-lo se o garoto à minha frente só pudesse andar a três quilômetros por hora. E, mesmo que o garoto à minha frente pudesse andar tão rápido, nenhum de nós poderia fazê-lo a não ser que todos os meninos na fila estivessem andando a oito quilômetros por hora ao mesmo tempo.

Então tenho limites quanto à minha rapidez; meu próprio limite (só posso andar tão rápido por um certo tempo, antes de cair e arfar até a morte) e o limite dos outros na caminhada. Entretanto, não há limite para a minha habilidade de diminuir de velocidade. Ou para a habilidade de qualquer outro de diminuir de velocidade. Ou de parar. E, se qualquer um de nós parasse, a fila se estenderia indefinidamente.

Não está acontecendo uma equiparação das flutuações nas nossas velocidades, e sim um *acúmulo* de flutuações. E, na maior parte, é um acúmulo da lentidão – *porque a dependência limita as oportunidades para flutuações mais altas.* E é por isso que a fila está expandindo. Só podemos fazer a fila se contrair se todos os que estão no final andarem por algum tempo bem mais rápido que a média de Ron.

Olhando para a frente, posso ver que a distância que cada um de nós tem de recuperar depende do lugar em que estamos na fila. Dave

— 110 —

tem de recuperar as suas flutuações abaixo da média em relação ao Ron – aqueles seis metros que são o espaço à sua frente. Mas para Herbie evitar que o comprimento da fila aumente, ele teria de recuperar as suas próprias flutuações mais todas as flutuações dos garotos à sua frente. E cá estou eu, no final da fila. Para fazer com que o comprimento da fila inteira diminua, tenho de andar mais rápido que a média por uma distância igual ao espaço em excesso entre todos os garotos. Tenho de recuperar o acúmulo de lentidão de todos eles.

Aí começo a pensar o que tudo isso pode significar para o meu trabalho. Definitivamente temos eventos dependentes e flutuações estatísticas na fábrica. E aqui na trilha também temos esses dois fenômenos. Eu poderia dizer que essa tropa de garotos é análoga a um sistema de produção... como se fosse um modelo. Na realidade, a tropa produz algo; produzimos "trilha percorrida". Ron começa a produção consumindo a trilha ainda não percorrida à sua frente, o que equivale à matéria-prima. Então Ron processa a trilha primeiro andando sobre ela, a seguir Dave tem de processá-la, seguido pelo menino atrás dele, e assim por diante até Herbie e os outros, e chegar até mim.

Cada um de nós é como uma operação que tem de ser realizada para produzir algo em uma fábrica; cada um de nós é um evento em um conjunto de eventos dependentes. Será que importa a ordem em que estamos? Bom, alguém tem de ser o primeiro e alguém tem de ser o último. Então, não interessa se trocamos a ordem dos garotos, de qualquer forma temos eventos dependentes.

Sou a última operação. O produto só é "vendido" depois que eu percorrer a trilha. E isso tem de ser o nosso ganho – não a velocidade na qual Ron caminha sobre a trilha, mas a velocidade na qual eu o faço.

E a extensão de trilha entre Ron e mim? Tem de ser inventário. Ron está consumindo matéria-prima, portanto a trilha na qual os outros estão caminhando é inventário até que fique atrás de mim. E o que é despesa operacional? É o que faz com que transformemos inventário em ganho, o que no nosso caso é a energia de que os meninos precisam para andar. Não consigo quantificar isso para o modelo, só sei que estou ficando cansado.

Se a distância entre Ron e mim está aumentando, isso só pode significar que o inventário está aumentando. O ganho é a minha velocidade de caminhada, que é influenciada pelas velocidades flutuantes dos outros. Hummm. Então, as flutuações abaixo da média se acumulam e chegam até mim. O que quer dizer que eu tenho de diminuir a minha velocidade. O que quer dizer que, em relação ao crescimento do inventário, o ganho do sistema como um todo caiu.

E a despesa operacional? Não tenho certeza. Para a UniCo., sempre que o inventário aumenta também aumenta o custo de mantê-lo. O custo de manter o inventário faz parte da despesa operacional, então essa medida também tem de estar aumentando. Usando termos de caminhada, a despesa operacional aumenta sempre que damos uma corridinha para compensar, isso porque gastamos mais energia nessa corridinha do que se mantivéssemos a mesma velocidade.

O inventário está aumentando. O ganho está caindo e a despesa operacional está, provavelmente, subindo.

Será que é isso que está acontecendo com a minha fábrica?

Sim, acho que sim.

Nesse momento olho para a frente e percebo que estou quase atropelando um garoto.

Ah! Muito bem! Aqui está uma prova de que devo ter esquecido algo na minha analogia. A linha à minha frente está ficando mais junta e não mais espalhada. No final das contas, as flutuações para cima e para baixo estão se anulando. Inclino-me para o lado para ver Ron andando no seu passo médio de três quilômetros por hora.

Mas Ron não está andando a um passo médio. Ele está parado ao lado da trilha.

– Por que estamos parando?

Ele diz:

– É hora do almoço, sr. Rogo.

# -14-

– Mas não deveríamos parar aqui para almoçar – diz um dos garotos. – Só iríamos comer quando estivéssemos mais longe, próximos ao rio Rampage.

– De acordo com a programação que o chefe da tropa nos deu, deveríamos almoçar ao meio-dia – diz Ron.

– E agora é meio-dia – acrescenta Herbie, apontando para o seu relógio. – Então temos de almoçar.

– Mas a esta hora deveríamos estar no rio Rampage.

– E daí? – diz Ron. – Este é um ótimo lugar para o almoço. Dê uma olhada.

Ron tem razão. A trilha corta um parque e neste momento estamos passando por uma área para piqueniques. Há mesas, uma bomba-d'água, latas de lixo, churrasqueiras; de tudo um pouco. (Esse é o meu tipo de aventura selvagem.)

– Muito bem – digo. – Vamos votar para ver quem quer comer agora. Quem estiver com fome levante a mão.

Todos levantam a mão; é unânime. Paramos para o almoço.

Sento-me em uma das mesas e fico pensando enquanto como meu sanduíche. O que está me incomodando agora é que, em primeiro lugar, não há como eu operar uma fábrica sem ter eventos dependentes e flutuações estatísticas. Não dá para escapar dessa combinação. Mas deve haver uma forma de superar os efeitos. Isto é, nós todos, obviamente, iríamos à falência se o inventário estivesse sempre aumentando e o ganho estivesse sempre diminuindo.

E se eu tivesse uma fábrica balanceada, do tipo que Jonah disse que os gerentes estão constantemente tentando criar, uma fábrica na qual todo recurso tem capacidade exatamente igual à demanda do mercado? Na realidade, será que essa não é a solução para o problema? Se conseguisse fazer com que a capacidade estivesse perfeitamente balanceada com a demanda, será que meu estoque em excesso não iria embora? Será que a falta de algumas peças não acabaria? E, de qualquer forma, como é que Jonah pode estar certo e todas as outras pessoas erradas? Os gerentes sempre cortaram capacidade para diminuir custos e aumentar os lucros; esse é o jogo.

Começo a achar que este modelo da caminhada me atrapalhou. Isto é, claro que ele me mostrou o efeito da combinação de eventos dependentes e flutuações estatísticas. Mas será que é um sistema balanceado? Vamos dizer que a nossa demanda seja andar três quilômetros por hora. Nada mais e nada menos. Será que eu poderia ajustar a capacidade de cada garoto de forma que ele pudesse andar a três quilômetros por hora e não mais rápido? Se pudesse, simplesmente manteria todos andando constantemente ao ritmo que deveriam andar – gritando, batendo o chicote, qualquer coisa – e tudo seria perfeitamente balanceado.

O problema é como é que eu posso, realisticamente, cortar a capacidade de quinze garotos? Talvez pudesse amarrar os tornozelos de cada um com pedaços de cordas, assim todos teriam o mesmo tamanho de passada. Mas isso não me parece muito certo. Ou talvez pudesse me clonar quinze vezes, assim teria uma tropa de Alex Rogos com exatamente a mesma capacidade de caminhar numa trilha. Mas até que tenhamos alguns avanços na tecnologia de clonagem isso não é prático. Ou talvez pudesse determinar outro tipo de modelo, um mais controlável, que me permitisse ver, sem muitas dúvidas, o que está acontecendo.

Estou pensando como posso fazer isso quando vejo um garoto sentado a uma mesa, jogando dados. Acho que ele está praticando para a sua próxima viagem a Las Vegas, ou coisa do gênero. Tenho certeza de que ele não vai ganhar nenhum distintivo por jogar dados – mas os dados me dão uma ideia. Levanto-me e vou até ele.

– Diga-me uma coisa, você se importa se eu pegar esses dados emprestados por um tempinho? – pergunto.

O garoto dá de ombros e me entrega os dados.

Volto para a mesa e jogo os dados algumas vezes. Sim, realmente: flutuações estatísticas. Todas as vezes que jogo os dados sai um número randômico, que é previsível apenas dentro de um certo limite, representado pelos números de um a seis em cada dado. Bom, agora só preciso de um conjunto de eventos dependentes como modelo.

Depois de procurar por alguns minutos encontro uma caixa de fósforos (do tipo que se acendem em qualquer lugar) e algumas tigelas de alumínio, que fazem parte de um kit especial para acampamento. Alinho as tigelas na mesa e coloco os fósforos em uma das pontas, e isso me dá o modelo de um sistema perfeitamente balanceado.

Enquanto estou arrumando tudo isso e imaginando como devo operar o modelo, chegam Dave e um amigo. Eles se põem ao lado da mesa e ficam me olhando jogar os dados e mover alguns fósforos.

– O que você está fazendo? – Dave pergunta.

– Bem, estou meio que inventando um jogo.

– Um jogo? Sério? – diz seu amigo. – Posso jogar, sr. Rogo?

– Por que não? Claro que pode.

De repente Dave está interessado.

– Posso jogar também? – pergunta.

– Está bem, acho que você também pode jogar. Aliás, por que vocês não convidam mais alguns garotos para nos ajudar?

Enquanto eles vão buscar os outros, eu fico bolando os detalhes. O sistema foi planejado para "processar" fósforos. Isso será feito retirando-se uma quantia de palitos de fósforo da caixa e passando por cada tigela, sequencialmente. Os dados determinam quantos fósforos podem ser movidos de uma tigela para outra. Os dados representam a capacidade de cada recurso, de cada tigela; o conjunto de tigelas são meus eventos dependentes, meus estágios de produção. Cada uma tem a mesma capacidade que as outras, mas sua produção real flutuará um pouco.

Porém, para manter essas flutuações no seu mínimo, decido usar apenas um dos dados. Isso permite que as flutuações variem de um a seis. Então, da primeira tigela posso mover para as próximas tigelas, em linha, uma quantidade de fósforos que varia entre o mínimo de um e um máximo de seis.

O ganho nesse sistema é a velocidade na qual saem fósforos da última tigela. O inventário consiste no número total de fósforos em todas as tigelas a qualquer momento. Vou pressupor que a demanda do mercado é igual à média no número de fósforos que o sistema pode processar. A capacidade de produção de cada recurso e a demanda de mercado estão perfeitamente balanceadas. Então isso quer dizer que agora tenho um modelo de uma fábrica perfeitamente balanceada.

Cinco garotos decidem jogar. Além de Dave, vieram Andy, Ben, Chuck e Evan. Cada um senta atrás de uma das tigelas. Pego um papel e uma caneta para anotar o que acontece. Explico o que eles precisam fazer.

– A ideia é mover o maior número de fósforos possível da sua tigela para a tigela à sua direita. Quando for a sua vez, você joga o dado e o número que sair é o número de fósforos que você pode mover. Entendido?

Todos concordam com a cabeça.

– Mas você só pode mover os fósforos que existem na sua tigela. Por isso, se você tirar um cinco e só tiver dois fósforos na tigela, só poderá mover dois fósforos. E, se chegar a sua vez e você não tiver nenhum fósforo, então, obviamente, você não pode mover nada.

# A META

Novamente, eles concordam.

— Quantos fósforos vocês acham que podemos movimentar pela linha toda vez que completarmos o ciclo? – pergunto a eles.

Todos ficam com uma expressão de perplexidade.

— Bom, se você pode mover um máximo de seis e um mínimo de um por vez, qual o número médio de fósforos que será movido? – repito.

— Três – responde Andy.

— Não, não será três – discordo. – O ponto médio entre um e seis não é três.

Desenho alguns números no meu papel.

— Olhem aqui – digo, enquanto mostro isto:

$$1 \quad 2 \quad 3 \quad 4 \quad 5 \quad 6$$

e explico que, na verdade, 3,5 é a média desses números. – Então, quantos fósforos vocês acham que cada um de vocês deveria mover, na média, depois que completarmos o ciclo algumas vezes? – pergunto.

— Três e meio por vez – diz Andy.

— E depois de dez ciclos?

— Trinta e cinco – responde Chuck.

— E depois de vinte ciclos?

— Setenta – diz Ben.

— Muito bem, vamos ver se conseguimos fazer isso – proponho.

Então ouço um longo suspiro do outro lado da mesa. Evan olha para mim.

— Sr. Rogo, o senhor se importaria se eu não jogasse? – ele pergunta.

— O que houve?

— Acho que é meio chato.

— É mesmo – diz Chuck. – Só mover fósforos de um lado para o outro. Grande coisa, sabe?

— Acho que prefiro treinar uns nós – diz Evan.

— Vamos fazer uma coisa – proponho. – Para tornar o jogo mais interessante podemos pensar em uma recompensa. Vamos combinar que todos têm uma cota de 3,5 fósforos a cada jogada. Quem fizer mais que isso, quem conseguir uma média maior que 3,5 fósforos não tem de lavar a louça hoje à noite. Mas quem tiver uma média abaixo de 3,5 a cada jogada tem de lavar mais louça depois do jantar.

— 116 —

— Oba, assim sim! – diz Evan.

— Vamos lá! – diz Dave.

Estão todos alvoroçados. Eles estão praticando jogar o dado. Nesse meio-tempo, desenho uma tabela num pedaço de papel. O que planejo fazer é anotar quanto cada um se desvia da média. Todos começam do zero. Se o número no dado for 4, 5 ou 6, anoto, respectivamente, 0,5, 1,5 ou 2,5. Se o número no dado for um 1, 2 ou 3, então anoto uma perda de –2,5, –1,5 ou –0,5, respectivamente. Está claro que os desvios têm de ser cumulativos; se alguém estiver 2,5 acima, por exemplo, seu ponto de partida da próxima vez será 2,5, e não zero. É assim que aconteceria na fábrica.

— Muito bem, estão todos prontos? – pergunto.

— Todos prontos.

Dou o dado a Andy.

Ele tira um 2. Consequentemente, ele tira dois fósforos da caixa e os coloca na tigela de Ben. Com esse dois Andy está 1,5 abaixo da sua cota e anoto o desvio na tabela.

Ben é o próximo e ele tira um 4.

— Ei, Andy – diz ele. – Preciso de mais fósforos.

— Nada disso – digo. – Não é assim que o jogo funciona. Você só pode passar os fósforos que estão na sua tigela.

— Mas tenho apenas dois – diz Ben.

— Então só pode passar dois.

— Ah – diz Ben.

Ele então passa os seus dois fósforos para Chuck. Também anoto um desvio de –1,5 para ele.

Chuck é o próximo. Ele tira um 5. Mas, novamente, há apenas dois fósforos que ele pode mover.

— Ei, isso não é justo! – diz Chuck.

— Claro que é – explico. – O jogo é para mover fósforos. Se tanto o Andy quanto o Ben tivessem tirado 5 você teria cinco para passar. Mas como eles não fizeram isso você não pode passar cinco.

Chuck olha feio para Andy.

— Da próxima vez veja se tira um número maior – Chuck reclama.

— Ei, o que é que eu podia ter feito? – Andy se defende.

— Não se preocupe – Ben contemporiza, confiantemente. – A gente recupera.

# A META

Chuck passa os seus minguados dois fósforos para Dave, e eu anoto um desvio de –1,5 para Chuck também. Ficamos olhando Dave jogar o dado. Ele tira apenas um. Por isso ele passa um fósforo para Evan. Este também tira 1, pega o fósforo na sua tigela e o coloca no final da mesa. Anoto um desvio de –2,5 para Dave e Evan.

– Muito bem, vamos ver se desta vez conseguimos melhorar – digo.

Andy fica chacoalhando o dado na sua mão por um bom tempo. Estão todos gritando para que ele jogue logo. O dado sai rodando pela mesa. Todos nós olhamos e é um 6.

– É isso aí!

– Valeu, Andy!

Ele pega seis fósforos da caixa e entrega ao Ben. Eu anoto um desvio de 2,5 para ele, que resulta em 1 na tabela.

Ben pega o dado e também tira um 6. Mais aplausos. Ele passa todos os seis fósforos para Chuck. Anoto o mesmo resultado para Ben.

Mas Chuck tira um 3. Então, quando ele passa três fósforos para Dave, ainda fica com três na sua tigela, e eu anoto uma perda de –0,5 na tabela.

Agora Dave joga o dado e tira um 6. Mas ele só tem quatro fósforos para passar – os três que Chuck acabou de passar e um da última rodada. Por isso ele passa quatro para Evan. Anoto um lucro de 0,5 para ele.

Evan tira um 3. Então o único fósforo no final da mesa fica em companhia de mais três. Evan ainda tem um sobrando na sua tigela e eu anoto uma perda de –0,5 para ele.

Ao final de duas rodadas, é assim que está a tabela:

| | ANDY | BEN | CHUCK | DAVE | EVAN |
|---|---|---|---|---|---|
| Rodada: | 1234567890 | 1234567890 | 1234567890 | 1234567890 | 1234567890 |
| Dado | 26425 | 46152 | 43225 | 16351 | 13641 |
| Moveu | 26452 | 26152 | 23225 | 14221 | 13321 |
| Inventário: | | 00303 | 03252 | 10004 | 01000 |

```
Variação +/-             ANDY      BEN      CHUCK     DAVE     EVAN
+2,5
+2
+1,5                            * *
+1                       *                *
+0,5
   0 - - - - - - - - - - - *- - - - - -*- - - - - - - - - - - - - - - - - - -
-0,5                                 *
-1
-1,5                     *        * *
-2                                        *         *
-2,5                                                *         *
-3                                                                    *
-3,5                                      * *       *
-4                                                                    *
-4,5
-5                                        *         *
-5,5                                                                  *
-6
-6,5
-7
-7,5                                               *
-8                                                                    *
-8,5
```

Continuamos jogando. O dado rola na mesa e passa de mão em mão. Fósforos saem da caixa e se movem de uma tigela para outra. As jogadas de Andy estão bem na média, como mais poderiam estar? Não há nenhuma sequência regular de números altos ou baixos. Ele é capaz de superar a sua cota. Do outro lado da mesa, a história é bem diferente.

– Gente, vamos mandar mais fósforos.

– É isso mesmo, precisamos de mais fósforos aqui.

– Andy, continue tirando 6.

# A META

– Não é o Andy, é o Chuck. Olhe para ele, ele está com 5.

Depois de quatro rodadas tenho de adicionar mais números (números negativos) no final da tabela. Não para Andy ou para Ben ou para Chuck, mas para Dave e Evan. Parece que, para esses dois, o resultado vai ficando cada vez mais negativo.

Depois de cinco rodadas, a tabela está assim:

| | ANDY | BEN | CHUCK | DAVE | EVAN |
|---|---|---|---|---|---|
| Rodada: | 1234567890 | 1234567890 | 1234567890 | 1234567890 | 1234567890 |
| Dado | 26 | 46 | 43 | 16 | 13 |
| Moveu | 26 | 26 | 23 | 14 | 13 |
| Inventário: | | 00 | 03 | 10 | 01 |

Variação +/-

| | ANDY | BEN | CHUCK | DAVE | EVAN |
|---|---|---|---|---|---|
| +2 | | | | | |
| +1,5 | | | | | |
| +1 | * | * | | | |
| +0,5 | | | | | |
| 0 | - - - - - - - - - - - - - - - - - - - - - - | | | | |
| −1 | | | | | |
| −1,5 | * | * | * | | |
| −2 | | | * | * | |
| −2,5 | | | | * | * |
| −3 | | | | | * |
| −3,5 | | | | | |

– Como estou indo, sr. Rogo? – Evan pergunta.

– Evan, já ouviu falar do *Titanic*?

Ele parece deprimido.

– Você ainda tem mais cinco rodadas – digo a ele. – Talvez consiga se recuperar.

– É isso mesmo, lembre-se da lei das médias – diz Chuck.

– Se eu tiver de lavar louça porque vocês não me passaram fósforos suficientes... – Evan resmunga, deixando uma vaga ameaça no ar.

– Estou fazendo a minha parte – diz Andy.

– É verdade, o que é que há de errado com vocês aí? – pergunta Ben.

– Ei, foi só agora que recebi o bastante para passar – diz Dave. – Antes não tinha quase nada.

Realmente, uma parte do inventário que estava preso nas primeiras tigelas tinha finalmente chegado à tigela de Dave. As poucas jogadas altas que ele teve no começo estão agora entrando na média. Justo agora que ele tem inventário para mover, ele está tirando números baixos.

– Vamos lá, Dave, me dê uns fósforos – Evan pede.

Dave tira 1.

– Ai, Dave! Um fósforo!

– Andy, você sabe o que nós vamos ter para o jantar? – Ben pergunta.

– Acho que é espaguete – responde Andy.

– Ai, ai, isso vai ser duro de limpar.

– É mesmo, que bom que eu não vou ter de fazer isso.

– Esperem só um pouco – diz Evan. – Esperem só até Dave começar a tirar uns números bons, para variar um pouco.

Mas as coisas não melhoram.

– E agora, sr. Rogo, como estamos indo? – Evan pergunta.

– Acho que já tem uma palha de aço esperando por você.

– Beleza! Nada de lavar a louça hoje à noite! – grita Andy.

Depois de dez rodadas a tabela fica assim...

# A META

| | ANDY | BEN | CHUCK | DAVE | EVAN |
|---|---|---|---|---|---|
| Rodada: | 1234567890 | 1234567890 | 1234567890 | 1234567890 | 1234567890 |
| Dado | 2642536452 | 4615254633 | 4322561565 | 1635122132 | 1364145342 |
| # Moveu | 2642536452 | 2615254633 | 2422561565 | 1422122132 | 1332122132 |
| Inventário: | | 0030313132 | 0325214510 | 1000487### | 0100000000 |

```
Variação +/-
+5,5            *
+5
+4,5                    *
+4         *   *        *
+3,5        *           *
+3
+2,5
+2              *           *
+1,5    *  *     *
+1    *    *    *
+0,5                    *
  0 -------*-------*----------------------------------
-0,5             *
 -1                  *
-1,5   *     *  *       *
 -2              *     *     *
-2,5                       *        *
 -3                                 *
-3,5            *  *  *       *
 -4                                 *
-4,5
 -5               *           *
-5,5                                *
 -6
-6,5
 -7
-7,5                         *
 -8                                      *
-8,5
 -9                              *
-9,5                                     *
-10
-10,5                           *
-11
-11,5                                    *
-12
-12,5                          *
-13                            *        *
-13,5                                   *
-14
-14,5                          *
-15
-15,5
```

# O inventário de Dave nas rodadas 8, 9 e 10 já tem dois dígitos, sendo, respectivamente, 11, 14 e 17 fósforos.

Olho para a tabela. Ainda acho difícil acreditar. Era um sistema balanceado e, mesmo assim, o ganho caiu e o inventário subiu. E a despesa operacional? Se tivesse custo para manter os fósforos, a despesa operacional também teria aumentado.

E se isso fosse uma fábrica verdadeira, com clientes verdadeiros? Quantas unidades teríamos conseguido expedir? Esperávamos expedir 35, mas qual foi o nosso verdadeiro ganho? Foi de apenas vinte, um pouco mais da metade do que precisávamos, e isso não chegou nem perto do potencial máximo de cada estação. Se essa fosse uma fábrica real, metade dos nossos pedidos, ou até mais, estaria atrasada. E se fizéssemos isso, nossa credibilidade com os clientes cairia vertiginosamente.

Isso tudo soa familiar, não é mesmo?

– Ei, não podemos parar agora! – Evan exclama.

– Isso mesmo, vamos continuar jogando – diz Dave.

– Está bom – diz Andy. – Desta vez o que vocês querem apostar? Eu topo.

– Vamos jogar para ver quem vai cozinhar – Ben propõe.

– Ótimo – concorda Dave.

– Fechado – Evan bate o martelo.

Eles jogam os dados por mais vinte rodadas, mas falta papel no final da página para anotar o desempenho de Dave e Evan. O que eu inicialmente estava prevendo? Minha tabela inicial tinha limites entre +6 e –6. Acho que esperava altos e baixos regulares, uma curva senoidal normal. Mas não foi isso que aconteceu. Em vez disso, parece que estou desenhando um corte transversal do Grand Canyon. O inventário não se move através do sistema em um fluxo controlável, mas em ondas. Finalmente, o monte de fósforos na tigela de Dave passa para a de Evan e para a mesa; apenas para ser substituído por outra onda cumulativa. E o sistema fica cada vez mais atrás da programação.

– Querem jogar de novo? – pergunta Andy.

– Quero, só que desta vez eu sento no seu lugar – diz Evan.

– De jeito nenhum! – responde Andy.

Chuck está no meio balançando a cabeça, já resignado com a sua derrota. De qualquer forma, está na hora de começar a caminhar de novo.

– Que droga de jogo foi esse? – diz Evan.

– É mesmo – murmuro.

# -15-

Por algum tempo olho para a fila à minha frente. Como sempre, os intervalos entre os garotos estão aumentando. Começo a me questionar. Se não consigo lidar com isso em uma caminhada simples, como vou lidar com isso na fábrica?

O que aconteceu de errado no jogo? Por que o modelo balanceado não deu certo? Durante mais ou menos uma hora fico pensando sobre o que aconteceu. Tenho de parar a tropa duas vezes para reagrupar. Algum tempo depois da segunda parada, entendo o que aconteceu.

Não havia nenhuma reserva. Quando os garotos no final da fila do modelo balanceado ficaram para trás, eles não possuíam capacidade extra para recuperar as perdas. À medida que os desvios negativos se acumularam, a situação deles piorou.

Então, lembrei-me de um conceito dado em uma aula de matemática no colégio. Tem a ver com algo chamado de covariância, o impacto de uma variável sobre outras no mesmo conjunto. Um princípio matemático diz que em uma dependência linear de duas ou mais variáveis, as flutuações das variáveis do final da linha ficarão em torno do desvio máximo estabelecido por qualquer variável precedente. Isso explica o que aconteceu no modelo balanceado.

Muito bem, mas o que eu faço com isso?

Na trilha, quando vejo como estamos atrasados, posso pedir a todos que se apressem. Ou posso pedir ao Ron que diminua a velocidade ou pare, e assim nos reagrupamos. Dentro de uma fábrica, quando os departamentos se atrasam e o estoque em processo começa a aumentar, mudamos algumas pessoas de lugar, fazemos horas extras, os gerentes começam a estalar o chicote, os produtos são expedidos e, lentamente, os inventários começam a diminuir de novo. É isso mesmo: corremos para recuperar o atraso. (Sempre corremos, nunca paramos; a outra opção, que é fazer com que alguns funcionários fiquem ociosos, é tabu). Então por que não conseguimos recuperar o atraso na minha fábrica? Parece que sempre estamos correndo. Estamos correndo tanto que já estamos sem fôlego.

Olho a fila. Não só há intervalos entre os garotos como também eles estão aumentando mais rápido que nunca! Então percebo algo de estranho. Ninguém na fila está grudado em outra pessoa, a não ser eu. Estou preso atrás de Herbie.

Herbie? O que é que ele está fazendo aqui atrás?

Inclino-me para ver melhor a fila. Ron não está mais liderando a tropa; ele agora está perto do meio da fila e Dave está na sua frente. Não sei quem está liderando, não consigo ver assim tão longe. Filhos da mãe, esses diabinhos trocaram a ordem da fila sem me consultar.

– Herbie, por que você está aqui atrás? – pergunto.

– Ah, oi, sr. Rogo – Herbie responde. – Achei melhor ficar aqui atrás com o senhor. Assim eu não fico segurando ninguém.

Ele anda de costas, enquanto fala comigo.

– Ah, bom, isso é muita consideração da sua parte. Cuidado!

Herbie tropeça em uma raiz de árvore e cai sentado. Eu o ajudo.

– Você está bem?

– Sim, mas acho melhor andar para a frente, né? Mas é difícil falar assim.

– Tudo bem, Herbie. Aproveite a caminhada, tenho muito o que pensar.

E isso não é uma mentira, pois acho que Herbie acabou de me fazer pensar em algo. Herbie parece ser o mais lento da tropa, a não ser quando está se esforçando muito, como o fez antes do almoço. Isto é, ele me parece um bom garoto. Com certeza ele é bem consciencioso; mas ele é mais lento que todos os outros. (Alguém tem de ser o mais lento, não é mesmo?) Por isso, quando Herbie está andando no que chamarei de seu passo "ótimo" – um passo que lhe é confortável –, ele estará andando mais devagar que qualquer pessoa que esteja atrás dele. Como eu.

No momento, Herbie não está limitando o progresso de ninguém, a não ser o meu. Na verdade, os meninos se organizaram (deliberada ou acidentalmente, não sei bem como) de tal forma que todos possam andar sem restrição alguma. Olho para a fila e não consigo ver ninguém sendo retido por outro. Eles se organizaram de uma forma que o menino mais rápido está na frente, e o mais lento atrás da fila. O que aconteceu foi que cada um deles achou um passo ótimo individual, como Herbie fez. Se essa fosse a minha fábrica, seria como se houvesse um suprimento interminável de trabalho; sem tempo ocioso.

Mas veja o que está acontecendo: o comprimento da fila está aumentando cada vez mais rápido, como nunca aconteceu antes. As distâncias entre os meninos estão aumentando. Quanto mais perto do começo da fila, maiores são os espaços e mais rapidamente eles aumentam.

Podemos ver isso desta forma: Herbie está avançando na sua própria velocidade, que é menor que a minha velocidade potencial. Mas, por causa da dependência, a *minha* velocidade máxima é a taxa na qual Herbie está andando. A minha taxa de velocidade é o ganho. A taxa de Herbie determina a minha taxa. Portanto, Herbie está determinando o ganho máximo.

Sinto como se minha cabeça fosse decolar.

Porque, veja bem, não interessa quão rápido *qualquer* um de nós ande, ou possa andar. Alguém lá na frente, quem quer que esteja liderando, está andando mais rápido que a média, suponhamos, a uns cinco quilômetros por hora. E daí? A velocidade dele está ajudando a tropa *como um todo* a ir mais rápido, a gerar mais ganho? Claro que não. Todos os garotos da fila estão andando um pouco mais rápido que o garoto atrás dele. Algum deles está ajudando a tropa a andar mais rápido? Claro que não. Herbie está caminhando no seu próprio passo, que é mais lento. É ele que está estabelecendo o ganho da tropa como um todo.

Na realidade, quem quer que esteja andando mais devagar na tropa estará determinando o ganho. E essa pessoa nem sempre é Herbie. Antes do almoço, Herbie estava andando mais rápido. Não estava claro quem era o mais lento na tropa. Então o papel de Herbie – o maior limite ao ganho – estava variando ao longo da tropa; dependia de quem estava se movendo mais lentamente em um determinado momento. Mas, de um modo geral, Herbie tem a menor capacidade para caminhar. A velocidade dele é a que, essencialmente, determina a velocidade da tropa. O que quer dizer que…

– Ei, olhe para isso, sr. Rogo – diz Herbie.

Ele está apontando para um marcador feito de concreto ao lado da trilha. Dou uma olhada. Bom, isso é um marco! Um marco de verdade! Quantos discursos eu já ouvi em que a pessoa fala de uma dessas porcarias? E esse é o primeiro que vejo. Está escrito:

## <---8---> 
## quilômetros

Hummm. Deve significar que há oito quilômetros de distância para cada lado. Então aqui deve ser o meio da caminhada. Faltam oito quilômetros.

Que horas são?

Olho para o meu relógio. Puxa vida, são 2h30 da tarde. E saímos às 8h30 da manhã. Então, tirando a hora que paramos para almoçar, isso quer dizer que andamos oito quilômetros... em cinco horas?

Não estamos andando a três quilômetros por hora. Estamos andando a uma velocidade de 1,6 quilômetro por hora. Portanto, com mais cinco horas... Estará ESCURO quando chegarmos ao final.

E Herbie está de pé aqui ao meu lado atrasando o ganho de toda a tropa.

– Muito bem, vamos! Vamos! – digo a ele.

– Está bem! – diz Herbie, dando um pulo.

O que é que eu vou fazer?

Rogo (estou pensando comigo mesmo), seu incompetente! Você não consegue nem administrar uma tropa de escoteiros! Lá na frente você tem um garoto que quer estabelecer algum recorde e aqui está você encalhado atrás do gordo do Herbie, o garoto mais lento destas matas. Depois de uma hora, o garoto na frente – se ele realmente estiver andando a cinco quilômetros por hora – estará uns três quilômetros na nossa frente. O que quer dizer que terei de correr três quilômetros para alcançá-lo.

Se esta fosse a minha fábrica, Peach não me daria nem três meses. A esta altura já estaria na rua. A demanda era para cobrirmos dezesseis quilômetros em cinco horas, e fizemos apenas metade disso. O inventário está saindo pelo teto. O custo de manter esse inventário estaria subindo. Estaríamos arruinando a empresa.

Mas não posso fazer muita coisa a respeito de Herbie. Talvez eu pudesse colocá-lo em outro lugar na linha, mas ele não vai andar mais rápido. Então não faria diferença. Ou faria?

– EI! – grito para a frente. – PEÇA AO GAROTO DA FRENTE QUE PARE ONDE ESTÁ!

Os meninos repetiram a ordem até a frente da fila.

– TODOS FIQUEM NO SEU LUGAR NA FILA ATÉ A GENTE SE REAGRUPAR – grito. – NÃO PERCAM SUA POSIÇÃO!

Quinze minutos depois a tropa está reunida em uma fila bem unida. Descubro que foi Andy que usurpou o papel de líder. Lembro-os de permanecerem no mesmo lugar de quando estavam caminhando.

– Muito bem – digo. – Todos deem as mãos.

Eles olham uns para os outros.

– Vamos lá! Façam o que estou dizendo! E não soltem as mãos.

Eu então pego Herbie pela mão e caminho na trilha, passando toda a fila, como se estivesse arrastando uma corrente. O resto da tropa nos segue, de mãos dadas. Passo pelo Andy e continuo andando. Quando estou ao dobro da distância da fila, paro. O que fiz foi virar toda a tropa, assim os meninos estão na posição exatamente oposta à que estavam antes.

– Agora ouçam! Vocês vão ficar nesta ordem até chegarmos ao nosso destino. Entenderam? Ninguém ultrapassa ninguém. Vocês só têm de tentar acompanhar a pessoa na sua frente. Herbie irá à frente.

Herbie parece chocado e surpreso.

– Eu?

Os outros também parecem estupefatos.

– O senhor quer que ele lidere? – pergunta Andy.

– Mas ele é o mais lento! – diz outro garoto.

– A ideia desta caminhada não é ver quem chega lá primeiro. A ideia é chegarmos lá juntos. Não somos um agrupamento de indivíduos, mas somos, sim, um time. E o time só chega ao acampamento completo.

Assim começamos de novo, e está funcionando. Sem brincadeira. Todos ficam juntos atrás de Herbie. Volto para trás da fila para que possa supervisionar, e fico observando se aparecem intervalos, mas eles não aparecem. Vejo alguém no meio da fila parar para ajustar a mochila. Mas assim que ele começa a andar de novo, todos nós andamos um pouco mais rápido e chegamos perto dos outros. Ninguém está sem fôlego. Que diferença!

Obviamente que não demora muito para que os garotos mais rápidos no final da fila comecem a reclamar.

– Ei, Herpes! – grita um deles. – Vou cair no sono aqui atrás. Não dá para você ir mais rápido, não?

– Ele está indo o mais rápido que pode – diz o garoto atrás de Herbie. – Deixe-o em paz!

– Sr. Rogo, não podemos colocar alguém mais rápido lá na frente? – pergunta um garoto na minha frente.

– Ouçam, se vocês quiserem ir mais rápido, precisam achar uma forma de fazer o Herbie ir mais rápido – digo a eles.

Por alguns minutos as coisas ficam quietas.

Então, um dos meninos no final da fila diz:

– Ei, Herbie, o que você tem dentro da mochila?

– Não é da sua conta! – responde Herbie.

– Muito bem, vamos parar um pouquinho – digo.

Herbie para e dá meia-volta. Peço a ele que venha até o final da fila e tire a mochila. Tento pegar a mochila dele – e quase a derrubo.

– Herbie, isto aqui está pesando uma tonelada – digo. – O que você tem aqui dentro?

– Nada de mais.

Abro-a e coloco minha mão dentro. Tiro seis latas de refrigerante. Depois umas latas de espaguete, uma caixa de chocolates, um vidro de picles e duas latas de atum. Debaixo de uma capa de chuva, botas de borracha e um saco com estacas para barraca, retiro uma grande frigideira de ferro. E ao seu lado está uma pá dobrável de aço.

– Herbie, por que você trouxe tudo isso? – pergunto.

Ele parece envergonhado.

– A gente tem de estar preparado.

– Muito bem, vamos dividir essas coisas – ordeno.

– Posso carregar tudo isso! – insiste Herbie.

– Herbie, veja bem, você já fez um ótimo trabalho carregando essas coisas até aqui. Mas temos de fazê-lo andar mais rápido. Se tirarmos parte do peso da sua mochila, você poderá fazer um trabalho melhor na frente da fila.

Herbie finalmente parece compreender. Andy pega a frigideira de ferro, e alguns outros pegam outras coisas que tirei da mochila. Como sou o maior, pego a maior parte dos itens e coloco na minha mochila. Herbie volta para o começo da fila.

Novamente, começamos a andar. Mas desta vez Herbie consegue realmente se mexer. Sem a maior parte do peso da sua mochila, parece que ele está flutuando. Agora estamos voando, a tropa como um todo está fazendo o dobro da velocidade anterior. O inventário diminuiu e o ganho aumentou.

A Garganta do Diabo é uma delícia ao sol da tarde. Lá embaixo, no que parece ser a garganta, o rio Rampage corre entre as pedras. Raios solares dourados passeiam pelas árvores. Os pássaros gorjeiam. E lá longe, a distância, podemos escutar a melodia inconfundível de carros em uma autoestrada.

– Vejam! – grita Andy, de cima do promontório. – Ali tem um shopping center!

– Será que lá tem hambúrgueres? – Herbie pergunta.

– Ei, não estamos no meio da floresta? – Dave reclama.

– Já não se fazem mais florestas como antigamente – comento. – Veja bem, vamos ter de ficar com o que temos. Vamos montar o acampamento.

Agora são cinco da tarde. Isso quer dizer que, depois que aliviamos a carga de Herbie, fizemos uns seis quilômetros e meio em duas horas. O Herbie foi a chave para controlarmos a tropa inteira.

As barracas são erguidas. Dave e Evan preparam um jantar com espaguete. Sentindo-me um pouco culpado por ter estabelecido as regras que os levaram à escravidão, depois do jantar ajudo-os a lavar a louça.

Esta noite Dave e eu dormimos na mesma barraca. Estamos deitados dentro dela, os dois cansados. Dave fica quieto por algum tempo. Então ele diz:

– Sabe, pai, hoje fiquei muito orgulhoso de você.

– Ficou? Por quê?

– Do jeito que você descobriu o que estava acontecendo, fez com que todos ficassem juntos e colocou o Herbie na frente; a gente provavelmente ficaria na trilha para sempre se não fosse você – ele diz com satisfação. – Os pais de nenhum dos outros garotos assumiram alguma responsabilidade. Mas você sim.

– Obrigado. Na verdade, hoje eu aprendi muita coisa.

– Mesmo?

– Sim, coisas que acho que vão me ajudar a arrumar a fábrica.

– Sério? Como o quê?

– Tem certeza de que quer ouvir falar sobre isso?

– Claro – ele afirma.

Ficamos acordados por algum tempo falando sobre tudo. Ele aguenta firme, até faz algumas perguntas. Quando acabamos, tudo o que podemos ouvir são alguns roncos que vêm das outras barracas, e alguns poucos grilos… e o cantar de pneus de algum idiota que está brincando de Fórmula 1 na estrada.

# -16-

Dave e eu chegamos em casa lá pelas 4h30 da tarde de domingo. Nós dois estamos cansados, mas estamos nos sentindo muito bem apesar dos quilômetros. Depois que entro em casa com o carro, Dave sai para abrir a porta da garagem. Entro com o Buick e dou a volta para abrir o porta-malas e pegar nossas mochilas.

– Onde a mamãe foi? – Dave pergunta.

Olho à minha volta e percebo que seu carro não está lá.

– Ela provavelmente está fazendo algumas compras.

Dentro de casa Dave guarda o equipamento de acampar e eu vou para o quarto trocar de roupa. Uma chuveirada quente vai ser o máximo. Estou pensando que, depois de tirar a poeira da selva do meu corpo, vou levar todos para jantar fora. Uma boa refeição como celebração ao retorno triunfante de pai e filho.

Uma porta do armário do quarto está aberta. Quando vou fechá--la, vejo que a maioria das roupas da Julie não está lá. Fico de pé por um minuto, parado, olhando para o espaço vazio. Dave entra no quarto.

– Pai?

Dou meia-volta.

– Isso estava na mesa da cozinha. Acho que foi a mamãe que deixou.

Ele me dá um envelope fechado.

– Obrigado, Dave.

Espero ele sair do quarto para abri-lo. Dentro há apenas um recado curto, escrito à mão. Ele diz:

# A META

*Al,*

*Não consigo lidar com o fato de que estou sempre no final da fila para você. Preciso de você e agora está claro que você não vai mudar. Vou embora por algum tempo. Preciso pensar sobre as coisas. Desculpe-me por fazer isso com você, sei que está ocupado.*

*Sinceramente,*

*Julie*

*P.S. – Deixei Sharon com a sua mãe.*

Quando consigo me mexer, coloco o recado no bolso e vou procurar Dave. Digo a ele que vou até o outro lado da cidade buscar a Sharon, e que ele deve ficar em casa. Se a mãe dele ligar, ele deve perguntar de onde ela está ligando e anotar o número para que eu possa ligar para ela depois. Ele quer saber se há algo errado. Digo que não precisa se preocupar e prometo explicar quando voltar.

Vou rapidinho para a casa de minha mãe. Quando ela abre a porta, começa a falar sobre Julie antes de eu dizer "olá".

– Alex, sabe que sua mulher fez uma coisa muita estranha. Ontem eu estava fazendo o almoço e a campainha tocou e, quando abri a porta, a Sharon estava de pé na entrada, com a sua malinha. Sua esposa estava dentro do carro, ali na calçada, mas não desceu e, quando fui conversar com ela, foi embora.

Agora já estou na porta. Sharon, que está vendo televisão, corre da sala de estar para me abraçar. Levanto-a e ela me dá um longo abraço. Minha mãe ainda está falando.

– O que será que deu nela? – minha mãe me pergunta.

– Conversamos sobre isso mais tarde – respondo.

– Eu simplesmente não consigo entender...

– *Mais tarde,* está bem?

Eu então olho para Sharon. Ela está com uma expressão tensa. Seus olhos estão vidrados. Ela está aterrorizada.

– E então... foi boa a visita para a sua avó? – pergunto.

Ela balança a cabeça, mas não diz nada.

– Que tal irmos para casa agora?

Ela olha para o chão.

— 132 —

– Você não quer ir para casa? – pergunto.

Ela sacode os ombros.

– Você gosta de ficar aqui com a vovó? – minha mãe pergunta, com um sorriso.

Sharon começa a chorar.

Levo Sharon e a mala para o carro. Vamos para casa.

Depois de dirigir por alguns quarteirões, olho para ela. Parece uma estátua sentada lá, olhando fixamente para a frente com os olhos vermelhos focados no painel do carro. No semáforo eu a abraço e a aproximo de mim.

Por algum tempo ela fica muito quieta, mas finalmente olha para mim e murmura:

– A mamãe ainda está brava comigo?

– Brava com você? Ela não está brava com você.

– Ela está, ela não queria falar comigo.

– Não, Sharon, não é isso. Sua mãe não está chateada com você. Você não fez nada de errado.

– Então, por quê?

– Espere até chegarmos em casa. Assim posso explicar a você e a seu irmão.

Acho que explicar a situação a duas crianças ao mesmo tempo é mais fácil para mim do que para elas. Eu sempre fui um adepto de manter as aparências, de demonstrar controle no meio do caos. Eu simplesmente digo a eles que Julie foi embora por um tempinho, talvez apenas por um dia. Ela voltará. Ela só precisa de tempo para superar algumas coisinhas que a estão chateando e confundindo. Falo as coisas normais para tranquilizá-los: sua mãe ainda ama vocês; eu ainda amo vocês; não há nada que qualquer um de vocês poderia ter feito; vai dar tudo certo. Na maior parte do tempo ambos ficam sentados como duas rochas. Talvez estejam refletindo sobre o que estou falando.

Saímos para comer pizza. Isso normalmente é algo divertido, mas nesta noite o silêncio predomina. Ninguém tem nada a dizer. Nós mastigamos mecanicamente e então vamos embora.

Quando voltamos, peço aos dois que façam a lição de casa. Não sei se vão obedecer ou não. Pego o telefone e, depois de uma grande discussão comigo mesmo, tento fazer algumas ligações.

Julie não tem amigos em Bearington. Pelo menos não que eu saiba. Então seria inútil tentar ligar para os vizinhos. Eles não saberiam de nada e a fofoca sobre os nossos problemas se espalharia instantaneamente.

Em vez disso, tento ligar para Jane, a amiga que mora no último lugar que moramos, aquela com quem Julie disse que havia passado a noite de quinta. Ninguém atende na casa de Jane.

Então tento a casa dos pais de Julie. O pai dela atende. Depois de um pouco de conversa mole sobre o clima e as crianças, fica claro que ele não vai dizer nada. Concluo que seus pais não sabem o que está acontecendo. Mas antes de eu pensar em uma maneira casual de desligar o telefone e evitar explicações, o pai dela me pergunta:

– Então, a Julie não vai conversar com a gente?

– Bem, é por isso que estava ligando.

– Algum problema?

– Infelizmente sim. Ela saiu ontem, enquanto eu estava em um acampamento com o Dave. Queria saber se ela falou com vocês.

Ele imediatamente dá alarme para a mãe de Julie, que pega o telefone.

– Por que ela foi embora?

– Não sei.

– Bom, conheço a nossa filha, e ela não iria embora sem uma boa razão.

– Ela simplesmente me deixou um bilhete dizendo que tinha de dar um tempo.

– O que é que você fez a ela? – a mãe de Julie grita.

– Nada! – respondo, sentindo-me um mentiroso que está sendo interrogado.

Seu pai então volta ao telefone e pergunta se eu falei com a polícia. Ele sugere que ela pode ter sido sequestrada. Digo que isso não é muito provável, já que minha mãe a viu ir embora dirigindo e não havia ninguém apontando uma arma para a sua cabeça.

– Se ela entrar em contato com vocês, por favor, liguem para mim. Estou muito preocupado – digo isso e desligo o telefone.

Uma hora depois ligo para a polícia. Mas, como eu esperava, eles não vão me ajudar a não ser que eu tenha alguma evidência de que houve um crime. Vou colocar as crianças na cama.

Pouco depois da meia-noite estou olhando o teto escuro do quarto quando ouço um carro entrando na nossa casa. Saio de um pulo da cama e corro para a janela. Quando chego lá, o carro volta para a rua. É apenas um estranho dando meia-volta. O carro vai embora.

# -17-

A manhã de segunda é um desastre.

Começa com Dave tentando fazer o café da manhã para todos nós. Isso é uma coisa responsável e boa de se fazer, mas dá tudo errado. Enquanto estou no chuveiro, ele tenta fazer panquecas. Estou fazendo a barba quando ouço a briga na cozinha. Corro para baixo e vejo Dave e Sharon se empurrando. Há uma frigideira no chão com montes de massa preta de um lado e crua do outro esparramados pelo chão.

— Ei! O que é isso? — grito.

— A culpa é dela! — Dave responde, apontando para a irmã.

— Você estava queimando as panquecas — diz Sharon.

— Não estava não!

Há fumaça saindo do fogão, onde algo foi derramado. Desligo o fogão. Sharon apela para mim:

— Só estava tentando ajudar. Mas ele não deixava. — Ela então olha para Dave. — Até *eu* sei fazer panquecas.

— Muito bem, já que vocês dois querem ajudar, podem começar limpando essa bagunça — digo.

Quando está tudo razoavelmente arrumado, dou a eles cereais frios. Comemos mais uma refeição em silêncio.

Com toda a bagunça e a demora, Sharon perde o ônibus escolar. Ponho Dave na rua e começo a procurar Sharon para poder levá-la à escola. Ela está deitada na cama.

— Podemos ir quando a senhorita estiver pronta.

– Não posso ir para a escola.

– Por que não?

– Estou doente.

– Sharon, você tem de ir para a escola.

– Mas eu estou doente!

Sento-me na beira da cama.

– Sei que você está chateada, eu também estou. Mas temos de encarar os fatos: eu tenho de ir trabalhar. Não posso ficar em casa com você, e não vou deixá-la aqui em casa sozinha. Você pode passar o dia na casa de sua avó ou ir para a escola.

Ela se levanta. Coloco meu braço em volta dela. Depois de um tempinho ela diz:

– Acho que vou para a escola.

Abraço-a e digo:

– É isso aí, garota. Sabia que você faria a coisa certa.

Levo as crianças para a escola e só chego ao trabalho depois das nove da manhã. Quando entro, Fran acena para mim com um bilhete na mão. O bilhete é uma mensagem de Hilton Smyth, na qual está escrito "urgente" e sublinhado duas vezes. Ligo para ele.

– Até que enfim! – diz Hilton. – Faz uma hora que tento falar com você.

Olho para cima.

– Qual o problema, Hilton?

– Seu pessoal está de braços cruzados em cem submontagens das quais preciso – diz Smyth.

– Hilton, não estamos nem um pouco de braços cruzados – respondo.

Ele levanta a voz:

– Então por que elas não estão aqui? Tenho um pedido que não posso expedir porque o seu pessoal está falhando!

– Diga-me os detalhes e eu peço a alguém que dê uma olhada.

Ele passa um número de referência e eu o anoto.

– Muito bem, vou pedir a alguém que lhe dê um retorno.

– Meu amigo, você vai ter de fazer mais que isso. É bom você se certificar de que vamos receber essas submontagens até o final do dia; e estou falando de todas as 100, não 87, nem 99, mas *todas* elas. Isso porque não quero que meu pessoal tenha de fazer duas preparações para a montagem final por causa do seu atraso.

– Olhe, nós vamos fazer o possível. Mas não vou prometer nada.

– Ah, não? Então vou lhe dizer o seguinte: se hoje a gente não receber as cem submontagens, vou falar com o Peach. E pelo que eu tenho ouvido dizer, você não está muito bem com ele.

– Escute aqui, o meu relacionamento com o Bill Peach não é da sua conta. Você acha que pode me ameaçar?

A pausa é tão longa que acho que ele vai desligar na minha cara. Finalmente ele diz:

– Acho que você deveria ler sua correspondência.

– O que você quer dizer com isso?

Posso ouvi-lo sorrindo.

– Apenas entregue as submontagens até o final do dia – diz amavelmente. – Tchau, tchau.

Desligo o telefone.

– Que estranho – murmuro.

Falo com Fran. Ela chama Bob Donovan para mim e avisa os outros que vai haver uma reunião hoje às dez da manhã. Donovan entra e peço a ele que mande alguém descobrir o que está segurando o pedido da fábrica de Smyth. Peço a ele, rangendo os dentes, que se certifique de que essas submontagens sejam expedidas hoje. Depois que ele sai, tento esquecer o telefonema, mas não consigo. Finalmente vou falar com Fran para ver se chegou alguma coisa recentemente que mencione Hilton Smyth. Ela pensa por um minuto e então pega uma pasta.

– Este memorando chegou na sexta – ela diz. – Parece que Smyth foi promovido.

Pego o memorando, que é de Bill Peach. É um comunicado de que ele nomeou Smyth para o recém-criado cargo de gerente de produtividade da divisão. Ele assume o novo cargo no final da semana. A descrição do cargo diz que todos os gerentes de fábrica também vão responder a Smyth, que vai dar "atenção especial às melhorias de produtividade na produção, com ênfase na redução de custos".

E com isso eu começo a cantar:

– Ah, que linda manhã…!

# A META

Eu esperava que a minha equipe ficasse entusiasmada com o que aprendi no fim de semana, mas eles não ficam. Talvez eu achasse que tudo o que precisava fazer era vir aqui e abrir minha boca para revelar tudo o que havia descoberto, e eles seriam instantaneamente convencidos da verdade óbvia. Mas não é assim que funciona. Nós – Lou, Bob, Stacey e Ralph Nakamura, que cuida do gerenciamento de dados na fábrica – estamos na sala de reunião. Estou de pé na frente, ao lado de um cavalete com grandes folhas de papel, repletas de pequenos diagramas que usei durante a minha explicação. Investi algumas horas para preparar essa apresentação. Mas agora é quase hora do almoço e eles estão todos sentados ali, não muito impressionados.

Olhando para eles posso ver que não entenderam o que acabei de contar. Posso quase ver nos olhos da Stacey um pequeno vislumbre de compreensão. Bob Donovan está em cima do muro; parece que ele, intuitivamente, entendeu alguma coisa. Ralph não tem bem certeza do que é que estou falando e Lou está carrancudo. Uma simpatizante, um indeciso, um aturdido e um cético.

– Muito bem, qual é o problema? – pergunto.

Eles olham um para o outro.

– Vamos lá. É como se eu tivesse acabado de provar para vocês que dois mais dois é igual a quatro e vocês não acreditam em mim.

Olho para Lou.

– O que é que o perturba?

Lou se reclina para trás e meneia a cabeça.

– Não sei, Al. É que... bom, você falou que descobriu tudo isso olhando um bando de moleques caminhar na mata.

– E o que há de errado nisso?

– Nada. Mas como é que você sabe que essas coisas realmente estão ocorrendo aqui na fábrica?

Procuro a folha na qual escrevi os nomes dos dois fenômenos de Jonah.

– Olhe para isto: nós temos flutuações estatísticas nas nossas operações? – pergunto, apontando para as palavras.

– Sim, temos – diz Lou.

– E na fábrica a gente tem eventos dependentes?

– Sim – ele concorda novamente.

– Então o que falei tem de estar certo.

– Espere um pouco – diz Bob. – Robôs não têm flutuação estatística. Eles sempre trabalham no mesmo ritmo. Essa foi uma das razões pelas quais compramos essas malditas coisas, a constância. E eu achava que você tinha ido ver esse tal de Jonah para descobrir o que fazer com os robôs.

– Podemos dizer que as flutuações no tempo de ciclo de um robô são quase nulas, quando eles estão trabalhando – explico a ele. – Mas não estamos lidando apenas com robôs. Outras operações nossas apresentam os dois fenômenos. E não se esqueça de que o objetivo não é fazer os robôs produtivos, mas sim fazer o sistema inteiro ser produtivo. Não é isso, Lou?

– Bom, Bob talvez tenha razão em um ponto. Temos muitos equipamentos automatizados na fábrica e os tempos de processo devem ser razoavelmente estáveis – Lou observa.

Stacey se volta para ele:

– Mas o que ele está falando...

Neste momento a porta da sala de reunião se abre. Fred, um dos nossos agilizadores, coloca a cabeça para dentro da sala e olha para Bob Donovan.

– Posso falar com você rapidinho? – pergunta a Bob. – É sobre o trabalho para Hilton Smyth.

Bob se levanta para sair, mas peço a Fred para entrar.

Quer eu queira, quer não, preciso estar interessado no que está acontecendo com essa "crise" com Hilton Smyth. Fred explica que o pedido tem de passar por mais dois departamentos antes de as submontagens ficarem prontas.

– A gente consegue acabar hoje? – pergunto.

– Vai ser difícil, mas podemos tentar – responde Fred. – O caminhão sai às cinco da tarde.

Todas as fábricas da divisão usam um serviço particular de transporte de caminhão para transportar peças entre elas.

– O último horário do dia que podemos usar para chegar no mesmo dia à fábrica do Smyth é às cinco da tarde – avisa Bob. – Se não conseguirmos usar esse caminhão, o próximo só vai sair amanhã à tarde.

– O que precisa ser feito? – pergunto.

– O departamento de Peter Schnell tem de processar algumas peças. Depois elas têm de ser soldadas – Fred explica. – Vamos preparar um dos robôs para fazer a solda.

– Ah, claro, os robôs. Você acha que a gente consegue?

# A META

– De acordo com as cotas, o pessoal do Pete deve nos abastecer com 25 peças por hora. E sei que o robô é capaz de soldar 25 dessas peças por hora.

Bob pergunta sobre o transporte dessas peças até o robô. Normalmente, as peças produzidas pelo pessoal de Pete só são transportadas até o robô uma vez por dia, ou apenas quando todo o lote está terminado. Não podemos esperar todo esse tempo. O robô tem de começar a trabalhar nisso o mais cedo possível.

– Vou dar um jeito para que transfiram as peças do departamento do Pete para o robô a cada hora – diz Fred.

– Muito bem – diz Bob. – Quando o Pete pode começar?

– Pete pode começar esse trabalho ao meio-dia, então temos cinco horas.

– Você sabe que o pessoal do Pete sai às quatro.

– Sei, falei que ia ser difícil. Mas tudo o que podemos fazer é tentar. É isso que você quer, não é?

Isso me dá uma ideia. Digo ao pessoal:

– Vocês não entenderam bem o que expus a vocês hoje, mas, se estiver correto, vamos poder ver os efeitos no chão da fábrica. Certo?

Todos concordam.

– E se tivermos certeza de que Jonah está certo, seríamos muito burros se continuássemos a administrar a fábrica da mesma forma, certo? Então vou deixar vocês verem por si mesmos o que está acontecendo. Você disse que o Pete vai começar ao meio-dia?

– Isso mesmo – responde Fred. – Agora todos do departamento estão almoçando. Eles foram às 11h30, por isso vão começar ao meio-dia. E o robô vai estar preparado até a uma da tarde, quando a primeira transferência de peças for feita.

Pego um papel e uma caneta e começo a desenhar uma programação simples.

– A produção tem de ser cem peças até as cinco da tarde; nada menos que isso. Hilton disse que não aceitará apenas parte do lote. Então, se não conseguirmos acabar todo o pedido, não vamos expedir nada – digo. – Agora, o pessoal do Pete deve produzir 25 peças por hora. Mas isso não quer dizer que ao final de cada hora eles terão as 25 peças. Algumas vezes eles terão algumas peças a menos e outras vezes algumas a mais.

Olho à minha volta, estão todos me entendendo.

– Portanto, temos flutuações estatísticas – explico. – Mas estamos planejando que, do meio-dia às quatro da tarde, o departamento do Pete tenha produzido cem peças.

Por outro lado esperamos que o robô seja mais preciso na sua produção. Ele será preparado para trabalhar 25 peças por hora, nem uma a mais e nem uma a menos. Também temos os eventos dependentes, já que o robô não pode começar a soldar até que as peças tenham sido transferidas do departamento do Pete.

– O robô só pode começar à uma da tarde – continuo –, mas às cinco da tarde, quando o caminhão estiver pronto para sair, a gente tem de estar carregando a última peça. Portanto, se colocarmos essas informações em um diagrama, é isto que esperamos que aconteça...

Mostro a eles a programação, que ficou assim:

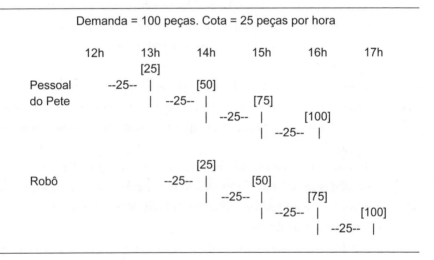

– Muito bem, quero que o Pete anote exatamente quantas peças são finalizadas por seu departamento a cada hora – peço. – E quero que Fred faça a mesma coisa com o robô. E lembrem-se, nada de massagear os dados: precisamos dos números reais. Está bem?

– Claro, pode deixar – Fred responde.

– Você realmente acha que vamos conseguir expedir as cem peças hoje? – pergunto.

– Acho que depende do Pete – Bob diz. – Se ele diz que consegue fazer, não vejo por que não.

# A META

— Quer saber de uma coisa? — digo a Bob. — Aposto dez dólares que não vamos conseguir expedir hoje.

— Sério? — Bob pergunta.

— Claro.

— Muito bem, tá apostado.

Enquanto todos os outros estão almoçando, ligo para Hilton Smyth. Ele também está almoçando, mas deixo um recado. Digo à sua secretaria que as submontagens estarão com certeza na fábrica dele amanhã, e que isso é o melhor que podemos fazer; a não ser que ele queira pagar por uma entrega especial hoje à noite. (Conhecendo a preocupação dele em manter os custos baixos, tenho certeza de que não vai querer gastar nem um centavo a mais.)

Feito o telefonema, volto a me reclinar na cadeira e tento pensar sobre o meu casamento e o que fazer. Obviamente não há nenhuma notícia de Julie. Estou furioso porque ela foi embora — também estou muito preocupado com ela. Mas o que eu posso fazer? Não posso sair pela rua procurando por ela.

Ela poderia estar em qualquer lugar; eu simplesmente tenho de ser paciente. Uma hora eu vou acabar tendo notícias dela, ou do advogado dela. Enquanto isso há duas crianças que precisam de atenção. Bom, na verdade, são três crianças.

Fran entra no meu escritório com outro recado. Ela diz:

— Uma das secretárias me entregou isso assim que voltei do almoço. Quando você estava ao telefone ligou um David Rogo. É seu filho?

— Sim, algum problema?

— Ele disse que está preocupado porque não vai conseguir entrar em casa depois da escola. Sua mulher não está aqui?

— Isso, ela viajou por alguns dias. Fran, você tem dois filhos. Como você consegue trabalhar e tomar conta deles?

Ela ri.

— Bom, não é fácil. Porém, eu não trabalho tantas horas por dia quanto você. Se eu fosse você, arrumaria alguém para lhe ajudar até ela voltar.

Quando ela sai, pego o telefone novamente.

— Oi, mãe, é o Alex.

— A Julie já deu notícias? — ela pergunta.

— 142 —

— Não, ainda não. Mãe, você se importa de ficar comigo e com as crianças até ela voltar?

Às duas da tarde dou uma escapadela para ir pegar minha mãe e levá-la até a minha casa antes de as crianças chegarem. Quando chego na casa dela, ela está esperando na porta com duas malas e quatro caixas de papelão contendo metade da sua cozinha.

— Mãe, nós temos panelas em casa.

— Elas não são iguais às minhas.

Enchemos o porta-malas. Levo-a para casa, junto com suas panelas. Ela fica em casa esperando as crianças chegarem da escola e eu corro de volta para a fábrica.

Por volta das quatro, no final do primeiro turno, vou para o escritório de Bob Donovan para descobrir o que está acontecendo com o pedido de Smyth. Bob está esperando por mim.

— Olha só quem está aqui! Boa tarde! – exclama Bob, quando abro a porta e entro. – Que gentileza a sua, aparecer por aqui!

— Por que está tão feliz? – pergunto.

— Eu sempre fico feliz quando alguém que me deve dinheiro vem me ver – responde Bob.

— É mesmo, é? Por que você acha que alguém lhe deve dinheiro?

Bob levanta a mão e mexe os dedos.

— Vamos lá! Não me diga que você esqueceu da nossa aposta! Dez dólares, lembra-se? Acabei de falar com o Pete, e o pessoal dele vai mesmo acabar as cem peças. Então o robô não deve ter problema nenhum em acabar o pedido para que possamos mandá-lo para a fábrica do Smyth.

— É mesmo? Se isso for verdade, não vou me importar de perder.

— Então você admite a derrota?

— De jeito nenhum. Não até que essas submontagens estejam dentro do caminhão às cinco da tarde.

— É só esperar para ver.

— Vamos ver o que realmente está acontecendo lá na fábrica.

Andamos pela fábrica até o escritório de Pete. No caminho, passamos pelo robô, e lá está ele iluminando a área com as faíscas da solda. Dois

# A META

homens vêm em sentido oposto. Quando passam pela área de solda, eles param e ficam agitados.

– Ganhamos do robô! Ganhamos do robô! – dizem.

– Eles devem ser do departamento do Pete – diz Bob.

Sorrimos quando passamos por eles. Na verdade, eles não ganharam nada, mas que diabos, eles parecem felizes. Bob e eu continuamos até o escritório de Pete, que é uma pequena casinha de aço no meio das máquinas.

– Oi – diz Pete quando entramos. – Fizemos aquele pedido urgente para vocês.

– Boa, Pete. Mas você fez aquelas anotações que pedi? – pergunto.

– Sim, fiz. Onde é que eu coloquei?

Ele procura entre os papéis na sua mesa, enquanto fala.

– Vocês precisavam ter visto o meu pessoal hoje à tarde. Nossa, eles realmente se mexeram. Fui lá e falei para eles como esse pedido era importante e eles realmente se esforçaram. Vocês sabem como o ritmo geralmente diminui no final do turno. Mas hoje eles se esforçaram mesmo e estavam orgulhosos quando saíram daqui.

– É, a gente percebeu – diz Bob.

Ele coloca as anotações na mesa à nossa frente.

– Aqui está.

Nós lemos.

---

Demanda = 100 peças. Cota = 25 peças por hora

| | 12h | 13h | 14h | 15h | 16h | 17h |
|---|---|---|---|---|---|---|
| | | 19 [–6] | | | | |
| Pessoal | --19-- | \| | 40 [–10] | | | |
| do Pete | | \| --21- | \| | 68 [–7] | | |
| | | | \| --28-- | \| | 100 [0] | |
| | | | | \| --32- | \| | |

Produção = 100 peças

---

– Muito bem, então vocês só conseguiram fazer dezenove peças na primeira hora – observo.

— 144 —

– Bem, demorou um pouco mais para nos organizarmos, e um dos operários chegou atrasado depois do almoço – diz Pete. – Mas à uma da tarde as dezenove peças foram transferidas para o robô para que ele pudesse começar o trabalho.

– Depois, da uma às duas você ainda ficou quatro peças abaixo da cota – Bob diz.

– Sim, mas e daí? – diz Pete. – Veja o que aconteceu das duas às três: ficamos três peças acima da cota. Aí, quando vi que ainda estávamos atrasados, fui lá e disse ao pessoal como era importante que terminássemos essas cem peças até o final do turno.

– E aí todos trabalharam um pouco mais rápido – digo.

– Isso mesmo. E recuperamos o começo lento.

– É verdade, 32 peças na última hora – diz Bob. – Então, Al, o que você acha?

– Vamos ver o que está acontecendo com o robô – proponho.

Às 5h05 o robô ainda está soldando as submontagens. Donovan está andando de um lado para o outro. Fred vem ao nosso encontro.

– O caminhão vai esperar? – Bob pergunta.

– Perguntei ao motorista, mas ele disse que não pode. Ele tem outras paradas para fazer, e se esperar por nós vai ficar atrasado a noite toda – diz Fred.

Bob se volta para a máquina.

– O que há de errado com esse robô idiota? Ele tem todas as peças de que precisa.

Bato no seu ombro.

– Olhe aqui – digo.

Mostro a ele o papel no qual Fred está anotando a produção do robô. Tiro do bolso da camisa o papel que Pete me deu e coloco os dois papéis juntos.

Juntos, os dois papéis ficam assim:

# A META

```
        Demanda = 100 peças     Cota = 25 peças por hora

          12h       13h       14h       15h       16h       17h

                    19   [–6]
Pessoal   --19--    |            40  [–10]
do Pete             |  --21--   |         68   [–7]

                              |  --28--  |          100  [0]
                              |   --32--  |
                    19   [–6]
Robô                --19--    |            40  [–10]
                              |  --21--   |          65  [–10]
                                        |  --25--  |          90  [–10]
                                        |   --25--  |

                    Produção = 90 peças
```

Digo a ele:

– Está vendo, na primeira hora o pessoal do Pete fez dezenove peças. O robô era capaz de fazer 25, mas Pete entregou menos do que isso, então a capacidade real do robô naquela hora passou a ser de dezenove peças.

– O mesmo aconteceu na segunda hora – diz Fred. – Pete entregou 21 peças, por isso o robô só pôde fazer 21.

– Todas as vezes que a área de Pete atrasou, o atraso foi passado para o robô – explico. – Mas, quando Pete entregou 28 peças, o robô continuou só podendo fazer 25. Isso quer dizer que, quando a última entrega de 32 peças chegou às quatro da tarde, o robô ainda tinha de trabalhar em três peças do lote anterior. Por isso ele não podia começar a trabalhar no último lote imediatamente.

– É mesmo, agora entendo – diz Bob.

– Sabe, o máximo que Pete atrasou foram dez peças. E é engraçado que ficamos exatamente com dez peças a menos no final – comenta Fred.

– Esse é o efeito do princípio matemático que eu estava tentando explicar hoje de manhã. O desvio máximo de uma operação anterior se torna o ponto de partida para a operação subsequente.

Bob pega a carteira e diz:

— Bom, acho que estou lhe devendo dez dólares.

— Vamos fazer uma coisa. Em vez de me pagar, por que você não dá o dinheiro para o Pete para que ele pague um cafezinho ou algo do gênero para o pessoal do departamento dele? Essa é uma forma de agradecermos o esforço extra dessa tarde.

— Sim, boa ideia – diz Bob. – Olhe, desculpe não termos conseguido expedir hoje. Espero que isso não nos cause nenhum problema.

— Não adianta nos preocuparmos com isso agora – digo a ele. – Nosso ganho de hoje foi que aprendemos algo. Mas vou lhe dizer uma coisa: precisamos dar uma olhada mais de perto nos nossos incentivos aqui na fábrica.

— Como assim? – Bob pergunta.

— Você não percebe? Não adiantou Pete ter terminado as cem peças, pois mesmo assim não conseguimos expedir o pedido. Mas Pete e seu pessoal acham que são heróis. No lugar deles *nós* também teríamos achado. Mas isso não está certo.

# -18-

Quando chego em casa à noite, meus dois filhos me cumprimentam perto da porta. Minha mãe está ao fundo, com vapor saindo da cozinha. Imagino que tenha algo a ver com o jantar e que ela tem tudo sob controle. Na minha frente, o rosto de Sharon está brilhando.

— Adivinhe! – diz.

— Desisto – falo.

— Mamãe ligou.

— É mesmo!

Olho para minha mãe. Ela concorda com a cabeça.

— Dave atendeu o telefone. Não falei com ela.

Olho para Sharon.

— O que foi que a mamãe disse?

— Ela disse que amava o Dave e eu.

— E ela falou que ia ficar um tempo fora – acrescenta Dave. – Mas que não deveríamos nos preocupar com ela.

— Ela falou quando ia voltar?

# A META

– Eu perguntei – diz Dave –, mas ela disse que nesse momento não sabia.

– Você anotou o número de telefone para eu poder ligar para ela? – pergunto.

David olha para o chão.

– David! Eu falei que se ela ligasse você tinha de pedir a ela o número de telefone!

Ele murmura:

– Eu pedi… mas ela não quis me dar.

– Ah – digo.

– Desculpe, pai.

– Está tudo bem, Dave. Obrigado por tentar.

– Que tal sentarmos para jantar? – diz minha mãe, animadamente.

Desta vez a refeição não é silenciosa. Minha mãe fala e faz de tudo para tentar nos animar. Ela conta histórias sobre a Grande Depressão e de como nós somos sortudos por termos algo para comer.

A manhã de terça é um pouco mais normal. Juntando esforços, minha mãe e eu conseguimos levar as crianças para a escola a tempo, e eu também não chego atrasado ao trabalho. Quando são 8h30, Bob, Stacey, Lou e Ralph estão no meu escritório e estamos conversando sobre o que aconteceu ontem. Hoje eles estão muito mais interessados. Talvez porque tenham tido uma evidência de que o conceito acontece aqui debaixo do nariz deles.

– Todo dia temos de lidar com essa combinação de dependência e flutuações – digo a eles. – Acho que isso explica por que temos tantos pedidos atrasados.

Lou e Ralph estão examinando os dois gráficos que fizemos ontem.

– O que teria acontecido se a segunda operação não tivesse sido feita por um robô, se tivesse sido feita por gente? – pergunta Lou.

– Teríamos mais um conjunto de flutuações estatísticas para complicar as coisas – respondo. – Não se esqueça de que aqui tivemos apenas duas operações. Vocês podem imaginar o que acontece quando temos dependência entre dez ou quinze operações, cada uma com o seu conjunto próprio de flutuações estatísticas. E alguns dos nossos produtos têm centenas de peças.

Stacey está preocupada. Ela pergunta:

— 148 —

ELIYAHU M. GOLDRATT

– Então como vamos conseguir controlar a fábrica?

– Essa é a pergunta de um bilhão de dólares: como podemos controlar as cinquenta mil variáveis, ou talvez cinquenta milhões de variáveis (quem realmente sabe quantas são?) que existem nesta fábrica?

– Teríamos de comprar um novo computador *mainframe* só para monitorá-las – sugere Ralph.

– Um computador novo não nos salvaria. Um melhor gerenciamento de dados, sozinho, não nos dará mais controle.

– E que tal *lead times* maiores? – Bob pergunta.

– Ah, você realmente acredita que um *lead time* maior garantiria a nossa habilidade de entregar na hora o pedido da fábrica do Hilton Smyth? – pergunto. – Bob, há quanto tempo já sabíamos da existência desse pedido?

Bob se defende:

– Ei, tudo o que estou dizendo é que assim teríamos mais segurança para compensar os atrasos.

Stacey intervém:

– *Lead time* maior aumenta o inventário, Bob. E essa não é a meta.

– Sei disso – diz Bob. – Não estou contra vocês. Só mencionei os *lead times* porque quero saber o que vamos fazer.

Todos se voltam para mim, e eu digo:

– O que está claro para mim é que precisamos mudar a forma como pensamos sobre a capacidade de produção. Não podemos medir a capacidade de um recurso isolado. A verdadeira capacidade produtiva depende de onde se encontra o recurso na fábrica. E tentar nivelar a capacidade com a demanda para minimizar as despesas realmente acabou com a gente. Não deveríamos mesmo tentar fazer isso.

– Mas é isso que todo mundo tenta fazer – Bob diz.

– Sim, todos tentam, ou dizem que tentam. Como a gente sabe agora, isso é uma coisa estúpida de se fazer – digo.

– Então como é que as outras fábricas sobrevivem? – pergunta Lou.

Digo que eu mesmo estava pensando sobre isso. O que acho que acontece é que, à medida que a fábrica chega mais perto do balanceamento, graças aos esforços dos engenheiros e gerentes que fazem coisas erradas, uma crise começa a se formar e a fábrica é rapidamente desbalanceada. O desbalanceamento é alcançado transferindo operários ou dando

# A META

horas extras ou recontratando gente. O instinto de sobrevivência sobrepõe-se às falsas crenças.

– Está certo, mas pergunto de novo: o que vamos fazer? – questiona Bob. – Não podemos contratar mais gente sem a aprovação da divisão e temos até uma política contra horas extras.

– Talvez seja o momento de ligar de novo para Jonah – sugere Stacey.

– Acho que talvez você tenha razão – concordo.

Fran leva meia hora para localizar o lugar em que Jonah está, e mais uma hora se passa antes que Jonah possa ir até um telefone para falar conosco. Assim que ele atende, peço à secretária que reúna todos rapidamente no meu escritório para que possamos ouvir Jonah no viva-voz.

Enquanto eles estão entrando, conto a Jonah a caminhada com Herbie, na qual descobri o significado do que ele estava me dizendo, e o que aprendemos sobre os efeitos desses dois fenômenos na nossa fábrica.

– O que sabemos agora – digo a ele – é que não deveríamos examinar cada área e tentar melhorá-la. Deveríamos tentar otimizar o sistema como um todo. Alguns recursos têm de ter mais capacidade que outros. Os recursos no final da linha deveriam ter mais capacidade que os do começo; e algumas vezes bem mais capacidade. Isso está certo?

– Acertou na mosca – diz Jonah.

– Ótimo, é bom saber que estamos tendo progresso. A única razão pela qual ligamos para você é que precisamos saber o que fazer agora.

– Agora, você precisa fazer a distinção entre dois tipos de recursos na sua fábrica. Um tipo é o que eu chamo de um recurso gargalo. O outro é simplesmente um recurso não gargalo.

Cochicho para os outros para que façam algumas anotações.

– Um gargalo – Jonah continua – é qualquer recurso cuja capacidade é igual ou *menor* que a demanda imposta a ele. Entendem?

– Sim – respondo.

– Depois que vocês distinguirem seus recursos entre esses dois tipos, começarão a perceber enormes implicações.

– Mas, Jonah, onde é que entra a demanda de mercado? – pergunta Stacey. – Tem de haver alguma relação entre demanda e capacidade.

– Sim, mas, como você já sabe, você não deve balancear a *capacidade* com a demanda. Em lugar disso, você precisa é balancear o *fluxo de produto* pela fábrica com a demanda de mercado. Na verdade, essa é a primeira de nove regras que expressam a relação entre gargalos e não gargalos e como vocês deveriam administrar a sua fábrica. Então, deixe-me repetir para vocês: balanceiem o fluxo, não a capacidade.

Stacey ainda está confusa. Ela diz:

— Não sei se entendo. Onde é que entram os gargalos e os não gargalos?

— Responda-me: qual dos dois tipos de recursos efetivamente determina a capacidade da fábrica? — pergunta Jonah.

— Tem de ser o gargalo — ela responde.

— Isso mesmo. É como o garoto na caminhada desse fim de semana, o Herbie. Ele tinha a menor capacidade e era ele quem efetivamente determinava a velocidade em que a tropa como um todo se movia — concordo.

— Então onde vocês deveriam balancear o fluxo? — pergunta Jonah.

— Ah, agora entendo — diz Stacey. — A ideia é fazer o fluxo através do gargalo igualar a demanda de mercado.

— Basicamente, é isso aí, você entendeu — diz Jonah. — Na verdade, o fluxo deveria ser um pouquinho menor que a demanda.

— Por quê? — pergunta Lou.

— Porque, se você o igualar à demanda, perderá dinheiro quando a demanda cair — Jonah responde. — Mas isso é um detalhe. Basicamente, o fluxo do gargalo deveria ser igual ao da demanda.

Bob Donovan está agora fazendo muito barulho, tentando participar do diálogo:

— Com licença, mas eu achei que gargalos eram coisas ruins. Eles devem ser eliminados sempre que possível. Certo?

— Não, gargalos não são necessariamente ruins ou bons, eles são simplesmente uma realidade. O que estou sugerindo é que, onde eles existirem, você tem de usá-los para controlar o fluxo através do sistema e até o mercado.

Enquanto ouço Jonah falar, as coisas fazem sentido para mim, porque me lembro de como usei Herbie para controlar a tropa durante a caminhada.

— Agora preciso desligar porque vocês me pegaram em um intervalo de dez minutos durante uma apresentação.

— Jonah, antes de você desligar... — digo.

— Sim?

— Qual deve ser o nosso próximo passo?

— Bem, antes de mais nada, sua fábrica tem algum gargalo?

— Não sabemos.

— Então esse é o seu próximo passo. Você tem de descobrir se tem um gargalo ou não, pois isso faz uma diferença enorme em como você administra seus recursos.

— Como encontramos os gargalos? — Stacey pergunta.

— É muito simples, mas eu precisaria de alguns minutos para explicar. Olhe, tentem descobrir isso sozinhos. É realmente muito fácil se primeiro vocês pensarem sobre isso.

— Está bem, mas... — Não consigo completar a frase.

— Até logo. Liguem para mim quando souberem se tem um gargalo ou não.

O viva-voz faz clique, seguido de um zumbido.

— Bem... e agora? — Lou pergunta.

— Acho que devemos analisar todos os nossos recursos — proponho — e compará-los com a demanda de mercado. Se encontrarmos um no qual a demanda de mercado seja maior que sua capacidade, então teremos encontrado o nosso gargalo.

— O que acontece se encontrarmos um? — pergunta Stacey.

— Acho que a melhor coisa a fazer é o que fiz com a tropa de escoteiros — sugiro. — Ajustamos a capacidade de tal forma que o gargalo esteja no início da produção.

— O que eu quero saber — diz Lou — é: o que acontece se o nosso recurso com menor capacidade tiver mais capacidade que a demanda do mercado?

— Acho que nesse caso teríamos algo como uma garrafa sem gargalo — digo.

— Mas ainda haveria limites — diz Stacey. — A garrafa ainda teria paredes, mas elas seriam maiores que a demanda de mercado.

— E se esse for o caso? — Lou pergunta.

— Não sei — respondo. — Acho que a primeira coisa que precisamos fazer é descobrir se temos um gargalo.

— Então devemos procurar Herbie — Ralph diz. — Se é que ele existe.

— Isso mesmo, e depressa, senão vamos ficar falando sobre isso interminavelmente — diz Bob.


Alguns dias mais tarde entro na sala de reunião e há papel para todo lado. A mesa principal está coberta com relatórios de computador. Um terminal de dados foi instalado em um canto; ao seu lado há uma impressora que está produzindo ainda mais papel. Os lixos e os cinzeiros estão lotados. Por todo lado há um acúmulo de sujeira, como copinhos de isopor, saquinhos de açúcar, guardanapos, embalagens de chocolates e bolachas. O que aconteceu foi que o lugar se transformou no quartel-general da nossa procura por Herbie. Ainda não o encontramos e estamos ficando cansados.

Ralph Nakamura está sentado lá no final da mesa principal. Ele e o seu pessoal de processamento de dados, e o sistema de gerenciamento de dados que eles administram, são essenciais para a procura.

Percebo que Ralph não parece feliz. Ele está passando os finos dedos pelos ralos cabelos pretos.

— Não é assim que as coisas devem ser — ele está dizendo a Stacey e Bob.

— Ah, chegou na hora certa — diz Ralph quando me vê. — Você nem imagina o que acabamos de fazer.

— Vocês acharam o Herbie?

— Não, acabamos de gastar duas horas e meia calculando a demanda para máquinas que não existem.

— Por que vocês fizeram isso?

Ralph começa a gaguejar e Bob o interrompe:

— Espere aí. Deixe-me explicar. O que aconteceu foi que eles se depararam com alguns roteiros de produção que ainda listavam velhas laminadoras como parte do processamento.

— Não só não as usamos mais, como também acabamos de descobrir que as vendemos há um ano — diz Ralph.

— Todos nesse departamento sabem que essas máquinas não estão mais lá, então isso nunca foi um problema — diz Bob.

E assim vai. Estamos tentando calcular a demanda para cada recurso, cada equipamento na fábrica. Jonah havia dito que um gargalo é qualquer recurso cuja capacidade é igual ou menor que a demanda de mercado imposta sobre ele. Para descobrirmos se temos um, concluímos que primeiro tínhamos de saber a demanda de mercado total para todos os produtos que saem desta fábrica. Depois, temos de achar quanto cada recurso tem de contribuir para atendermos à demanda. Se o número de horas disponível para a produção (levando em consideração o tempo de manutenção das máquinas, hora do almoço e outros intervalos e coisas do

# A META

gênero) do recurso for igual ou menor que as horas demandadas, aí então teremos encontrado o nosso Herbie.

Calcular a demanda total de mercado é uma questão de juntar dados que nós já temos; os pedidos existentes e a previsão para novos produtos e peças sobressalentes. Precisamos do mix de produto completo de toda a fábrica, incluindo o que "vendemos" para outras fábricas e divisões da empresa.

Já fizemos isso e agora estamos no processo de calcular com quantas horas cada "centro de trabalho" tem de contribuir. Definimos centro de trabalho como qualquer grupo com os mesmos recursos. Dez soldadores com as mesmas habilidades constituem um centro de trabalho. Os quatro operadores de máquinas que preparam e operam as máquinas são outro, e assim por diante. Dividindo o total de horas do centro de trabalho que são necessárias pelo número de recursos desse centro, temos o esforço relativo de cada recurso, um padrão que podemos usar para fazer comparações.

Ontem, por exemplo, descobrimos que a demanda por máquinas de injeção de moldes é de cerca de 260 horas por mês para todas as peças de injeção que temos de processar. O tempo disponível para essas máquinas é de mais ou menos 280 horas por mês, por recurso. Logo, isso quer dizer que nessas máquinas ainda temos capacidade de reserva.

Mas, quanto mais nos aprofundamos, mais descobrimos que a precisão dos nossos dados não é lá das melhores. Estamos encontrando listas de materiais que não combinam com os roteiros de produção do produto, roteiros de produção que não têm os tempos de processo atuais – ou as máquinas corretas, como acabamos de descobrir – e assim por diante.

– O problema é que estivemos tão pressionados que negligenciamos a manutenção dos dados – diz Stacey.

– Caramba, com as mudanças de engenharia, há transferências de pessoas por todo o lugar, e tudo isso acontecendo ao mesmo tempo, é simplesmente muito difícil manter tudo atualizado – diz Bob.

Ralph concorda com a cabeça.

– Pode levar meses para fazermos uma boa verificação e atualizar todos os dados relevantes para esta fábrica!

– Ou anos – resmunga Bob.

Por alguns segundos sento e fecho os olhos. Quando os abro novamente, estão todos olhando para mim.

– Obviamente que não temos tempo para isso – digo. – Agora temos apenas dez semanas para fazer algo acontecer antes que o Peach apite o final do jogo. Sei que estamos na trilha certa, mas ainda estamos apenas nos arrastando. Temos de aceitar o fato de que não teremos dados perfeitos com os quais trabalhar.

– Então tenho de lembrá-lo da velha máxima de processamento de dados: entra lixo, sai lixo – diz Ralph.

– Espere um pouco – digo. – Talvez estejamos sendo um tanto quanto metódicos. Procurar em um banco de dados não é a única forma de se obter respostas. Será que não conseguimos achar uma maneira mais rápida de encontrar o gargalo, ou pelo menos de identificar os candidatos? Quando penso no modelo da caminhada com os meninos, era óbvio quais eram os garotos mais lentos na trilha. Ninguém aqui tem algum palpite de onde o Herbie possa estar aqui na fábrica?

– Mas ainda nem sabemos se temos um – diz Stacey.

Bob está com as mãos na cintura. Sua boca está meio aberta, como se fosse falar algo. Ele finalmente o faz.

– Diabos, estou na fábrica há mais de vinte anos. Depois de todo esse tempo sei onde os problemas geralmente começam. Acho que posso fazer uma lista de áreas onde podemos estar com pouca capacidade; pelo menos isso vai diminuir o foco para a gente. Podemos economizar tempo com isso.

Stacey se volta para ele:

– Sabe, você acabou de me dar uma ideia. Se falarmos com os agilizadores, eles provavelmente poderão nos dizer quais são as peças que faltam a maior parte do tempo e em que departamentos eles têm de ir para encontrá-las.

– Como isso vai ajudar? – pergunta Ralph.

– As peças que mais fazem falta provavelmente são aquelas que passam por um gargalo – ela diz. – E possivelmente encontraremos o nosso Herbie no departamento onde eles vão procurar por elas.

Eu me endireito na cadeira.

– É, isso faz muito sentido.

Levanto e começo a andar de um lado para o outro.

– Acabei de pensar em algo. Na caminhada, podia identificar os garotos mais lentos pelos intervalos na fila. Quanto mais lento o garoto, maior a distância entre ele e o garoto à sua frente. Seguindo essa analogia, esses intervalos seriam o inventário.

Bob, Ralph e Stacey ficam olhando fixamente para mim.

– Vocês não veem? – pergunto a eles. – Se tivermos um Herbie, ele provavelmente terá uma pilha enorme de estoque em processo na sua frente.

– É, mas temos pilhas enormes em todos os lugares – diz Bob.

– Então vamos procurar a maior.

– Isso mesmo! Esse tem de ser mais um bom sinal – concorda Stacey.

– O que você acha, Ralph? – pergunto.

– Bom, parece que vale a pena tentar – concorda ele. – Depois que vocês tiverem reduzido a busca a três ou quatro centros de trabalho, não demoraremos muito para checar a descoberta com os dados históricos, só para ter certeza.

Bob olha para Ralph e diz, com uma voz jocosa:

– Claro, nós todos já vimos como isso é bom.

Mas Ralph não leva isso na brincadeira. Ele parece envergonhado.

– Ei, só posso trabalhar com o que tenho – ele se justifica. – O que você quer que eu faça?

– Está bem, o que é importante é que temos novos métodos para tentar – digo. – Não vamos gastar tempo culpando os dados ruins pelo problema. Vamos trabalhar.

Começamos a trabalhar entusiasmados com as novas ideias, e a procura prossegue rapidamente… na verdade é tão rápido que o que descobrimos me faz sentir como se tivéssemos entrado de cara em um muro.

– Aqui está ele. Oi, Herbie – diz Bob.

Na nossa frente está a NCX-10.

– Você tem certeza de que esse é o gargalo? – pergunto.

– Ali está parte da prova – ele fala ao mesmo tempo que aponta para as pilhas de estoque em processo por perto; semanas de pedidos em atraso de acordo com o relatório que Ralph e Stacey fizeram e que analisamos há uma hora.

– Conversamos com os agilizadores – diz Bob. – Eles disseram que estamos sempre esperando por peças dessa máquina. Os supervisores dizem a mesma coisa. E o responsável por esta área até comprou um tapa-ouvidos para não ficar surdo de tantas reclamações que ele recebe todo dia.

— Mas essa máquina é supostamente um dos nossos equipamentos mais eficientes – digo.

— E é mesmo – diz Bob. – É o meio de se produzir essas peças que tem o menor custo e a maior velocidade.

— Então como é que ela é o gargalo?

— Essa é a única que temos desse tipo – ele diz.

— Sim, eu sei disso. – E olho fixamente para ele até que explique.

— Veja bem, essa máquina tem apenas uns dois anos. Antes de ela ser instalada, usávamos outras máquinas para fazer o que ela faz. Mas ela pode fazer todas as operações que antes precisavam de três máquinas diferentes para serem feitas – Bob diz.

Ele me explica como antes costumavam processar essas peças usando três tipos de máquinas diferentes. Em um caso típico, o tempo de processo por peça era algo como dois minutos na primeira máquina, oito minutos na segunda e quatro minutos na terceira; um total geral de quatorze minutos por peça. Mas a nova máquina NCX-10 pode fazer todos os três processos em dez minutos por peça.

— Você está me dizendo que estamos economizando quatro minutos por peça. Isso não quer dizer que estamos produzindo mais peças por hora que antes? Então como é que temos tanto inventário empilhado para essa máquina? – questiono.

— Antigamente tínhamos mais máquinas – ele responde. – Tínhamos duas do primeiro tipo, cinco do segundo e três do terceiro.

Balanço a cabeça, mostrando que agora entendo.

— Então podíamos fazer mais peças, mesmo que levasse mais tempo por peça. Então, por que compramos a NCX-10?

— Cada uma das outras máquinas tinha de ter um operador – Bob explica. – A NCX-10 só precisa de dois operários para prepará-la. Como eu disse, é a forma de produzir com o menor custo por peça.

Lentamente, dou uma volta ao redor da máquina.

— Rodamos essa máquina três turnos, não é mesmo? – pergunto a Bob.

— Bem, começamos a fazer isso novamente. Demorou um pouco para achar um substituto para o Tony, o operário da preparação no terceiro turno que se demitiu.

— Ah, claro… Puxa, o Peach realmente bagunçou tudo aquele dia. Pergunto a Bob:

— Quanto tempo leva para treinar gente nova nessa máquina?

— Uns seis meses.

Balanço a cabeça.

— Isso é uma grande parte do problema, Al. Treinamos alguém e depois de dois anos ele pode ir para outra empresa ganhar alguns dólares a mais — Bob comenta. — E parece que não conseguimos atrair alguém competente com os salários que oferecemos.

— Então por que não pagamos mais para o pessoal nesse equipamento?

— O sindicato — diz Bob. — Haveria reclamações e o sindicato iria querer que equiparássemos o salário de todos que fazem preparações.

Dou uma última olhada:

— Está bem, já entendi.

Mas isso não é tudo. Nós dois andamos para o outro lado da fábrica onde Bob me faz uma segunda apresentação.

— Quero que conheça o Herbie Número Dois: o departamento de tratamento térmico.

Este se parece mais com o que você pode imaginar como um Herbie industrial. Ele é sujo, quente, feio, insípido e indispensável.

O tratamento térmico é basicamente um par de fornos... um casal de caixas de aço encardidas, cujos interiores são revestidos com blocos cerâmicos. Os queimadores a gás aumentam a temperatura interna até 815 graus centígrados.

Algumas peças, depois de terem sido torneadas ou trabalhadas a frio ou qualquer outro processo a temperaturas normais, não podem mais ser trabalhadas até que tenham sido tratadas com calor por um período de tempo prolongado. Na maioria das vezes precisamos amolecer o metal, que fica muito duro e quebradiço durante o processamento, assim podemos processá-lo mais.

Os operadores colocam as peças dentro dos fornos, de uma dúzia ou menos até algumas centenas. Em seguida ligam o "negócio" e cozinham as peças por um longo tempo, que pode variar de seis até dezesseis horas. Depois, as peças sempre têm de passar por um período de resfriamento para chegarem à temperatura do ar fora do forno. Perdemos muito tempo nesse processo.

— Qual o problema aqui? Precisamos de fornos maiores? — pergunto a Bob.

– Bem…, sim e não. Na maior parte das vezes esses fornos são operados com metade da capacidade.

– Por quê?

– Parece que quem causa o problema são os agilizadores. Eles estão sempre vindo aqui e fazendo com que coloquemos no forno cinco unidades de uma peça ou uma dúzia de outra, de modo que obtenham o suficiente para montar um pedido e expedi-lo. Assim, acabamos fazendo com que cinquenta peças tenham de esperar enquanto tratamos um punhado de peças. Isto é, essa operação é gerenciada como se fosse uma barbearia – pegue um número e fique na fila.

– Então não estamos rodando com lotes cheios?

– Sim, algumas vezes estamos. Mas, às vezes, mesmo quando fazemos um lote todo, ele não é suficiente para encher o forno.

– Os lotes são muito pequenos?

– Ou muito grandes em tamanho, e então temos de rodar um segundo tratamento térmico para lidar com as peças que não caberiam na primeira fornada. Parece que nunca dá certo. Sabe, há alguns anos houve uma proposta para adicionar um terceiro forno, por causa desses problemas.

– E o que aconteceu com essa ideia?

– A divisão não deixou. Eles não liberaram o orçamento por causa das baixas eficiências. Disseram que usássemos a capacidade que tínhamos. Se isso viesse a ocorrer, eles poderiam pensar em expansão. Além disso, houve muita conversa sobre como economizar energia e como outro forno iria queimar o dobro do combustível e coisas do gênero.

– Está bem, mas e se sempre enchêssemos o forno, teríamos capacidade suficiente para atender à demanda? – pergunto.

Bob ri.

– Não sei. Nunca trabalhamos dessa forma antes.

Houve uma época em que eu achava que tinha de fazer na fábrica basicamente o que fiz com os meninos na caminhada. A melhor coisa a fazer seria reorganizar tudo para que o recurso com a menor capacidade fosse o primeiro da fila. Todos os outros recursos teriam incrementos graduais de capacidade para compensar as flutuações estatísticas passadas pela dependência.

Bem, reúno o meu pessoal logo que Bob e eu voltamos para o escritório, e rapidamente fica óbvio que meu grande plano de criar uma fábrica perfeitamente desbalanceada com Herbie na frente simplesmente não vai funcionar.

— Do ponto de vista da produção, não dá para fazer isso – diz Stacey.

— Não dá nem para mover um Herbie, quanto mais dois para a frente da produção – diz Bob. – A sequência das operações tem de ficar como está. Não há nada que possamos fazer a respeito.

— Certo, já percebi isso – digo.

— Estamos presos a um conjunto de eventos dependentes – Lou explica.

Enquanto os ouço falar, tenho aquela sensação familiar que surge sempre que muito trabalho e energia vão por água abaixo, como olhar um pneu se esvaziando.

— Muito bem, se não podemos mudar a sequência em que eles se encontram, então talvez possamos aumentar a sua capacidade. Vamos transformá-los em não gargalos.

Stacey pergunta:

— Mas e o incremento da capacidade desde o começo até o final?

— Vamos fazer uma reorganização… vamos diminuir a capacidade no começo da produção e aumentá-la a cada etapa até o final – sugiro.

— Al, não estamos apenas falando de transferir o pessoal de um lugar para outro. Como podemos aumentar a capacidade sem adicionar mais equipamento? – pergunta Bob. – E se estivermos falando sobre mais equipamento, vamos ter de fazer grandes investimentos de capital. Um segundo forno para o tratamento térmico, e provavelmente uma segunda máquina de controle numérico…, meu amigo, a gente vai precisar de muito dinheiro.

— No final das contas – Lou acrescenta –, precisamos ser realistas e nos lembrar de que não temos esse dinheiro. Se achamos que podemos pedir ao Peach mais capacidade para uma fábrica que não está ganhando dinheiro no meio de um dos piores anos da história da empresa… bom, desculpem a minha sinceridade, mas estamos ficando malucos.

## -19-

Minha mãe, as crianças e eu estamos jantando quando minha mãe me diz:

— Alex, você não vai comer as ervilhas?

— Mãe, eu já sou um adulto. Isso quer dizer que comer ou não as ervilhas é uma opção minha.

Ela fica sentida.

— Desculpe. Estou um pouco deprimido hoje.

— O que houve, pai? — Dave pergunta.

— Bom... é um pouco complicado. Vamos acabar de jantar, pois tenho de ir ao aeroporto em alguns minutos.

— Você vai embora? — pergunta Sharon.

— Não, vou simplesmente buscar uma pessoa.

— É a mamãe? — pergunta Sharon.

— Não, não é a sua mãe. Mas bem que gostaria que fosse.

— Alex, diga a seus filhos o que o está preocupando — pede a minha mãe. — Isso diz respeito a eles também.

Olho para as crianças e percebo que minha mãe tem razão.

— Descobrimos que temos alguns problemas na fábrica que talvez não possamos resolver.

— E o homem que estava lhe ajudando? — minha mãe pergunta. — Você não pode falar com ele?

— Você está se referindo ao Jonah? Pois é ele que vou buscar no aeroporto. Mas acho que nem Jonah vai poder nos ajudar.

Dave fica chocado com o que ouve e diz:

— Você está dizendo que tudo o que aprendemos naquela caminhada sobre Herbie estabelecer a velocidade da tropa inteira e tudo o mais de nada adiantou, que nada daquilo é verdade?

— Claro que é verdade, Dave. O problema é que descobrimos que temos dois Herbies na fábrica e eles estão bem onde não queremos que eles estejam. É como se não pudéssemos rearranjar os meninos na trilha e o Herbie tivesse um irmão gêmeo; e agora os dois estão presos no meio da fila. Eles estão segurando tudo. Não podemos movê-los e temos pilhas e pilhas de inventário na frente deles. Não sei o que podemos fazer.

Minha mãe comenta:

– Bom, se eles não podem fazer o trabalho, você vai simplesmente ter de mandá-los embora.

– Não são gente, são equipamentos – explico. – Não podemos demitir máquinas. De qualquer forma, o que eles fazem é essencial. Não poderíamos produzir a maior parte dos nossos produtos sem essas duas operações.

– Então por que você não faz elas andarem mais rápido? – pergunta Sharon.

– Claro, pai – diz Dave. – Lembra-se do que aconteceu na caminhada quando você aliviou o peso da mochila do Herbie? Talvez você possa fazer algo assim na fábrica.

– Sim, mas não é assim tão simples.

Minha mãe interfere novamente:

– Alex, sei que você vai fazer o melhor que pode. Se vocês têm essas duas lesmas que estão segurando todo o resto, você vai ter de simplesmente ficar de olho nelas e se certificar de que não desperdicem mais tempo.

– Sim, bom, tenho de ir. Não esperem acordados por mim. Vejo-os de manhã.

Enquanto espero no portão de desembarque, vejo o avião de Jonah taxiar até o terminal. Esta tarde falei com ele em Boston um pouco antes de ele ir para Los Angeles. Disse que queria agradecer-lhe os conselhos, mas que a situação na fábrica não tinha solução, pelo menos até onde podíamos ver.

– Alex, como você sabe que é impossível?

– Temos apenas dois meses antes que meu chefe vá ao conselho com a sua recomendação. Se tivéssemos mais tempo, talvez pudéssemos fazer algo, mas em apenas dois meses...

– Dois meses ainda é tempo suficiente para ter uma melhora. Mas você tem de aprender a administrar a sua fábrica conforme as restrições dela.

– Jonah, já analisamos profundamente a situação...

– Alex, há duas maneiras de as ideias que estou lhe dando não funcionarem. Uma é se não houver demanda alguma para os produtos que a sua fábrica faz.

— Não, temos demanda, apesar de ela estar diminuindo à medida que nossos preços aumentam e nossos serviços se deterioram. Mas ainda temos bastantes pedidos em atraso.

— Também não posso ajudá-lo se você não quiser mudar. Você já decidiu não fazer nada e deixar a fábrica ser fechada?

— Não é que queiramos desistir. É que não vemos outra possibilidade.

— Então está bem. Você tentou tirar um pouco da carga dos gargalos usando outros recursos?

— Você quer dizer, passar um pouco do trabalho deles para outros recursos? Não podemos. Esses são os únicos dois recursos desse tipo na fábrica.

Ele parou por um momento e disse:

— Muito bem, só mais uma pergunta: Bearington tem aeroporto?

E assim aqui está ele esta noite, saindo do portão dois. Ele alterou o seu voo para Los Angeles para parar aqui esta noite. Vou até ele e o cumprimento.

— Como foi o voo? – pergunto.

— Você já passou algum tempo dentro de uma lata de sardinha? Eu não deveria reclamar, pois ainda estou respirando.

— Bem, obrigado por ter vindo. Obrigado por ter mudado sua viagem, apesar de não ter certeza de que possa nos ajudar.

— Alex, ter um gargalo…

— Dois gargalos – eu lhe recordo.

— Ter *dois* gargalos não quer dizer que você não possa ganhar dinheiro. Muito pelo contrário. A maioria das fábricas não tem gargalos. Elas têm muita capacidade em excesso. Mas elas deveriam ter gargalos; um em cada peça que elas vendem.

Ele percebe que estou confuso.

— Você não entende – ele diz. – Agora eu gostaria que você me falasse tudo o que pode sobre sua fábrica.

Durante todo o caminho desde o aeroporto falo sobre a nossa situação delicada. Quando chegamos à fábrica, eu paro o Buick na frente dos escritórios. Bob, Lou, Stacey e Ralph estão esperando por nós lá dentro. Eles estão de pé perto do balcão da recepcionista, que está vazio. Todos são cordiais, mas, enquanto faço as apresentações, percebo que meu pessoal está esperando para ver se esse tal de Jonah (que não tem nada a ver com

# A META

qualquer consultor que eles já conheceram) realmente entende das coisas. Jonah fica na frente de todos e começa a andar de um lado para outro enquanto fala.

– Alex ligou para mim hoje porque vocês observaram um problema com os gargalos que encontraram na fábrica. Na verdade, vocês estão sofrendo com a combinação de diversos problemas. Mas vamos começar pelo começo. De acordo com o que o Alex me contou, sua necessidade mais imediata é aumentar o ganho e melhorar o fluxo de caixa. Certo?

– Isso com certeza seria uma grande ajuda – diz Lou. – Como você acha que poderíamos fazer isso?

– Os gargalos não estão mantendo o fluxo suficiente para atender à demanda e para ganhar dinheiro – ele explica. – Então só há uma coisa a fazer. Temos de achar mais capacidade.

– Mas não temos dinheiro para mais capacidade – diz Lou.

– Ou o tempo para instalá-la – completa Bob.

– Não estou falando de mais capacidade de ponta a ponta na fábrica – Jonah responde. – Para aumentar a capacidade da fábrica precisamos somente aumentar a capacidade dos gargalos.

– Você está dizendo que precisamos transformá-los em não gargalos – diz Stacey.

– Não. Não mesmo. Os gargalos ficam como gargalos. O que precisamos fazer é encontrar capacidade suficiente para os gargalos se igualarem mais à demanda.

– Onde vamos encontrar mais capacidade? – Bob pergunta. – Você está falando que ela simplesmente está lá esperando por nós?

– Para todos os efeitos, sim. Se vocês forem como quase todas as fábricas, terão uma capacidade que está *escondida* porque parte do seu raciocínio está incorreta. Sugiro antes de mais nada irmos à fábrica ver como vocês estão administrando os seus dois gargalos.

– Por que não? – digo. – Afinal de contas ninguém visita esta fábrica e sai daqui sem um *tour*.

Nós seis colocamos óculos de segurança e capacetes e vamos à fábrica. Jonah e eu vamos na frente, passamos pelas portas e somos iluminados pela luz laranja. Agora já estamos na metade do segundo turno e está um pouco menos barulhento que no turno do dia. Isso é bom, pois podemos ouvir melhor um ao outro. Mostro alguns estágios da produção a Jonah enquanto caminhamos. Percebo os olhos de Jonah examinando as pilhas de inventário por todos os lados. Tento apressar o passo.

– Essa é a nossa NCX-10, máquina de controle numérico – digo a Jonah quando chegamos à grande máquina.

– E esse é o seu gargalo, certo? – pergunta Jonah.

– Um deles – respondo.

– Você pode me dizer por que ela não está funcionando neste momento? – Jonah pergunta.

Realmente, a NCX-10 está parada.

– Bom… essa é uma boa pergunta. Bob, por que é que a NCX-10 não está trabalhando? – digo.

Bob olha para o seu relógio.

– Provavelmente porque o descanso do pessoal da preparação começou há dez minutos – responde Bob. – Dentro de uns vinte minutos eles devem estar de volta.

– Há uma cláusula no nosso contrato com o sindicato que estipula que deve haver um intervalo de meia hora de descanso a cada quatro horas trabalhadas – eu explico a Jonah.

Ele pergunta:

– Mas por que eles têm de descansar agora e não quando a máquina está funcionando?

Bob diz:

– Porque eram oito da noite e…

Jonah levanta a mão:

– Espere um pouco. Em qualquer recurso *não* gargalo da sua fábrica isso não é um problema. Porque, afinal de contas, alguma porcentagem do tempo de um não gargalo *deveria* ser ociosa. Então quem é que se importa quando essas pessoas fazem um intervalo de descanso? Isso não é importante. Mas no gargalo? É exatamente o oposto.

Ele aponta para a NCX-10 e diz:

– Vocês têm apenas um certo número de horas de produção disponível nesta máquina; quantas horas… umas 600 ou 700?

– Umas 585 horas por mês – diz Ralph.

– Seja qual for a disponibilidade, a demanda é ainda maior – diz Jonah. – Se você perde uma dessas horas, ou mesmo metade de uma hora, você a perdeu para sempre. Você não pode recuperá-la em outro lugar do sistema. Seu ganho para a fábrica inteira será reduzido ao montante que o gargalo produz nessa hora. E isso faz com que esse intervalo seja muito caro.

– Mas temos de lidar com um sindicato – explica Bob.

Jonah acrescenta:

– Então conversem com eles. Eles têm interesse nessa fábrica. Eles não são estúpidos, mas vocês têm de fazê-los entender.

Sim, estou pensando; é muito fácil falar. Por outro lado...

Agora Jonah está dando uma volta ao redor da NCX-10, porém ele não está olhando só para ela mas também para outros equipamentos da fábrica. Ele se aproxima de nós e diz:

– Vocês me disseram que esta é a única máquina desse tipo na fábrica. Mas essa é uma máquina relativamente nova. Onde estão as máquinas mais velhas que esta substituiu? Vocês ainda têm essas máquinas?

Bob responde vagamente:

– Ainda temos algumas delas. Nos livramos das outras, elas eram quase antiguidades.

– Vocês têm pelo menos uma de cada tipo das máquinas velhas que eram necessárias para fazer o que essa máquina X-não-sei-o-quê faz? – pergunta Jonah.

– Desculpe-me, mas você não está realmente sugerindo que a gente use o equipamento velho, está? – intervém Lou.

– Se ainda estiver operacional, sim, estou.

Lou pisca os olhos e diz:

– Bom, não tenho certeza do que isso faria ao nosso custo. Mas quero dizer que a operação daquelas máquinas velhas será muito mais cara.

– Vamos tratar disso diretamente. Primeiro quero saber se vocês têm ou não essas máquinas – diz Jonah.

Para sabermos a resposta nos viramos para Bob, que fica sem jeito e diz:

– Desculpem desapontá-los, mas nos livramos de uma série de máquinas e agora precisaríamos delas para suplementar a NCX-10.

– Por que fizemos uma coisa tão idiota assim? – eu pergunto.

– Precisávamos do espaço para colocar inventário – Bob responde.

– Na época parecia uma boa ideia – diz Stacey.

Em seguida vamos ao tratamento térmico e nos reunimos na frente dos fornos.

A primeira coisa que Jonah faz é olhar para as pilhas de peças e perguntar:

– Vocês têm certeza de que todo esse inventário precisa de tratamento térmico?

– Claro – responde Bob.

– Não há nenhuma alternativa posterior ao processamento neste departamento que evitaria a necessidade de tratar termicamente pelo menos algumas dessas peças? – ele pergunta.

Olhamos uns para os outros.

– Acho que teríamos de falar com a engenharia – digo.

Bob revira os olhos.

– Qual o problema? – pergunto.

– Digamos que nossos amigos na engenharia não são tão atenciosos quanto poderiam ser – diz Bob. – Eles não gostam muito de mudar as coisas. A atitude normal deles é: "Faça as coisas desse jeito porque é assim que dissemos para você fazer".

– Infelizmente ele tem razão – digo a Jonah. – Mesmo que a gente consiga que eles cooperem, pode levar muitos meses até que eles aprovem alguma coisa.

– Certo, deixem-me perguntar mais uma coisa: há fornecedores na região que podem fazer o tratamento térmico para vocês?

– Sim – responde Stacey. – Mas se fizermos isso nosso custo por peça vai aumentar.

A expressão no rosto de Jonah diz que ele está ficando cansado com todas essas objeções. Ele aponta para a montanha de peças e pergunta:

– Quanto dinheiro representa essa pilha?

– Não sei... talvez uns US$ 10 mil ou US$ 15 mil em peças – responde Lou.

– Não, não são *milhares* de dólares, não se estamos em um gargalo – diz Jonah. – Pensem de novo, é muito mais.

Stacey diz:

– Se você quiser, posso olhar o relatório, mas o custo não será muito mais do que Lou disse. No máximo diria que temos uns US$ 20 mil dólares em material...

A META

– Não, não – diz Jonah. – Não estou falando apenas do custo do material. Quantos produtos vocês vão vender aos seus clientes assim que conseguirem processar toda essa pilha?

Eu e o meu pessoal conversamos um pouco entre nós.

– É difícil dizer – responde Bob.

– Não temos certeza se todas essas peças seriam imediatamente vendidas – acrescenta Stacey.

– Ah, é mesmo? Vocês estão fazendo o seu gargalo trabalhar em peças que não vão contribuir para o ganho? – pergunta Jonah.

– Bem… algumas se tornam peças sobressalentes e outras vão para o estoque de produtos acabados. Algum dia isso vira ganho – diz Lou.

– *Algum dia* e, enquanto isso, quantos pedidos atrasados vocês disseram que têm?

Expliquei a ele que às vezes nós inflamos os lotes para melhorar a eficiência.

– Diga-me de novo como é que isso melhora sua eficiência – pede Jonah.

Sinto que estou ficando vermelho com a lembrança de conversas recentes.

– Tudo bem, vamos deixar isso de lado por ora – diz Jonah. – Vamos nos preocupar estritamente com o ganho. Vou fazer a pergunta de forma diferente: quantos produtos vocês não conseguem entregar porque precisam das peças que estão nessa pilha?

Isso é mais fácil de determinar porque sabemos quantos pedidos atrasados temos. Digo a ele quantos milhões temos em pedidos atrasados e qual a porcentagem que fica parada por causa de peças que são retidas no gargalo.

– E se vocês pudessem acabar as peças nessa pilha, conseguiriam então montar e expedir o produto? – ele pergunta.

– Sim, sem problema – responde Bob.

– E qual é o preço de venda de cada unidade?

– Cerca de US$ 1 mil por unidade, na média – diz Lou –, apesar de isso variar, obviamente.

– Então aqui não estamos lidando com US$ 10 mil, US$ 15 mil ou mesmo US$ 20 mil – afirma Jonah. – Quantas peças há nessa pilha?

– Talvez mil – responde Stacey.

– E cada peça significa que você pode expedir um produto?

— 168 —

– Geralmente sim.

– E cada produto expedido representa US$ 1 mil. Mil unidades vezes US$ 1 mil dá quanto dinheiro?

Todos olham para a pilha.

– US$ 1 milhão – digo abismado.

– Com uma condição! – diz Jonah. – Que vocês façam o tratamento térmico dessas peças e a sua expedição antes que os clientes cansem de esperar e vão comprar em outro lugar!

Ele olha para cada um de nós.

– Vocês têm condições de excluir qualquer possibilidade – ele diz –, especialmente quando é tão fácil como mudar uma política?

Todos ficam em silêncio.

– Em breve falarei mais sobre como considerar os custos, mas quero saber mais uma coisa – diz Jonah. – Onde vocês fazem a inspeção de qualidade nas peças do gargalo?

Explico a ele que a maior parte das inspeções é feita antes da montagem final.

– Quero dar uma olhada nisso – diz Jonah.

Por isso vamos até uma área onde são feitas inspeções de qualidade. Jonah pergunta sobre peças do gargalo que rejeitamos. Bob imediatamente aponta para um estrado lotado de peças brilhantes de aço. Em cima delas há uma folha de papel rosa, que indica rejeição pelo Controle de Qualidade, ou CQ, como o chamamos. Bob pega o envelope do pedido e lê os formulários que estão dentro.

– Não sei exatamente o que há de errado com elas, mas devem estar defeituosas – diz Bob.

Jonah pergunta:

– Essas peças passaram por um gargalo?

Bob responde que sim.

– Vocês percebem o que a rejeição do CQ fez a vocês? – pergunta Jonah.

– Que temos um refugo de cem peças – responde Bob.

– Não, pense de novo – diz Jonah. – Essas são peças do *gargalo*.

Eu percebo o que ele está tentando dizer.

– Perdemos o tempo do gargalo – digo.

Jonah se volta para mim.

– Isso mesmo! – ele concorda. – E o que significa tempo perdido no gargalo? Significa que vocês perderam ganho.

– Mas você não está dizendo que devemos ignorar a qualidade, ou está? – pergunta Bob.

– Claro que não. Você não pode ganhar dinheiro por muito tempo sem um produto de qualidade. Mas estou sugerindo que vocês usem o controle de qualidade de uma forma diferente.

– Você está querendo dizer que deveríamos colocar o CQ antes dos gargalos? – pergunto.

Jonah responde com um dedo em riste:

– Muito perspicaz. Certifique-se de que o gargalo trabalhe apenas em peças boas, tirando as que estão defeituosas. Se você refugar uma peça antes de ela chegar ao gargalo, tudo o que terá perdido é uma peça refugada. Mas, se você refugar a peça depois que ela passar pelo gargalo, você terá perdido um tempo que não pode ser recuperado.

– E se a gente não tiver boa qualidade depois do gargalo? – pergunta Stacey.

– Esse é outro aspecto da mesma ideia – responde Jonah. – Certifiquem-se de que o controle do processo para peças do gargalo seja muito bom, para que essas peças não se tornem defeituosas em algum processo posterior ao gargalo. Entendem?

Bob observa:

– Só uma pergunta: onde vamos conseguir os inspetores?

– O que há de errado em transferir os que vocês já têm para os gargalos? – pergunta Jonah.

– Podemos pensar a respeito – digo.

– Ótimo. Vamos voltar aos escritórios – diz Jonah.

Voltamos ao prédio dos escritórios e nos reunimos na sala de reunião.

– Quero ter certeza absoluta de que vocês entendem a importância dos gargalos – diz Jonah. – Toda vez que um gargalo termina uma peça, você está fazendo com que seja possível expedir um produto acabado. E quanto isso representa para vocês em vendas?

– Em média US$ 1 mil por unidade – diz Lou.

– E você está preocupado em gastar um ou dois dólares a mais nos gargalos para torná-los mais produtivos? – ele pergunta. – Em primeiro lugar, quanto vocês acham que custa, vamos dizer, a máquina X por uma hora?

– Isso nós sabemos perfeitamente. Ela nos custa US$ 32,50 por hora – responde Lou.

– E o tratamento térmico?

– Custa US$ 21,00 por hora – diz Lou.

– Esses dois valores estão incorretos – afirma Jonah.

– Mas nossos custos...

– Os números estão errados não por um erro de cálculo, mas porque os custos foram determinados como se esses centros de trabalho existissem isoladamente – diz Jonah. – Deixem-me explicar: quando eu era um físico, de tempos em tempos algumas pessoas me traziam problemas matemáticos que não conseguiam resolver. Eles queriam que eu checasse os números. Mas depois de algum tempo aprendi a não perder tempo verificando os números, pois eles estavam quase sempre certos. O que eu precisava checar eram *os pressupostos*, que estavam quase sempre errados.

Jonah tira um charuto do bolso e o acende com um fósforo.

– É isso o que está acontecendo aqui – diz entre baforadas. – Você calculou o custo de operar esses centros de trabalho de acordo com o procedimento padrão da contabilidade... sem considerar o fato de que ambos são gargalos.

– E como isso muda o custo deles? – pergunta Lou.

– Já sabemos que a capacidade da fábrica é igual à capacidade dos seus gargalos – explica Jonah. – O que os gargalos produzirem em uma hora é equivalente ao que a fábrica produz em uma hora. Então... uma hora perdida em um gargalo é uma hora perdida em todo o sistema.

– Certo, estou entendendo – diz Lou.

– Então, qual seria o custo de toda esta fábrica ficar ociosa por uma hora? – pergunta Jonah.

– Realmente não posso dizer, mas seria muito caro – admite Lou.

– Diga-me uma coisa – pergunta Jonah. – Quanto custa operar esta fábrica o mês todo?

– Nossa despesa operacional total é de mais ou menos US$ 1,6 milhão por mês – responde Lou.

– Vamos pegar apenas a máquina X como exemplo. Quantas horas por mês vocês disseram que ela estava disponível para produção?

– Umas 585 – diz Ralph.

# A META

– O custo real do gargalo é a despesa total do sistema dividida pelo número de horas produtivas do gargalo. Então, quanto dá isso?

Lou pega sua calculadora do bolso do paletó e faz os cálculos.

– Dá US$ 2.735,00 – diz Lou. – Mas espere um pouco. Isso está certo?

– Sim, está. Se seus gargalos não estão funcionando, você não perdeu apenas US$ 32,00 ou US$ 21,00. O custo verdadeiro é o custo de uma hora do sistema inteiro, que é dois *mil* e setecentos dólares.

Lou está pasmo.

– É bem diferente – observa Stacey.

– Claro. E com isso em mente, como otimizamos o uso dos gargalos? Há dois temas principais nos quais vocês precisam se concentrar...

– Primeiro, certifiquem-se de que o tempo do gargalo não seja desperdiçado – ele continua. – Como é que o tempo do gargalo é desperdiçado? Uma forma é deixá-lo ocioso durante o almoço. Outra forma é ele processar peças que já estão defeituosas, ou que vão se tornar defeituosas por causa de um trabalhador descuidado ou de um controle de processo ruim. Uma terceira forma de se desperdiçar o tempo de um gargalo é fazê--lo trabalhar em peças das quais vocês não precisam.

– Você está falando de peças sobressalentes? – pergunta Bob.

– Estou me referindo a qualquer coisa que não esteja na demanda do momento. Veja, o que acontece quando você gera um inventário que só vai vender daqui a muitos meses? Você está sacrificando dinheiro no presente por dinheiro no futuro; a questão é: seu fluxo de caixa pode aguentar isso? No seu caso, está claro que não.

– Ele está certo – admite Lou.

– Então façam os gargalos trabalharem apenas naquilo que vai contribuir para o ganho *hoje*... não daqui a nove meses. Essa é uma forma de aumentar a capacidade dos gargalos. A outra forma é transferir parte do trabalho dele para recursos não gargalos.

– Sim, mas como fazemos isso? – pergunto.

– Foi por isso que fiz aquelas perguntas lá na fábrica. Todas as peças têm de ser produzidas pelo gargalo? Se não, as que não precisam podem ser transferidas para serem processadas por não gargalos, e o resultado é que vocês ganham capacidade no seu gargalo. Uma segunda pergunta: vocês têm outras máquinas que podem fazer o mesmo processo? Se tiverem as máquinas, ou se tiverem um fornecedor com o equipamento certo, vocês podem tirar essa carga do gargalo. E, novamente, vocês ganham capacidade, e isso faz com que possam aumentar o ganho.

Na manhã seguinte vou para a cozinha tomar o café e me sento para comer uma tigela do mingau de aveia quente de minha mãe – o que odeio fazer desde que era garoto. Estou olhando para o mingau (e ele está olhando para mim) quando a mãe-avó pergunta:

– Então, como foi tudo ontem à noite?

– Bem, na verdade, você e as crianças estavam no caminho certo.

– É mesmo? – pergunta Dave.

– Precisamos fazer os Herbies andarem mais rápido – explico –, e ontem à noite Jonah nos mostrou algumas formas de fazer isso. Então aprendemos muito.

– Que notícia ótima – diz minha mãe.

Ela se serve de café e senta-se à mesa. Por um momento ficamos em silêncio. Minha mãe e as crianças estão olhando um para o outro.

– O que está acontecendo? – pergunto.

– A mãe deles ligou de novo ontem à noite, quando você não estava – diz minha mãe.

Julie tem ligado regularmente para as crianças, mas, por alguma razão, ela ainda não diz onde está. Fico pensando se devo contratar um detetive particular para descobrir onde ela está se escondendo.

– Sharon disse que ouviu alguma coisa quando estava ao telefone – minha mãe comenta.

Olho para Sharon.

– Sabe aquela música que o vovô sempre escuta? – ela diz.

– Você está falando do vovô Barnett?

– Sim, você sabe, a música que dá sono, com os... como é que se chamam?

– Violinos – diz Dave.

– Isso mesmo, os violinos. Bom, ontem à noite, quando a mamãe não estava falando ao telefone, eu ouvi isso.

– Eu também ouvi – diz Dave.

– Sério? Isso é muito interessante. Obrigado por terem percebido isso. Talvez eu ligue hoje para o vovô e a vovó Barnett.

# A META

Acabo o meu café e me levanto.

– Alex, você nem tocou no seu mingau – diz minha mãe.

Eu a beijo.

– Desculpe, estou atrasado para a escola.

Aceno para as crianças e pego minha pasta.

– Bom, vou ter de guardá-lo para que você coma amanhã – diz minha mãe.

# – 20 –

Dirigindo em direção à fábrica, eu passo pelo hotel no qual Jonah dormiu ontem à noite. Sei que ele já se foi faz tempo; o voo dele sairia às 6h30 da manhã. Eu me ofereci para levá-lo hoje de manhã até o aeroporto, mas (sorte minha) ele recusou e disse que pegaria um táxi.

Assim que chego ao escritório, peço a Fran que reúna o pessoal para uma reunião. Enquanto isso, começo a escrever uma lista das medidas que foram sugeridas por Jonah ontem à noite. Mas não consigo parar de pensar em Julie. Fecho a porta do escritório e sento na cadeira. Encontro o número do telefone da casa dos pais dela e ligo.

Os pais de Julie haviam ligado no dia seguinte ao que ela havia ido embora para perguntar se eu tinha alguma notícia. Desde então, eles não haviam ligado mais. Há um ou dois dias tentei falar com eles para saber se tinham alguma notícia. Liguei à tarde e falei com Ada, a mãe de Julie. Ela disse que não sabia onde Julie estava. Mas não acreditei muito nela.

Agora Ada atende novamente o telefone.

– Oi, aqui é o Alex. Quero falar com a Julie.

Ada fica atrapalhada.

– Bom, ah… ela não está.

– Sim, eu sei que ela está aí.

Ouço Ada suspirar.

– Ela *está* aí, não está?

Ada finalmente diz:

– Ela não quer falar com você.

– Ada, há quanto tempo ela está aí? Você está mentindo para mim desde aquele domingo em que liguei?

– Não, não estávamos *mentindo* para você – ela diz com indignação. – Não tínhamos a menor ideia de onde ela estava. Durante alguns dias ela ficou com uma amiga, a Jane.

– Claro, e naquele outro dia em que liguei?

– Julie me pediu que não dissesse onde ela estava. E eu nem deveria estar lhe contando isso agora. Ela quer ficar sozinha por algum tempo.

– Ada, preciso falar com ela.

– Ela não vai atender.

– Como você sabe, se nem perguntou?

Ada coloca o telefone na mesa. Ouço seus passos.

– Ela disse que liga para você quando estiver pronta.

– O que isso quer dizer?

– Se você não tivesse sido negligente todos esses anos, não estaria nessa situação.

– Ada...

– Adeus.

Ela desliga o telefone. Imediatamente tento ligar de volta, mas ninguém atende. Depois de alguns minutos faço um esforço para me concentrar no trabalho e me preparar para falar com o meu pessoal.

A reunião começa às dez, no meu escritório.

– Gostaria de saber o que vocês acharam das coisas que ouviram ontem à noite – pergunto. – Lou, qual é a sua opinião?

– Bem... eu não conseguia acreditar nas coisas que ele estava falando sobre uma hora de um gargalo. Ontem à noite fui para casa e fiquei pensando nisso para ver se fazia sentido. E, na verdade, estávamos errados sobre o custo de uma hora perdida no gargalo. Não é US$ 2.700,00.

– É mesmo? – pergunto.

– Apenas 80% dos nossos produtos passam pelos gargalos – diz Lou, tirando um pedaço de papel do bolso. – Então o custo real deve ser 80% da nossa despesa operacional, o que dá US$ 2.188,00 por hora, e não US$ 2.735,00.

– Acho que você tem razão.

– Mesmo assim, devo admitir que foi muito esclarecedor examinar a situação desse ponto de vista – Lou diz sorrindo.

## A META

– Concordo. E vocês, o que acharam?

Pergunto a cada pessoa no escritório quais as suas impressões, e nós estamos todos de acordo. Mesmo assim, Bob parece estar em dúvida quanto a se comprometer com algumas mudanças que Jonah propôs, e Ralph ainda não tem bem certeza do que deve fazer. Mas Stacey é uma grande defensora.

Ela resume as coisas, dizendo:

– Acho que faz muito sentido arriscarmos as mudanças.

– Mesmo estando apreensivo com qualquer coisa que aumente a despesa operacional nesta altura do campeonato – diz Lou –, concordo com Stacey. Como Jonah disse, poderemos ter de enfrentar um risco muito maior se permanecermos na trilha que viemos seguindo.

Bob levanta sua mão gorda para fazer um comentário.

– Certo, mas algumas das coisas que Jonah falou podem ser feitas com mais rapidez e eficiência do que outras. Por que não começamos com as coisas mais fáceis e verificamos que tipo de efeito têm enquanto desenvolvemos as outras?

– Isso parece razoável. O que é que você faria primeiro? – pergunto.

– Acho que primeiro eu mudaria os pontos de inspeção do CQ para verificar as peças que irão para o gargalo. As outras medidas para o CQ vão demorar um pouco mais, mas podemos ter um inspetor checando as peças que vão ao gargalo hoje mesmo, se você quiser.

– E as novas regras para os intervalos de almoço?

– O sindicato pode reclamar um pouco.

Balanço a cabeça.

– Acho que eles vão aceitar. Acerte os detalhes e eu converso com o O'Donnell.

Bob faz uma anotação no bloco de papel que está no seu colo. Eu me levanto e dou a volta na mesa para enfatizar o que vou dizer:

– Uma das perguntas que Jonah fez ontem à noite realmente me deu o que pensar. Por que estamos fazendo os gargalos trabalharem em inventário que não aumentará o ganho?

Bob olha para Stacey, e ela olha para mim.

– Essa é uma boa pergunta – diz ela.

Bob responde:

– Tomamos essa decisão...

— Sei qual foi a decisão. Aumentar os inventários para manter as eficiências.

Mas nosso problema não são as eficiências. Nosso problema são os pedidos em atraso, e ele é muito evidente para os nossos clientes e para a gerência da divisão. Nós realmente precisamos fazer alguma coisa para melhorar nosso desempenho no prazo de entrega, e Jonah nos mostrou o caminho para isso.

— Até hoje nós temos apressado os pedidos de acordo com quem grita mais alto — digo. — De agora em diante, os pedidos atrasados devem ter prioridade sobre os outros. Um pedido que está duas semanas atrasado tem prioridade sobre um pedido que está uma semana atrasado, e assim por diante.

— Já tentamos isso algumas vezes no passado — observa Stacey.

— Sim, mas a diferença agora é que vamos nos certificar de que os gargalos estejam processando as peças para esses pedidos em atraso seguindo a mesma prioridade.

— Essa é a maneira sensata de lidar com o problema, Al — diz Bob. — Agora, como fazemos isso acontecer?

— Precisamos descobrir qual parte do inventário que está a caminho dos gargalos é necessária para atender aos pedidos em atraso e qual parte vai simplesmente acabar no armazém. Então eis o que precisamos fazer — digo. — Ralph, quero que você prepare uma lista de todos os pedidos em atraso. Ordene os pedidos de acordo com o tempo de atraso. Quando você consegue nos entregar isso?

— Bom, isso não vai demorar muito tempo — ele responde. — O problema é que temos de fazer os relatórios mensais.

— Neste momento nada é mais importante do que fazer os gargalos ficarem mais produtivos. Precisamos dessa lista o mais cedo possível, pois assim que a tivermos quero que você e o seu pessoal trabalhem com a Stacey e o pessoal dela no controle do inventário; descubram as peças que ainda precisam ser processadas por qualquer um dos gargalos para que possamos completar os pedidos.

Olho para Stacey.

— Depois que souber quais peças estão faltando, programe os gargalos, junto com o Bob, para começar a trabalhar nos pedidos mais atrasados primeiro, e assim por diante.

# A META

– E as peças que não passam por nenhum gargalo? – pergunta Bob.

– Não vou me preocupar com elas por enquanto. Vamos partir do pressuposto de que tudo o que não precisa passar pelo gargalo já deve estar esperando na montagem final, ou estará lá quando as peças dos gargalos chegarem.

Bob concorda com a cabeça.

– Todo mundo entendeu? – pergunto. – Essas coisas têm prioridade máxima. Não temos tempo de recuar e pensar por seis meses o que devemos fazer, como fazem na matriz. Sabemos o que temos de fazer. Vamos lá.

À tarde sigo pela autoestrada e ao pôr do sol vejo os telhados das casas nos dois lados da estrada. Uma placa informa que estou a três quilômetros da saída para Forest Grove. Os pais de Julie moram em Forest Grove. Pego a saída.

Nem ela nem seus pais sabem que estou chegando. Pedi a minha mãe que não contasse às crianças. Eu simplesmente entrei no carro depois do trabalho e vim para cá. Já cansei desse esconde-esconde que ela está fazendo.

Saio da estrada de quatro pistas e vou parar numa rua asfaltada que atravessa um bairro tranquilo. Este é um bom bairro, as casas são caras e todos os gramados, sem exceção, estão em perfeitas condições. As ruas estão cheias de árvores que começam a ganhar as novas folhas da primavera. O verde das folhas brilha ao pôr do sol.

Vejo a casa a meio quarteirão, é um sobrado de tijolo, em estilo colonial. A casa tem persianas de alumínio e sem dobradiças; elas não são muito práticas, mas são tradicionais. Foi aqui que Julie cresceu.

Estaciono o Buick em frente à casa dos Barnett. Olho a casa e lá está o Accord de Julie em frente à garagem.

Antes de eu chegar à porta da frente, ela se abre. Ada Barnett está do outro lado da tela. Vejo a mão dela fechar o trinco da porta de tela enquanto me aproximo.

– Oi – digo.

– Eu já lhe falei que ela não quer conversar com você – diz Ada.

– Você pode, por favor, perguntar a ela? Ela é minha esposa.

– Se você quiser falar com Julie, pode fazer isso por meio do advogado dela.

Ela começa a fechar a porta.

– Ada, eu não vou sair daqui enquanto não falar com sua filha.

– Se você não for embora, vou chamar a polícia para que retirem você da nossa propriedade.

– Então vou esperar no meu carro. Você não é a dona da rua.

A porta se fecha. Ando pelo gramado até o Buick. Fico sentado olhando fixamente para a casa.

De vez em quando vejo as cortinas se moverem atrás das janelas de vidro da casa dos Barnett. Depois de uns 45 minutos, o sol já se pôs e eu fico imaginando por quanto tempo conseguirei ficar sentado esperando, quando a porta se abre de novo.

Julie sai. Ela está usando jeans, um tênis e uma malha. Os jeans e o tênis a fazem parecer mais nova. A situação me faz lembrar de uma adolescente que está se encontrando com um namorado de quem os pais não gostam. Ela anda pelo gramado e eu saio do carro. Quando chega a uns três metros de distância ela para, como se temesse se aproximar, com medo de que eu a agarrasse, a colocasse no carro e dirigisse rapidamente para a minha barraca no deserto ou algo parecido.

Olhamos um para o outro. Eu ponho as mãos nos bolsos.

Para quebrar o gelo eu falo:

– E então... como você está?

– Se você quiser saber a verdade, eu estou muito mal. E você, como está?

– Preocupado com você.

Ela olha para o outro lado. Dou um tapinha no teto do Buick.

– Vamos dar uma volta.

– Não, não posso.

– Então, que tal uma caminhada? – pergunto.

– Alex, apenas me diga o que você quer. Está bem?

– Quero saber por que você está fazendo isso!

– Porque não sei se quero continuar casada com você. Isso não é óbvio?

– Podemos conversar sobre isso?

Ela não fala nada.

– Vamos lá. Vamos dar uma caminhada; apenas uma vez em volta do quarteirão. A não ser que você queira dar motivo para os vizinhos fofocarem.

Julie dá uma olhada nas casas e percebe que somos o centro das atenções.

Um pouco constrangida, caminha na minha direção. Estendo minha mão, mas ela não a aceita. Começamos a andar juntos na calçada. Aceno para a casa dos Barnett e vejo uma cortina se mexer. Julie e eu andamos uns trinta metros na penumbra, antes de falarmos alguma coisa. Eu finalmente quebro o silêncio.

— Veja bem, desculpe o que aconteceu naquele fim de semana. Mas o que mais eu podia fazer? Dave esperava que eu...

— Não foi porque você foi acampar com o Dave. Isso foi apenas a gota d'água. De repente, eu simplesmente não suportava mais. Eu tinha de ir embora.

— Julie, por que você pelo menos não me disse onde estava?

— Alex, eu me afastei de você para ficar sozinha.

Eu pergunto, com hesitação:

— Então... você quer o divórcio?

— Ainda não sei.

— Bem, e quando você vai saber?

— Al, eu estou muito confusa. Não sei o que fazer. Não consigo tomar nenhuma decisão. Minha mãe me diz uma coisa, meu pai me diz outra. Meus amigos me dizem ainda outra coisa. Todos sabem o que eu deveria fazer, menos eu.

— Você foi embora para ficar sozinha e tomar uma decisão que vai afetar a nós dois e às crianças e está dando ouvidos a todos menos às três pessoas cujas vidas ficarão arruinadas se você não voltar.

— Isso é algo que eu preciso decidir sozinha, longe das pressões de vocês três.

— Tudo o que estou sugerindo é que conversemos sobre o que a está incomodando.

Ela suspira, exasperada, e diz:

— Al, já falamos sobre isso um milhão de vezes!

— Está bem, apenas me diga isto: você está tendo um caso?

Julie para. Chegamos à esquina.

— Acho que já andei bastante com você — ela diz friamente.

Fico ali parado por um instante enquanto ela começa a andar em direção à casa dos pais. Eu a alcanço e digo:

– Então? Está ou não está?

– Claro que não estou tendo um caso! – ela grita. – Você acha que eu estaria na casa de meus *pais* se estivesse tendo um caso?

Um homem que está passeando com o seu cachorro para e olha para a Julie. Julie e eu passamos por ele em total silêncio.

Cochicho para Julie:

– Eu precisava saber... é só isso.

– Se você acha que eu deixaria meus filhos só para ter um caso com um estranho, você realmente não me conhece.

Sinto como se ela tivesse me dado um tapa na cara.

– Julie, me desculpe. Esse tipo de coisa às vezes acontece, e eu só precisava ter certeza do que está acontecendo.

Ela diminui o passo. Eu coloco uma das mãos no seu ombro e ela a afasta.

– Al, já faz tempo que estou infeliz. E vou lhe dizer uma coisa: eu me sinto culpada por isso. Sinto como se não tivesse o direito de estar infeliz. Só sei que estou.

Com irritação, percebo que estamos de novo na casa dos pais dela. O passeio foi muito curto. Posso ver Ada à janela. Julie e eu paramos e eu me encosto na traseira do Buick.

– Por que você não arruma as suas coisas e vem comigo... – sugiro, mas ela balança a cabeça antes de eu acabar a frase.

– Não, ainda não estou pronta para fazer isso.

– Veja bem, a escolha é a seguinte: você fica longe e nos divorciamos, ou ficamos juntos de novo e lutamos para fazer o casamento dar certo. Quanto mais tempo você ficar longe, maior será o distanciamento entre nós e mais chance teremos de nos divorciar. E se nos divorciarmos, você sabe o que vai acontecer. Quantas vezes vimos isso acontecer com os nossos amigos? Você realmente quer que isso aconteça conosco? Vamos lá, vamos para casa. Prometo que podemos melhorar.

Ela concorda com a cabeça.

– Al, não dá. Já ouvi muitas promessas suas.

– Então você quer o divórcio?

– Eu já falei, não sei!

– Está bem. Não posso decidir por você. Talvez seja mesmo a sua decisão. Tudo o que posso dizer é que quero você de volta. E tenho certeza de que é isso que as crianças também querem. Você me liga quando descobrir o que quer?

– Era isso que eu tinha planejado fazer, Al.

Entro no Buick e dou a partida no motor. Abaixando a janela, olho para ela de pé na calçada ao lado do carro.

– Sabe, acontece que eu amo você.

Isso finalmente a derrete. Ela vem até o carro e se inclina. Pego sua mão através da janela. Ela me beija. Então, sem falar uma palavra, ela se levanta e vai embora; na metade do caminho ela começa a correr. Fico olhando até ela sumir dentro de casa. Nesse instante, engato a primeira e vou embora.

# - 21 -

Chego em casa às dez da noite. Estou deprimido, mas estou em casa.

Vasculhando a geladeira tento encontrar o jantar, mas acabo comendo um espaguete frio e uma sobra de ervilhas. Para engolir isso, tomo um pouco de vodca e janto melancolicamente.

Enquanto como, penso no que vou fazer se Julie não voltar. Se eu não tiver uma esposa, será que vou começar a sair com outras mulheres? Onde eu iria conhecer novas mulheres? De repente me vejo de pé no bar do Holiday Inn de Bearington, tentando parecer sexy enquanto pergunto a uma mulher desconhecida: "Qual é o seu signo?".

Será esse o meu destino? Meu Deus! De qualquer forma, será que esse tipo de frase ainda funciona hoje em dia? Será que algum dia funcionou?

Eu devo conhecer *alguém* com quem possa sair.

Por algum tempo fico pensando nas mulheres disponíveis que eu conheço. Quem é que sairia comigo? Com quem eu gostaria de sair? Não demora muito tempo para eu terminar a lista. Então, uma mulher me vem à mente. Levanto da cadeira, vou até o telefone e fico olhando para ele durante uns cinco minutos.

Será que eu devo?

Nervosamente, disco o número. Desligo antes que toque. Olho outra vez fixamente para o telefone. Ah, que se dane! O máximo que ela pode fazer é dizer não, certo? Disco o número de novo. O telefone toca umas dez vezes antes que alguém atenda.

– Alô. – É o pai dela.

– Posso falar com a Julie, por favor?

– Espere um pouco.

O tempo passa.

– Alô? – Julie atende.

– Oi, sou eu.

– Al?

– Isso mesmo, escute, sei que é tarde, mas queria apenas perguntar uma coisa.

– Se tiver alguma coisa a ver com pedir o divórcio ou voltar para casa...

– Não, não. Só estava pensando se a gente poderia se ver algumas vezes, enquanto você toma uma decisão.

– Bom... acho que sim – ela concorda.

– Ótimo. O que você vai fazer no sábado à noite?

Há um instante de silêncio enquanto um sorriso se forma em seu rosto.

– Você está me convidando para sair?

– Estou.

Uma grande pausa.

– Então, você quer sair comigo? – eu insisto.

– Sim, gostaria muito de sair com você.

– Ótimo. Que tal se eu passar aí às 7h30?

– Vou estar pronta.


Na manhã seguinte, nós estamos na sala de reunião com os dois supervisores dos gargalos. Nós significa Stacey, Bob, Ralph e eu. Ted Spencer é o supervisor responsável pelos fornos de tratamento térmico. Ele é um homem mais velho, com cabelo que parece lã de aço e um corpo igual a um arquivo de aço. Estamos com ele e com Mário DeMonte, o supervisor do centro de usinagem onde está a NCX-10. Mário é da mesma idade que Ted, mas mais gordo.

Tanto Stacey quanto Ralph estão com os olhos vermelhos. Antes de nos sentarmos eles me falam sobre o trabalho que tiveram para preparar a reunião de hoje.

# A META

Fazer a lista dos pedidos atrasados foi fácil. O computador os listou e os ordenou de acordo com o atraso da data de cada um. Mas depois disso tiveram de olhar na lista de material de cada pedido e descobrir quais peças eram feitas pelos gargalos. Não só isso, como também tiveram de verificar se havia estoque para fazer essas peças. Isso levou quase toda a noite.

Nesta manhã Stacey me disse que pela primeira vez havia de fato apreciado a existência do computador.

Todos nós estamos com uma cópia da lista manuscrita que Ralph preparou. Na lista impressa há um total de 67 itens, nosso total de pedidos em atraso. Estão classificados do mais atrasado ao menos atrasado, nessa ordem. O mais grave de todos, o primeiro da lista, é um pedido que está 58 dias atrasado. Os menos graves estão um dia atrasado; temos três desses pedidos.

– Fizemos uma verificação – diz Ralph – e cerca de 90% dos pedidos atrasados têm peças que passam por um ou por dois gargalos. Destes, cerca de 85% estão presos na montagem, esperando as peças que passam pelo gargalo, para depois serem montados e expedidos.

– Então é óbvio que essas peças têm prioridade – explico aos supervisores.

Ralph diz:

– Nós fizemos uma lista tanto para a NCX-10 quanto para o tratamento térmico, mostrando quais peças cada um tem de produzir e em que ordem; outra vez, a mesma sequência do mais atrasado para o menos atrasado. Em mais ou menos uma semana vamos conseguir gerar a lista pelo computador e não vamos mais precisar varar a noite trabalhando.

– Fantástico, Ralph. Acho que você e a Stacey fizeram um ótimo trabalho – digo.

Depois, dirigindo-me a Ted e a Mário, acrescento:

– Agora, senhores, tudo o que vocês precisam fazer é certificarem-se de que os seus funcionários comecem pelo primeiro da lista e continuem até completar o trabalho todo.

– Isso parece fácil – diz Ted. – Acho que dá para fazer.

– Sabe, talvez seja preciso achar algumas peças que faltam – diz Mário.

– Aí você vai ter de procurar no meio do estoque – diz Stacey. – Qual o problema?

Mário franze o cenho e diz:

– Problema nenhum. Vocês simplesmente querem que façamos o que está na lista, não é?

– Isso mesmo. Não quero ver nenhum de vocês trabalhando em algo que não esteja na lista. Se os agilizadores vierem pedir a vocês que mudem, diga a eles que venham falar comigo. E certifiquem-se de que estão seguindo a sequência que estabelecemos.

Ted e Mário concordam com a cabeça.

Dirigindo-me a Stacey, digo:

– Você entende como é importante que os agilizadores não interfiram na lista de prioridades, não é?

– Está certo, mas você tem de prometer que não vai mudá-la por causa de pressões do marketing – Stacey responde.

– Dou minha palavra de honra.

Depois, dirigindo-me a Ted e Mário, acrescento:

– Falando sério, espero que vocês dois entendam que o tratamento térmico e a NCX-10 são os processos mais importantes em toda a fábrica. O futuro desta fábrica pode ser determinado pela eficiência com que vocês dois administrarem esses dois processos.

– Vamos fazer o melhor que pudermos – diz Ted.

– Você pode estar certo de que eles vão fazer o melhor – diz Bob Donovan.

Logo após a reunião, vou para o departamento de recursos humanos, onde vou ter uma reunião com Mike O'Donnell, o presidente do sindicato local. Quando entro, meu gerente de RH, Scott Dolin, está segurando o braço da sua poltrona com toda a força enquanto O'Donnell está gritando.

– O que está acontecendo? – pergunto.

– Você sabe muito bem qual é o problema: suas novas regras de almoço para o pessoal do tratamento térmico e para o das máquinas de controle numérico – responde O'Donnell. – Elas violam o contrato. Veja o artigo sete, parágrafo quatro...

– Espere um pouco, Mike. Está na hora de explicar ao sindicato qual é a situação da fábrica – digo.

Durante o restante da manhã explico a ele a situação atual da fábrica. Depois explico um pouco o que estamos tentando fazer, por que essas mudanças são necessárias, e resumindo, digo:

– Você entende que isso vai atingir no máximo apenas umas vinte pessoas, não é?

Ele meneia a cabeça e diz:

– Olhe, eu agradeço a você essa explicação toda. Mas temos um contrato. Agora, se deixarmos isso acontecer, o que garante que você não vai começar a mudar tudo o que não lhe agrada?

– Mike, honestamente, não posso garantir que mais adiante não teremos de fazer outras mudanças. Mas, no final das contas, estamos falando de empregos. Não estou pedindo corte de salários ou diminuição de benefícios, mas estou pedindo mais flexibilidade. Precisamos ter uma certa liberdade de movimento para que possamos fazer mudanças que permitam à empresa ganhar dinheiro. Caso contrário, colocando os pingos nos "is", talvez dentro de alguns meses esta fábrica não exista mais.

– A mim parece que você está tentando nos assustar para conseguir o que quer – ele diz.

– Mike, tudo o que posso dizer é que, se você quiser esperar alguns meses para ver se estou apenas tentando assustá-lo, aí vai ser tarde demais.

O'Donnell fica quieto por um tempo e finalmente diz:

– Vou ter de pensar sobre isso, discutir com outras pessoas e tudo o mais. Entraremos em contato com você.

No começo da tarde já não consigo mais me controlar. Estou ansioso para saber como o novo sistema de prioridades está funcionando. Tento ligar para Bob Donovan, mas ele está na fábrica. Então vou ver as coisas com os meus próprios olhos.

Vou primeiro ver a NCX-10. Mas, quando chego, não há ninguém na máquina. Como é uma máquina automática, ela trabalha muitas vezes sem ninguém por perto. O problema é que a maldita máquina está lá parada. Ela não está trabalhando e não há ninguém fazendo a sua preparação. Eu fico fora de mim.

Vou procurar Mário.

– Por que a máquina não está trabalhando? – pergunto a ele.

Ele vai falar com o chefe da seção e finalmente volta para falar comigo.

– Não temos os materiais – ele diz.

– Vocês não têm os materiais, como assim? – grito. – E essas pilhas de aço que estão por toda parte?

# ELIYAHU M. GOLDRATT

– Mas você mandou a gente trabalhar de acordo com a lista de prioridades – responde Mário.

– Você está me dizendo que já acabou de fazer todas as peças que estão atrasadas?

– Não, eles fizeram os dois primeiros lotes de peças. Quando chegaram à terceira peça da lista, eles procuraram por todo lado e não conseguiram achar o material para ela nas pilhas. Então paramos até que encontremos o material.

Estou prestes a estrangulá-lo.

– Não era isso que você queria que fizéssemos? Você queria que fizéssemos o que estava na lista e seguindo a sequência da lista. Não é? Não foi isso que você disse?

– Sim, foi isso que eu disse. Mas você não pensou que se não conseguisse achar um item da lista deveria seguir para o próximo?

Mário parece perdido.

– Bom, onde diabos está o material do qual você precisa? – pergunto.

– Não tenho a menor ideia. Poderia estar em tantos lugares, mas acho que o Bob Donovan já pediu a alguém que o procure.

– Muito bem, agora faça com que o pessoal da preparação comece a trabalhar nesta máquina para que ela esteja pronta para processar o próximo item na lista para o qual você tem material. E mantenha este monte de ferro trabalhando.

– Sim, senhor.

Espumando de raiva, volto para o meu escritório para tentar localizar Donovan e descobrir o que deu errado. Na metade do caminho passo por uns tornos e lá está ele, conversando com Otto, o chefe da seção. Não sei se a conversa está muito civilizada, Otto parece intimidado com a presença de Bob. Paro e fico esperando Bob acabar de falar e perceber que estou presente, o que acontece rapidamente. Otto chama os seus operadores. Bob vem até mim.

– Você sabe o que está acontecendo? – pergunto a ele.

– Sei sim. É por isso que estou aqui.

– Qual é o problema?

– Nada, não tem problema. Apenas o procedimento padrão.

Acontece que, como Bob explica para mim, as peças que estavam sendo esperadas na NCX-10 estão há mais ou menos uma semana paradas

# A META

nessa área. Otto tem processado outros lotes de peças. Ele não sabia da importância das peças destinadas à NCX-10. Para ele, elas eram como qualquer outro lote; e um lote não muito importante dado o tamanho reduzido. Quando Bob chegou aqui, eles estavam no meio de um lote grande e demorado e Otto não queria parar... isto é, até que Donovan explicou a ele.

– Que droga, Al, está como antes – diz Bob. – Eles preparam a máquina e começam a produzir e então precisam parar no meio para que possamos acabar outra coisa. É a mesma porcaria!

– Espere um pouco. Vamos pensar por um segundo.

Bob balança a cabeça.

– O que há para se pensar?

– Vamos tentar entender o que está acontecendo. Qual era o problema?

– As peças não chegaram à NCX-10, o que quer dizer que os operadores não podiam processar o lote que deveriam processar.

– A causa foi que as peças do gargalo ficaram retidas por este recurso não gargalo que estava processando peças não gargalo – digo. – Agora precisamos nos perguntar por que isso aconteceu.

– O responsável por esta área estava apenas querendo se manter ocupado, é só isso – diz Bob.

– Certo. Porque se ele não ficasse ocupado, alguém como você iria ficar muito bravo com ele.

– É, e se eu não ficasse bravo, então alguém como você ficaria bravo comigo – responde Bob.

– Você tem razão. Mas, mesmo que esse operador estivesse ocupado, ele não estaria ajudando a empresa a seguir em direção à meta.

– Bom...

– Bob, ele não estava! – digo. Aponto para as peças destinadas à NCX-10. – Precisamos destas peças agora, não amanhã. Talvez só precisemos das peças não gargalo daqui a semanas, ou talvez até meses; talvez nunca. Então, se continuasse a processar as peças não gargalo, ele na verdade estaria interferindo na nossa habilidade de entregar um pedido e ganhar dinheiro.

– Mas ele não sabe disso.

– Exatamente. Ele não sabe distinguir entre um lote de peças importantes e um de peças não importantes. Por que não?

– Ninguém falou para ele.

— Até você chegar. Mas você não pode estar em todos os lugares, e esse tipo de coisa vai acontecer de novo. Como podemos informar todos na fábrica quais peças são importantes?

— Acho que precisamos de algum sistema.

— Está certo. Vamos criar um agora mesmo, assim evitaremos que isso aconteça de novo. Mas antes de mais nada vamos nos certificar de que o pessoal dos gargalos sabe que tem de trabalhar no pedido prioritário da lista.

Bob dá mais uma palavrinha com Otto para ter certeza de que ele sabe o que fazer com as peças. Depois nós dois vamos até os gargalos.

Finalmente estamos andando de volta ao escritório. Olhando para o rosto de Bob, posso ver que ele ainda está perturbado com o que aconteceu.

— O que há de errado? Você não parece muito convencido disso tudo – pergunto.

— Al, o que vai acontecer se nós, repetidamente, fizermos as pessoas pararem de processar um lote para começarem a processar peças para o gargalo? – ele pergunta.

— Devemos conseguir evitar tempo ocioso nos gargalos.

— Mas o que vai acontecer aos nossos custos nos nossos outros 98% de centros de trabalho?

— Neste momento você não deve se preocupar com isso. Vamos apenas manter os gargalos ocupados. Olhe, eu estou convencido de que você fez a coisa certa hoje. Não acha?

— Talvez eu tenha feito a coisa certa, mas tive de quebrar todas as regras para fazer isso.

— Então as regras tinham de ser quebradas. Talvez elas nem sejam regras boas. Você sabe que sempre tivemos de interromper o processamento de lotes para apressar a entrega de pedidos. A diferença entre antigamente e agora é que agora sabemos que precisamos fazer isso com antecedência, antes que ocorra pressão externa. Temos de ter fé no nosso conhecimento.

Bob concorda com a cabeça. Mas sei que ele só vai acreditar quando tiver a prova. Honestamente, acho que eu também.

Passamos alguns dias desenvolvendo um sistema que resolvesse o problema. Mas finalmente às oito da manhã de sexta-feira, no começo do primeiro turno, estou no restaurante vendo os funcionários entrar. Bob Donovan está comigo.

# A META

Depois do nosso mal-entendido recente, decidi que, quanto mais gente souber dos gargalos e de quanto eles são importantes, melhor para nós. Estamos fazendo reuniões de quinze minutos com todos que trabalham na fábrica, tanto chefes de seção quanto horistas. Esta tarde faremos a mesma coisa com o pessoal do segundo turno, e também pretendo vir hoje à noite para falar com o terceiro turno. Quando todos estão presentes, vou para a frente deles e começo a falar:

– Todos vocês sabem que esta fábrica não está indo muito bem. O que vocês não sabem é que agora estamos prontos para começar a mudar a situação. Vocês estão aqui reunidos porque vamos começar a usar um sistema novo... Acreditamos que esse sistema vai tornar a fábrica mais produtiva do que no passado. Nos próximos minutos vou explicar, resumidamente, um pouco o que nos levou a desenvolver o novo sistema. Depois, Bob Donovan vai mostrar a vocês como o sistema funciona.

Como queremos que as reuniões sejam de quinze minutos, não dá para falar muito. Mas, usando a analogia de uma ampulheta, eu explico, resumidamente, os gargalos e por que temos de dar prioridade às peças que passam pelo tratamento térmico e pela NCX-10. Como há coisas que não dá tempo de expor a eles, vamos criar um boletim informativo, que vai substituir o antigo jornal do funcionário da fábrica e que vai relatar desenvolvimentos e progressos.

Passo o microfone ao Donovan e ele explica qual será a prioridade de todos os materiais na fábrica para que todos saibam no que devem trabalhar.

– Até o final do dia de hoje todo o estoque em processo terá uma etiqueta com um número – ele diz enquanto exibe alguns modelos de etiquetas. – A etiqueta será verde ou vermelha.

– A etiqueta vermelha significa que o trabalho tem maior prioridade. Ela vai estar em todo o material que precisa ser processado por um gargalo. Quando um lote de peças com essa etiqueta chegar ao seu centro de trabalho, vocês devem trabalhar nelas imediatamente.

Bob explica o que queremos dizer com "imediatamente". Se o funcionário estiver trabalhando em um lote diferente, ele pode acabar o que está fazendo, desde que isso não leve mais que meia hora. Em uma hora, no máximo, o processamento das peças com etiqueta vermelha deve começar.

— Se vocês estiverem no meio de uma preparação, parem imediatamente e se preparem para as peças vermelhas. Quando acabarem as peças do gargalo, vocês podem voltar ao que estavam fazendo antes.

— A segunda cor é a verde. Quando tiverem de escolher entre processar uma peça com uma etiqueta vermelha ou uma etiqueta verde, trabalhem primeiro nas peças com etiqueta vermelha. A maioria do estoque em processo será marcada com etiquetas verdes. Mesmo assim, vocês só devem trabalhar em um pedido com etiqueta verde quando não houver nenhum pedido vermelho esperando.

— Isso explica a prioridade das cores. Mas o que acontece quando você tem dois lotes com a mesma cor? Cada etiqueta terá um número. Você sempre deve trabalhar no material com o número mais baixo.

Donovan explica alguns detalhes e responde a algumas perguntas. Depois, eu encerro a reunião, dizendo:

— Este encontro foi ideia minha. Decidi tirar vocês dos seus trabalhos, principalmente porque queria que todos ouvissem a mesma mensagem ao mesmo tempo, assim, espero que vocês entendam melhor o que está acontecendo. Mas outra razão é que faz muito tempo que a maioria de vocês não ouve nenhuma boa notícia sobre a fábrica. O que vocês acabaram de ouvir é um começo. Mesmo assim, o futuro desta fábrica e a segurança do emprego de vocês só estarão assegurados quando começarmos a ganhar dinheiro de novo. A coisa mais importante que vocês podem fazer é trabalhar conosco… e, juntos, todos nós estaremos trabalhando para manter a fábrica funcionando.

Nesse mesmo dia, à tarde, meu telefone toca.

— Oi, aqui é o O'Donnell. Pode começar a usar o novo sistema de horário de almoço e intervalos. Não vamos contestá-lo.

Dou a notícia ao Donovan e a semana acaba com essas pequenas vitórias.

Às 7h29 do sábado à noite eu estaciono o Buick, que está lavado e encerado, na frente da casa dos Barnett. Pego o buquê de flores que está ao meu lado no assento e saio do carro usando minhas calças novas para namorar. Às 7h30 eu toco a campainha.

Julie abre a porta.

— Nossa, como você está bonito – ela diz.

— Você também.

E ela está mesmo bonita.

Fico alguns minutos conversando com os pais dela, uma conversa um tanto fria. O sr. Barnett pergunta como estão indo as coisas na fábrica. Comento que talvez estejamos a caminho de uma recuperação e menciono o novo sistema de prioridades e o que ele fará para a NCX-10 e para o tratamento térmico. Ambos olham para mim como quem não entendeu nada.

— Vamos? — sugere Julie.

Brincando, digo à mãe de Julie:

— Às dez eu a trago de volta.

— Bom — diz a sra. Barnett —, estaremos esperando.

# – 22 –

— Aqui está — diz Ralph.

— Não está ruim — diz Stacey.

— Não está ruim? Está é muito bom — diz Bob.

— Devemos estar fazendo algo certo — diz Stacey.

— Sim, mas não é suficiente — resmungo.

Uma semana se passou e estamos juntos na sala de reunião em volta de um terminal de computador. Ralph pegou do computador uma lista dos pedidos atrasados que expedimos na semana passada.

— Não é suficiente? Pelo menos é um progresso — diz Stacey. — Na semana passada entregamos doze pedidos. Para esta fábrica não está mal. E eram os pedidos mais atrasados.

— Só para você saber, agora o nosso pedido mais atrasado está com apenas 44 dias de atraso — diz Ralph. — Como talvez você se lembre, antes estávamos com 58 dias de atraso nos pedidos.

— É verdade! — diz Donovan.

Volto para a mesa e me sento.

O entusiasmo deles é de alguma forma justificável. O novo sistema de colocar etiquetas nos lotes de acordo com a prioridade tem funcionado razoavelmente bem. Os gargalos estão recebendo suas peças prontamente. Na verdade, as pilhas de estoque na frente deles têm aumentado. Depois de serem processadas pelos gargalos, as peças com etiquetas vermelhas têm chegado mais rapidamente à montagem final. É como se tivéssemos criado uma "faixa expressa" através da fábrica para as peças dos gargalos.

Depois de colocarmos o CQ antes dos gargalos, descobrimos que cerca de 5% das peças que iam para a NCX-10 e cerca de 7% das que iam para o tratamento térmico não passavam nos testes de qualidade. Se essas porcentagens se confirmarem, nós teremos efetivamente conquistado esse tempo para aumentar o ganho.

A nova política de ter alguém nos gargalos na hora do intervalo do almoço também já começou a funcionar. Ainda não sabemos quanto ganhamos com isso, pois não sabemos quanto estávamos perdendo antes. Pelo menos agora estamos fazendo a coisa certa. Mas já ouvi dizer que de vez em quando a NCX-10 fica ociosa; e isso não acontece quando há pessoas descansando no intervalo. Donovan está procurando as causas disso.

A combinação desses procedimentos permitiu-nos expedir pedidos mais críticos, e fazê-lo um pouco mais que o normal. Mas sei que não estamos indo suficientemente rápido. Há algumas semanas estávamos mancando; agora estamos andando, mas deveríamos estar correndo.

Ao olhar para o terminal de dados, percebo que todos estão olhando para mim.

– Ouçam... sei que demos um passo na direção certa – explico. – Mas temos de acelerar o progresso. Foi uma boa coisa conseguirmos expedir doze pedidos na semana passada. Mas ainda temos alguns pedidos de clientes atrasados. Não são tantos quanto eram antes, isso eu admito, mas ainda temos de melhorar. Nós realmente não deveríamos ter *nenhum* pedido atrasado.

Todos saem de perto do terminal e se reúnem ao redor da mesa. Bob Donovan começa a falar sobre como eles estão planejando alguns aperfeiçoamentos do que já fizemos.

– Bob, isso é bom, mas é secundário. Como estamos indo nas outras coisas que Jonah sugeriu? – pergunto.

Bob olha para o outro lado.

– Bom... estamos estudando o assunto – ele diz.

– Na nossa reunião de quarta-feira quero as recomendações de como transferir a carga dos gargalos.

Bob balança a cabeça, mas não diz nada.

# A META

– Você vai prepará-las para nós? – pergunto.

– Faço o que for necessário – ele responde.

Naquela tarde, no meu escritório, tenho uma reunião com Elroy Langston, nosso gerente de CQ, e com Bárbara Penn, que cuida da comunicação com os funcionários. Bárbara escreve os boletins informativos, que agora explicam as razões das mudanças que estão acontecendo na fábrica. Na semana passada distribuímos a primeira edição. Eu a coloquei em contato com Langston para que ela começasse a trabalhar em um novo projeto.

Depois que as peças saem dos gargalos, muitas vezes parecem idênticas às peças que estão entrando nos gargalos. Em alguns casos apenas uma inspeção cuidadosa feita por alguém treinado poderá detectar diferenças. O problema é como fazer com que seja fácil para o funcionário distinguir as duas... para que ele trate a peça que já passou pelo gargalo e, assim, uma quantidade maior dessas peças chegue à montagem final e seja expedida como produto de qualidade. Langston e Penn estão no meu escritório para conversar sobre a ideia que eles tiveram.

– Já temos as etiquetas vermelhas – diz Penn. – E isso nos diz que a peça está no roteiro de um gargalo. O que precisamos é de uma forma simples de mostrar às pessoas as peças com as quais elas precisam lidar com atenção especial; as peças que elas precisam tratar como se fossem de ouro.

– Essa é uma comparação adequada – comento.

– Que tal se marcássemos as etiquetas com pedaços de fita amarela depois que as peças passam pelos gargalos? A fita mostraria claramente que essas são as peças que devem ser tratadas como ouro. Ao mesmo tempo, vou fazer uma divulgação interna para informar o significado da fita. Podemos usar cartazes, um comunicado que os chefes de seção leriam para os horistas, talvez umas faixas penduradas pela fábrica; esse tipo de coisa.

– Desde que as fitas possam ser colocadas sem diminuir a velocidade dos gargalos, acho que isso é uma boa ideia – digo.

– Tenho certeza de que pode ser feito de uma forma que não interfira – Langston diz.

– Ótimo – digo. – Uma outra coisa que quero é que isso não seja simplesmente um monte de comunicados.

– Sabemos disso – diz Langston, sorrindo. – Já estamos identificando as causas dos problemas de qualidade nos gargalos e nos processos subsequentes. Assim que soubermos o que devemos fazer, desenvolveremos procedimentos específicos para as peças dos gargalos e seus processos. E depois que estabelecermos esses procedimentos, faremos sessões de treinamento para que as pessoas possam aprendê-los. Mas é óbvio que isso vai levar algum tempo. Para o curto prazo estamos especificando que os procedimentos existentes sejam verificados duas vezes para que tenhamos mais precisão nos roteiros dos gargalos.

Falamos sobre isso por alguns minutos, mas para mim tudo isso parece razoável. Digo a eles que prossigam a todo o vapor e que me mantenham informado do que está acontecendo.

– Bom trabalho – acrescento, enquanto eles ficam de pé para sair.
– Roy, a propósito, achei que o Bob Donovan ia participar dessa reunião.

– Ultimamente é difícil de achar esse sujeito – responde Langston.
– Mas eu conto a ele o que nós conversamos.

Neste momento o telefone toca. Estendo uma das mãos para pegar o telefone e com a outra aceno para Langston e Penn, que estão saindo do escritório.

– Olá, aqui é o Donovan.

– Já é um pouco tarde para dar uma desculpa – digo a ele. – Você não sabe que acabou de perder uma reunião?

Ele nem sequer responde.

– Al, você precisa ver a surpresa que tenho para você! Tem um tempinho para dar uma volta?

– Sim, acho que tenho. O que está acontecendo?

– Bom... conto quando você chegar aqui. Venha me encontrar na rampa de recebimento.

Ando até a rampa, e vejo Bob. Ele está acenando para mim como se isso fosse preciso para que eu o visse. Há um caminhão encostado na rampa, com um grande objeto em cima de um estrado, bem no meio da carroceria. O objeto está coberto por uma lona cinza e amarrado com cordas. Alguns homens estão trabalhando com um guindaste para tirar o objeto do caminhão. Eles o içam no ar, quando chego perto de Bob. Ele coloca as mãos em forma de concha em volta da sua boca.

– Cuidado aí – Bob grita, enquanto olha a grande coisa cinza balançar de um lado para o outro.

# A META

O guindaste lentamente manobra a carga do caminhão até o chão de concreto. Os homens soltam a corrente do guindaste. Bob vai até eles e faz com que tirem as cordas que prendem a lona.

– Nós vamos tirar isso rapidinho – Bob me assegura.

Fico pacientemente parado, mas Bob está tão ansioso que precisa ajudar. Depois que todas as cordas são desamarradas, Donovan pega a lona e, com um gesto rápido, retira-a de cima do objeto.

– Surpresa! – ele diz enquanto dá alguns passos para trás e aponta para algo que a mim me parece ser um dos equipamentos mais antigos que eu já vi.

– Que diabos é isso? – pergunto.

– É uma Zmegma – ele responde.

Ele pega um pano e limpa um pouco do encardido.

– Eles não fazem mais máquinas assim – ele acrescenta.

– Ainda bem.

– Al, a Zmegma é exatamente a máquina da qual precisamos!

– Isso aí parece que fez sucesso em 1942. Como vai ser útil para nós?

– Bom… admito que ela não pode competir com a NCX-10. Mas, se pegarmos uma dessas belezinhas aqui junto com uma daquelas Screwmeisters ali – ele diz, apontando para o outro lado – e aquela outra máquina ali no canto, juntas elas podem fazer todas as coisas que a NCX-10 faz.

Olho para as diferentes máquinas. São todas velhas e ociosas. Aproximo-me da Zmegma para dar uma olhada.

– Então essa é uma das máquinas das quais você falou ao Jonah que haviam sido vendidas para desocupar um espaço que seria aproveitado para guardar inventário – digo.

– Isso mesmo.

– Ela é quase uma antiguidade. Todas elas são. Você tem certeza de que elas podem produzir peças com qualidade aceitável?

– Elas não são automatizadas, então, com erro humano podemos ter um pouco mais de defeitos. Mas, se você quiser capacidade, esta é uma forma rápida de consegui-la.

Sorrio.

– Assim elas ficam até mais bonitas. Onde você achou essa coisa?

– Hoje de manhã liguei para um amigo meu na nossa fábrica de South End. Ele me disse que ainda tinha algumas dessas guardadas e que podia nos dar uma delas. Então peguei um empregado da manutenção e fomos lá dar uma olhada.

– Quanto isso nos custou?

– O frete do caminhão até aqui. O sujeito em South End disse que poderíamos simplesmente pegá-la. Ele contabilizaria isso como refugo. Com toda a papelada que teríamos de fazer, ia dar muito trabalho vendê-la para a gente.

– Ela ainda funciona?

– Lá ela funcionou. Vamos ver aqui.

O homem da manutenção conecta o cabo de energia a uma tomada em uma coluna de aço. Bob vai até o interruptor e liga a máquina. No primeiro segundo nada acontece. Depois ouvimos um lento zumbido vindo das suas entranhas. Nuvens de poeira saem do antiquado sistema de ventilação.

Bob olha para mim com um sorriso estúpido na sua enorme cara.

– Acho que vai dar certo – diz.

# – 23 –

A chuva bate na janela do meu escritório. Lá fora o mundo está cinza e nublado. Estamos no meio de uma manhã, na metade da semana. Na minha frente estão alguns "Boletins de Produtividade" feitos por Hilton Smyth, que encontrei na minha correspondência.

Não consegui ler mais do que o primeiro parágrafo do primeiro boletim. Em vez de ler estou olhando fixamente para a chuva e ponderando sobre a situação com a minha esposa.

Julie e eu saímos naquele sábado à noite e realmente nos divertimos. Não foi nada de especial. Fomos ao cinema, comemos algo depois e passamos pelo parque no caminho de volta para a casa dos pais dela. Tudo muito civilizado. Mas era exatamente disso que precisávamos. Foi ótimo apenas relaxar com ela. Admito que no começo me senti como se estivéssemos de volta ao colegial ou algo do gênero. Mas, depois de algum tempo, achei que essa não era uma sensação tão ruim assim. Levei-a de volta à casa dos seus pais às duas da manhã, e ficamos nos beijando na frente da casa até que o pai dela acendeu as luzes da frente.

Continuamos a nos ver desde aquela noite. Semana passada eu fui até lá umas duas vezes para vê-la. Uma vez nos encontramos em um restaurante na metade do caminho. Tenho me arrastado para o trabalho de manhã, mas sem reclamar. Estamos nos divertindo juntos.

Graças a um acordo tácito, nenhum de nós fala sobre divórcio ou casamento. O assunto só veio à tona uma vez, quando conversamos sobre as crianças e concordamos que elas deveriam ficar com Julie e os pais dela quando as aulas terminassem. Nesse momento tentei forçar algumas respostas, mas a velha síndrome da discussão começou a se formar rapidamente, e eu desisti do assunto para preservar a paz.

Estamos vivendo um momento de indecisão. É quase a mesma sensação de antes de nos casarmos. A diferença é que agora nós nos conhecemos muito bem, e há essa tempestade que por algum tempo amainou, mas que algum dia com certeza vai voltar.

Uma leve batida na porta interrompe essa meditação. Vejo o rosto de Fran espiando da porta.

– Ted Spencer está aqui fora – ela me avisa. – Ele diz que precisa falar com você.

– Sobre o quê?

Fran entra no escritório, fecha a porta atrás dela, aproxima-se rapidamente e sussurra:

– Não sei, mas um passarinho me contou que ele teve uma discussão com o Ralph Nakamura há uma hora.

– Ah. Obrigado pelo aviso. Mande-o entrar.

Logo depois Ted Spencer entra. Ele parece furioso. Eu pergunto a ele o que está acontecendo lá no tratamento térmico.

– Al, você precisa afastar aquele sujeito do computador para longe de mim.

– Você está falando do Ralph? O que você tem contra ele?

– Ele está tentando me transformar em um escriturário ou coisa do gênero. Ele vive fazendo um monte de perguntas idiotas. Agora quer que eu faça algum tipo de anotação especial sobre o que acontece no tratamento térmico.

– Que tipo de anotação?

– Não sei… ele quer que eu mantenha um registro detalhado sobre tudo que entra e sai dos fornos… a hora em que colocamos as coisas, a hora em que tiramos as coisas, quanto tempo entre as fornadas, todo esse tipo de coisa. E tenho muita coisa que fazer para me preocupar com tudo isso. Além do tratamento térmico, sou responsável por mais três centros de trabalho.

— Por que ele quer esse registro? – pergunto.

— Como é que eu vou saber? Nós já temos burocracia suficiente, pelo menos até onde me diz respeito. Acho que o Ralph quer apenas brincar com números. Se ele tem tempo para isso, sorte dele, mas que o faça no departamento dele. Eu tenho de me preocupar com a produtividade do *meu* departamento.

Querendo acabar com essa conversa, concordo com ele.

— Está bem, já entendi. Vou dar uma olhada nisso.

— Você vai mantê-lo fora da minha área? – pergunta Ted.

— Ted, você será informado.


Depois que ele sai, peço a Fran que encontre Ralph Nakamura para mim. O que está me intrigando é que Ralph não é uma pessoa irritante, mas ele realmente deixou Ted muito nervoso.

— Você queria falar comigo? – Ralph pergunta da porta.

— Sim, entre e sente-se.

Ele se senta em frente à minha mesa.

— Diga-me o que você fez para acender o pavio do Ted Spencer.

Ralph revira os olhos e diz:

— Tudo o que eu quero é que seja feito um registro preciso dos tempos reais de cada peça no tratamento térmico. Achei que era uma solicitação razoavelmente simples.

— Por que você quer isso?

— Tenho algumas razões. Uma delas é que os dados que temos do tratamento térmico parecem ser muito imprecisos. E se o que você diz é verdade, que essa operação é tão vital para a fábrica, então me parece que deveríamos ter bons dados sobre ela.

— O que faz você pensar que nossos dados são tão imprecisos assim?

— Porque depois que vi o total do que expedimos na semana passada, algo me incomodou. Há alguns dias, por minha conta, fiz algumas projeções de quanto poderíamos ter expedido na semana passada com base na produção de peças dos gargalos. De acordo com essas projeções deveríamos ter sido capazes de expedir de dezoito a vinte pedidos, e não doze. As projeções estavam tão altas que primeiro achei que deveria ter cometido algum erro grave. Então verifiquei o que havia feito, refiz os cálculos e não consegui achar nada de errado. Depois vi que as estimativas para a NCX-10 estavam perto do real. Mas, para o tratamento térmico, havia uma grande diferença.

– E foi isso que o fez pensar que os dados do tratamento térmico estão errados?

– Isso mesmo. Então fui conversar com o Spencer. E, ah...

– E o quê?

– Bom, percebi que estavam acontecendo coisas meio estranhas. Ele parecia estar escondendo o jogo quando comecei a fazer perguntas. Finalmente eu apenas perguntei quando as peças que estavam sendo tratadas no forno naquele momento ficariam prontas. Queria ter pelo menos um tempo real de tratamento térmico para verificar se estávamos perto do padrão. Ele disse que as peças poderiam sair lá pelas 15h. Fui embora e voltei às 15h. Esperei uns dez minutos e depois fui procurar o Ted. Quando o encontrei, ele me disse que o pessoal do forno estava trabalhando em outro lugar e que logo tirariam as peças do forno. Não pensei muito sobre isso. Então, lá pelas 17h30, na hora de eu ir embora para casa, decidi passar pelo forno para perguntar a que horas as peças haviam sido retiradas. Mas as mesmas peças ainda estavam lá dentro.

– Elas ficaram no forno duas horas e meia a mais?

– Isso mesmo. Então encontrei Sammy, o chefe de seção do segundo turno, e perguntei a ele o que estava acontecendo. Ele me disse que naquela noite ele estava com pouca gente e que mais tarde eles retirariam as peças, e que elas não seriam prejudicadas se ficassem no forno. Enquanto eu estava lá, ele desligou os queimadores, mas mais tarde descobri que as peças só foram retiradas de lá por volta das oito da noite. Não queria causar nenhuma confusão, mas achei que se registrássemos os tempos reais do tratamento térmico, pelo menos teríamos dados melhores para fazermos estimativas. Sabe, perguntei a alguns dos horistas de lá e eles me disseram que esse tipo de atraso acontece muito no tratamento térmico.

– Você está brincando, Ralph... quero que faça todo tipo de mensuração de que precisa no tratamento térmico. Não se preocupe com Ted. E faça a mesma coisa na NCX-10.

– Bom, eu bem que gostaria, mas é uma tarefa meio difícil. Por isso queria que Ted e os outros simplesmente anotassem os tempos.

– Está bem, vamos resolver isso. E, ah... muito obrigado.

– De nada.

– A propósito, qual era a outra razão? Você disse que tinha mais de uma.

– Ah, bem, provavelmente não é tão importante assim.

– Por favor, fale.

– Não sei se podemos fazer isso ou não, mas eu imaginei que poderíamos usar os gargalos para prever quando poderemos expedir um pedido. Eu considero essa possibilidade.

– Parece interessante. Quando tiver pensado em como fazer isso me avise.


As orelhas de Bob Donovan estão pegando fogo quando conto a ele o que Ralph descobriu, sozinho, sobre o tratamento térmico. Eu estou muito perturbado com isso. Ele está sentado em uma cadeira no meu escritório enquanto ando em círculos na sua frente.

Quando acabo de falar, Bob diz:

– Al, o problema é que não há nada para o pessoal fazer enquanto o tratamento térmico cozinha as peças. Você enche um dos malditos fornos, fecha as portas e por seis ou oito horas, ou o tempo que for, não há mais nada para ser feito. O que você quer que eles façam? Que fiquem por ali esperando, girando os polegares?

– Não me importo com o que eles fazem entre as fornadas, desde que encham e esvaziem os fornos rapidamente. Poderíamos quase ter feito um outro lote de peças nas cinco horas que tivemos de esperar pelas pessoas que estavam fazendo outras coisas em outros lugares.

– Certo. Que tal se fizermos isto: emprestamos o pessoal para outras áreas enquanto as peças são cozidas, mas, assim que a fornada estiver pronta, nos certificamos de chamá-lo imediatamente, assim...

– Não adianta. O que vai acontecer é que todo mundo vai ficar muito consciente disso por uns dois dias, e depois tudo vai voltar a ser como é hoje. Quero o pessoal esperando do lado dos fornos 24 horas por dia, sete dias por semana, pronto para carregar e descarregar. Os primeiros que devem ser designados para lá são os chefes de seção, que serão responsáveis o dia todo pelo que acontece. E diga ao Ted Spencer que da próxima

# A META

vez que eu o vir é bom que ele saiba o que está acontecendo no tratamento térmico, ou ele vai se ver comigo.

– Pode deixar. Mas você sabe que isso requer umas duas ou três pessoas por turno.

– É só isso? Você não se lembra de quanto custa o tempo perdido em um gargalo?

– Claro, eu entendo. Para falar a verdade, o que Ralph encontrou no tratamento térmico é muito parecido com o que eu descobri sobre aqueles rumores de tempo ocioso na NCX-10.

– O que está acontecendo lá?

Bob me diz que o boato é verdadeiro, a NCX-10, de vez em quando, fica ociosa durante até meia hora. Mas o problema não são os intervalos de almoço. Se a NCX-10 está sendo preparada e chega o horário de almoço, os dois preparadores ficam até concluir a preparação. Ou, se for uma preparação demorada, eles se revezam e um vai comer enquanto o outro continua trabalhando. Estamos bem cobertos nos intervalos. Mas, se a máquina para, vamos dizer, no meio da tarde, ela pode ficar parada por vinte, trinta, quarenta minutos antes de alguém começar uma nova preparação. O motivo é que o pessoal da preparação está ocupado com outras máquinas, com não gargalos.

– Então vamos fazer na NCX-10 a mesma coisa que vamos fazer no tratamento térmico. Vamos designar um operador e um ajudante para que fiquem permanentemente ao lado da NCX-10. Quando ela parar, eles podem começar a trabalhar nela imediatamente.

– Por mim, tudo bem. Mas você sabe como isso vai ficar no papel. Vai parecer que aumentamos o conteúdo da mão de obra direta das peças que passam pelo tratamento térmico e pela NCX-10.

Eu me afundo na cadeira atrás da minha mesa e digo:

– Vamos lutar uma batalha por vez.

Na manhã seguinte Bob vem à reunião com as suas recomendações. Elas consistem basicamente em quatro ações. As duas primeiras dizem respeito ao que eu e ele conversamos no dia anterior: ter um operador e um ajudante dedicados exclusivamente à NCX-10 e ter um chefe de seção e dois trabalhadores exclusivos para o tratamento térmico. Isso valeria para os três turnos. As outras duas recomendações referem-se a tirar carga dos gargalos. Bob havia chegado à conclusão de que, se pudéssemos ativar cada máquina velha (a Zmegma e as outras duas) apenas um turno por dia, aumentaríamos em 18% a produção das peças do tipo que são produzidas pela NCX-10. Por último, deveríamos retirar algumas peças da fila de espera para o tratamento térmico e mandá-las para o fornecedor do outro lado da cidade.

Enquanto ele expõe os procedimentos, fico imaginando o que Lou vai dizer, mas Lou não oferece muita resistência.

– Sabendo o que agora sabemos – diz ele –, é perfeitamente válido designarmos pessoas para os gargalos, desde que isso aumente o ganho. Podemos com certeza justificar o aumento nos custos se isso aumentar as vendas; e assim aumentar o fluxo de caixa. Minha pergunta é: onde vocês vão conseguir as pessoas?

Bob diz que poderíamos recontratar algumas pessoas.

– Não, não podemos. Sabe, o problema é que – diz Lou – a divisão instituiu uma política contra recontratações. Não podemos recontratar sem aprovação superior.

– Temos pessoal na fábrica para fazer esse trabalho? – pergunta Stacey.

– Você está sugerindo pegar gente de outras áreas? – diz Bob.

– Claro – digo. – Pegar pessoal de não gargalos. Já que, por definição, eles têm capacidade em excesso.

Bob pensa por algum tempo. Depois explica que encontrar ajudantes para o tratamento térmico não é problema. Além disso, nós temos alguns velhos operadores que não foram demitidos por causa do tempo de serviço, que são qualificados para operar a Zmegma e as outras duas máquinas. O que o preocupa é estabelecer as equipes de duas pessoas para preparar a NCX-10.

– Quem vai preparar as outras máquinas? – ele pergunta.

– Os ajudantes das outras máquinas sabem o bastante para preparar o seu próprio equipamento – digo.

– Bom, acho que podemos tentar – diz Bob. – Mas o que vai acontecer se essa transferência de pessoas fizer com que não gargalos se tornem gargalos?

– O que é importante é manter o fluxo. Se retirar um funcionário vai nos impedir de manter o fluxo, devolvemos o funcionário e pegamos outro de outro lugar. E se mesmo assim não conseguirmos manter o fluxo, entáo náo teremos outra opçáo a náo ser insistir com a divisáo que ou usamos horas extras ou recontratamos algumas pessoas.

– Está bem – diz Bob. – Eu concordo.

Lou nos dá a sua bênçáo.

– Ótimo. Máos à obra – digo. – Bob, certifique-se de que as pessoas que você escolher sejam boas. De agora em diante nós só vamos colocar o nosso melhor pessoal para trabalhar nos gargalos.

E assim está sendo feito.

A NCX-10 tem uma equipe de preparaçáo exclusiva para ela. A Zmegma e as outras máquinas começam a trabalhar. O fornecedor do outro lado da cidade está mais do que feliz em receber nossas peças excedentes para tratamento térmico. E no nosso departamento de tratamento térmico temos duas pessoas por turno designadas exclusivamente para esperar, prontas para carregar e descarregar as peças dos fornos. Donovan alterou a distribuiçáo de responsabilidade para que o tratamento térmico tenha um chefe de seçáo lá, permanentemente.

Para um chefe de seçáo, o tratamento térmico parece um domínio muito pequeno, algo sem muita importância. Náo há nada de intrinsecamente atraente na operaçáo desse departamento, e gerenciar apenas duas pessoas dá a impressáo de náo ser grande coisa. Para evitar que eles sintam a designaçáo como um rebaixamento, faço questáo de ir para lá periodicamente em cada um dos turnos. Conversando com o chefe de seçáo, dou a entender claramente que a recompensa será grande para quem conseguir melhorar a produçáo de peças do tratamento térmico.

Pouco tempo depois, algumas coisas surpreendentes acontecem. É bem cedo, estou lá embaixo no final do terceiro turno. Um sujeito jovem chamado Mike Haley é o chefe de seçáo. Ele é um negro grande cujos braços sempre parecem que váo rasgar as mangas da camisa. Percebemos que nas últimas semanas ele conseguiu aumentar a produçáo de peças do tratamento térmico durante o seu turno cerca de 10% a mais que os outros. Pode-se dizer que o terceiro turno geralmente náo atinge nenhum recorde, e estamos começando a achar que sáo os bíceps de Mike que estáo fazendo a diferença. De qualquer forma, vou até lá para descobrir o que ele fazia.

Quando chego, vejo que os dois ajudantes náo estáo apenas esperando a próxima fornada sem ter o que fazer. Eles estáo movendo peças.

Na frente do forno há duas pilhas de estoque em processo que os ajudantes estão construindo. Chamo Mike e pergunto o que é que eles estão fazendo.

– Eles estão se aprontando – ele responde.

– Como assim?

– Eles estão se aprontando para quando precisarmos carregar novamente um dos fornos. As peças de cada pilha são tratadas à mesma temperatura.

– Então você está dividindo e sobrepondo alguns lotes.

– Isso mesmo. Sei que não deveríamos estar fazendo isso, mas você precisa das peças, não é mesmo?

– Claro, não tem problema. Você ainda está fazendo o tratamento térmico de acordo com o sistema de prioridade?

– Ah, mas é claro. Venha cá, vou lhe mostrar.

Passamos pelo terminal de controle dos fornos e chegamos a uma mesa muito velha e gasta. Ele procura a listagem do computador referente aos pedidos atrasados mais importantes.

– Veja o número 22 – ele diz apontando para o pedido. – Precisamos de cinquenta RB-11 de alta densidade. Essas peças são tratadas a um ciclo de 650 graus. Mas 50 delas não enchem o forno. Então, seguindo a listagem, no item número 31, vemos que serão necessários 300 anéis de retenção. Esses itens também precisam de um ciclo de 650 graus.

– Então você enche o forno com todos os anéis que puder, depois de ter colocado as cinquenta peças do primeiro item – digo.

– Sim, é isso mesmo – diz Mike. – Mas fazemos a seleção e o empilhamento antes, para que possamos carregar o forno mais rapidamente.

– Bem pensado.

– É, poderíamos fazer ainda mais se alguém desse ouvidos a uma ideia que tive.

– O que você tem em mente?

– Bom, hoje em dia, para se trocar a carga de um forno usando o guindaste ou manualmente, pode-se demorar até uma hora. Poderíamos reduzir muito esse tempo, fazer tudo isso em poucos minutos se tivéssemos um sistema melhor. – Ele aponta para o forno. – Cada um desses tem uma mesa onde as peças são colocadas. Elas se deslocam sobre rodas. Se tivéssemos uma placa de aço e talvez uma ajudinha do pessoal da engenharia, as mesas poderiam se tornar intercambiáveis. Dessa forma poderíamos preparar uma carga de peças com antecedência e trocar as cargas usando uma empilhadeira. Se isso economizar algumas horas por dia, podemos fazer uma carga a mais de peças por semana.

Olho para os fornos e depois para Mike.

– Mike, quero que você folgue amanhã à noite. Vamos fazer com que um dos outros chefes de seção trabalhe em seu lugar.

– Por mim tudo bem – ele diz com um sorriso. – Mas por quê?

– Porque depois de amanhã quero você no turno do dia. Vou pedir a Bob Donovan que coloque você em contato com um engenheiro industrial para colocar esses procedimentos no papel e assim vamos poder usá-los o dia todo. Deixe sua cabeça funcionar, pois precisamos dela.

Mais tarde, Donovan vem até o meu escritório.

– Olá – ele diz.

– Tudo bem? Você recebeu o meu recado sobre o Haley?

– Já dei um jeito nisso.

– Ótimo. E vamos nos certificar de que ele tenha um aumento por isso, assim que o congelamento nos salários for suspenso.

– Está bem – diz Bob e abre um grande sorriso. Ele então se recosta na porta.

– Mais alguma coisa?

– Boas notícias para você.

– Muito boas?

– Lembra-se de quando Jonah perguntou se todas as peças que passavam pelo tratamento térmico realmente precisavam disso?

Digo a ele que me lembro.

– Acabei de descobrir que em três casos não foi a engenharia que mandou fazer o tratamento térmico. Fomos nós.

– Como assim?

Ele explica que há uns cinco anos um grupo de figurões estava tentando melhorar a eficiência de vários centros de usinagem. Para acelerar o processamento, aumentamos a espessura de corte da ferramenta. Portanto, a cada passada, em vez de cortar um cavaco de um milímetro de espessura, a ferramenta corta três milímetros. Mas, quando aumentamos a espessura do cavaco que tiramos a cada passagem, fazemos com que o metal se torne mais frágil. E isso acabou gerando a necessidade de tratamento térmico.

– O que importa é que as máquinas que tornamos mais eficientes são não gargalos – diz Bob. – Temos capacidade suficiente para diminuirmos o andamento do trabalho e mesmo assim ainda atender à demanda. E se voltarmos ao processamento mais lento, não precisaremos do tratamento térmico. O que quer dizer que podemos reduzir uns 20% da carga atual dos fornos.

– Isso é fantástico – digo a ele. – E quanto à aprovação da engenharia?

– Isso que é interessante – diz Bob. – Fomos nós que começamos a mudança há cinco anos.

– Então, se fomos nós que começamos isso – digo –, podemos voltar ao que era antes quando bem entendermos.

– Certo! Não precisamos de uma ordem de mudança da engenharia, pois já temos o procedimento aprovado – diz Bob.

Ele sai logo depois com o meu aval para implementar a mudança o mais rápido possível. Fico sentado maravilhado com o fato de que vamos *reduzir* a eficiência de algumas operações e com isso fazer a fábrica toda ser mais produtiva. O pessoal do décimo quinto andar nunca acreditaria nisso.

# – 24 –

É sexta-feira à tarde. Lá fora, no estacionamento, o pessoal do primeiro turno está entrando nos seus carros. O portão fica um pouco congestionado, como de costume. Estou no meu escritório (cuidando dos meus próprios assuntos) quando, de repente, através da porta entreaberta… PÁ!

Algo ricocheteia do teto. Dou um pulo e fico de pé, verifico se não estou ferido e, quando vejo que está tudo bem, procuro o projétil no chão. É uma rolha de champanhe.

Ouço risos do outro lado da porta. No instante seguinte parece que todos estão no meu escritório. Stacey, Bob Donovan (que está segurando a garrafa de champanhe de onde veio a rolha), Ralph, Fran, algumas das secretárias, e mais um monte de pessoas; até Lou se juntou a nós. Fran me passa um copo de plástico, desses de café, que está distribuindo a todos. Bob enche o copo.

– O que estamos celebrando? – pergunto.

– Vou falar sobre o brinde que vamos fazer assim que todos tiverem um copo – diz Bob.

Mais garrafas são abertas (há uma caixa de champanhe) e, quando todos os copos estão cheios, Bob levanta o seu e diz:

– Vamos brindar a um novo recorde de entrega de pedidos desta fábrica. Lou verificou os registros e descobriu que o máximo que tínhamos feito até agora em um mês havia sido 31 pedidos a um valor de cerca de US$ 2 milhões. Este mês nós superamos esses dados: entregamos 57 pedidos a um valor de... bom, em números redondos, podemos dizer cerca de US$ 3 milhões.

– Não só expedimos mais produtos – diz Stacey –, mas acabei de calcular o nível de inventários; estou feliz por informá-los de que entre o mês passado e este mês tivemos uma redução líquida de 12% no estoque em processo.

– Bom, então vamos brindar ao dinheiro ganho! – digo.

E é o que fazemos.

– Mmmm... esse champanhe tem um gostinho especial – diz Stacey.

– Muito especial – Ralph diz a Bob. – Foi você mesmo quem escolheu?

– Continue bebendo que fica ainda melhor – diz Donovan.

Estou prestes a arriscar um segundo copo quando percebo Fran ao meu lado.

– Sr. Rogo?

– Sim.

– Bill Peach está ao telefone – ela diz.

Balanço a cabeça imaginando que diabos será desta vez.

– Vou atender na sua mesa, Fran.

Vou até a mesa dela e aperto o botão que está piscando no telefone e atendo.

– Sim, Bill, como posso ajudá-lo?

– Acabei de falar com o Johnny Jons.

Eu automaticamente pego um lápis e um papel para anotar os detalhes do que deve ser um pedido causando problemas. Espero que Peach continue, mas ele não fala nada por alguns segundos.

– Qual é o problema? – pergunto a ele.

– Nenhum problema – diz Peach. – Na verdade ele estava muito feliz.

– Sério? Por quê?

– Ele mencionou que ultimamente você o tem ajudado bastante em muitos pedidos atrasados. Imagino que seja algum tipo de esforço especial.

– Bom, sim e não. Agora estamos fazendo algumas coisas de modo um pouco diferente.

– Bom, o que quer que seja, a razão da minha ligação é que eu sei que sempre reclamo com você quando as coisas dão errado, então, Al, só queria dizer obrigado em meu nome e no nome do Jons por fazer algo certo.

– Obrigado, Bill. Obrigado por ligar.

– Obrigado obrigado obrigado obrigado obrigado – balbucio para a Stacey enquanto ela para o carro na frente da minha casa. – Você é realmente uma boa pessoa por me trazer até em casa… e isso é uma verdade verdadeira.

– Que é isso, estou feliz que tivemos algo para comemorar.

Ela desliga o motor. Olho para a minha casa, que está escura exceto por uma luz. Fui sensato o bastante para ligar mais cedo para minha mãe e pedir que não me esperasse para o jantar. Foi uma boa ideia, pois depois da ligação de Peach a comemoração continuou noite adentro. Metade do grupo saiu para jantar.

Lou e Ralph saíram cedo. Mas Donovan, Stacey e eu – e mais uns três ou quatro duros na queda – fomos a um bar depois do jantar e nos divertimos. Agora é 1h30 da manhã e estou alegremente bêbado.

O Buick, por razões de segurança, ainda está estacionado atrás do bar. Stacey, que há algumas horas passou a tomar soda limonada, deu uma de motorista e deu uma carona a Bob e a mim. Há uns dez minutos empurramos Donovan pela porta da sua cozinha, onde ele ficou aturdido por um momento, até nos desejar uma boa noite. Se ele se lembrar, Donovan ficou de pedir à sua mulher que nos leve ao bar, mais tarde, para pegarmos nossos carros.

Stacey sai do carro, dá a volta e abre a minha porta para que eu possa me jogar na calçada. Fico de pé com as pernas trêmulas, seguro-me no carro.

– Nunca o vi sorrir tanto – diz Stacey.

– Tenho muitos motivos para sorrir.

– Bem que eu gostaria que você pudesse ser assim tão alegre nas nossas reuniões.

– De agora em diante, vou sorrir sempre, em todas as nossas reuniões – eu proclamo.

# A META

– Vamos indo, quero ter certeza de que você consegue chegar até a porta.

Apoiando o meu braço, ela me sustenta e me guia em direção à porta. Quando chegamos à porta eu pergunto:

– Que tal um cafezinho?

– Não, obrigada. Já é tarde e eu preciso ir para casa.

– Tem certeza?

– Tenho.

Eu me atrapalho com as chaves, encontro a fechadura, e a porta se abre para uma sala escura. Olho para Stacey, estendo minha mão e digo:

– Obrigado pela ótima noite. Eu realmente me diverti.

Então, quando estamos nos cumprimentando, eu, por alguma razão, dou um passo para trás, tropeço na soleira da porta e perco o equilíbrio.

– Opa!

Quando dou por mim, Stacey e eu estamos estatelados no chão, juntos. Felizmente, ou talvez não, pelo que veio a acontecer, Stacey acha isso extremamente engraçado. Ela está rindo tanto que lágrimas começam a rolar pela sua face, e com isso eu também começo a rir. Estamos os dois morrendo de rir no chão, quando a luz se acende.

– Seu filho da mãe!

Olho para cima, tentando ajustar a vista à claridade repentina, e lá está ela.

– Julie? O que você está fazendo aqui?

Sem responder, ela vai para a cozinha, pisando firme. Enquanto tento me pôr de pé e me arrastar atrás dela, a porta da garagem se abre e a luz se acende. Vejo sua silhueta por um segundo.

– Julie! Espere um pouco!

Havia ouvido a porta da garagem se abrir enquanto tentava segui-la. Quando entro na garagem, ela já está entrando no carro. Ela bate a porta com força. Cambaleando, eu chego mais perto, acenando loucamente com os braços. Ela dá a partida.

– Eu fico aqui, sentada a noite toda esperando por você, aguentando sua mãe por seis horas – ela grita pela janela abaixada – e você chega em casa bêbado com uma sirigaita!

– Mas a Stacey não é uma sirigaita, ela é…

— 210 —

Dando ré a uns cinquenta quilômetros por hora, Julie sai da garagem (quase bate no carro de Stacey) e chega à rua. Eu fico ali de pé na luz da garagem. Ela canta os pneus no asfalto e vai embora.

Acordo no sábado de manhã gemendo. O primeiro gemido é pela ressaca e o segundo pela lembrança do que aconteceu.

Assim que me sinto melhor, visto-me e me aventuro até a cozinha à procura de café. Minha mãe está lá.

– Sabe, sua esposa estava aqui ontem à noite – diz ela, enquanto eu me sirvo de uma xícara de café.

Agora descubro o que aconteceu. Julie apareceu logo depois que eu liguei para casa ontem à noite. Ela veio impulsivamente, porque estava com saudades de mim e queria ver as crianças. Pelo jeito, ela queria me fazer uma surpresa; e fez.

Mais tarde, ligo para a casa dos Barnett. Ada me dá a resposta padrão:

– Ela não quer mais falar com você.

Na segunda-feira, chego à fábrica e Fran me diz que Stacey está me procurando desde que chegou hoje cedo. Acabo de me instalar na minha mesa, quando Stacey aparece à minha porta.

– Olá. Podemos conversar? – ela pergunta.

– Claro. Entre.

Ela parece perturbada com algo. Evita os meus olhos enquanto senta.

– Veja bem, sobre sexta à noite, sinto muito pelo que aconteceu quando você me deixou em casa – digo a ela.

– Tudo bem. Sua mulher voltou?

– Ah, bem… não, ela não voltou. Ela está passando um tempinho na casa dos pais.

– Fui eu que provoquei isso?

– Não, ultimamente temos tido alguns problemas.

– Al, eu continuo me sentindo um pouco responsável. Não seria melhor eu conversar com ela?

– Não, você não precisa fazer isso.

– Sério, acho que eu deveria falar com ela. Qual é o telefone dela?

# A META

Finalmente eu me convenço de que pode valer a pena tentar, então dou o telefone dos Barnett a Stacey. Ela anota o número e promete que vai ligar ainda hoje. A seguir, permanece sentada.

— Mais alguma coisa? — eu pergunto.

— Infelizmente sim.

— O que é?

— Acho que você não vai gostar, mas estou certa do que vou lhe dizer…

— O que é, Stacey?

— Os gargalos se espalharam.

— Como assim, "os gargalos se espalharam"? Tem alguma doença na fábrica ou coisa do gênero?

— Não, o que eu quero dizer é que temos um novo gargalo; ou talvez até mais de um; ainda não tenho certeza. Aqui, deixe-me mostrar a você — ela fala, enquanto vem para o meu lado da mesa com alguns relatórios que trouxe. — Estas são as listas das peças que ficam esperando na montagem final.

Ela mostra as listas para mim. Como sempre, há pouco suprimento das peças dos gargalos. Porém, ultimamente, também tem havido falta de peças de não gargalos.

— Tínhamos de fazer um pedido para 200 DBD-50 na semana passada. De 172 peças diferentes, 17 estavam faltando, e apenas uma delas tinha etiqueta vermelha. Todas as outras eram peças com etiquetas verdes. A peça vermelha saiu do tratamento térmico na quinta e estava pronta na sexta de manhã. Mas as outras ainda não estão prontas.

Eu me recosto na cadeira e belisco a ponta do meu nariz.

— Que droga, que diabos está acontecendo lá na fábrica? Eu achava que as peças que passavam por um gargalo seriam as últimas a chegar na montagem final. Há alguma falta de material para peças, com etiquetas verdes? Algum problema com os fornecedores? — pergunto a ela.

— Não, não tenho tido nenhum problema com compras. E nenhuma das peças passa por processamentos fora da fábrica. Com certeza o problema é interno. É por isso que acho que temos mais um ou dois novos gargalos.

Levanto da cadeira e ando pelo escritório.

— Talvez com o aumento do ganho tenhamos sobrecarregado a fábrica a tal ponto que outros recursos, além do tratamento térmico e da NCX-10, acabaram ficando com capacidade insuficiente — Stacey sugere, com uma voz baixa.

— 212 —

Concordo com a cabeça. Sim, é possível. Agora que os gargalos estão mais produtivos, nosso ganho aumentou e o número de pedidos atrasados está caindo. Mas, ao tornar os gargalos mais produtivos, nós também aumentamos a demanda dos outros centros de trabalho. Se a demanda em algum outro centro de trabalho passou dos 100%, então criamos um *novo* gargalo.

Sem pensar muito digo:

— Será que isso quer dizer que teremos novamente de passar por todo o processo de descobrir os gargalos? Justo quando parecia que estávamos a caminho de sair dessa bagunça...

Stacey dobra os relatórios.

Continuo falando:

— Está bem, quero que você descubra tudo o que puder; quero saber exatamente quais são as peças, quantas são, que produtos são afetados, quais os seus roteiros de produção, com que frequência ocorre a falta, todo esse tipo de coisa. Enquanto isso vou tentar achar o Jonah para ver o que ele tem a dizer sobre tudo isso.

Depois que Stacey sai e Fran começa a procurar Jonah, fico de pé em frente à janela do escritório, pensando e olhando o gramado. Depois que implementamos as novas regras para tornar os gargalos mais produtivos, eu havia considerado a diminuição dos estoques um bom sinal. Há um mês estávamos *atolados* em peças que não passavam pelos gargalos. Havia pilhas e pilhas de inventário, e as pilhas continuavam crescendo. Mas alguns dos estoques diminuíram nas últimas semanas. Na semana passada, pela primeira vez desde que cheguei à fábrica, podia-se andar até a área de montagem sem ter de se virar de lado para passar entre as pilhas de inventário. Isso me parecera bom. Mas agora surge esse problema.

— Sr. Rogo — diz Fran através do interfone. — Ele está na linha.

— Jonah? Olá. Veja bem, estamos com um problema aqui.

Depois que lhe explico os sintomas, Jonah pergunta o que fizemos desde a visita dele. Então, conto toda a história; colocamos o CQ na frente dos gargalos, treinamos as pessoas para que deem atenção especial às peças que passaram pelos gargalos, ativamos as três máquinas para complementar a NCX-10, as novas regras para o almoço, designamos algumas pessoas para trabalhar só nos gargalos, aumentamos o tamanho dos lotes no tratamento térmico, implementamos o novo sistema de prioridades na fábrica...

# A META

– Novo sistema de prioridades? – Jonah pergunta.

– Isso – confirmo e explico tudo sobre as etiquetas vermelhas e as verdes, e como o sistema funciona.

– Talvez seja melhor que eu faça outra visita a vocês – Jonah comenta.

Estou em casa à noite quando o telefone toca.

– Oi – ouço a voz de Julie ao atender.

– Oi.

– Eu lhe devo uma desculpa. Sinto muito pelo que aconteceu na sexta à noite – ela diz. – Stacey me ligou aqui. Al, eu realmente estou envergonhada. Eu interpretei tudo errado.

– É… a mim parece que ultimamente há muitos mal-entendidos entre nós.

– Tudo o que posso dizer é que sinto muito. Fui até aí achando que você ficaria feliz de me ver.

– E eu teria ficado se você não tivesse ido embora. Na verdade, se eu soubesse que viria, teria voltado para casa depois do trabalho.

– Eu sei que deveria ter ligado, mas queria fazer uma surpresa.

– Acho que você não devia ter esperado por mim.

– Pensei que você ia chegar em casa a qualquer momento, e o tempo todo sua mãe ficou me olhando com cara feia. Finalmente ela e as crianças foram para a cama, e uma hora depois eu acabei adormecendo no sofá e dormi até você entrar em casa.

– Bom… você quer fazer as pazes?

Posso ouvir o alívio dela ao dizer:

– Sim, quero. Quando podemos nos encontrar?

Sugiro sairmos na sexta, mas ela diz que não pode esperar até lá e então combinamos de nos ver na quarta.

# – 25 –

*Déjà-vu.* Na manhã seguinte, no aeroporto, eu novamente cumprimento Jonah quando ele sai do portão dois.

Às dez da manhã estamos na sala de reunião da fábrica. Lou, Bob, Ralph e Stacey estão sentados em volta da mesa. Jonah anda de um lado para o outro na nossa frente.

– Vamos começar com algumas questões básicas – ele diz. – Em primeiro lugar, vocês já determinaram exatamente quais as peças que estão dando problema?

Stacey, que está sentada à mesa com uma pilha de papéis à sua volta pronta para o ataque, levanta uma lista e responde:

– Sim, nós já as identificamos. Na verdade, ontem passei a noite identificando as peças e verificando os dados da fábrica. Descobrimos que o problema está acontecendo com trinta peças.

– Você tem certeza de que liberou o material para elas? – Jonah pergunta.

– Ah, sim – diz Stacey. – Aí não há problema. O material foi liberado de acordo com a programação, porém as peças não estão chegando à montagem final. Elas estão presas na frente do nosso novo gargalo.

– Espere um pouco. Como é que você *sabe* que é mesmo um novo gargalo? – pergunta Jonah.

– Bem, já que as peças são retidas ali, achei que tinha de ser...

– Antes de chegarmos a conclusões precipitadas, vamos perder meia hora para irmos até a fábrica ver o que está acontecendo – propõe Jonah.

Então vamos todos à fábrica e alguns minutos mais tarde estamos na frente de um grupo de fresadores. Ao lado há pilhas enormes de inventário com etiquetas verdes. Stacey aponta para as peças que estão sendo requeridas na montagem final. A maior parte das peças que está faltando está bem aqui e todas têm etiquetas verdes. Bob chama o chefe da seção, um homem grande chamado Jake, e o apresenta a Jonah.

– Sim, todas essas peças estão paradas aqui há duas, três semanas ou até mais – diz Jake.

– Mas precisamos delas agora – digo. – Por que vocês não estão trabalhando nelas?

Jake encolhe os ombros.

– Se vocês sabem as peças que querem, podemos fazê-las agora mesmo. Mas isso vai contra as regras que vocês criaram naquele sistema de prioridades.

Ele aponta para outro monte de peças ali por perto.

# A META

— Estão vendo ali? – diz Jake. – Todas aquelas têm etiquetas vermelhas. Precisamos fazê-las antes de encostarmos nas coisas com etiquetas verdes. Foi isso que vocês pediram que nós fizéssemos, não foi?

Começamos a entender o que está acontecendo.

— Você quer dizer que – diz Stacey –, enquanto o material com etiquetas verdes aumenta, você fica ocupado com as peças que vão para os gargalos.

— Isso mesmo, quase todo o meu tempo – diz Jake. – Veja, só temos um número limitado de horas por dia, você sabe do que estou falando, não é?

— Quanto do seu trabalho é gasto com peças dos gargalos? – pergunta Jonah.

— Talvez 75% ou 80% – explica Jake. – Sabe, tudo que vai para o tratamento térmico e a NCX-10 tem de passar por aqui antes. Enquanto as peças vermelhas continuarem a chegar, e desde que o novo sistema começou elas não pararam de chegar, simplesmente não temos muito tempo para trabalhar nas peças com etiquetas verdes.

Há um momento de silêncio. Olho para as peças, depois para as máquinas, e volto a olhar para Jake.

— Que diabos fazemos agora? – pergunta Donovan, lendo os meus pensamentos. – Devemos trocar as etiquetas? Devemos fazer as peças que estão em falta virarem vermelhas em vez de verdes?

Frustrado, levanto as mãos e digo:

— Acho que a única solução é apressar o processo.

— Não, na verdade essa não é absolutamente a solução – Jonah diz –, porque, se você tentar acelerar as coisas, vai ter de fazer isso o tempo todo, e a situação só vai piorar.

— Mas o que mais podemos fazer? – pergunta Stacey.

— Primeiro, quero dar uma olhada nos gargalos, porque há um outro enfoque para o problema – diz Jonah.

Antes de conseguirmos enxergar a NCX-10 já avistamos o inventário. Ele está empilhado até a altura que a maior empilhadeira consegue alcançar. Não é apenas uma montanha, mas uma montanha com vários picos. Essas pilhas estão ainda maiores do que quando identificamos a máquina como um gargalo. E em cada estrado com peças há uma etiqueta

— 216 —

vermelha. Em algum lugar atrás disso tudo está a NCX-10, ainda que enorme, oculta do nosso campo de visão.

– Como é que chegamos até lá? – pergunta Ralph, procurando uma passagem através do estoque.

– Por aqui, deixe que eu lhe mostro – diz Bob.

E ele nos guia através do labirinto de materiais até à máquina.

Olhando para todo o estoque em processo à nossa volta, Jonah diz:

– Sabem, só olhando para isto eu diria que vocês têm aqui pelo menos um mês, ou até mais, de trabalho para essa máquina. E aposto que, se fôssemos até o tratamento térmico, iríamos encontrar a mesma situação. Digam-me, vocês sabem por que têm uma pilha tão grande assim de inventário aqui?

– Porque todo o pessoal que trabalha antes desta máquina está dando prioridade às peças vermelhas – arrisco-me a dizer.

– Sim, essa é em parte a razão – responde Jonah. – Mas por que vem tanto inventário da fábrica para ficar preso aqui?

Ninguém responde.

– Certo, estou vendo que vou ter de explicar algumas relações básicas entre gargalos e não gargalos – diz Jonah.

Ele então olha para mim e diz:

– A propósito, você se lembra de quando eu disse que uma fábrica onde todos estão trabalhando todo o tempo é muito ineficiente? Agora você vai ver exatamente do que eu estava falando.

Jonah vai até a estação de CQ aqui perto e pega um pedaço de giz que os inspetores usam para marcar defeitos nas peças que rejeitam. Ele se ajoelha no piso de concreto e aponta para a NCX-10.

– Aqui está o seu gargalo – ele diz –, a máquina X-sei-lá-o-quê. Vou chamá-la simplesmente de X.

Ele escreve um X no chão e então aponta para outras máquinas atrás de nós.

– E alimentando peças para a X há várias máquinas não gargalos e trabalhadores – ele explica. – Como chamamos o gargalo de X, vamos chamar os não gargalos de recursos Y. Agora, para simplificar as coisas, vamos considerar apenas um não gargalo em combinação com um gargalo...

Com o giz ele escreve no chão:

# A META

$$Y \longrightarrow X$$

Jonah explica que as peças dos produtos formam uma relação entre X e Y, e a flecha obviamente indica o fluxo de peças de um para o outro. Ele acrescenta que podemos considerar que qualquer não gargalo processa peças para X, porque qualquer que seja o não gargalo, em algum momento o seu inventário terá de ser processado por X.

– Pela definição de um não gargalo sabemos que Y tem capacidade extra. Graças à sua capacidade extra, sabe-se também que Y vai atender à demanda mais rapidamente que X – diz Jonah. – Vamos supor que tanto X quanto Y têm 600 horas por mês disponíveis para produção. Como a máquina X é um gargalo, vocês vão precisar de todas as suas 600 horas para atender à demanda. Mas vamos dizer que vocês só precisem de 450 horas por mês, ou 75%, de Y para manter o fluxo igual à demanda. O que acontece quando Y já trabalhou as suas 450 horas? Vocês a deixam ociosa?

– Não, encontramos outra coisa para ela fazer – responde Bob.

– Mas a Y já atendeu à demanda de mercado – diz Jonah.

– Bom, nesse caso, adiantamos um pouco o trabalho do mês que vem – Bob completa.

– E se não houver nada para fazer?

– Aí então vamos ter de liberar mais material.

– E *esse* é o problema, pois o que acontece com essas horas extras de produção da Y? Vejam, esse inventário tem de ir para algum lugar. Y é mais rápida que X e, mantendo a Y ativa, o fluxo de peças até X tem de ser maior que o fluxo de peças saindo de X. O que significa que…

Ele anda até a montanha de estoque em processo e faz um gesto abarcando todo o estoque e diz:

– Vocês acabam com tudo isso na frente da máquina X. E quando vocês empurram mais material do que o sistema consegue converter em ganho, o que acontece?

– Estoque em excesso – diz Stacey.

– Exatamente – diz Jonah. – Mas e que tal outra combinação? O que acontece quando X processa peças para Y?

Jonah escreve com o giz no chão:

$$X \longrightarrow Y$$

– Aqui, quantas das 600 horas de Y podem ser usadas produtivamente? – pergunta Jonah.

– Outra vez, apenas 450 horas – diz Stacey.

– Isso mesmo – diz Jonah. – Se Y estiver dependendo exclusivamente de X para obter peças, o número máximo de horas que ela pode trabalhar é determinado pela produção de X. E 600 horas de X significam 450 horas de Y. Depois de trabalhar essas horas não vai haver inventário para ser processado. O que, a propósito, é muito aceitável.

– Espere um pouco – digo. – Aqui na fábrica temos gargalos alimentando não gargalos. Por exemplo, o que sai da NCX-10 é processado por um não gargalo.

– Proveniente de outros não gargalos? E o que acontece se você mantiver Y ativa dessa forma? – pergunta Jonah. – Vejam isso.

Com o giz ele desenha um terceiro diagrama no chão.

$$Y \rightarrow M$$
$$X \rightarrow O$$
$$N$$
$$T$$
$$A$$
$$G$$
$$E$$
$$M$$

Jonah explica que, nesse caso, algumas peças não passam por um gargalo; seu processamento é feito apenas por não gargalos e o fluxo vai diretamente de Y para a montagem. As outras peças passam por um gargalo e elas estão no trajeto de X para a montagem, onde são combinadas com as peças de Y para acabarem um produto.

Em uma situação real, a rota Y provavelmente consistiria em um não gargalo alimentando outro não gargalo, que alimentaria ainda outro não gargalo, e assim por diante até a montagem final. A rota X pode ter uma série de não gargalos alimentando um gargalo, que, por sua vez, alimenta uma série de outros não gargalos. Jonah fala que, no nosso caso, temos um grupo de não gargalos depois de X, que pode processar peças tanto da rota de X quanto da rota de Y. E prossegue dizendo:

— Mas para simplificar as coisas eu desenhei a combinação com o menor número possível de elementos: um X e um Y. Não importa quantos não gargalos há no sistema, o resultado de ativar Y apenas para mantê-lo ocupado é o mesmo. Então vamos supor que vocês mantenham X e Y trabalhando continuamente durante todas as horas disponíveis. Qual seria a eficiência do sistema?

— Supereficiente – diz Bob.

— Não, você está errado – diz Jonah. – Porque o que acontece quando todo esse inventário de Y chega à montagem final?

Bob encolhe os ombros e diz:

— Montamos os pedidos e os entregamos.

— Como é que você pode fazer isso? – pergunta Jonah. – Oitenta por cento dos seus produtos requerem pelo menos uma peça de um gargalo. Com que você vai substituir a peça do gargalo que ainda não chegou?

Bob coça a cabeça e diz:

— Ah, é mesmo… eu me esqueci disso.

— Então, se não podemos montar as peças – diz Stacey –, novamente acabamos com pilhas de inventário. Só que dessa vez o estoque em excesso não se acumula na frente do gargalo, mas sim na frente da montagem final.

— É mesmo – diz Lou –, e mais um milhão de dólares fica parado só para mantermos as rodas girando.

— Vocês percebem? Mais uma vez o não gargalo não determina o ganho, mesmo se ele trabalhar 24 horas por dia – completa Jonah.

— Certo, mas e aqueles 20% dos produtos que *não têm* nenhuma peça do gargalo? Ainda podemos obter altas eficiências com eles – diz Bob.

— Você acha mesmo? – pergunta Jonah.

No chão ele desenha um diagrama assim…

$$Y \longrightarrow PRODUTO\ A$$
$$X \longrightarrow PRODUTO\ B$$

Desta vez ele diz que X e Y operam em sistemas independentes um do outro. Cada um está atendendo a demandas de diferentes mercados.

ELIYAHU M. GOLDRATT

– Aqui, quanto das 600 horas de Y o sistema pode usar? – Jonah pergunta.

– Todas as horas – responde Bob.

– Claro que não – diz Jonah. – Sim, claro que à primeira vista parece que podemos usar 100% de Y, mas pense melhor.

– Só podemos usar o tanto que a demanda de mercado absorve – eu digo.

– Correto. Por definição, Y tem capacidade em excesso – explica Jonah. – Então, se Y trabalhar o tempo todo, você novamente terá inventário em excesso. Mas desta vez você não acaba com excesso de estoque em processo, mas com excesso de produtos acabados. A restrição aqui não está na produção. A restrição é a capacidade de vender do marketing.

Enquanto ele expõe essas explicações, fico pensando comigo mesmo sobre os produtos acabados que estão abarrotando os armazéns. Pelo menos dois terços desse inventário são de produtos feitos inteiramente com peças de não gargalos. Para aumentar a "eficiência" dos não gargalos, produzimos inventário muito superior à demanda. E quanto ao um terço restante do nosso estoque de produtos acabados? Ele tem peças de gargalo, mas a maior parte desses produtos está lá parada nas prateleiras há alguns anos. Eles estão obsoletos. Das mais ou menos 1.500 unidades em estoque, teríamos sorte se pudéssemos vender dez por mês. Quase todos os produtos *competitivos* com peças dos gargalos são vendidos assim que saem da montagem final. Alguns poucos ficam no armazém um ou dois dias antes de seguirem para o cliente, mas, por causa dos nossos pedidos em atraso, não são muitos.

Olho para Jonah. Ele acrescentou números aos quatro diagramas escritos no chão; portanto, agora eles estão assim:

1) $Y \rightarrow X$      3) $Y \rightarrow M$      4) $Y \rightarrow$ PRODUTO A

                  $X \rightarrow O$          $X \rightarrow$ PRODUTO B

2) $X \rightarrow Y$          N

                     T

                     A

                     G

                     E

                     M

A META

Jonah diz:

– Examinamos quatro combinações lineares envolvendo X e Y. Obviamente, agora podemos criar infinitas combinações entre X e Y. Mas estas quatro são tão fundamentais que não precisamos ir mais adiante. Porque, se usarmos estas como base, podemos representar *qualquer* situação de manufatura. Não precisamos analisar trilhões de combinações de X e Y para descobrir o que é verdade em todas elas; podemos generalizar a verdade simplesmente identificando o que acontece em cada um destes quatro casos. Vocês podem me dizer o que perceberam de similar em todas as combinações?

Stacey imediatamente afirma que, em nenhum caso, Y determina o ganho do sistema. Sempre que for possível ativar Y acima do nível de X, se fizermos isso só vamos criar inventário em excesso, e não aumentaremos o ganho.

– Sim, e se continuarmos esse raciocínio até uma conclusão lógica – diz Jonah –, podemos formular uma regra simples que será aplicável a todos os casos: o nível de utilização de um não gargalo não é determinado pelo seu próprio potencial, mas por outra restrição no sistema.

Ele aponta para a NCX-10.

– Aqui no seu sistema esta máquina é uma grande restrição – diz Jonah. – Quando vocês fazem um não gargalo produzir mais trabalho do que esta máquina, não estão aumentando a produtividade. Pelo contrário, vocês estão fazendo exatamente o oposto. Estão criando inventário em excesso, o que é contrário à meta.

– Mas o que devemos fazer? – pergunta Bob. – Se não mantivermos nosso pessoal trabalhando, teremos tempo ocioso, e tempo ocioso diminui nossas eficiências.

– E daí? – pergunta Jonah.

Donovan fica surpreso.

– O quê? Mas como você diz uma coisa dessas?

– Apenas olhe o que está atrás de você – diz Jonah. – Olhe o monstro que vocês criaram. Ele não se criou sozinho. Vocês criaram essa montanha de inventário por decisão própria. E por quê? Por causa do pressuposto errôneo de que vocês precisam fazer os trabalhadores produzirem 100% do tempo, ou se livrar deles para "economizar" dinheiro.

– Bem, admito que talvez 100% não seja realístico. Nós só queremos uma porcentagem razoável, vamos dizer 90% – diz Lou.

– Por que 90% é razoável? – pergunta Jonah. – Por que não 60%, ou 25%? Os números não dizem nada a não ser que sejam baseados nas restrições do sistema. Tendo matéria-prima suficiente, vocês podem manter um trabalhador ocupado de hoje até a sua aposentadoria. Mas vocês *devem* fazer isso? Não, se querem ganhar dinheiro.

Ralph então sugere:

– O que você está dizendo é que fazer um empregado trabalhar e ganhar dinheiro com esse trabalho são duas coisas diferentes.

– Sim, e o que você acabou de dizer se aproxima bastante da segunda regra que agora podemos derivar logicamente das quatro combinações de X e Y sobre as quais falamos – explica Jonah. – A regra é: ativar e utilizar um recurso não são sinônimos.

Ele explica que nas duas regras "utilizar" um recurso significa fazer uso do recurso de uma forma que o sistema caminhe em direção à meta. "Ativar" um recurso é como apertar o botão que liga uma máquina; ela roda quer haja quer não um benefício gerado pelo seu trabalho. Portanto, na realidade, ativar ao máximo um não gargalo é um ato de extrema estupidez.

– E a implicação dessas regras é que *não* devemos tentar otimizar todos os recursos do sistema – prossegue Jonah. – Um sistema de ótimos locais não é, de maneira alguma, um sistema ótimo; ele é um sistema muito ineficiente.

– Está bem – digo –, mas como esse conhecimento nos ajuda a liberar as peças que estão presas nas fresadoras para que cheguem à montagem final?

– Pensem sobre o aumento do inventário tanto aqui quanto nas fresadoras, tomando por base as duas regras sobre as quais acabamos de falar.

– Acho que percebo qual é a causa do problema – diz Stacey. – Estamos liberando o material mais rapidamente do que os gargalos conseguem processar.

– Sim. Vocês estão mandando trabalho para a fábrica sempre que os *não* gargalos não têm o que produzir.

– É verdade, mas as fresadoras são um gargalo – comento.

Jonah balança a cabeça e diz:

– Não, elas não são; como mostra todo esse estoque em excesso atrás de você. Veja bem, as fresadoras não são intrinsecamente um gargalo. *Vocês* a transformaram em um gargalo.

Ele nos explica que com um aumento no ganho é possível criar novos gargalos. Mas a maior parte das fábricas tem tanta capacidade extra que é necessário um aumento enorme no ganho para que isso aconteça. Nós só tivemos um aumento de 20%. Quando eu falei com ele ao telefone, ele havia achado improvável que um novo gargalo tivesse aparecido.

O que aconteceu é que, mesmo com o aumento do ganho, continuamos a carregar a fábrica com inventário, como se quiséssemos manter todos os nossos empregados ativados o tempo todo. Isso aumentou a carga imposta às fresadoras e as empurrou além da sua capacidade. A primeira prioridade, as peças com etiquetas vermelhas, eram processadas, mas as peças verdes foram se amontoando. Portanto, nós não só criamos estoque em excesso na NCX-10 e no tratamento térmico, mas também, por causa do volume de peças dos gargalos, entupimos o fluxo em outro centro de trabalho e impedimos que peças não gargalos chegassem à montagem.

– Muito bem, agora percebo o nosso erro. Você pode nos dizer o que precisamos fazer para corrigir o problema?

– Quero que todos pensem sobre isso enquanto voltamos para a sala de reuniões. Lá falaremos sobre o que vocês devem fazer – diz Jonah. – A solução é razoavelmente simples.

# - 26 -

Para mim a simplicidade da solução só fica evidente em casa, nessa mesma noite. Estou sentado à mesa da cozinha com um bloco de papel, pensando sobre o que foi sugerido hoje, quando Sharon chega, senta-se e diz:

– Oi.

– Oi – respondo. – Tudo bem?

– Tudo, só queria saber o que você está fazendo.

– Estou trabalhando.

– Posso ajudar?

– Bem... não sei. É meio técnico. Acho que você ia achar isso chato.

– Ah, isso quer dizer que você quer que eu saia?

Fico com a consciência pesada.

– Não, não se você quiser ficar. Você quer tentar resolver um problema?

– Quero – ela diz, com os olhos brilhando.

– Está bem. Deixe-me ver como vou explicar isso a você. Você ouviu falar da caminhada de escoteiros da qual Dave e eu participamos?

– Ela não sabe, mas eu sei! – diz Dave, correndo para dentro da cozinha.

Ele vem escorregando pelo chão liso, para e diz:

– Sharon não sabe nada sobre a caminhada. Mas eu posso ajudar você.

– Filho, acho que você pode ser um bom vendedor.

Com indignação, Sharon diz:

– Sim, eu *sei* sobre a caminhada.

– Você nem estava lá – diz Dave.

– Ouvi todo mundo falar sobre isso – ela retruca.

– Muito bem, vocês *dois* podem trabalhar nisso – determino. – Aqui está o problema: temos uma série de garotos em fila, fazendo uma caminhada na mata. No meio da fila temos o Herbie. Já tiramos a mochila das costas dele para que ande mais rápido, mas ele ainda é o mais lento. Todos querem andar mais rápido que o Herbie. Mas, se isso acontecer, a fila vai se dispersar e alguns garotos vão se perder. Por alguma razão não podemos tirar o Herbie do meio da fila. E então, como fazemos para evitar que a dispersão da fila aumente?

Eles ficam pensativos.

– Muito bem – digo –, agora vocês dois vão para a sala. Vou esperar dez minutos e então vamos ver qual de vocês tem a melhor ideia para manter todos juntos na fila.

– O que o vencedor ganha? – pergunta Dave.

– Bom... qualquer coisa razoável.

– *Qualquer coisa?* – pergunta Sharon.

– *Desde que seja razoável* – eu repito.

Assim eles saem e eu ganho dez minutos de paz e silêncio.

Depois vejo as duas carinhas olhando da porta.

– Prontos? – pergunto.

Eles entram e se sentam comigo à mesa da cozinha.

# A META

– Quer ouvir a minha ideia? – pergunta Sharon.

– A minha ideia é melhor – diz Dave.

– Não é não!

– Muito bem, já chega! Qual é a sua ideia, Sharon?

– Um tambor – Sharon explica.

– Como é que é?

– Você sabe... como em uma parada – ela explica.

– Ah, sei do que você está falando – afirmo, percebendo o que ela tem em mente. – Não há buracos em uma parada. Todos estão marchando ao mesmo passo.

Sharon está radiante. Dave olha para ela com cara feia.

– Estão todos marchando no mesmo passo... acompanhando a batida – eu digo, pensando em voz alta. – Claro. Mas como você impede as pessoas que estão à frente do Herbie de andar mais rapidamente?

– O Herbie estabelece a batida do tambor – diz Sharon.

Eu penso sobre isso e concluo:

– É mesmo, essa ideia não é ruim, não.

– Mas a minha ideia é melhor – diz Dave.

Olho para ele.

– Muito bem, espertinho, qual a sua ideia?

– Amarrar todos com uma corda.

– Cordas?

– Sabe, como os alpinistas – ele explica. – Você amarra todo mundo na cintura com uma corda bem comprida. Assim, dessa forma, ninguém pode ser deixado para trás e ninguém pode aumentar a velocidade sem que todos aumentem também.

– Hummm... isso é muito bom.

Isso significaria que a fila – que representa o inventário total da fábrica – nunca poderia ser mais comprida que a corda. Obviamente, a corda poderia ter um comprimento predeterminado, o que quer dizer que poderíamos controlá-la com precisão. Todos teriam de andar na mesma velocidade. Olho para Dave, um tanto quanto abismado com a sua criatividade.

– Pensando bem, a corda dá a ideia de que há uma ligação física entre todos os equipamentos – digo a ele –, o que é parecido com uma linha de montagem.

– Isso mesmo, uma linha de montagem – diz Dave. – Você já me disse que uma linha de montagem é, em princípio, a melhor forma de se fazer as coisas?

– Bem, sim, ela é a forma mais eficiente de se fabricarem produtos. Na verdade, usamos esse método quando fazemos a montagem final da maioria dos nossos produtos. O problema é que uma linha de montagem não é funcional na fábrica toda.

– Ah! – diz Dave.

– Mas essas ideias que vocês tiveram são ambas muito boas. Na realidade, se mudássemos um pouco cada uma das suas ideias, quase chegaríamos à solução que nos foi sugerida hoje.

– Como assim? – pergunta Sharon.

– Veja bem, para evitar que a fila se disperse, na verdade, não precisamos manter todos andando exatamente no mesmo ritmo ou todos amarrados a uma corda. O que realmente precisamos fazer é evitar que o garoto na frente da fila ande mais rápido que o Herbie. Se conseguirmos isso, todos vão ficar juntos.

– Então simplesmente amarramos a corda ao Herbie e ao garoto da frente – sugere Dave.

– Ou o Herbie e o menino na frente da fila podem fazer sinais – diz Sharon. – Quando o menino na frente for muito rápido, Herbie pede a ele que espere ou que vá mais devagar.

– Isso mesmo. Vocês dois descobriram a solução.

– Então o que nós *dois* ganhamos? – pergunta Sharon.

– O que vocês querem? – pergunto. – Uma pizza? Ir ao cinema? Eles ficam quietos por alguns momentos.

– O cinema parece uma boa ideia – diz Sharon –, mas o que eu realmente gostaria é que você trouxesse a mamãe de volta para casa.

Agora há um grande silêncio.

Dave finalmente diz:

– Mas, se você não puder, a gente entende.

– Bem, eu estou tentando e estou fazendo o melhor – digo. – Enquanto isso, que tal o cinema?

Depois que as crianças vão para a cama, fico me perguntando, pela centésima vez, se Julie vai voltar. Comparado às minhas dificuldades conjugais, o problema do inventário na fábrica parece simples; ou pelo menos agora parece simples. Acho que qualquer problema é simples depois que descobrimos a solução.

De fato, nós vamos fazer o que meus dois filhos inventaram. Os Herbies (os gargalos) nos dirão quando devemos liberar mais material para o sistema; a diferença é que vamos usar computadores em lugar de tambores e cordas.

Hoje, depois de voltar à sala de reuniões, conversamos e todos concordam que estamos, obviamente, liberando muito material. Não precisamos de cinco ou seis semanas de estoque na frente do gargalo para mantê-lo produtivo.

– Se pudermos segurar os materiais para as peças vermelhas, em lugar de empurrá-los assim que o primeiro não gargalo não tiver o que fazer – disse Stacey –, as fresadoras terão tempo de trabalhar nas peças verdes. E as peças que estão faltando chegarão à montagem sem problema.

– Isso mesmo. O que vocês têm de fazer é descobrir uma forma de liberar o material para as peças vermelhas de acordo com a quantidade de peças necessárias para os gargalos; e estritamente essa quantidade – completou Jonah.

– Muito bem, mas como vamos saber quando liberar o material para que ele chegue ao gargalo quando necessário? – perguntei.

– Não tenho certeza – disse Stacey –, mas acho que sei o que o preocupa. Não queremos o problema oposto de não ter trabalho na frente do gargalo.

– Que diabos, temos pelo menos um mês antes que isso aconteça, mesmo se parássemos hoje de liberar material com etiquetas vermelhas – diz Bob. – Mas entendo o que vocês estão dizendo. Se o gargalo ficar sem trabalho, perdemos ganho.

– O que é preciso – sugiro – é algum tipo de sinal unindo os gargalos à programação de liberação de matéria-prima.

Nesse momento, Ralph, para a minha surpresa, diz:

– Com licença, tenho uma ideia. Talvez possamos prever quando liberar o material, usando algum tipo de sistema baseado nos dados que acumulamos sobre os dois gargalos.

Pergunto o que ele estava querendo dizer.

– Bem, desde que começamos a manter dados sobre os gargalos, percebi que sou capaz de prever, com algumas semanas de antecedência, no que cada gargalo vai estar trabalhando em um determinado horário. Veja bem, desde que eu saiba exatamente o que está na fila, eu simplesmente pego o tempo médio de preparação e de processo para cada peça e sou capaz de calcular quando cada lote sairá do gargalo. Como só estamos lidando com um centro de trabalho, com muito menos dependência, podemos pegar a média das flutuações estatísticas e termos um maior nível de precisão.

Ralph continua falando e nos conta que ele sabe, por observação, que leva umas duas semanas, um dia ou dois a mais ou a menos, para o material chegar aos gargalos depois de ser liberado no processo.

— Portanto, somando duas semanas ao tempo de preparação e ao tempo de processo do que está na fila do gargalo – diz Ralph –, sei quanto tempo vai levar até que o gargalo esteja realmente trabalhando no material que liberamos. E, à medida que cada lote sai do gargalo, podemos atualizar a nossa informação e calcular a data na qual Stacey deverá liberar mais material com etiquetas vermelhas.

Jonah olha para Ralph e diz:

— Isso é excelente!

— Ralph – eu digo –, que ótimo. Que precisão você acha que nós podemos ter quanto a isso?

— Acho que podemos prever com precisão de mais ou menos um dia – ele responde. – Então, se mantivermos um estoque em processo de três dias na frente do gargalo, deveremos estar seguros.

Todos dizem a Ralph o quanto estão impressionados com isso e Jonah completa:

— Na verdade, Ralph, você pode fazer muito mais que isso com a mesma informação.

— Como o quê? – pergunta Ralph.

— Você também pode atacar o problema do inventário na frente da montagem.

— Você está dizendo que não só podemos fazer algo a respeito do estoque em excesso de peças dos gargalos, mas também do estoque em excesso de peças do não gargalo? – pergunto.

— Isso mesmo – responde Jonah.

— Vocês me desculpem, mas não sei bem como fazer isso – interfere Ralph.

Jonah então explica a ele e a todos nós. Se Ralph pode determinar uma programação para liberação de materiais com etiquetas vermelhas,

# A META

baseada nos gargalos, ele também pode determinar uma programação para a montagem final.

Uma vez que ele saiba quando as peças dos gargalos vão chegar à montagem final, ele pode calcular retroativamente e determinar a liberação do material de não gargalos ao longo de cada uma das suas rotas. Dessa forma, os gargalos estarão definindo a liberação de todos os materiais na fábrica.

– Sabe, isso vai produzir o mesmo efeito que mudar os gargalos para a frente da produção, que era o que eu pretendia fazer – concluo.

– Sim, isso tudo parece muito bom – diz Ralph. – Mas tenho de avisá-los, não sei quanto tempo vai levar até que consiga informatizar tudo isso. Posso ter uma programação para o material com etiquetas vermelhas em pouco tempo, mas o restante vai demorar um pouco.

– Ah, Ralphie, vamos lá – diz Bob –, um gênio em informática como você pode fazer tudo isso rapidinho.

– Posso fazer algo rapidinho – diz Ralph –, mas não vou prometer que funcione.

– Calma, desde que diminuamos a carga das fresadoras a curto prazo, estaremos bem. Isso vai lhe dar tempo para colocar algo básico em funcionamento – digo a ele.

– Vocês podem achar que têm tempo para relaxar – diz Jonah –, mas em 35 minutos eu tenho de pegar um voo para Chicago.

– Droga – resmungo, olhando automaticamente para o meu relógio. – Acho melhor a gente sair daqui já.

– Também acho.

Não foi uma partida muito elegante. Jonah e eu corremos para fora do prédio e eu ultrapasso o limite de velocidade em vários lugares (sem incidentes) para levá-lo até o aeroporto.

– Tenho um interesse especial em fábricas como a sua – diz Jonah. – Então eu realmente gostaria que você me mantivesse informado sobre o que acontece.

– Claro – respondo. – Sem problema. Na realidade eu já havia planejado fazer isso.

– Ótimo. Depois nos falamos.

E com isso ele sai do carro, acena e passa correndo pelas portas do terminal. Ele não me ligou, então suponho que tenha conseguido pegar o voo.

ELIYAHU M. GOLDRATT

É a manhã seguinte e eu vou trabalhar, pois temos uma reunião sobre como implementar a metodologia. Mas antes de conseguirmos começar a falar sobre isso, Bob Donovan nos lembra de algo importante.

– Sabem, podemos estar criando um problema enorme – diz Bob.

– Qual? – pergunto.

– O que acontece se as eficiências em toda a fábrica diminuírem? – ele pergunta.

– Bem, acho que esse é um risco que vamos ter de correr – respondo.

– É, mas parece que vamos ter muita gente ociosa por aqui se fizermos isso.

– É, podemos ter algumas pessoas sem ter o que fazer de vez em quando.

– Então simplesmente deixamos todos sem ter o que fazer na fábrica?

– Por que não? – pergunta Stacey. – Uma vez que a pessoa já está na nossa folha de pagamento, não nos custa mais nada deixá-la ociosa. Se a pessoa produzir uma peça ou ficar parada por alguns minutos, isso não aumenta a nossa despesa operacional. Mas estoque em excesso... *isso* sim segura muito dinheiro.

– Está bem – diz Bob –, mas e os nossos relatórios? A mim me parece que no fim do mês, quando o velho Bill Peach estiver pronto para decidir se continuamos abertos ou fechamos, ele não vai nos ver com muito bons olhos se nossas eficiências tiverem despencado. Ouvi dizer que lá na matriz eles não gostam muito disso.

A sala fica em silêncio. Lou então diz:

– Al, ele tem razão.

Ouço o zumbido do ar-condicionado por alguns momentos.

– Certo – eu finalmente digo. – Vejam, se nós *não* implementarmos um sistema para segurar o inventário e liberá-lo de acordo com os gargalos, estaremos perdendo uma grande oportunidade de melhorar o desempenho e salvar a fábrica. E eu não vou ficar olhando e deixar que isso aconteça só para manter um padrão que obviamente tem mais impacto na política gerencial do que nos resultados. Vamos seguir adiante com isso e, se as eficiências caírem, dane-se.

Depois dessas palavras corajosas, que lembram o Almirante Farragut e o seu discurso "Danem-se os torpedos", os outros ficam um pouco confusos.

— 231 —

# A META

– E Bob – digo a Donovan –, se houver muito tempo ocioso não amole ninguém; apenas se certifique de que isso não apareça nos relatórios de eficiências do próximo mês, certo?

– Pode deixar, chefe.

# – 27 –

– ... Para concluir, se não fosse o aumento das receitas no mês passado, gerado pela fábrica de Bearington e seus produtos, as perdas da Divisão UniWare teriam continuado pelo sétimo mês consecutivo. Todas as outras fábricas da divisão tiveram apenas ganhos marginais de desempenho ou mantiveram as perdas. Apesar da melhoria em Bearington e do fato de que isso fez com que a divisão tenha tido o seu primeiro lucro operacional do ano, nós ainda temos um longo caminho a trilhar antes de estarmos financeiramente seguros.

Tendo dito isso, Ethan Frost recebe um aceno de cabeça de Bill Peach e se senta. Eu estou sentado a uma longa mesa ao redor da qual todos os gerentes de fábrica estão reunidos. Ao lado direito de Peach está Hilton Smyth, que me olha com raiva depois do elogio que Frost fez à minha fábrica. Eu relaxo na cadeira e por um momento contemplo a vista através das janelas de vidro laminado: uma cidade ensolarada em uma manhã de um dia de verão.

Maio acabou. Com exceção do problema que tivemos com a falta de peças de não gargalos, que agora já está resolvido, o mês foi excelente. Nós agora estamos liberando todos os materiais de acordo com o novo sistema desenvolvido por Ralph Nakamura, cuja velocidade é ditada pela velocidade dos gargalos. Ele agora tem um terminal de dados em cada um dos gargalos, e, à medida que o inventário é processado, a informação mais recente é incluída no banco de dados da fábrica.

Com o novo sistema, estamos começando a ter ótimos resultados. Ralph fez alguns testes com o sistema e logo descobriu que podemos prever quando um pedido será expedido, com uma margem de erro de um dia. Baseados nisso, conseguimos criar um relatório para o marketing que lista todos os pedidos dos clientes e as datas nas quais eles serão expedidos. (Não sei se alguém no marketing acredita nesse relatório, mas até agora ele tem sido muito preciso.)

– Rogo – diz Peach –, parece que você é o único entre nós que conseguiu melhorar alguma coisa, por isso vamos deixar você começar a apresentar os relatórios.

Abro a capa do meu relatório e começo uma apresentação dos principais pontos. Segundo quase todos os padrões, tivemos um bom mês. Os níveis de inventário caíram e continuam a cair rapidamente. Segurar a liberação de materiais significou não estarmos mais engasgando com estoque em processo. As peças estão chegando aos gargalos quando devem, e o fluxo através da fábrica é muito mais fácil que antes.

E o que aconteceu com as eficiências? Bem, inicialmente elas caíram, à medida que segurávamos a liberação da matéria-prima para a fábrica, mas não caíram tanto quanto temíamos que iam cair, pois estávamos consumindo o estoque em excesso. Mas, com o grande aumento na taxa de expedição, esse excesso foi consumido. E agora que estamos começando a liberar novamente material para os não gargalos, as eficiências estão aumentando. Donovan já me falou, confidencialmente, que acha que os números reais, no futuro, serão quase iguais aos anteriores.

A melhor notícia é que não temos mais nenhum pedido atrasado. Por incrível que pareça já estamos em dia com tudo. O que quer dizer que o atendimento ao cliente melhorou. O ganho aumentou. Estamos no caminho de volta. Pena que o relatório padrão que preparamos não pode contar a história toda do que realmente está acontecendo.

Quando acabo, olho para a ponta da mesa e vejo Hilton Smyth sussurrar algo para Bill Peach. Por um momento a mesa está em silêncio. Bill então balança a cabeça para Hilton e diz, secamente:

– Bom trabalho, Al.

Agora que terminei, Bill pede a outro gerente que apresente o seu relatório. Eu me recosto, um pouco irritado com o fato de Peach não ter sido mais positivo, por ele não ter me elogiado tanto quanto Frost havia lhe dado a entender que deveria. Vim para cá achando que nós realmente havíamos recuperado a fábrica, e talvez esperasse um pouco mais do que um "bom trabalho", mais do que um tapa nas costas.

# A META

Mas então me lembro de que Peach não sabe a extensão da mudança. Será que ele deveria saber? Deveríamos contar a ele? Lou já me perguntou sobre isso e eu disse que não; vamos esperar um pouco mais.

Poderíamos procurar Peach e fazer uma apresentação para ele, colocar todas as nossas cartas na mesa e deixá-lo decidir. Na realidade, em algum momento é exatamente isso que faremos. Mas ainda não, e acho que tenho um bom motivo.

Já trabalhei com Bill Peach por vários anos; eu o conheço muito bem. Ele é um homem inteligente, mas não é inovador. Há alguns anos talvez ele teria nos deixado testar isso por algum tempo. Mas não hoje em dia. Tenho a sensação de que, se formos falar com ele hoje, ele vai fechar a cara e me mandar administrar a fábrica de acordo com os métodos da contabilidade de custos nos quais ele acredita.

Preciso esperar o momento propício em que tenha uma prova concreta de que a minha maneira (na verdade a maneira de Jonah) é a maneira que realmente funciona. Ainda é cedo para isso. Quebramos muitas regras para podermos, nesse momento, contar toda a história a ele.

Mas será que vamos ter tempo? É isso que me pergunto continuamente. Peach ainda não eliminou a ameaça de fechar a fábrica. Achei que ele pudesse falar alguma coisa (pública ou privadamente) depois desse relatório, mas ele não o fez. Olho para ele no final da mesa. Ele parece distraído, não parece o Peach que conheço. Os outros falam e ele parece pouco interessado. Parece que Hilton lhe sugere o que dizer. O que há com ele?

A reunião acaba uma hora depois do almoço, e eu decido ter uma conversa privada com Peach, caso consiga. Eu o sigo para fora da sala de reuniões e falo com ele. Ele me convida para ir ao seu escritório.

– Então, quando é que você vai nos tirar da mira? – pergunto a ele depois de fechar a porta.

Bill se senta em uma grande poltrona estofada, e eu me sento na poltrona à sua frente. Sem a mesa entre nós, temos uma conversa agradável e íntima.

Bill olha diretamente para mim e diz:

– O que o faz pensar que eu vou fazer isso?

– Bearington está dando a volta por cima. Podemos fazer aquela fábrica ganhar dinheiro para a divisão.

— Podem mesmo? Al, veja bem, você teve um bom mês. Isso é um passo na direção certa. Mas será que você pode nos dar um bom segundo mês? E um terceiro e quarto? É isso que estou esperando para ver.

— Nós vamos fazer isso.

— Vou ser sincero. Ainda não estou convencido de que isso não foi apenas uma coisa de momento, por assim dizer. Você tinha muitos pedidos atrasados. Era inevitável que algum dia você os entregasse. O que você fez para reduzir os custos? Até onde eu vejo, nada. Vai ser preciso cortar a despesa operacional em uns 10% ou 15% para tornar aquela fábrica lucrativa a longo prazo.

Sinto meu coração apertado.

— Bill, se no mês que vem tivermos outra melhoria, você pelo menos adia a recomendação para fechar a fábrica?

— Terá de ser uma melhoria maior do que a que você nos deu nesse período que passou.

— De quanto?

— Apenas me dê 15% a mais no resultado final deste mês.

— Acho que podemos fazer isso. — E percebo a expressão de choque que passa rapidamente pelo rosto de Bill.

— Muito bem. Se você puder fazer isso e mantiver esse desempenho, nós manteremos Bearington funcionando.

Sorrio. Se eu fizer isso, penso comigo mesmo, você seria um idiota se nos fechasse.

Peach fica de pé, nossa conversa chegou ao fim.

Saio voando com o Buick para a estrada, pisando o acelerador até o fundo e o rádio bem alto. A adrenalina está sendo bombeada. Os meus pensamentos estão mais acelerados do que o carro.

Há dois meses eu achava que agora estaria mandando meu curriculum para outras empresas. Mas Peach acabou de dizer que, se tivéssemos mais um mês bom, ele não fecharia a fábrica. Estamos quase lá. Nós talvez consigamos salvar a fábrica. Só mais um mês.

*Mas 15%?*

Tiramos o atraso nos pedidos em um ritmo incrível. Ao fazer isso, conseguimos expedir um enorme volume de produtos; enorme se comparado ao mês passado, ao trimestre passado, ao ano passado. Isso gerou um grande aumento de receita, e ficou ótimo nos livros. Mas agora que já entregamos todos os pedidos atrasados, e que estamos entregando novos pedidos muito mais rapidamente que antes...

Começo a pensar que estou com um grande problema. Onde diabos vou conseguir os pedidos que vão me dar mais 15%?

Peach não está apenas falando de mais um bom mês; ele está exigindo um mês incrível. Ele não prometeu nada; mas eu sim, e provavelmente muito mais do que deveria. Tento me lembrar dos pedidos programados para as próximas semanas e calcular de cabeça se vamos ter o volume de negócios necessário para o aumento no resultado final que Peach quer ver. Tenho uma sensação assustadora de que não vai ser suficiente.

Muito bem, posso expedir pedidos adiantados. Posso pegar os pedidos programados para a primeira e/ou segunda semana de julho e expedi-los em junho.

Mas o que farei depois disso? Vou estar nos colocando em um enorme buraco no qual não teremos mais nada para fazer. *Precisamos de mais negócios.*

Fico imaginando onde Jonah está estes dias.

Para minha surpresa, quando olho para o velocímetro, descubro que estou indo a 130 por hora. Diminuo a velocidade e afrouxo a gravata. Não faz sentido me matar tentando voltar para a fábrica. Na realidade percebo que, quando chegar à fábrica, vai estar na hora de ir para casa.

Nesse momento passo por uma placa dizendo que estou a três quilômetros do cruzamento com a estrada que vai para Forest Grove. Bem, por que não? Já faz alguns dias que não vejo Julie e as crianças. Desde que as aulas terminaram, as crianças estão com Julie e os pais dela.

Pego a outra estrada e paro em um posto de gasolina, onde encontro um orelhão e ligo para o escritório. Fran atende o telefone e eu lhe peço duas coisas: primeira, que diga ao Bob, à Stacey, ao Ralph e ao Lou que a reunião foi boa para nós. Segunda, que não vou voltar para a fábrica hoje à tarde.

Quando chego à casa dos Barnett tenho uma boa recepção. Fico um bom tempo conversando com Sharon e Dave. Julie então sugere que caminhemos juntos. Lá fora está uma linda tarde de verão.

Enquanto abraço Sharon para lhe dizer adeus, ela sussurra ao meu ouvido:

— Papai, quando é que nós todos vamos embora juntos?

— Muito em breve, espero.

Apesar da convicção com que falei, a pergunta de Sharon não me sai da cabeça. Estava pensando a mesma coisa.

Julie e eu vamos ao parque e depois de andarmos um pouco sentamos em um banco perto do rio. Por algum tempo ficamos sentados sem falar nada. Ela me pergunta se há algo errado. Eu lhe falo sobre a pergunta de Sharon.

— Ela me pergunta isso o tempo todo — diz Julie.

— É mesmo? O que você diz a ela?

— Digo que vamos para casa muito em breve.

Eu rio.

— Foi isso que eu disse a ela. Você está falando sério?

Ela fica em silêncio por alguns segundos. Finalmente sorri e diz com sinceridade:

— Você tem sido uma ótima companhia nas últimas semanas.

— Obrigado. Você também.

Ela pega minha mão e diz:

— Mas... me desculpe, Al. Ainda tenho receio de voltar para casa.

— Por quê? Estamos nos dando bem melhor agora. Qual o problema?

— Veja bem, para variar um pouco nós nos divertimos ultimamente, e isso é ótimo. Eu realmente precisava desse tempo com você. Mas se voltarmos a morar juntos, você sabe o que vai acontecer, não sabe? Tudo vai ficar bem por uns dois dias. Mas daqui a uma semana estaremos tendo as mesmas discussões. E um mês depois, ou seis meses depois, ou um ano depois... bom, você sabe o que quero dizer.

Eu suspiro.

— Julie, era tão ruim assim viver comigo?

— Al, não era *ruim*. Era só... não sei. Você não estava prestando atenção em mim.

— Mas eu estava tendo todo tipo de problemas no meu trabalho. Por um tempo eu tive realmente de me concentrar nisso. O que é que você esperava de mim?

# A META

— Mais do que estava recebendo. Sabe, quando eu estava crescendo, meu pai sempre voltava para casa do trabalho no mesmo horário. A família inteira sempre comia junta. Ele passava as noites em casa. Com você, eu nunca sei o que é que está acontecendo.

— Você não pode me comparar com seu pai. Ele é dentista. Depois da última obturação do dia ele pode trancar tudo e ir para casa. O meu trabalho não é assim.

— Alex, o problema é que *você* não é assim. Outras pessoas vão trabalhar e voltam para casa em horários normais.

— Sim, você tem um pouco de razão. Eu não sou como outras pessoas. Quando me envolvo com algo eu realmente fico envolvido. E talvez isso tenha a ver com a forma como fui educado. Olhe para a minha família; nós raramente comíamos juntos. Alguém sempre tinha de tomar conta da loja. Era a regra de meu pai: o negócio era o que nos alimentava, então ele vinha em primeiro lugar. Todos nós entendíamos isso e trabalhávamos juntos.

— Então o que isso prova além do fato de que nossas famílias eram diferentes? Estou lhe falando sobre algo que me incomodou tanto e por tanto tempo que eu nem tinha mais certeza de que ainda o amava.

— E o que a faz ter certeza de que agora você me ama?

— Você quer outra briga?

Eu olho para o outro lado.

— Não, não quero brigar – respondo.

Eu a ouço suspirar. Ela então diz:

— Está vendo? Nada mudou… não é mesmo?

Ambos ficamos em silêncio por um bom tempo. Julie se levanta e vai andando para o rio. Por um momento parece que ela vai fugir. Mas não foge. Ela volta e se senta novamente no banco. Começa então a falar:

— Quando eu tinha dezoito anos já tinha tudo planejado: faculdade, licenciatura, casamento, uma casa, filhos. Nessa ordem. Todas as decisões estavam tomadas. Eu sabia que tipo de porcelana queria. Sabia os nomes que queria para meus filhos. Sabia como a casa deveria ser e qual a cor do carpete. Tudo estava decidido, e era tão importante que eu tivesse tudo isso. Mas agora… eu tenho tudo, mas de alguma forma é diferente. Parece que nada disso tem importância.

— 238 —

— Julie, por que a sua vida tem de estar de acordo com essa... essa imagem perfeita que você tem na sua cabeça? — pergunto a ela. — Você pelo menos sabe *por que* quer essas coisas?

— Porque foi assim que eu fui criada. E quanto a você? Por que você tem de ter essa grande carreira? Por que você se sente compelido a ter de trabalhar 24 horas por dia?

Silêncio.

— Desculpe-me. Estou muito confusa.

— Não tem problema. Essa é uma boa pergunta. Não tenho a menor ideia de por que não estaria satisfeito se fosse um comerciante, ou se trabalhasse em um escritório das nove da manhã às cinco da tarde.

— Al, por que não tentamos esquecer tudo isso?

— Não, não concordo com isso. Acho que devemos fazer o oposto. Acho que devemos começar a fazer ainda mais perguntas.

Julie olha para mim, cética, e pergunta:

— Quais, por exemplo?

— Por exemplo, o que o nosso casamento deve fazer por nós? Minha ideia da meta de um casamento não é viver em uma casa perfeita onde tudo acontece de acordo com um relógio. Para você, é essa a meta?

— Tudo o que estou pedindo é um pouco de apoio do meu marido. E o que você quer dizer com *meta*? Quando estamos casados, estamos simplesmente casados. Não há meta.

— Então por que estar casado? — pergunto.

— Ora, por causa do compromisso... por causa do amor... por causa de todas as razões pelas quais todo mundo se casa. Alex, você está fazendo um monte de perguntas idiotas.

— Idiotas ou inteligentes, estou fazendo perguntas porque nós estamos vivendo juntos há quinze anos e não temos um entendimento claro sobre o que o nosso casamento deveria ser... ou se tornar... ou qualquer coisa! Estamos apenas à deriva, fazendo o que "todo mundo faz". E acontece que nós dois temos pressupostos bem diferentes sobre o que nossas vidas deveriam ser.

— Meus pais estão casados há 37 anos e nunca se fizeram nenhuma pergunta como "Qual a meta de um casamento?". As pessoas simplesmente se casam porque estão apaixonadas.

— Ah, bom. Isso explica tudo, não é?

# A META

– Al, por favor, não faça essas perguntas. Elas não têm respostas. E se continuarmos a falar dessa forma, vamos arruinar tudo. Se essa é a sua forma de dizer que está em dúvida sobre o nosso relacionamento...

– Julie, não tenho dúvidas do que sinto por você. Mas é você quem não consegue entender o que há de errado conosco. Talvez se você tentasse pensar sobre isso logicamente em vez de ficar nos comparando a personagens de romance...

– Eu não leio romances.

– Então de onde você tirou suas ideias de como deveria ser um casamento?

Ela não responde.

– Tudo o que estou dizendo é que deveríamos jogar fora todas as ideias preconcebidas sobre o nosso casamento e simplesmente ver como estamos neste momento. Depois, devemos descobrir o que queremos que aconteça e seguiremos nessa direção.

Mas parece que Julie não está me ouvindo. Ela fica de pé e diz:

– Acho que está na hora de voltarmos.

No caminho de volta para a casa dos Barnett, estamos silenciosos como dois icebergs em janeiro, os dois à deriva. Olho para um lado da rua; Julie olha para o outro. Quando entramos, a sra. Barnett me convida para jantar, mas eu digo que preciso ir embora. Despeço-me das crianças, aceno para Julie e vou embora.

Estou entrando no Buick quando ouço Julie correndo na minha direção.

– Eu vou ver você de novo no sábado? – ela pergunta.

Sorrio.

– Sim, claro. Parece-me uma boa ideia.

– Sinto muito pelo que aconteceu.

– Acho que nós vamos simplesmente ter de continuar tentando até acertarmos.

Nós dois sorrimos. Então fazemos um pouco daquelas coisas agradáveis que fazem com que uma discussão quase valha a pena.

# - 28 -

Chego em casa quando o sol está começando a se pôr. O céu está cor de rosa. Quando estou destrancando a porta da cozinha, ouço o telefone lá dentro tocar. Corro e atendo.

– Bom dia – diz Jonah.

– Dia? – Do lado de fora da janela o sol está quase abaixo do horizonte. Eu rio. – Eu estou vendo o sol se pôr. De onde *você* está ligando?

– Cingapura.

– Ah.

– A propósito, do meu hotel estou vendo o sol nascer. Alex, eu não teria ligado para você em casa, mas não vou poder mais falar com você por algumas semanas.

– Por que não?

– Bem, é uma longa história e agora não posso falar sobre isso. Mas tenho certeza de que algum dia teremos a oportunidade de falar sobre isso.

– Entendo... – Fico imaginando o que está acontecendo. – Que pena. Isso me deixa numa situação delicada, pois estava prestes a pedir a sua ajuda de novo.

– Algo deu errado?

– Não. Do ponto de vista das operações está tudo indo muito bem. Mas acabei de ter uma reunião com o vice-presidente da minha divisão e ele me disse que a fábrica tem de ter uma melhoria ainda maior.

– Você ainda não está ganhando dinheiro?

– Sim, estamos novamente ganhando dinheiro, mas precisamos acelerar o progresso para evitar que fechem a fábrica.

Ouço o que parece ser uma risadinha do outro lado da linha, e Jonah diz:

– Se eu fosse você, não me preocuparia muito com o fechamento da fábrica.

– Bem, de acordo com o que o diretor da divisão me disse, existe uma possibilidade real de a fábrica ser fechada. E até que ele afirme o contrário, eu não posso deixar de levar isso a sério.

## A META

— Alex, se você quiser melhorar a fábrica ainda mais, pode contar comigo. E, como não vou ter a oportunidade de conversar com você por algum tempo, vamos falar sobre isso agora. Conte-me o que está acontecendo.

Então faço isso. Depois, conjecturando se havíamos chegado a um limite teórico, pergunto se há mais alguma coisa que podemos tentar.

— Mais alguma coisa? Acredite em mim, apenas começamos. Bem, eis o que sugiro...

Na manhã seguinte, cedo, estou no meu escritório na fábrica pensando sobre o que Jonah me falou. Lá fora está o amanhecer do dia que ele já viu em Cingapura. Vou buscar um cafezinho e encontro Stacey na máquina de fazer café.

— Olá — ela diz. — Ouvi dizer que ontem na matriz tudo correu bem para nós.

— Bem, não foi mal. Mas acho que ainda temos um bom caminho até convencermos Peach de que estaremos bem a longo prazo. Mas ontem à noite falei com Jonah.

— Você contou a ele sobre o nosso progresso?

— Sim, e ele sugeriu que tentássemos "o próximo passo lógico".

Percebo um sorriso amarelo em seu rosto.

— E qual é o passo?

— Cortar pela metade o tamanho dos lotes nos nossos não gargalos.

Stacey dá um passo para trás enquanto pensa sobre isso.

— Mas por quê? — ela pergunta.

Com um sorriso, respondo:

— Porque no final ganharemos mais dinheiro.

— Eu não entendo. Como é que isso vai nos ajudar?

— Ora, Stacey, você é responsável pelo controle do inventário. Você deve me dizer o que aconteceria se cortássemos pela metade o tamanho dos lotes.

Ela toma um gole de café enquanto pensa. Sua testa se franze enquanto ela se concentra.

— Se cortarmos pela metade o tamanho dos nossos lotes, acho que teremos metade do estoque em processo na fábrica. Portanto, precisaríamos de apenas metade do investimento em estoque em processo para manter a fábrica trabalhando. Se pudéssemos entrar em acordo com nossos fornecedores, poderíamos cortar todos os nossos inventários pela metade

— 242 —

e, desta forma, reduziríamos o dinheiro preso no sistema, o que alivia a pressão no fluxo de caixa.

Balanço a cabeça afirmativamente a cada frase e finalmente digo:

— Isso mesmo. Esse é *um* conjunto de benefícios.

— Mas para obtermos esses benefícios todos, teríamos de fazer com que nossos fornecedores aumentassem a frequência das entregas e reduzissem a quantidade de cada entrega. O setor de compras vai ter de negociar muito bem com eles, e não sei se todos os fornecedores vão aceitar esse sistema.

— Isso é algo em que podemos trabalhar. No final eles concordarão com isso, pois é do interesse deles também.

— Mas, se começarmos a trabalhar com lotes menores — ela diz, olhando cinicamente para mim —, isso não quer dizer que teremos de fazer mais preparações nos equipamentos?

— Claro, não se preocupe com isso.

— Não?

— Isso mesmo, não se preocupe com isso.

— Mas o Donovan…

— Donovan vai ficar bem, mesmo com mais preparações. Enquanto isso, há *outro* conjunto de benefícios que podemos ter quase que imediatamente.

— E qual é?

— Você realmente quer saber?

— Claro que quero.

— Ótimo. Então marque uma reunião com os outros e eu conto para todos ao mesmo tempo.

Por eu ter passado para ela a tarefa de organizar a reunião, Stacey se vinga de mim e marca a reunião para o meio-dia no restaurante mais caro da cidade; e coloca o almoço na *minha* conta, obviamente.

— O que eu poderia ter feito? — ela pergunta quando sentamos à mesa. — Era o único horário que todos tinham disponível, certo, Bob?

— Certo.

Não estou bravo. Dada a qualidade e quantidade de trabalho que essas pessoas fizeram recentemente, não posso reclamar por ter de pagar a conta do almoço. Sem rodeios, começo a contar a todos sobre o que

— 243 —

# A META

Stacey e eu conversamos naquela manhã, e falo sobre o outro conjunto de benefícios.

Parte do que Jonah havia me dito na noite anterior tinha a ver com o tempo que uma peça permanece dentro da fábrica. Se você considerar o tempo total desde o momento em que o material entra na fábrica até o minuto em que ele sai como parte de um produto acabado, pode dividir esse tempo em quatro elementos.

Um deles é o tempo de preparação, o tempo que uma peça espera por um recurso, enquanto o recurso está sendo preparado para processá-la.

Outro é o tempo de processo, o tempo que a peça passa sendo modificada em uma forma nova e mais valiosa.

O terceiro elemento é o tempo na fila, o tempo em que a peça fica na fila esperando por um recurso enquanto o recurso está ocupado trabalhando em alguma outra coisa à sua frente.

O quarto elemento é o tempo de espera, o tempo que uma peça espera, não por um recurso, mas por outra peça para que possam ser montadas juntas.

Conforme Jonah me disse na noite anterior, a preparação e o processo são uma pequena parcela do tempo total decorrido para qualquer peça. Mas a fila e a espera geralmente consomem muito mais tempo; na realidade, isso corresponde à maior parte do tempo total em que a peça fica dentro da fábrica.

Para peças que vão passar por um *gargalo*, a fila é o elemento dominante. A peça fica presa antes do gargalo por um longo tempo. Para peças que vão passar apenas por *não gargalos*, o tempo de espera é dominante, porque elas estão esperando antes da montagem pelas peças que vêm de gargalos. O que significa que, de qualquer forma, são os gargalos que ditam o tempo. O que, por sua vez, quer dizer que os gargalos ditam o inventário bem como o ganho.

Até agora nós vínhamos estabelecendo o tamanho dos lotes de acordo com uma fórmula de lote econômico. Na noite anterior, Jonah me disse que, apesar de ele não ter tempo para expor todas as razões pelo telefone, o lote econômico parte de vários pressupostos errôneos. Pediu que eu considerasse o que aconteceria se cortássemos pela metade o tamanho dos nossos lotes.

— 244 —

## ELIYAHU M. GOLDRATT

Se reduzirmos pela metade o tamanho dos lotes, nós também reduziremos pela metade o tempo para processar um lote. Isso quer dizer que reduzimos o tempo de fila e de espera pela metade. Se reduzimos esses dois pela metade, reduzimos mais ou menos pela metade o tempo total de permanência das peças na fábrica. Reduzimos o tempo que as peças ficam dentro da fábrica e...

– ... nosso *lead time* total se condensa – eu continuo explicando –, e, se as peças ficarem menos tempo paradas, a velocidade do fluxo de peças aumenta.

– E com essa velocidade maior, os clientes recebem seus pedidos mais rapidamente – diz Lou.

– Não é só isso – diz Stacey –, mas com *lead times* mais curtos podemos trabalhar com mais rapidez.

– Isso mesmo! – eu digo. – Se podemos atender mais rápido ao mercado, conseguimos uma vantagem competitiva.

– Isso quer dizer que mais clientes virão até nós porque podemos entregar com mais rapidez – diz Lou.

– Nossas vendas vão aumentar! – eu acrescento.

– E nosso bônus também! – diz Stacey.

– Vamos com calma! – diz Bob.

– Qual é o problema? – pergunto.

– E quanto ao tempo de preparação? – ele questiona. – Se cortarmos o tamanho dos lotes pela metade, dobramos o número de preparações. E a mão de obra direta? Precisamos economizar nas preparações para manter os custos baixos.

– Certo, eu sabia que essa preocupação iria aparecer – digo a eles. – Vejam bem, está na hora de pensarmos sobre isso com cuidado. Ontem à noite Jonah me disse que há uma regra correspondente àquela que fala de uma hora perdida em um gargalo. Vocês se lembram dela? Uma hora perdida em um gargalo é uma hora perdida em todo o sistema.

– Sim, eu me lembro – diz Bob.

– A regra que ele me explicou ontem à noite diz que uma hora economizada em um não gargalo é uma miragem – prossigo.

– Uma *miragem*! – diz Bob. – O que você quer dizer com isso, uma hora economizada em um não gargalo é uma miragem? Uma hora economizada é uma hora economizada!

– Não, não é. Desde que começamos a reter material para a fábrica até os gargalos estarem prontos, os não gargalos passaram a ter tempo ocioso. É perfeitamente razoável termos mais preparações em não gargalos, porque tudo o que estamos fazendo é reduzir o tempo que as máquinas ficariam ociosas. Economizar preparações nos não gargalos não faz o sistema ficar nem um pouco mais produtivo. O tempo e o dinheiro economizados são uma ilusão. Mesmo se dobrarmos o número de preparações, isso não vai consumir todo o tempo ocioso.

– Está bem – diz Bob. – Acho que entendo o que você quer dizer.

– Jonah disse que agora deveríamos primeiro cortar pela metade o tamanho dos lotes. Sugeriu que procurássemos imediatamente o departamento de marketing e que tentássemos convencê-los a fazer uma nova campanha que prometesse aos clientes entregas mais rápidas.

– Conseguimos fazer isso? – pergunta Lou.

– Nossos *lead times* já diminuíram consideravelmente comparados ao que eram, graças ao novo sistema de prioridades e graças ao aumento de produtividade nos gargalos. Reduzimos o *lead time* de mais ou menos três a quatro meses para dois meses ou menos. Se cortarmos pela metade o tamanho dos nossos lotes, com que velocidade vocês acham que conseguimos responder?

Há intermináveis discussões sobre isso.

Bob finalmente admite:

– Está bem, se cortarmos pela metade o tamanho dos lotes, isso quer dizer que deveríamos levar metade do tempo que levamos agora para concluí-lo. Portanto, em vez de seis a oito semanas, deveríamos levar umas quatro semanas… em muitos casos talvez até três semanas.

– E se eu pedir ao setor de marketing que prometa aos clientes entregas em três semanas? – proponho.

– Opa! Espere um pouco! – diz Bob.

– Isso mesmo, "dá um tempo!" – diz Stacey.

– Está bem, então quatro semanas – digo. – Isso é razoável, não é?

– A mim parece razoável – diz Ralph.

– Está bem – diz Stacey.

– Acho que deveríamos arriscar – concorda Lou.

– Então, você se compromete a fazer isso conosco? – pergunto a Bob.

Bob se recosta e responde:

– Eu sou completamente a favor de um bônus maior. Que diabos, vamos tentar.

Na sexta de manhã eu e meu Buick estamos de novo na estrada a caminho da matriz. Chego à cidade na mesma hora em que o sol bate nos vidros do prédio da UniCo. e reflete um brilho ofuscante.

Na realidade é bem bonito. Por um momento isso me afasta das preocupações. Tenho uma reunião marcada com Johnny Jons no escritório dele. Pelo telefone, havia se mostrado muito disposto a me ver, até que soube o assunto que me levava até ele. Sinto que há muita coisa que está dependendo da minha habilidade em convencê-lo a apoiar o que queremos fazer. Por isso estou roendo as unhas durante a viagem.

Jons não tem propriamente uma mesa em seu escritório. Ele tem um vidro apoiado em pés cromados. Acho que isso é para que todos possam ver bem os seus sapatos Gucci e suas meias de seda, que ele expõe quando se recosta na cadeira, entrelaça os dedos e os coloca na nuca.

– Então... como está tudo? – ele pergunta.

– Neste momento está tudo indo muito bem. Na realidade, é por isso que queria falar com você.

Imediatamente Jons assume uma expressão impassível.

– Muito bem – eu continuo –, vou mostrar as cartas a você. Não estou exagerando quando digo que está tudo indo muito bem. Está mesmo. Já entregamos todos os pedidos atrasados, como você já sabe. No começo da semana passada a fábrica começou a produzir estritamente para cumprir as datas de entrega projetadas.

Jons concorda com a cabeça e diz:

– Sim, percebi que meu telefone parou de tocar por causa de reclamações de clientes sobre pedidos atrasados.

– Justamente. Isso mostra que realmente demos a volta por cima lá na fábrica. Dê uma olhada nisto.

Pego na minha pasta a lista de pedidos mais recente gerada pelo computador. Entre outras coisas, ela mostra as datas de entregas prometidas, juntamente com as datas de expedição previstas calculadas por Ralph, e as datas em que os produtos foram realmente entregues.

— Você está vendo – continuo falando enquanto ele estuda a lista que está sobre a mesa de vidro –, podemos prever, com uma margem de erro de 24 horas a mais ou a menos, quando um pedido vai deixar a fábrica.

— Sim, já dei uma olhada. Estas são as datas?

— Claro.

— Isso é impressionante.

— Como você pode ver, ao comparar os pedidos que foram entregues recentemente com os que foram entregues há um mês, nossos *lead times* de produção foram reduzidos drasticamente. Um *lead time* de quatro meses não é mais uma realidade para nós. Do dia em que você assinar o contrato com o cliente até o dia em que expedirmos o pedido, a média atual é de mais ou menos dois meses. Agora me diga, você acha que isso pode nos ajudar no mercado?

— Claro que sim.

— Então, que tal *quatro semanas*?

— *O quê*? Al, não seja ridículo. Quatro semanas!

— Nós conseguimos fazer isso.

— Ora, vamos! No último inverno, quando a demanda estava bem baixa, estávamos prometendo entregas em quatro meses e levávamos seis! Agora você me diz que pode ir do contrato até o produto acabado em quatro semanas?

— Não estaria aqui falando com você se não pudéssemos fazer isso – digo, torcendo desesperadamente para que estejamos certos.

Jons ri, não convencido.

— Johnny, a verdade é que eu preciso de mais negócios. Com o fim dos nossos pedidos atrasados e nossos pedidos atuais caindo, tenho de ter mais trabalho para a fábrica. Agora, nós dois sabemos que os negócios existem lá fora; é que a concorrência está pegando uma parcela maior do que nós.

Jons olha para mim com os olhos semicerrados.

— Você realmente consegue entregar um pedido de duzentos Modelo 12 ou trezentos DBD-50 em quatro semanas?

— Faça um teste. Consiga cinco pedidos para mim; diabos, consiga *dez* pedidos, e eu provo a você.

— E o que acontece com a nossa credibilidade se você não conseguir? – ele pergunta.

— 248 —

Perturbado, olho para baixo através da mesa de vidro.

– Johnny, eu faço uma aposta com você. Se eu não entregar o pedido em quatro semanas, eu compro para você um par novinho de sapatos Gucci.

Ele ri, chacoalha a cabeça e diz:

– Está bem, apostado. Eu vou dizer ao pessoal de vendas que todos os produtos da sua fábrica serão entregues em seis semanas.

Eu começo a reclamar, Jons levanta a mão e diz:

– Eu sei que você está confiante e, se você expedir qualquer pedido novo em menos de cinco semanas, eu lhe compro sapatos novos.

# – 29 –

Através da janela do quarto, a lua cheia brilha diretamente nos meus olhos. A noite está quieta. Olho para o relógio: são 4h20 da manhã. Ao meu lado na cama, Julie dorme.

Eu me apoio sobre o cotovelo e olho para Julie. Ela está muito bonita dormindo ao luar, com o seu cabelo escuro espalhado no travesseiro branco. Fico olhando para ela por um tempo. Fico imaginando como são seus sonhos.

Quando acordei, estava tendo um pesadelo. Era sobre a fábrica. Eu estava correndo para cima e para baixo nos corredores e Bill Peach corria atrás de mim com sua Mercedes carmim. Todas as vezes que ele estava prestes a me atropelar, eu me escondia entre as máquinas ou pulava em alguma empilhadeira. Da janela ele gritava para mim que o meu resultado não havia sido bom o bastante. Ele finalmente me encurralou no departamento de expedição. Eu estava de costas para uma pilha de caixas de papelão e a Mercedes corria na minha direção a 160 quilômetros por hora. Tentei proteger meus olhos dos faróis ofuscantes. No momento em que Peach ia me atropelar, acordei e descobri que os faróis eram o luar bem na minha cara.

Agora estou acordado e muito ciente do problema que havia tentado esquecer na noite passada, em companhia de Julie, para conseguir voltar a dormir. Não querendo acordar Julie com a minha inquietação, saio da cama.

# A META

Hoje à noite a casa é toda nossa. Não tínhamos programado nada, quando nos lembramos de que tínhamos a casa de Bearington só para nós, sem ninguém para amolar. Então compramos uma garrafa de vinho, um pouco de queijo e pão e viemos para casa.

De onde estou na sala de estar, no escuro, olhando para fora, parece que o mundo todo dorme, exceto eu. Estou bravo comigo mesmo por não conseguir dormir, mas não consigo esquecer o que me preocupa.

Ontem tivemos uma reunião. Houve algumas notícias boas; e algumas ruins. Na verdade, tivemos muitas notícias boas. No topo da lista estavam os contratos novos que o departamento de marketing está conseguindo para nós. Já conseguimos uma meia dúzia de novos pedidos desde que falei com Johnny. Outra boa notícia foi o fato de que as eficiências vêm aumentando, e não diminuindo, como resultado do que estamos fazendo na fábrica. Depois que começamos a segurar a liberação de materiais e fazer as liberações de acordo com a conclusão do processamento pelo tratamento térmico e pela NCX-10, as eficiências haviam caído um pouco. Mas isso aconteceu porque estávamos consumindo inventário em excesso. Quando o estoque em excesso se esgotou, o que aconteceu rapidamente devido ao aumento no ganho, as eficiências voltaram a subir.

Há duas semanas, implementamos o novo tamanho de lote menor. Quando cortamos pela metade o tamanho dos lotes para não gargalos, as eficiências continuaram boas, e agora parece que estamos mantendo a força de trabalho ainda mais ocupada do que antes.

Isso porque algo realmente incrível aconteceu. Antes de reduzirmos o tamanho dos lotes, não era incomum um centro de trabalho ser forçado a ficar ocioso porque não tinha o que processar; mesmo quando estávamos atolados em estoque em excesso. Geralmente isso acontecia porque o centro de trabalho ocioso tinha de esperar pelo centro que o precedia para terminar um lote grande de determinado item. A não ser que um agilizador interferisse, as peças só seguiam adiante quando todo o lote fosse processado. Na realidade, isso ainda acontece. Mas como agora os lotes são menores, as peças estão prontas para seguir para o próximo centro de trabalho muito antes.

Antes, com frequência, um não gargalo se transformava em gargalo temporário. Isso forçava os centros de trabalho subsequentes a ficar ociosos, o que diminuía as eficiências. Agora, mesmo reconhecendo que os não gargalos têm de ficar ociosos de vez em quando, há *menos* tempo ocioso que antes. Desde que cortamos o tamanho dos lotes, o trabalho está fluindo pela fábrica muito mais facilmente. E é estranho, mas o tempo ocioso que temos é menos perceptível. Ele está espalhado em períodos mais curtos. Em lugar de as pessoas ficarem sem ter o que fazer durante horas, agora elas ficam apenas dez ou vinte minutos por dia, para o mesmo volume de trabalho. Do ponto de vista de todo mundo, isso é muito melhor.

Outra boa notícia é que os inventários estão mais baixos do que jamais estiveram. É quase assustador andar pela fábrica hoje em dia. Aquelas pilhas e pilhas de peças e submontagens encolheram até metade do que eram. É como se uma frota de caminhões tivesse vindo e levado tudo embora. O que, na realidade, foi o que aconteceu. Expedimos o estoque em excesso como produto acabado. É claro que a parte notável da história é que não enchemos a fábrica de novo despejando um novo estoque em processo na produção. Hoje em dia, o único estoque em processo na produção é o da demanda corrente.

Mas então tivemos as más notícias, sobre as quais estou pensando, quando ouço passos no carpete atrás de mim no escuro.

– Al?

– Sim.

– Por que você está aqui no escuro?

– Não consigo dormir.

– Qual é o problema?

– Nenhum.

– Então por que não volta para a cama?

– Estou apenas pensando sobre algumas coisas.

Há um segundo de silêncio. Por um momento acho que ela se foi. Então, sinto-a ao meu lado.

– É a fábrica? – ela pergunta.

– É.

– Mas achei que tudo estava melhorando. Qual é o problema?

– Tem a ver com a nossa medida de custo.

Ela se senta ao meu lado.

– Por que você não me conta o problema?

– Tem certeza de que quer ouvir falar sobre isso?

– Sim, tenho.

# A META

– Parece que o custo das peças aumentou por causa das preparações adicionais necessárias para os lotes menores.

– Ah. Imagino que isso seja ruim, certo?

– Politicamente falando é. Financeiramente falando não faz a menor diferença.

– Como assim?

– Bem... você sabe por que parece que o custo aumentou?

– Não, não mesmo.

Eu fico de pé para acender a luz e pegar um pedaço de papel e um lápis.

– Muito bem, vou dar um exemplo. Suponha que temos um lote de 100 peças. O tempo para preparar a máquina é de duas horas, ou 120 minutos, e o tempo de processo por peça é de 5 minutos. Portanto, investimos por peça cinco minutos mais duas horas de preparação divididos por cem. O que dá 1,2 minuto de preparação por peça. De acordo com os contadores, o custo por peça é baseado em 6,2 minutos de mão de obra direta.

"Agora, se cortarmos o tamanho do lote pela metade, ainda temos o mesmo tempo de preparação. Mas agora ele é dividido entre 50 peças em vez de 100. Portanto, agora temos 5 minutos de tempo de processo mais 2,4 minutos de tempo de preparação, o que dá um total de 7,4 minutos de mão de obra direta. E todos os cálculos são feitos baseados no custo da mão de obra direta."

Eu então explico a forma como os custos são calculados. Primeiro temos os custos de matéria-prima. Depois há o custo da mão de obra direta. E, finalmente, há os custos indiretos, que basicamente calculamos multiplicando o custo de mão de obra direta por um fator, que no nosso caso é por volta de três. Portanto, no papel, se a mão de obra direta aumenta, os custos indiretos também aumentam.

– Então, com mais preparações, o custo de fazer as peças aumenta – diz Julie.

– É assim que *parece*, mas na realidade isso não afetou em nada nossas despesas reais. Não adicionamos mais pessoas à nossa folha de pagamento. Não adicionamos nenhum outro custo fazendo mais preparações. Na verdade, o custo das peças caiu desde que começamos a fazer lotes menores.

– Caiu? Como assim?

– Porque reduzimos o inventário e aumentamos o montante de dinheiro que está entrando na fábrica através das vendas – explico. – Então,

— 252 —

os mesmos custos indiretos, o mesmo custo de mão de obra direta são agora divididos entre mais *produtos*. Produzindo e vendendo mais produtos pelo mesmo custo, nossa despesa operacional diminuiu.

– E por que a medição não dá certo?

– A medição pressupõe que todos os trabalhadores na fábrica vão estar sempre ocupados e, portanto, para fazermos mais preparações, temos de contratar mais gente. E isso não é verdade.

– O que você vai fazer?

Olho pela janela. Agora o sol já está acima do telhado do meu vizinho. Pego a mão dela.

– O que eu vou fazer? Vou levá-la para tomar café da manhã fora de casa.


Quando chego ao escritório, Lou entra.

– Mais notícia ruim para mim – brinco com ele.

– Veja bem... acho que posso ajudá-lo com esse negócio do custo dos produtos.

– Mesmo? Como?

– Posso mudar a base que estamos usando para determinar o custo das peças. Em vez de usar o fator de custo dos últimos doze meses, que é o que eu deveria fazer, podemos usar os últimos dois meses. Isso vai nos ajudar, porque nos últimos dois meses tivemos grandes aumentos de ganho.

– É mesmo – respondo, percebendo as possibilidades. – Isso pode funcionar. E na verdade os últimos dois meses são muito mais representativos daquilo que realmente está acontecendo por aqui do que o que aconteceu no ano passado.

Lou se inclina de um lado para o outro e diz:

– Bem, sim, isso é verdade. Mas de acordo com as regras de contabilidade isso não é válido.

– Certo, mas temos uma boa desculpa. Agora a fábrica é diferente. Nós realmente somos muito melhores do que éramos.

– Al, o problema é que o Ethan Frost nunca vai aceitar isso.

– Então por que você fez essa sugestão?

– O Frost não vai aceitar isso se ficar sabendo.

Lentamente, concordo com a cabeça.

– Entendo.

– Posso lhe dar algo que vai passar despercebido em um primeiro momento. Mas, se o Frost e seus assistentes na divisão checarem alguma coisa, rapidamente perceberão o que fizemos.

– Você está me dizendo que podemos acabar nos dando muito mal.

– Sim, mas se você quiser arriscar…

– Isso poderia nos dar mais alguns meses para mostrarmos o que realmente podemos fazer – afirmo, concluindo o raciocínio dele.

Fico de pé e ando de um lado para outro pensando sobre isso.

Finalmente olho para Lou e digo:

– Não há como mostrar a Peach um aumento no custo das peças e convencê-lo de que a fábrica está melhor este mês do que no mês passado. Se ele vir esses números e achar que nossos custos estão aumentando, acabaremos mal de qualquer jeito.

– Então, você quer tentar? – Lou pergunta.

– Quero.

– Certo. Lembre-se, se formos pegos…

– Não se preocupe. Vou praticar o meu jogo de cintura.

Quando Lou está saindo do meu escritório, Fran me interfona para dizer que Johnny Jons está na linha. Atendo o telefone.

– Tudo bem? – digo, já que a essa altura do campeonato somos praticamente velhos amigos; tenho falado com ele ao telefone quase diariamente (até três ou quatro vezes ao dia) nas últimas semanas. – Como posso ajudá-lo?

– Lembra-se do nosso querido amigo Bucky Burnside?

– Como é que eu poderia me esquecer do bom e velho Bucky? Ele ainda está reclamando de nós?

– Não, não mais. Na verdade, no momento não temos nenhum contrato com o pessoal do Burnside. É por esse motivo que estou ligando. Pela primeira vez em meses, eles voltaram a se mostrar interessados em comprar algo de nós.

– Em que eles estão interessados?

– No Modelo 12, eles precisam de mil unidades.

– Ótimo!

– Talvez não. Eles precisam do pedido todo até o fim do mês.

– Faltam apenas duas semanas.

– Eu sei. O vendedor já verificou com o armazém, nós só temos umas cinquenta unidades do Modelo 12 em estoque.

Claro que ele está me dizendo que teremos de produzir as outras 950 até o fim do mês se quisermos o negócio.

– Bem... Johnny, veja bem, eu sei que eu lhe falei que queria mais negócios, e você conseguiu uns bons contratos desde que conversamos, mas mil Modelos 12 em duas semanas é pedir um pouco demais.

– Al, para falar a verdade, quando liguei, não achava que poderíamos atender ao pedido. Mas achei bom falar com você sobre isso, pois você podia saber de algo que eu não sei. Afinal de contas, mil unidades significa um pouco mais de um milhão de dólares em vendas para nós.

– Sim, eu sei disso. O que está acontecendo que eles estão precisando dessas coisas com tanta pressa?

Ele me diz que pesquisou e descobriu que o pedido havia sido dado ao nosso concorrente número um, que faz um produto parecido com o Modelo 12. O concorrente esteve com o pedido durante cerca de cinco meses, mas ainda não o havia entregado, e esta semana ficou claro que eles não conseguiriam cumprir o prazo de entrega.

– Acho que o Burnside nos procurou porque ouviu dizer que estamos oferecendo prazos de entrega muito curtos a todo mundo – ele diz. – Francamente, acho que estão desesperados. E que diabos, se há algum jeito de fazermos isso, seria uma boa forma de melhorar a nossa relação com eles.

– Bem, não sei. Eu também gostaria de tê-los como clientes de novo, mas...

– O que realmente me frustra é que, se tivéssemos tido a ideia de fazer um estoque de produto acabado do Modelo 12 durante aqueles dois meses mais parados nas vendas, poderíamos agora fazer essa venda.

Tenho de sorrir para mim mesmo, pois no começo do ano eu talvez tivesse concordado com isso.

– É uma pena – Johnny continua dizendo. – Além do negócio em si, poderia ser uma grande oportunidade para nós.

– É mesmo.

– Eles deram a entender claramente que, se conseguirmos fazer isso, podemos nos tornar o fornecedor preferido deles.

Fico quieto por um momento.

# A META

– Certo. Você realmente quer isso, não quer? – pergunto.

– Quero tanto que já posso sentir o gostinho. Mas se é impossível...

– Quando você precisa dar uma resposta a eles?

– Provavelmente ainda hoje, ou o mais tardar amanhã. Por quê? Você acha que há chances de fazermos isso?

– Talvez haja uma forma. Deixe-me examinar nossa situação e depois ligo para você.

Assim que desligo o telefone, reúno Bob, Stacey e Ralph no meu escritório e relato a eles o que Jons me disse.

– Normalmente eu diria que está fora de questão. Mas, antes de darmos o não, vamos pensar sobre isso.

Todos olham para mim com a certeza de que isso vai ser uma perda de tempo.

– Vamos simplesmente ver o que podemos fazer, está bem? – digo.

No restante da manhã ficamos ocupados com isso. Olhamos a lista de materiais. Stacey verifica o estoque de matéria-prima. Ralph faz uma pequena estimativa de quanto tempo vai levar para produzir mil unidades depois que os materiais estiverem em mãos. Às onze da manhã ele já calculou que os gargalos podem produzir cerca de cem peças por dia para o Modelo 12.

– Portanto, seria tecnicamente viável a execução desse pedido – diz Ralph. – Mas se não trabalharmos em mais nada a não ser nas mil unidades do Burnside por duas semanas.

– Não, eu não quero fazer isso – digo a ele, pensando que podemos prejudicar nosso relacionamento com uma dúzia de clientes para satisfazer a um. – Vamos tentar outra coisa.

– Como o quê? – pergunta Bob, que está aqui sentado conosco, parecendo tão entusiasmado quanto uma tora de madeira.

– Há algumas semanas nós reduzimos o tamanho de nossos lotes à metade, e o resultado foi que conseguimos condensar o tempo que o inventário perde dentro da fábrica, o que também nos deu um aumento no ganho. E se reduzirmos *novamente* à metade o tamanho dos lotes? – proponho.

– Puxa, eu não tinha pensado nisso – diz Ralph.

Bob se endireita na cadeira.

— 256 —

— Reduzi-los de novo? Desculpe-me, Al, mas não vejo como isso pode nos ajudar, não com o volume de trabalho com o qual já nos comprometemos.

— Sabe — diz Ralph —, temos muitos pedidos que programamos para serem concluídos antes das datas de entrega. Poderíamos reprogramar alguns deles no sistema de prioridades, assim eles serão expedidos nas datas prometidas, e não antes. Isso poderia nos dar mais tempo disponível no gargalo, e não prejudicaria ninguém.

— Bem pensado, Ralph — digo.

— Mas que diabos, mesmo assim não conseguiríamos fazer mil unidades — diz Bob. — Não em duas semanas.

— Bem, então se reduzirmos o tamanho dos lotes, quantas unidades *podemos* fazer em duas semanas e ainda expedir nossos pedidos atuais na data prometida? — pergunto.

Bob coloca a mão no queixo e responde:

— Acho que podemos dar uma olhada nisso.

— Vou ver o que posso fazer — diz Ralph, e fica de pé para sair e voltar para o seu computador.

Bob agora está interessado e diz:

— Acho melhor eu ir com você para examinarmos isso juntos.

Enquanto Ralph e Bob estão examinando a nova possibilidade, Stacey traz dados sobre os inventários. Ela se certificou de que podemos obter todo o material de que precisamos ou do nosso próprio estoque ou dos nossos fornecedores em poucos dias, com uma exceção.

— Os módulos de controle eletrônico para o Modelo 12 são um problema — diz Stacey. — Não temos o suficiente deles em estoque e não temos a tecnologia para construí-los aqui dentro. Mas localizamos um fornecedor na Califórnia que os tem. Infelizmente o fornecedor não pode prometer um carregamento com essa quantidade em menos de quatro ou seis semanas, incluindo o tempo de transporte. Eu diria que podemos esquecer esse negócio.

— Espere um pouco, Stacey; estamos pensando em uma pequena mudança de estratégia. Quantos módulos eles poderiam nos dar por semana? — pergunto. — E quando eles podem mandar a quantidade da primeira semana para nós?

— Não sei, mas fazendo dessa forma talvez não consigamos obter o desconto pelo volume — diz Stacey.

— Por que não? – pergunto. – Estaríamos nos comprometendo com as mesmas mil unidades; nós apenas estaríamos escalonando as entregas.

— Bom, aí então teríamos o custo do frete adicional.

— Stacey, estamos falando de um negócio de um milhão de dólares.

— Está bem, mas o material vai levar pelo menos de três dias a uma semana para chegar aqui de caminhão.

— Então por que não o mandam via aérea? – pergunto. – Os módulos não são peças muito grandes.

— Bem... – diz Stacey.

— Dê uma olhada nisso, mas duvido que o custo do frete aéreo coma o lucro de uma venda de um milhão de dólares. E, se não conseguirmos essas peças, não conseguiremos fechar o negócio.

— Certo. Vou ver o que posso fazer – ela diz.


No fim do dia ainda estamos trabalhando nos detalhes, mas sabemos o bastante para eu fazer uma ligação ao Jons.

— Tenho uma oferta para você fazer a Burnside no pedido do Modelo 12 – digo.

— Sério? – diz Jons, alvoroçado. – Você quer fazer o negócio?

— Dentro de certas condições. Em primeiro lugar, não podemos entregar as mil unidades em duas semanas, mas podemos entregar 250 por semana durante quatro semanas.

— Bem, está certo, talvez eles aceitem, mas quando vocês podem começar as entregas?

— Duas semanas depois do pedido feito.

— Você tem certeza?

— As unidades serão entregues nas datas que estipularmos.

— Você está tão confiante assim?

— Estou.

— Muito bem. Vou ligar para eles e ver se estão interessados. Mas, Al, eu só espero que o que você está me dizendo realmente aconteça, pois não quero passar por toda a dor de cabeça que já tivemos com esse pessoal.


Algumas horas mais tarde o telefone toca na minha casa.

— Al? Conseguimos! O pedido é nosso! – Jons grita no meu ouvido.

E no meu ouvido esquerdo ouço um milhão de dólares entrar na caixa registradora.

– Sabe de uma coisa? – Jons diz. – Eles até gostaram *mais* das entregas menores do que de receber mil unidades de uma só vez!

– Ótimo, vou dar a partida agora mesmo. Pode dizer a eles que daqui a duas semanas, a partir de hoje, vamos entregar as primeiras 250 unidades.

# – 30 –

No começo do mês temos uma reunião.

Todos estão presentes, menos Lou. Bob me disse que ele logo vai se juntar a nós. Eu me sento e começo a mexer as mãos nervosamente. Para começar a reunião, enquanto esperamos por Lou, pergunto sobre as entregas:

– Como está o pedido do Burnside?

– A primeira entrega foi feita conforme o programado – diz Donovan.

– E as outras? – pergunto.

– Nenhum problema – diz Stacey. – As caixas de controle estavam atrasadas um dia, mas tivemos tempo suficiente para montar o produto sem atrasar a entrega. Esta semana recebemos o lote do fornecedor na data certa.

– Ótimo. E quanto aos lotes menores? – pergunto.

– Agora o fluxo pela fábrica está ainda melhor – diz Bob.

– Excelente – digo.

Neste momento, Lou entra na sala. Ele está atrasado porque estava acabando de calcular o resultado do mês. Senta-se e olha diretamente para mim.

– E então? – pergunto. – Conseguimos os 15%?

– Não – ele responde. – Conseguimos 17%, em parte graças ao Burnside. E parece que os próximos meses correrão tranquilamente.

Ele então faz um resumo de como foi o nosso desempenho no segundo trimestre. Agora estamos bem lucrativos e os inventários representam cerca de 40% do que eram há três meses. O ganho dobrou.

– Bem, andamos um bocado, não foi? – eu pergunto.

No dia seguinte, quando volto do almoço, há dois envelopes com o logotipo da Divisão UniWare no canto superior esquerdo. Abro um deles e desdobro o papel. A carta tem apenas dois parágrafos curtos, com a assinatura de Bill Peach no final. Ele está nos cumprimentando pelo pedido de Burnside. Ao abrir o outro, descubro que também é de Peach. A carta é bem curta e direta. Ele me instrui formalmente para me preparar para uma revisão do desempenho da fábrica, que ocorrerá na matriz.

O sorriso que havia surgido com a leitura da primeira carta aumenta. Há três meses essa segunda carta teria me deixado apavorado, porque, apesar de não estar escrito claramente, pressuponho que a revisão será a ocasião para determinar o futuro da fábrica. Eu esperava alguma avaliação formal, e agora não a temo mais; pelo contrário, ela é bem-vinda. Do que precisamos ter medo? Que diabos, essa é uma oportunidade para mostrar o que fizemos!

O ganho está aumentando à medida que o departamento de marketing nos divulga a outros clientes. Os inventários são uma fração do que eram e continuam diminuindo. Com mais negócios e mais peças para dividir os custos, a despesa operacional também caiu. Estamos ganhando dinheiro.

Na semana seguinte fico fora da fábrica por dois dias com meu gerente de RH, Scott Dolin. Estamos em uma reunião muito sigilosa em St. Louis, com o grupo de relações trabalhistas da divisão e os outros gerentes de fábrica. A maior parte da discussão é sobre como conseguir concessões salariais dos vários sindicatos. Para mim, essa é uma sessão frustrante; em Bearington não precisamos reduzir os salários. Portanto, eu não estou muito entusiasmado com a estratégia sugerida, sabendo que isso pode criar problemas com o sindicato, o que poderia levar a uma greve, que acabaria com o progresso que estamos conseguindo com os clientes. Além disso, a reunião é muito malconduzida e acaba encontrando poucas soluções. Eu volto a Bearington.

Lá pelas quatro da tarde, entro no prédio de escritórios. Assim que me vê, a recepcionista me chama e me diz que Bob Donovan pediu para me ver assim que eu chegasse. Pedi que chamasse Bob e ele entra correndo no meu escritório alguns minutos depois.

– O que está acontecendo, Bob?

– Hilton Smyth. Ele esteve aqui na fábrica hoje.

— Ele esteve *aqui*? Para quê?

— Você se lembra do vídeo sobre os robôs que há alguns meses estava sendo planejado?

— Eles desistiram disso.

— Bem, isso foi ressuscitado. Só que agora é o Hilton e não o Granby que vai falar no vídeo, porque ele é o gerente de produtividade da divisão. Hoje de manhã eu estava tomando um cafezinho lá perto do corredor C quando vi a equipe de filmagem invadindo o lugar. Quando descobri o que eles estavam fazendo, Hilton Smyth já estava ao meu lado.

— Ninguém aqui sabia que eles viriam? – pergunto.

Ele me conta que Bárbara Penn, a responsável pela comunicação com os empregados, sabia.

— E ela não achou que precisava dizer isso a ninguém? – pergunto.

— Sabe, a coisa toda foi reprogramada em cima da hora. Como você e o Scott não estavam por aqui, ela fez tudo sozinha, falou com o sindicato e preparou tudo. Passou um memorando, mas só recebemos uma cópia hoje de manhã.

— Nada como a iniciativa – resmungo.

Ele continua, dizendo que a equipe de Hilton preparou todos os equipamentos na frente de um dos robôs; não os de solda, mas um outro tipo de robô que empilha materiais. Entretanto, rapidamente ficou óbvio que havia um problema: o robô não tinha o que fazer. Não havia inventário para ele trabalhar, e nenhum trabalho estava a caminho.

Em um vídeo sobre produtividade, é claro que o robô não poderia simplesmente ficar parado sem fazer nada. Ele tinha de estar *produzindo*. Então, por uma hora, Donovan e alguns assistentes procuraram em todos os cantos da fábrica algo que o robô pudesse manipular. Enquanto isso, Smyth ficou entediado com a espera e começou a dar umas voltas pela fábrica, e não demorou muito para começar a perceber algumas coisas.

— Quando voltamos com os materiais, Hilton começou a perguntar um monte de coisas sobre o tamanho dos nossos lotes – diz Bob. – Não sabia o que responder, porque não tinha certeza do que você havia dito lá na matriz e, humm... bem, só achei que você deveria saber.

Sinto um aperto no estômago. Nesse momento o telefone toca. Atendo-o na minha mesa. É o Ethan Frost da matriz, dizendo que acabou de falar com Hilton Smyth. Eu peço licença ao Bob, e ele sai da sala.

Depois que ele fecha a porta falo com Frost por alguns minutos e em seguida vou falar com Lou.

Entro e começo a praticar o meu jogo de cintura.

Dois dias mais tarde, uma equipe de auditoria da matriz chega à fábrica. A equipe é chefiada pelo vice-*controller* da divisão, Neil Cravitz, um homem nos seus cinquenta e poucos anos, que tem o aperto de mão mais forte e o olhar mais sem graça que eu conheço.

Eles invadem o lugar e tomam conta da sala de reuniões. Eles rapidamente descobrem que mudamos a base para a determinação do custo dos produtos.

— Isso é muito irregular — diz Cravitz, olhando para nós por cima dos seus óculos enquanto ergue a cabeça das planilhas.

Lou balbucia que talvez não tivesse sido exatamente de acordo com a regra, mas tínhamos motivos válidos para basear os custos no período atual de dois meses.

— Na realidade, dessa forma é uma representação mais verdadeira — acrescentei.

— Desculpe sr. Rogo — diz Cravitz. — Nós temos de seguir as regras estabelecidas.

— Mas a fábrica é diferente agora!

Em volta da mesa os cinco contadores estão olhando feio para Lou e para mim. Eu desisto. Não adianta tentar apelar para eles. Tudo o que conhecem são seus padrões contábeis.

A equipe de auditoria recalcula os números e agora parece que nossos custos subiram. Quando eles vão embora tento me antecipar ligando para Peach antes que eles retornem, mas ele está, inesperadamente, fora da cidade. Tento falar com Frost, mas ele também não está. Uma das secretárias propõe me transferir para Smyth, que parece ser o único executivo presente, mas eu, não muito delicadamente, recuso.

Por uma semana espero pelo estouro que deve vir da matriz, porém ele não vem. Lou recebe uma censura de Frost na forma de um memorando, avisando-o de que deve seguir as políticas autorizadas, e uma ordem formal para refazer o nosso relatório trimestral de acordo com os velhos padrões de custo e entregá-lo à matriz antes da revisão do desempenho da fábrica. Peach não dá sinal de vida.

No começo da tarde, estou no meio de uma reunião com Lou examinando nosso relatório mensal *revisado*. Estou arrasado. Com os números baseados nos velhos índices de custo, não vamos atingir os 15%. Vamos apenas conseguir um aumento no resultado final de 12,8%, não os 17% orginalmente calculados por Lou.

– Lou, não podemos massagear isso um pouco mais? – suplico.

Ele discorda com a cabeça.

– De agora em diante o Frost vai examinar minuciosamente tudo o que fizermos. Isso é o melhor que posso fazer.

Nesse momento percebo um barulho fora dos escritórios que está ficando cada vez mais forte.

Olho para Lou e ele olha para mim.

– Isso é um helicóptero? – pergunto.

Lou vai até a janela e olha para cima.

– É sim, e está pousando no nosso gramado!

Chego na janela no momento em que ele pousa. A hélice levanta poeira e a grama seca voa em volta do helicóptero vermelho e branco. As duas lâminas estão girando devagar, a porta se abre e dois homens saem de dentro.

– O primeiro parece Johnny Jons – diz Lou.

– É ele mesmo – confirmo.

– Quem é o outro?

Não tenho certeza. Observo-os atravessar o gramado e começar a andar pelo estacionamento. Algo no andar arrogante do enorme homem de cabelos brancos me lembra um encontro que tive há muito tempo. Então me lembro de quem é ele.

– Deus – exclamo.

– Não pensei que ele precisasse de um helicóptero para andar por aí – diz Lou, brincando.

– É mais que Deus, é o Bucky Burnside!

Antes que Lou possa abrir a boca corro para a porta, passo pelo corredor e entro no escritório de Stacey. Ela, sua secretária e outras pessoas com quem ela está reunida estão na janela. Todos estão olhando o maldito helicóptero.

– Stacey, rápido, preciso falar com você agora mesmo!

Ela vem até a porta e eu a puxo para o corredor.

– Qual a situação dos Modelo 12 do Burnside? – pergunto.

# A META

— O último carregamento saiu há dois dias.

— Saiu na data certa?

— Claro. Saiu daqui sem problemas, como os outros carregamentos.

Corro de novo, murmurando um "obrigado" para ela.

— Donovan!

Ele não está no seu escritório. Paro na mesa da sua secretária.

— Onde está o Bob? – pergunto.

— Acho que foi ao banheiro – ela responde.

Saio correndo na direção do banheiro. Entro e encontro Bob lavando as mãos.

— Tivemos algum problema de qualidade no pedido do Burnside? – pergunto.

— Não – diz Bob, surpreso em me ver. – Não que eu saiba.

— Houve algum problema com esse pedido?

Ele pega uma toalha de papel e enxuga as mãos.

— Não, tudo funcionou como um relógio.

Eu me apoio na parede.

— Então o que diabos ele está fazendo aqui?

— *Quem* está aqui? – diz Bob.

— O Burnside. Ele acabou de chegar em um helicóptero com o Johnny Jons.

— *O quê?*

— Venha comigo.

Vamos até a recepcionista, mas não há ninguém na sala de espera.

— O sr. Jons passou por aqui com um cliente? – pergunto.

— Os dois homens do helicóptero? – ela pergunta. – Não, eu os vi passar por fora e ir direto para a fábrica.

Bob e eu saímos correndo pelo corredor e entramos na fábrica, onde somos iluminados pela luz alaranjada. Um dos supervisores nos vê do outro lado do corredor e aponta, sem que perguntássemos, a direção que Jons e Burnside seguiram. Quando começamos a andar no corredor eu os vejo à nossa frente.

Burnside se dirige a todo funcionário que vê e *aperta sua mão*. Estou falando sério! Ele está apertando as mãos, segurando-os pelo braço, dizendo coisas a eles. E está sorrindo.

— 264 —

Jons o acompanha e faz o mesmo. Assim que Burnside solta um aperto de mão, Jons aperta essa mesma mão. Eles estão cumprimentando todos os que encontram.

Finalmente Jons percebe que estamos nos aproximando, toca no ombro de Burnside e diz algo a clc. Burnside abre um grande sorriso e vem andando até mim com sua mão estendida.

– Aqui está o homem que eu quero parabenizar – diz Burnside, falando alto. – Eu estava guardando o melhor para o final, mas você me alcançou antes. Tudo bem?

– Tudo bem, sr. Burnside – digo a ele.

– Rogo, vim até aqui pois quero apertar a mão de cada funcionário da sua fábrica. Esta fábrica fez um trabalho excepcional referente ao nosso pedido. Um trabalho fantástico! Os outros desgraçados tiveram cinco meses para entregar o pedido e, mesmo assim, não conseguiram, e aqui o seu pessoal acaba tudo em cinco semanas. Deve ter sido um esforço incrível!

Antes de eu poder falar qualquer coisa, Jons entra na conversa e diz:

– Hoje, Bucky e eu estávamos almoçando e eu disse a ele como você se empenhou para entregar esse pedido, como todos aqui se esforçaram ao máximo.

– Ah… claro, nós demos tudo que tínhamos – concordo.

– Você se importa se eu prosseguir? – pergunta Burnside, com a intenção de continuar andando pelos corredores.

– Não, claro que não – respondo.

– Isso não vai prejudicar a sua eficiência, vai? – pergunta Burnside.

– Nem um pouco. Por favor, continue.

Olho para Donovan e com o canto da boca sussurro:

– Traga a Bárbara Penn aqui agora mesmo com a máquina fotográfica que ela usa para o jornal dos empregados. E diga a ela para trazer muito filme.

Donovan sai correndo para os escritórios, e Jons e eu seguimos Bucky através dos corredores, nós três apertando as mãos de todos.

Percebo que Johnny está muito eufórico. Quando Burnside está longe o bastante para não nos ouvir, ele se volta para mim e pergunta:

– Quanto você calça?

– Quarenta e três. Por quê?

– Eu lhe devo um par de sapatos.

# A META

– Tudo bem, Johnny, não se preocupe com isso.

– Al, deixe-me contar-lhe uma coisa: na semana que vem vamos nos reunir com o pessoal do Burnside para acertar um contrato de longo prazo para o Modelo 12; dez mil unidades por ano!

O número me faz dar um passo para trás.

– E eu vou me reunir com todo o meu departamento quando voltar – Jons continua falando enquanto caminhamos. – Vamos fazer uma nova campanha para vender tudo o que é feito aqui, porque esta é a única fábrica nessa maldita divisão que consegue entregar pontualmente um produto de qualidade. Al, com os seus *lead times* nós vamos tirar todo mundo do mercado! Graças a você, finalmente temos um vencedor.

Eu estou radiante.

– Obrigado, Johnny. Mas na verdade o pedido do Burnside não exigiu nenhum esforço extra.

– Psiu! Não deixe o Burnside descobrir isso – diz Johnny.

Atrás de mim ouço dois horistas conversando.

– O que está acontecendo? – pergunta um.

– Não tenho a menor ideia – diz o outro. – Acho que fizemos algo certo.

Na véspera da revisão de desempenho da fábrica, com a apresentação ensaiada e dez cópias do relatório em mãos, e mais nada para fazer a não ser ficar imaginando o que poderia dar errado, ligo para Julie.

– Olá – digo a ela. – Sabe, amanhã de manhã tenho de estar na matriz para uma reunião. E já que Forest Grove fica mais ou menos na metade do caminho, gostaria de ir até aí e ver você essa noite. O que você acha?

– Claro, me parece uma ótima ideia.

Então saio do trabalho um pouco mais cedo e pego a estrada.

Enquanto sigo pela interestadual, Bearington vai ficando à minha esquerda. A placa "Compre-me!" em cima do prédio de escritórios ainda está lá. Vivendo na região que agora estou vendo há 30 mil pessoas, as quais nem suspeitam que uma modesta, mas importante, parte do futuro econômico da cidade será decidida amanhã. A maioria delas não tem o menor interesse na fábrica ou no que fazemos aqui; a não ser que a UniWare feche a fábrica, aí elas ficarão furiosas e com medo. E se ficar aberta? Ninguém vai se importar. Ninguém vai ficar sabendo o que passamos.

Bem, ganhando ou perdendo, sei que dei o melhor de mim.

Quando chego à casa dos pais de Julie, Sharon e Dave correm até o carro. Depois de tirar o terno e colocar uma roupa mais informal, fico mais ou menos uma hora jogando *frisbee* com as crianças. Depois que elas me deixam exausto, Julie sugere que nós dois saiamos para jantar. Tenho a impressão de que ela quer conversar comigo. Eu me arrumo um pouco e lá vamos nós. No caminho, passamos pelo parque.

— Al, por que não paramos um pouco aqui? – diz Julie.

— Para quê? – pergunto.

— Na última vez que estivemos aqui, não terminamos a nossa caminhada.

Estaciono o carro. Saímos e começamos a andar. Depois de algum tempo chegamos ao banco perto do rio e nós sentamos.

— Sobre o que vai ser a sua reunião de amanhã? – ela pergunta.

— É uma revisão do desempenho da fábrica. A divisão vai decidir o futuro da fábrica.

— Ah! O que você acha que eles vão dizer?

— Não conseguimos fazer o que eu havia prometido ao Bill Peach. Um conjunto de números não parece tão bom quanto realmente é, por causa dos padrões do custo dos produtos. Você se lembra de que eu lhe contei um pouco sobre isso, não é?

Ela faz sinal que sim, e eu balanço a cabeça, ainda bravo com o que aconteceu por conta da auditoria.

— Mas, mesmo assim, tivemos um bom mês. Porém, do que é mostrado, o mês não parece tão bom – digo a ela.

— Você não acha que eles ainda pensam em fechar a fábrica, não é?

— Acho que não. Eles teriam de ser idiotas para nos condenar por causa de um aumento no custo dos produtos. Mesmo com medições erradas, estamos ganhando dinheiro.

Ela pega minha mão e diz:

— Você foi muito gentil em me levar para tomar café da manhã aquele dia.

— Depois que você me ouviu tagarelar sem parar às cinco da manhã, você merecia.

— Quando você falou comigo naquele dia, percebi como eu mal sei o que você faz. Gostaria que você tivesse me contado mais coisas em todos esses anos.

# A META

Encolho os ombros.

– Não sei por que não o fiz; pensei talvez que você não se interessaria por isso. Ou não queria aborrecê-la com isso.

– É, eu deveria ter lhe feito mais perguntas.

– Trabalhando tanto assim, tenho certeza de que eu não lhe dei muitas oportunidades.

– Quando você não vinha para casa, naquela época antes de eu sair de casa, eu realmente levei tudo para o lado pessoal. Não conseguia acreditar que não tinha nada a ver comigo. Lá no fundo eu achava que você estava usando o trabalho como uma desculpa para ficar longe de mim.

– Não, claro que não, Julie. Quando todas aquelas crises estavam ocorrendo eu simplesmente pensei que você deveria *saber* quanto elas eram importantes. Desculpe-me. Eu deveria ter lhe contado mais coisas.

Ela aperta a minha mão e diz:

– Estive pensando sobre algumas das coisas que você disse sobre o nosso casamento quando estávamos sentados aqui da última vez. Tenho de dizer que você tem razão. Por muito tempo estivemos à deriva. Na realidade, nós estávamos ficando distantes um do outro. No decorrer dos anos, você foi ficando cada vez mais envolvido com o seu trabalho, e, para compensar essa perda, eu me dediquei mais a coisas como decorar a casa e passar o tempo com amigos. Nós perdemos de vista o que era importante.

Olho para ela à luz do sol. Os cachos horríveis que ela usava no cabelo quando voltei para casa naquela noite em que a NCX-10 parou já se foram. O cabelo havia crescido. Seu cabelo agora está novamente volumoso e liso, todo da mesma cor castanho-escura.

– Al, o que sei com certeza é que quero mais de você, não menos. Esse sempre foi o meu problema – ela diz.

Ela olha para mim com seus olhos azuis, e eu sinto algo por ela que há muito não sentia.

– Finalmente eu entendi por que não quis voltar para Bearington com você – ela diz. – E não é só pela cidade, apesar de não gostar muito dela. É que desde que estamos morando separados, na verdade passamos mais tempo juntos. O que eu quero dizer é que, quando estávamos vivendo na mesma casa, eu sentia que você não me dava valor. Agora você me traz flores, faz de tudo para estar comigo. Você acha tempo para fazer coisas comigo e com as crianças. Tem sido muito gostoso. Sei que não pode continuar assim para sempre (acho que meus pais estão ficando um pouco cansados da situação), mas eu não quero que isso acabe.

Eu começo a me sentir muito bem e digo:

— Pelo menos temos certeza de que não queremos dizer adeus.

— Al, não sei bem qual é a nossa meta, ou qual deva ser, mas acho que sabemos que precisamos um do outro. Sei que quero que Sharon e Dave cresçam e sejam pessoas de bem, e quero poder suprir as suas necessidades e que você possa suprir as minhas.

Eu coloco meu braço em volta dela.

— Isso parece um bom começo. Olhe, provavelmente é mais fácil falar do que fazer, mas com certeza posso tentar lhe dar mais valor. Gostaria que você voltasse para casa, mas infelizmente as pressões que causaram todos os problemas ainda estarão lá. Elas simplesmente não irão embora. Não posso ignorar o meu trabalho.

— Eu nunca pedi que você fizesse isso. Apenas não ignore a mim nem as crianças, e eu vou realmente tentar compreender o seu trabalho.

Eu sorrio.

— Você se lembra de que há muito tempo, logo que nos casamos, nós dois trabalhávamos, voltávamos para casa e apenas conversávamos um com o outro por algumas horas, e nos consolávamos dos problemas que havíamos tido durante o dia? – eu pergunto. – Isso era tão bom!

— Mas aí então vieram os bebês. E, depois, você começou a trabalhar até mais tarde.

— É, perdemos o costume. O que você acha de nos esforçarmos para fazer isso de novo?

— Parece uma ótima ideia. Olhe, sei que, quando deixei você, devo ter parecido egoísta. Eu simplesmente perdi a cabeça. Desculpe-me…

— Não, você não tem de se desculpar. Eu deveria ter prestado mais atenção em você.

— Mas vou tentar recompensar você. – Ela esboça um rápido sorriso. – Já que estamos nos lembrando do passado, talvez você se lembre da primeira briga que tivemos, como depois prometemos tentar olhar para uma situação do ponto de vista do outro. Bom, acho que nos últimos anos não temos feito muito isso. Eu gostaria de tentar de novo se você também quiser.

— Eu também quero.

Abraçamo-nos demoradamente.

# A META

– Então... você quer se casar? – eu pergunto a ela.

Ela descansa nos meus braços e responde:

– Eu tento qualquer coisa duas vezes.

– Você sabe que não vai ser perfeito, não é? Você sabe que nós ainda brigaremos.

– E eu provavelmente vou ser egoísta com você de tempos em tempos.

– Não faz mal. Vamos para Las Vegas procurar um juiz de paz.

Ela ri.

– Você está falando sério?

– Bom, não posso ir hoje à noite. Tenho uma reunião amanhã de manhã. Que tal amanhã à noite?

– Você está falando sério!

– Desde que você foi embora tudo o que tenho feito é depositar o salário no banco. Depois de amanhã decididamente será hora de torrar parte desse dinheiro.

Julie sorri.

– Está bem, seu perdulário. Vamos fazer isso.

# - 31 -

Na manhã seguinte, no 15º andar do prédio da UniCo., entro na sala de reuniões alguns minutos antes das dez. Sentado do outro lado, no final da mesa, está Hilton Smyth, e sentado ao seu lado está Neil Cravitz. Ao lado deles há vários assistentes.

Cumprimento a todos.

Hilton olha para mim sem sorrir e diz:

– Se você fechar a porta, poderemos começar.

– Espere um pouco. Bill Peach ainda não está aqui – digo. – Nós vamos esperar por ele, não vamos?

– Bill não virá. Ele está envolvido nos negócios – diz Smyth.

– Então eu gostaria que essa revisão fosse postergada até que ele esteja disponível – digo a ele.

O olhar de Smyth fica petrificado.

— Bill me pediu particularmente que conduzisse esta revisão e passasse a ele as minhas recomendações — diz Smyth. — Portanto, se você quiser defender a sua fábrica, sugiro que você comece. Caso contrário, nós teremos de tirar nossas próprias conclusões sobre seu relatório, e com aquele aumento no custo dos produtos do qual Neil me falou, parece-me que você terá pouco para dizer. Eu, pessoalmente, gostaria de saber por que você não está seguindo os procedimentos corretos para determinar o tamanho econômico dos lotes.

Eu ando de um lado para o outro na frente deles por um momento. Lentamente, o pavio da minha raiva começou a queimar. Tento apagá-lo e pensar sobre o que isso tudo quer dizer. Eu não gosto nem um pouco da situação. Peach *deveria* estar aqui. E eu esperava fazer minha apresentação para Frost, não para o seu assistente. Mas, ao que parece, Hilton talvez tenha acertado com Peach para ser meu juiz, júri e, possivelmente, executor. Eu decido que falar é a minha aposta mais segura.

— Está bem — digo finalmente. — Mas antes de começar a apresentação sobre o que vem acontecendo na minha fábrica, deixem-me lhes fazer uma pergunta. A meta da divisão UniWare é reduzir os custos?

— Claro que é — diz Hilton, impacientemente.

— Não, na realidade essa não é a meta. A meta da UniWare é ganhar dinheiro. Concordam?

Cravitz se endireita na cadeira e diz:

— Isso é verdade.

Hilton concorda vagamente com a cabeça. Continuo:

— Vou demonstrar a vocês que, independentemente do que nossos custos estão mostrando de acordo com a medição padrão, minha fábrica nunca esteve em melhor situação para ganhar dinheiro.

E assim começo.

Uma hora e meia depois, estou na metade de uma explicação sobre os efeitos dos gargalos no inventário e no ganho quando Hilton me interrompe e diz:

— Certo, você já gastou muito tempo para falar sobre tudo isso, e eu pessoalmente não consigo ver qual a importância. Talvez você tivesse alguns gargalos na sua fábrica e tenha descoberto onde eles estavam. Bem,

# A META

quero lhe dar meus *parabéns* e tudo o mais, mas, quando eu era um gerente de fábrica, nós lidávamos com gargalos que mudavam de lugar a toda hora.

– Hilton, nós estamos lidando com pressupostos fundamentais que estão errados – digo.

– Você não está dizendo nada tão importante – diz Hilton. – É no máximo bom senso e, assim mesmo, com certa boa vontade.

– Não, é mais do que bom senso, pois estamos todos os dias fazendo coisas que estão em contradição direta com as regras estabelecidas, as quais a maioria das pessoas usa na produção – eu digo a ele.

– Como, por exemplo? – diz Cravitz.

– De acordo com as regras da contabilidade de custos que todos usaram no passado, nós devemos primeiro balancear a capacidade com a demanda, depois tentar manter o fluxo. Mas, ao contrário, nós não deveríamos mesmo tentar balancear a capacidade; nós precisamos de capacidade em excesso. A regra que deveríamos seguir é balancear o *fluxo* com a demanda, não a capacidade.

Eu continuo falando:

– Em segundo lugar, os incentivos que geralmente oferecemos são baseados no pressuposto de que o nível de utilização de um empregado é determinado pelo seu próprio potencial. Isso é totalmente falso por causa da dependência. Para qualquer recurso que não é um gargalo, o nível de atividade em que o sistema é capaz de lucrar não é determinado pelo seu potencial individual, mas por alguma outra restrição do sistema.

Hilton diz, impaciente:

– Qual a diferença? Quando alguém está trabalhando, estamos tirando proveito dele.

– Não, e esse é o *terceiro* pressuposto que está errado. Partimos do pressuposto de que a utilização e a ativação são a mesma coisa. Ativar um recurso e utilizar um recurso não são sinônimos.

E a discussão continua.

*Eu* digo que uma hora perdida em um gargalo é uma hora perdida em todo o sistema. Hilton diz que uma hora perdida em um gargalo é apenas uma hora perdida nesse recurso.

Eu digo que uma hora economizada em um não gargalo não vale nada. Hilton diz que uma hora economizada em um não gargalo é uma hora economizada naquele recurso.

– Tanta conversa sobre gargalos... Os gargalos temporariamente limitam o ganho. Talvez a sua fábrica seja a prova disso. Mas eles têm pouco impacto sobre o inventário.

– É completamente o oposto disso, Hilton – digo. – Os gargalos governam tanto o ganho quanto o inventário. E eu lhe digo o que é que a minha fábrica realmente mostrou; ela provou que nossas medições de desempenho estão erradas.

Cravitz deixa sua caneta cair e ela rola pela mesa fazendo barulho.

– Então como devemos avaliar o desempenho das nossas operações? – pergunta Cravitz.

– Pelo resultado final. Com base nessa avaliação, minha fábrica agora se transformou na melhor fábrica da Divisão UniWare, e possivelmente a melhor no setor. Nós estamos ganhando dinheiro quando nenhuma das outras está.

– Você pode estar ganhando dinheiro *temporariamente*. Mas, se você realmente está administrando a sua fábrica dessa forma, não consigo ver como ela poderá ser lucrativa por muito mais tempo.

Eu começo a falar, mas Hilton fala mais alto.

– O fato é que a medição de custo dos produtos subiu – diz Hilton. – E quando os custos aumentam, os lucros têm de cair. É muito simples. E essa é a base do que eu vou colocar no meu relatório para Bill Peach.

Mais tarde me encontro sozinho na sala. Os srs. Smyth e Cravitz já se foram. Olho fixamente para a minha pasta aberta; com o punho eu a fecho com toda a força.

Resmungo alguma coisa sobre como eles são cabeças-duras enquanto saio da sala de reuniões e vou até os elevadores. Aperto o botão para descer, mas, quando o elevador chega, não estou mais lá: volto pelo corredor e me dirijo à sala do canto.

Meg, a secretária de Bill, vê que estou me aproximando. Vou até a mesa dela, onde ela está arrumando alguns clipes de papel.

– Eu preciso falar com o Bill – digo a ela.

– Pode entrar, ele está esperando por você.

– Olá, Al – ele me cumprimenta quando entro na sua sala. – Eu sabia que você não iria embora sem me ver. Sente-se.

Quando chego perto da sua mesa começo a falar:

# A META

– O Hilton Smyth vai apresentar um relatório negativo sobre a minha fábrica, e eu sinto que você, como meu chefe, deveria me ouvir antes de chegar a qualquer conclusão.

– Vá em frente, conte-me tudo. Sente-se, não estamos com pressa.

Eu continuo a falar. Bill coloca os cotovelos na mesa, apoia o rosto nas mãos. Quando eu finalmente paro de falar, ele diz:

– E você explicou tudo isso ao Hilton?

– Em detalhes.

– E qual foi a resposta dele?

– Ele basicamente se recusou a me ouvir. Continua dizendo que, desde que o custo dos produtos continue aumentando, em algum momento os lucros vão ter de cair.

Bill olha direto nos meus olhos e pergunta:

– Você não acha que ele tem uma certa razão?

– Não, eu não acho. Desde que eu mantenha a minha despesa operacional sob controle e o Johnny Jons esteja feliz, não vejo como os lucros podem fazer outra coisa a não ser aumentar.

– Está bem – ele diz e interfona para Meg. – Você pode chamar o Hilton, o Nathan e o Johnny Jons, por favor.

– O que está acontecendo? – eu pergunto.

– Não se preocupe, espere e verá.

Não demora muito tempo até que todos entram na sala e se sentam.

– Hilton – diz Bill dirigindo-se a ele –, você ouviu o relatório do Alex hoje de manhã. Você também viu todos os resultados financeiros. Como gerente de produtividade da divisão e como um colega gerente de fábrica, qual é a sua recomendação?

– Eu acho que deveríamos fazer o Alex entrar na linha – ele responde com uma voz formal. – E acho que deveríamos tomar algumas medidas imediatas na sua fábrica antes que seja muito tarde. A produtividade na fábrica do Alex está se deteriorando, o custo dos produtos está subindo, e os procedimentos adequados não estão sendo seguidos. Acredito que devemos tomar providências urgentes.

Nathan Frost limpa a garganta e, quando todos olham para ele, diz:

– E quanto ao fato de nos últimos dois meses aquela fábrica ter dado lucro e não prejuízo, enquanto liberou muito caixa para a divisão?

– Isso é apenas um fenômeno temporário – Hilton afirma. – Devemos esperar por grandes perdas no futuro próximo.

– Johnny, você tem algo a dizer? – Bill pergunta.

– Sim, certamente. A fábrica do Alex é a única que pode produzir milagres, entregar o que o cliente quer em um tempo surpreendentemente curto. Vocês todos ouviram falar da visita do Burnside. Com uma fábrica dessas apoiando o pessoal de vendas, este realmente pode entrar no mercado pisando firme.

– Sim, mas a que preço? – Hilton reage. – Cortando o tamanho dos lotes bem abaixo do tamanho ótimo. Dedicando a fábrica inteira a um pedido. Vocês sabem quais são as consequências a longo prazo?

– Mas eu não dediquei a fábrica inteira a um pedido! – Não consigo controlar a minha raiva. – Na realidade, eu não tenho nenhum pedido atrasado. Todos os meus clientes estão satisfeitos.

– Milagres só existem em contos de fadas – Hilton diz cinicamente.

Ninguém diz uma palavra. Finalmente, eu não consigo me segurar:

– Então, qual é o veredicto? Minha fábrica vai ser fechada?

– Não – diz Bill. – Não mesmo. Você acha que nós somos administradores tão ruins assim que fecharíamos uma mina de ouro?

Eu suspiro aliviado. Só agora percebo que estava segurando a respiração.

– Como gerente de produtividade da divisão – Hilton diz com o rosto vermelho –, sinto que é meu dever protestar.

Bill o ignora e, voltando-se para Nathan e Johnny, pergunta:

– Nós devemos contar a eles agora, ou esperamos até segunda-feira? Os dois riem.

– Hilton, hoje de manhã eu pedi a você que me substituísse porque estávamos nos reunindo com Granby. Daqui a dois meses nós três seremos promovidos a diretores do grupo. Granby pediu para decidirmos quem será o próximo gerente da divisão. Acho que nós três já decidimos. Parabéns, Alex! Você será o meu substituto.

Quando chego à fábrica, Fran me entrega uma mensagem.

– É do Bill Peach. O que está acontecendo?

– Chame todo mundo. Tenho boas notícias – digo sorrindo.

A mensagem de Bill diz: "Recomendo que você use esses dois meses para se preparar. Você ainda tem muito o que aprender, garoto".

Finalmente consigo falar com o Jonah em Nova York e contar a ele as novidades. Apesar de estar feliz por mim, ele não parece surpreso.

– E todo esse tempo eu apenas me preocupei em salvar a minha fábrica – digo a ele. – Agora parece que acabei ficando com três.

– Boa sorte – diz Jonah. – Continue o bom trabalho.

Apressadamente, antes que ele desligue, pergunto com uma voz desesperada:

– Temo que sorte não será o bastante; sinto-me como um peixe fora d'água. Você não pode vir para cá me ajudar? – Eu não havia ficado duas horas tentando achar Jonah apenas para ouvir os seus "parabéns". Francamente, estou petrificado com a perspectiva do meu novo trabalho. Uma coisa é lidar com uma fábrica, mas lidar com uma divisão com três fábricas não quer dizer apenas três vezes mais trabalho, também quer dizer responsabilidade sobre o desenho do produto e marketing.

– Mesmo se eu tivesse tempo, não acho que seria uma boa ideia. – Eu ouço a sua resposta desapontadora.

– Por que não? Até agora tem funcionado muito bem.

– Alex – ele diz com uma voz dura –, à medida que subir na carreira corporativa e suas responsabilidades aumentarem, você deve aprender a confiar mais e mais em si mesmo. Pedir que eu vá aí ajudá-lo vai fazer o contrário; vai aumentar a dependência.

Eu me recuso a ver o seu ponto de vista.

– Você não pode continuar a me ensinar?

– Sim, eu posso – ele responde. – Mas primeiro você deve descobrir exatamente aquilo que quer aprender. Aí você liga para mim.

Eu não desisto facilmente:

– Eu quero aprender a gerenciar uma divisão eficiente, não é óbvio?

– No passado você queria aprender a gerenciar uma fábrica eficiente. – Jonah parece impaciente. – Agora você quer aprender a gerenciar uma divisão eficiente. Nós dois sabemos que isso não vai acabar aqui. O que é que você realmente quer aprender? Você pode me falar?

– Na verdade, acho que quero aprender a gerenciar uma fábrica, uma divisão, uma empresa, qualquer tipo e tamanho de organização.

Depois de um segundo de hesitação eu acrescento:

– Não seria ruim também aprender como gerenciar a minha vida, mas temo que isso seja pedir um pouco demais.

– Por que um pouco demais? – diz Jonah, para a minha surpresa. – Acho que qualquer pessoa sensata deveria querer aprender a gerenciar a sua vida.

– Ótimo, quando podemos começar? – pergunto, ansiosamente.

– Agora mesmo. Seu primeiro dever de casa é descobrir as técnicas necessárias para uma administração eficaz.

– O quê? – eu pergunto com uma voz engasgada.

– Vamos lá, eu não pedi a você que desenvolvesse as regras, pedi apenas que as identificasse. Ligue para mim quando você tiver a resposta. E, Alex, parabéns pela promoção.

# – 32 –

– Eu estou muito orgulhosa de você. Mais três passos iguais a esse e nós teremos chegado lá. Vamos brindar a isso?

O entusiasmo forçado de Julie tocou fundo em mim.

– Não, eu não acho isso. – Recuso o brinde, algo que não é muito comum.

Julie não diz uma palavra. Apenas abaixa lentamente o seu drinque, inclina-se um pouco para a frente e olha direto nos meus olhos. Fica bem claro que ela está esperando uma explicação.

Sob essa pressão, começo a falar lentamente, tentando verbalizar os meus pensamentos desconexos:

– Julie, eu realmente não acho que nós devemos brindar a isso, não do jeito que você colocou as coisas, como se brindássemos a uma vitória sem mérito. De alguma forma sinto que você estava certa desde o princípio; o que é essa promoção senão ganhar mais um ponto nessa corrida sem fim?

– Humm – é a sua única resposta.

Mesmo sem abrir a boca, minha esposa consegue se expressar muito bem; o que definitivamente não é o meu caso. Aqui estou eu, perdido com os meus pensamentos... "corrida sem fim"... "vitória sem mérito". Do que eu estou falando? De qualquer forma, por que sinto que não é apropriado brindar à minha promoção?

# A META

– A família pagou um preço muito alto por essa promoção – finalmente falo.

– Alex, você está sendo muito duro consigo mesmo. A crise estava prestes a explodir de qualquer forma. Pensei muito sobre isso e, francamente, se você tivesse desistido, o sentimento de fracasso teria estragado tudo o que é bom no nosso casamento. Acho que você deveria estar orgulhoso dessa promoção. Você não pisou em ninguém para consegui-la; você a mereceu.

Quando me lembro de tudo o que aconteceu, sinto um calafrio nas costas. Eu estava em uma enrascada. Minha fábrica estava ameaçada de ser fechada; mais de seiscentas pessoas estavam prestes a se unirem à já extensa fila dos desempregados; minha carreira estava muito perto do abismo e, ainda por cima, o tempo excessivo que eu dedicava ao trabalho quase empurrou o nosso casamento ladeira abaixo. Resumindo, eu estava prestes a me transformar de uma estrela brilhante e em ascensão em um mendigo.

Mas não desisti, continuei lutando contra tudo e contra todos, e não estava sozinho. Jonah me introduziu nessa abordagem de bom senso (e por isso muito controversa) para se administrar uma empresa. Tudo fez sentido, por isso minha equipe me apoiou com entusiasmo. E foi divertido, bem divertido. De fato, os últimos meses foram tempestuosos. Acho que quebramos todas as regras do mundo corporativo norte-americano. Mas conseguimos. Demos a volta por cima na fábrica. Tanto que salvamos toda a divisão. Agora, Julie e eu estamos aqui sentados comemorando tudo isso num restaurante requintado. Vou comandar a divisão, o que quer dizer que teremos de mudar; um fato que provavelmente está contribuindo muito para o apoio de Julie.

Levantando o meu copo, digo confiante:

– Julie, vamos brindar à minha promoção. Não como um passo rumo ao topo da pirâmide, mas vamos beber ao que isso *realmente* significa: a confirmação de que nossa jornada é emocionante e que vale a pena.

Um grande sorriso se forma no rosto de Julie e nossos copos fazem um som delicado e claro.

Olhamos para o cardápio, ambos de bom humor.

– A comemoração é tanto sua quanto minha – digo, generosamente.

A seguir e em um tom mais grave, acrescento:

– Na realidade, é uma realização muito mais do Jonah do que minha.

— 278 —

— Alex, isso é muito típico de você — Julie diz, soando um pouco perturbada. — Você trabalhou tão duro e agora quer dar o crédito a outra pessoa?

— Julie, estou falando sério. Foi Jonah quem me deu todas as respostas; eu fui apenas o instrumento. Por mais que eu queira pensar o contrário, essa é a pura verdade.

— Não, isso está longe de ser a verdade.

Eu me arrumo nervosamente na cadeira.

— Mas…

— Alex, pare com essa besteirada — Julie fala com uma voz firme. — Falsa modéstia não lhe cai bem.

Ela levanta a mão para evitar que eu responda e continua com firmeza:

— Ninguém entregou soluções em uma bandeja de prata a você. Diga-me uma coisa, sr. Rogo, quantas noites você passou em claro tentando encontrar as respostas?

— Algumas — eu admito com um sorriso.

— Está vendo? — Julie tenta encerrar o assunto.

— Não, eu não estou vendo. — Eu rio. — Eu sei muito bem que Jonah não me deu as respostas. Na verdade, durante aquelas longas noites (e dias), passei muito tempo xingando-o por causa disso. Mas, Julie, vamos lá, o fato de que ele escolheu apresentá-las na forma de perguntas bem direcionadas não muda nada.

Em vez de continuar, Julie chama o garçom e começa a fazer o pedido. Ela está certa. Essa linha de discussão vai apenas arruinar uma noite agradável.

Meus pensamentos começam a se cristalizar apenas quando estou ocupado com a minha vitela à parmegiana. Qual era a natureza das respostas, das soluções, que Jonah nos obrigou a desenvolver? Todas tinham uma coisa em comum. Todas faziam muito sentido, tinham bom senso e ao mesmo tempo iam contra tudo que eu havia aprendido. Será que nós teríamos coragem de implementá-las se não tivéssemos tido de suar para construí-las? Muito provavelmente não. Se não fosse pela convicção de que conquistamos com esforço — pelo senso de propriedade que criamos no processo —, não acho que teríamos tido a coragem de implementar as nossas soluções.

# A META

Ainda imerso em pensamentos, ergo os olhos do prato e examino o rosto de Julie. É como se ela estivesse esperando por mim todo esse tempo.

— Como vocês não pensaram na solução sozinhos? — Eu a ouço perguntar. — Para mim as suas respostas parecem puro bom senso. Por que você não poderia ter feito tudo isso sem ser direcionado pelas perguntas de Jonah?

— Boa pergunta, muito boa pergunta. Francamente, duvido que eu saiba a resposta.

— Alex, não me diga que você não pensou sobre isso.

— Sim, pensei — eu admito. — Lá na fábrica todos nós fizemos essa pergunta. A solução parece trivial, mas o fato é que por anos fizemos exatamente o oposto. Mais ainda, as outras fábricas ainda insistem em ficar com as velhas formas devastadoras de se fazer as coisas. Mark Twain estava provavelmente certo quando disse que "o bom senso não é nem um pouco comum", ou algo parecido.

— Você não respondeu à minha pergunta — ela não me deixa escapar facilmente.

— Tenha paciência comigo — eu suplico. — Eu realmente não sei. Não estou nem mesmo certo de que sei o que significa "bom senso". O que você acha que queremos dizer com "bom senso"?

— Não é justo responder a uma pergunta com outra pergunta — ela recusa a minha tentativa de virar a mesa.

— Por que não? — tento de novo.

Ela nem sequer move os lábios.

— Está bem — eu desisto. — A melhor resposta que consegui pensar até agora é reconhecer que consideramos algo de bom senso apenas se não contrariar nossa própria intuição.

Ela balança a cabeça em aprovação.

— O que apenas ajuda a tornar sua pergunta mais intrigante — continuo. — Isso só quer dizer que, quando reconhecemos algo como bom senso, é porque, ao menos intuitivamente, sabíamos disso o tempo todo. Por que tantas vezes é necessário um gatilho externo para nos ajudar a tomar consciência de alguma coisa que já sabíamos intuitivamente?

— Essa foi a minha pergunta! — ela interfere.

— Sim, querida, eu sei. Provavelmente essas conclusões intuitivas estão mascaradas por algo mais, algo que não é bom senso.

– E o que isso poderia ser?

– Provavelmente a prática, o hábito.

– Faz sentido – ela sorri e continua a jantar.

Depois de algum tempo eu digo:

– Devo admitir que a forma de Jonah nos guiar até as respostas fazendo perguntas, o seu "método socrático", é muito eficaz em eliminar a couraça; a grossa couraça da prática comum. Tentei explicar as respostas a outras pessoas, que precisavam delas tão desesperadamente quanto eu, mas não consegui nada. Na realidade, se não fosse a apreciação do Nathan Frost pelas nossas melhorias na lucratividade, minha abordagem poderia ter levado a resultados muito indesejáveis.

– Sabe – continuo –, é impressionante como o que nos foi ensinado e que praticamos está arraigado em nós a tal ponto que nunca nos dedicamos a pensar sobre isso. "Não dê as respostas, apenas faça perguntas!" Eu vou ter de praticar *isso*!

Julie não parece muito entusiasmada.

– Qual o problema? – pergunto.

– Nada.

– Sem dúvida nenhuma faz sentido não dar as respostas – eu tento convencê-la. – Dar as respostas de bandeja é totalmente ineficaz quando você está tentando convencer alguém que segue cegamente a prática comum. Na realidade só há duas possibilidades: ou você não é compreendido, ou você é compreendido.

– Como assim?

– No primeiro caso, nenhum mal foi feito, as pessoas vão simplesmente ignorá-lo. No segundo caso pode ocorrer o pior, as pessoas podem entendê-lo e vão receber a sua mensagem como algo pior que crítica.

– O que é pior que crítica? – ela inocentemente pergunta.

– Crítica construtiva – eu sorrio desconcertado, lembrando-me das respostas duras de Hilton Smyth e de Cravitz: "Você tem razão, mas é um golpe baixo. As pessoas nunca vão perdoá-lo por isso".

– Alex, você não precisa me dizer que, quando quero convencer alguém (especialmente o meu marido), dar respostas não é o caminho. Simplesmente não estou convencida de que fazer perguntas seja melhor.

# A META

Eu penso nisso. Ela tem razão. Sempre que tentei apenas fazer perguntas, isso foi interpretado como paternalismo ou, pior ainda, como se eu estivesse sendo negativo.

– Parece que deveríamos pensar duas vezes antes de atacarmos os grandes moinhos da prática comum – eu concluo melancolicamente.

Julie começa a se ocupar com o delicioso *cheesecake* que o garçom nos trouxe. Eu faço a mesma coisa.

Depois que o café é servido, reúno minhas energias para poder continuar a conversa.

– Julie, é tão difícil assim? Não me lembro de ter lhe dado tanto trabalho.

– Você está brincando? Você não só é teimoso como uma mula como também teve de transmitir esses genes para seus filhos. Aposto como você deu trabalho ao Jonah também.

Penso um pouco.

– Não, Julie, com o Jonah as coisas foram de alguma forma diferentes. Sabe, sempre que estou conversando com Jonah tenho a clara impressão de que ele não tem prontas apenas as suas perguntas como também tem as minhas perguntas prontas. O método socrático não deve ser apenas fazer perguntas. Uma coisa eu posso lhe dizer, improvisar com esse método é perigoso; acredite em mim, eu já tentei. É como jogar um bumerangue afiado.

Nesse momento começo a entender. Aqui está a resposta. Esta é a técnica que eu deveria pedir a Jonah que me ensinasse: como persuadir outras pessoas, como eliminar a couraça da prática comum, como superar a resistência à mudança.

Eu relato a Julie a última conversa que tive com Jonah.

– Isso é muito interessante – ela diz. – Você definitivamente precisa aprender a gerenciar melhor a sua vida. Mas, meu amor – ela ri –, cuidado. Lembre-se do que aconteceu a Sócrates. Ele foi forçado a tomar veneno.

– Não tenho a intenção de dar nenhum veneno ao Jonah – digo, ainda muito exaltado. – Julie, deixe-me dizer-lhe uma coisa: sempre que Jonah e eu conversávamos sobre os meus problemas na fábrica, sentia que ele antecipava a minha resposta. Na realidade, isso me perturbou por um bom tempo.

– Por quê?

– Quando é que ele teve tempo de aprender tanta coisa? Não estou falando de teorias, estou falando desse entendimento profundo sobre como funciona exatamente uma fábrica. Até onde eu sei, ele não trabalhou um dia sequer da sua vida na indústria. Ele é um físico. Não posso acreditar que um cientista, sentado na sua torre de marfim, possa saber tanto sobre a realidade do chão de fábrica. Algo não está certo.

– Alex, se for esse o caso, acho que você deveria pedir ao Jonah que lhe ensinasse mais do que apenas o método socrático.

# – 33 –

Lou é o meu primeiro alvo e o mais importante. Se eu não for capaz de persuadi-lo a se juntar a mim, estarei basicamente perdido. Não vai ser fácil. Ele está bem perto da sua aposentadoria e sei até que ponto ele está envolvido com a sua comunidade. Respiro bem fundo e entro no seu escritório.

– Oi, Lou, cheguei numa boa hora?

– Tão boa como qualquer outra. Como posso ajudá-lo?

Abertura perfeita, mas de alguma forma não tenho coragem de ir direto ao ponto.

– Eu estava pensando sobre a sua previsão para os próximos dois meses – digo. – Você vê alguma dificuldade em alcançarmos e mantermos o lucro líquido de 15%? Não que isso continue a ser crucial – apressadamente acrescento –, mas odiaria dar ao Hilton Smyth a mais vaga oportunidade de dizer: "Eu falei".

– Você pode dormir sossegado. De acordo com os meus cálculos, nós vamos facilmente passar os 20% de lucro líquido nos próximos dois meses.

– O quê? – Eu mal posso acreditar nos meus ouvidos. – Lou, o que há com você? Desde quando você acredita nas previsões cronicamente otimistas do marketing?

– Alex, recentemente muita coisa tem acontecido comigo, mas acreditar no marketing não é uma delas. Na realidade, a minha previsão é baseada em um pequeno declínio nos novos pedidos.

– Então como é que você tirou esse coelho da cartola?

– Sente-se, vou demorar um pouco para explicar. Tenho algo importante para lhe contar.

Está claro que eu vou ouvir falar sobre mais um tortuoso truque contábil.

– Está bem, pode falar.

Eu me sento e fico confortável, enquanto Lou mexe em alguns papéis. Depois de dois minutos, perco a paciência:

– Lou, e aí?

– Alex, atribuímos à forma distorcida de calcular o custo dos produtos a culpa de nosso lucro líquido parecer ser de apenas 12,8%, em vez dos 17% que pensávamos que deveria ser. Sei que você estava furioso com isso, mas o que descobri é que há uma distorção contábil ainda maior. Essa distorção está atrelada à forma como avaliamos o inventário, mas é difícil de explicar. Talvez eu tente fazer isso usando o balanço patrimonial.

Ele para de novo e desta vez eu espero pacientemente.

– Talvez eu devesse começar com uma pergunta – diz. – Você concorda que o inventário é um passivo?

– Claro, todo mundo sabe disso. E mesmo que não soubéssemos, os últimos meses mostraram até que ponto o inventário é um passivo. Você acha que teríamos conseguido entregar tão rapidamente os pedidos se a fábrica estivesse lotada de estoque como antes? E você não percebeu que a qualidade melhorou, e que as horas extras diminuíram? Sem mencionar que agora quase nunca precisamos entregar pedidos com urgência.

– É – ele diz, ainda olhando para os seus papéis –, o inventário é definitivamente um passivo. Mas onde temos de colocá-lo no balanço?

– Nossa Senhora, Lou! – Eu pulo da cadeira. – Eu sabia que as medidas financeiras estavam longe da realidade, mas não tanto assim; colocar um passivo na categoria de ativo! Eu não havia percebido todas as implicações… Quais são as consequências disso no final?

– Maiores do que você imagina, Alex. Já verifiquei não sei quantas vezes, mas os números não mentem. Sabe, estamos avaliando o inventário de acordo com o custo de produção. Esses custos incluem não apenas o dinheiro que pagamos pela matéria-prima, mas também o valor agregado na produção. Você sabe o que fizemos nos últimos meses. Donovan trabalhou apenas em produtos que têm pedidos. A Stacey liberou material de acordo com os pedidos. Nós esgotamos cerca de 50% do estoque em processo da fábrica e cerca de 25% do estoque de produtos acabados. Economizamos muito não comprando material novo para substituir esse inventário em excesso, e o nosso fluxo de caixa mostra isso muito bem. Mas, nos livros, os ativos representados pelo inventário caíram, já que eles foram compensados apenas parcialmente pelo dinheiro que não tivemos de desembolsar. Nesse período, quando estávamos reduzindo o inventário, toda a diferença entre custo do produto e custo de material do inventário reduzido apareceu como uma perda líquida.

Eu engulo em seco.

— Lou, você está me dizendo que fomos penalizados por termos feito a coisa certa? Que a redução do estoque em excesso foi interpretada contabilmente como uma perda?

— Sim — ele responde, ainda olhando os papéis.

— Bem, diga-me, qual foi o montante em números?

— Nosso lucro líquido real foi bem maior que 20% nos últimos três meses.

Olho fixamente para ele, não consigo acreditar no que estou ouvindo.

— Mas veja o lado bom da coisa — ele diz sem muito entusiasmo. — Agora que o inventário estabilizou em um patamar novo mais baixo, esse efeito não vai mais nos perturbar.

— Muito obrigado — digo sarcasticamente e fico de pé para ir embora. Quando chego à porta, dou meia-volta e pergunto a ele:

— Quando você descobriu esse fenômeno? Quando você descobriu que estávamos gerando muito mais lucro do que os pretendidos 15%?

— Há uma semana.

— E por que você não me contou? Eu poderia ter usado esses fatos com muita eficiência na revisão de desempenho da fábrica.

— Não, Alex, você não poderia ter usado isso, pois só iria confundir a sua história. Veja bem, todos avaliam o inventário dessa forma, isso é até exigido pelas autoridades tributárias. Você não tinha a menor chance. Mas eu discuti isso a fundo com o Nathan Frost; ele entendeu perfeitamente.

— Então foi isso que aconteceu, sua raposa. Agora entendo por que Nathan me deu tanto apoio — digo, sentando novamente.

Quando acabamos de sorrir um para o outro, Lou diz em voz baixa:

— Alex, tenho outro assunto a tratar.

— Outra bomba?

# A META

— Até pode ser, mas é um assunto pessoal. Nathan me contou que vai ser promovido junto com o Bill Peach. Sei que você vai precisar de um bom *controller* de divisão, alguém com experiência nas diversas áreas que dizem respeito à divisão. Estou há um ano da minha aposentadoria; tudo o que sei é antiquado. Portanto...

Meu Deus, penso. Tenho de impedi-lo de dizer que não quer ir comigo. Se ele o disser, será muito mais difícil fazê-lo mudar de ideia.

— Lou, espere — eu o interrompo. — Veja o trabalho que fizemos nos últimos meses. Você não acha...

— Era exatamente sobre isso que eu ia falar — ele me interrompe. — Veja o meu ponto de vista. Toda a minha vida juntei números e preparei relatórios. Eu me via como alguém que tinha de suprir os dados, como um observador imparcial e objetivo. Mas os últimos meses me mostraram até que ponto eu estava errado. Eu não era um observador objetivo; eu estava seguindo, quase que cegamente, alguns procedimentos errôneos sem entender as suas consequências devastadoras e de longo alcance. Ultimamente tenho pensado muito sobre isso. Com certeza precisamos de medidas financeiras; mas não precisamos delas como um fim em si mesmas. Precisamos delas por duas razões diferentes. Uma é o controle; para saber até que ponto a empresa está atingindo a sua meta de ganhar dinheiro. A outra razão é provavelmente mais importante; medidas deveriam induzir as partes a fazerem o que é bom para a organização como um todo. Para mim o que ficou evidente é que nenhum desses dois objetivos está sendo alcançado. Por exemplo, essa conversa que acabamos de ter — continuou ele. — Nós sabíamos muito bem que a fábrica havia melhorado drasticamente, mas as medidas distorcidas quase nos condenaram. Estou elaborando relatórios de eficiências, relatórios de custo dos produtos, e agora nós dois sabemos até que ponto eles levam tanto os trabalhadores quanto a gerência a fazerem o que é ruim para a empresa.

Eu nunca havia ouvido Lou falar por tanto tempo. Concordo com tudo o que ele acabou de falar, mas estou totalmente confuso. Não sei aonde ele está tentando chegar.

— Alex, eu não posso parar aqui. Eu não posso me aposentar agora. Faça-me um favor pessoal, leve-me com você. Quero a oportunidade de criar um novo sistema de medição, que vai corrigir o que temos agora, de tal forma que ele *vai* fazer o que esperamos que ele faça. Assim o *controller* pode ficar orgulhoso do seu trabalho. Não sei se vou conseguir, mas pelo menos me dê a oportunidade.

O que eu devo dizer? Eu me levanto e estendo a mão.

– Negócio fechado.

De volta à minha mesa, peço a Fran que chame Bob Donovan. Com Lou de um lado e Bob do outro estarei livre para me concentrar nas duas áreas que menos conheço, engenharia e marketing.

O que vou fazer quanto ao marketing? A única pessoa que aprecio naquele departamento é Johnny Jons; não foi à toa que Bill decidiu levá-lo com ele.

O telefone toca, é Bob.

– Ei, Al, estou reunido com Stacey e Ralph, estamos com a corda toda. Você pode vir aqui?

– Quanto tempo vai levar? – pergunto.

– Não tenho a menor ideia. Provavelmente até o fim do dia.

– Nesse caso não posso. Mas, Bob, precisamos conversar. Você pode sair daí por alguns minutos?

– Claro, sem problema.

Pouco depois ele entra no meu escritório.

– O que você manda, chefe?

Vou direto ao ponto:

– O que você acha de ser responsável por toda a produção da divisão?

A única coisa que ele consegue dizer é um grande "Uau". Ele instala o seu grande corpo em uma cadeira, olha para mim e não fala nada.

– Então, Bob, surpreso?

– Com certeza.

Enquanto estou de costas servindo café, ele começa a falar:

– Alex, eu não quero esse emprego. Não agora. Sabe, há um mês eu teria agarrado a oportunidade com as duas mãos. É muito mais do que eu esperava.

Confuso, eu me viro com uma xícara em cada mão.

– Qual o problema, Bob, está com medo?

– Você me conhece bem.

– Então o que aconteceu no último mês que o fez mudar de ideia?

– Burnside.

— Você está dizendo que ele lhe fez uma oferta melhor?

Sua risada radiante ecoa pela sala.

— Não, Alex, nada disso. O que me deu novos horizontes foi a forma como lidamos com o pedido urgente do Burnside. Eu aprendi tanto que prefiro ficar nesta fábrica e aperfeiçoar esse conhecimento mais a fundo.

Estou tendo um monte de surpresas. Eu pensava que conhecia essas pessoas. Achei que ia ser impossível convencer Lou, e ele quase me implorou para ter o emprego. Não esperava ter nenhum problema com Bob, e ele acabou de recusar a minha oferta. Isso é muito irritante.

— É melhor você se explicar. — Eu entrego a xícara a ele.

A cadeira em que Bob está sentado range em protesto aos seus movimentos. Se eu ficasse mais tempo aqui, compraria uma cadeira mais forte só para ele.

— Você não percebeu como as circunstâncias do pedido de Burnside foram especiais? — ele finalmente diz.

— Sim, claro. Eu nunca ouvi falar de um presidente de uma empresa que agradecesse aos empregados de um fornecedor.

— Sim, isso também. Mas veja toda a cadeia de eventos. Johnny passou para você o pedido impossível de um cliente. Ele não acreditava que pudesse ser feito, nem o cliente. Mas nós analisamos a situação. Consideramos a disponibilidade do gargalo, as limitações dos fornecedores e obtivemos um resultado bem incomum. Não demos a ele um não definitivo, nem um sim definitivo, para depois atrasarmos a entrega como fazíamos antes. Nós fizemos uma reengenharia da transação; fizemos uma contraproposta que era factível e que o cliente achou melhor do que o pedido original.

— Sim, fizemos um bom trabalho. Especialmente se considerarmos o que aconteceu depois disso. Mas, no caso, houve um conjunto peculiar de circunstâncias.

— Foi peculiar porque nós normalmente não tomamos a iniciativa; mas talvez haja uma forma de isso se tornar padrão. Você não percebe? Nós, na realidade, arquitetamos uma venda. Nós, da fábrica, da produção, arquitetamos uma venda.

Penso um pouco. Ele tem razão. Agora começo a ver aonde ele está querendo chegar.

Bob, provavelmente interpretando mal o meu silêncio, diz:

— Para você isso não é grande coisa, você sempre viu a produção e as vendas como dois elos da mesma corrente. Mas no meu caso, por exemplo, fiquei enterrado no chão da fábrica achando que minha função era apagar incêndios e encarando o departamento de vendas como vendedores que prometem o céu e a terra e depois nada cumprem. Para mim, esse acontecimento foi uma revelação. Veja bem, damos a vendas um *lead time* rígido para cada produto – ele prosseguiu. – Portanto, se o produto não estiver no estoque de produtos acabados, esses são os números que o pessoal de vendas deverá usar para prometer prazos aos clientes. Eles fogem um pouco disso, mas não muito. Talvez pudesse haver um outro jeito. Os *lead times* poderiam ser cotados caso a caso, de acordo com a carga nos gargalos, e a quantidade solicitada poderia não ser entregue toda de uma só vez. Alex, eu gostaria de ir mais a fundo nisso. Na realidade, é isso que Stacey, Ralph e eu estamos fazendo neste momento. Nós estávamos procurando você para se juntar a nós. É bem emocionante.

Realmente parece emocionante, mas não posso me envolver neste momento. Tenho de continuar os preparativos para o meu próximo cargo.

— Diga-me novamente o que vocês estão tramando – digo.

— Nós queremos fazer da produção uma força dominante na obtenção de boas vendas. Vendas que se encaixem como uma luva às necessidades dos clientes e à capacidade e às habilidades da fábrica. Exatamente como fizemos no caso do Burnside. Mas veja bem, para fazer isso eu tenho de estar *aqui*, na fábrica. Enquanto não entendermos tudo perfeitamente, enquanto não desenvolvermos os novos procedimentos, temos de estar intimamente envolvidos com todos os detalhes.

— Então o que você quer fazer é encontrar esses procedimentos. Entendo. Isso é interessante; mas Bob, não estou reconhecendo você. Desde quando você se interessa por essas coisas?

— Desde que você apareceu e nos forçou a repensar a forma como estávamos fazendo as coisas. Você acha que alguém precisa de prova melhor do que o que aconteceu aqui nos últimos meses? Aqui estávamos nós, administrando as coisas como sempre fizemos, sem muito controle, afundando lenta, mas certamente. E aí paramos, pensamos e reexaminamos tudo com base em princípios fundamentais. E veja quantas vacas sagradas tivemos de sacrificar! Eficiência dos empregados; opa, jogada pela janela. Tamanho ótimo de lotes… lá se vai. Liberando o trabalho só porque temos o material e as pessoas; isso também já se foi. Posso citar inúmeros exemplos desses. Mas veja o resultado. Se eu não tivesse visto com meus próprios olhos não acreditaria. Sim, Alex, quero ficar aqui e continuar o que você começou. Quero ser o novo gerente da fábrica. Você nos fez mudar quase todas as regras da produção. Você nos forçou a encarar a produção como um meio para satisfazer as vendas. Eu quero mudar o papel da produção nas vendas.

– Quanto a mim, não vejo problemas. Mas, Bob, quando você conseguir esses procedimentos – e interiormente acrescento um "se" –, você aceitará ser responsável por todas as fábricas da divisão?

– Pode apostar, chefe. E vou ensinar alguns truques a eles.

– Vamos brindar a isso – proponho. E nós brindamos com os nossos cafés. – Quem você sugere que fique no seu lugar? – pergunto. – Francamente, eu não estou impressionado com nenhum dos seus subordinados.

– Infelizmente eu concordo com você. A melhor escolha seria a Stacey, mas acho pouco provável que ela aceite.

– Por que não perguntamos a ela? Sabe de uma coisa? Vamos chamar a Stacey e o Ralph para discutirmos a sua ideia.


– Então, você finalmente o encontrou – Stacey diz a Bob, quando ela e Ralph entram na sala, os dois carregados de papéis.

– Sim, Stacey – respondo –, e decididamente parece uma ideia promissora. Mas antes disso, há outra coisa que queremos conversar com você. Acabamos de concordar que Bob vai me substituir como gerente da fábrica. Que tal você tomar o lugar dele como gerente de produção?

– Parabéns, Bob – os dois o cumprimentam. – Isso não é uma surpresa.

Como Stacey não respondeu à minha pergunta, eu continuo:

– Pense nisso, você não precisa responder agora. Nós sabemos que você ama o seu trabalho e que não quer o peso de todos os problemas de pessoal que fazem parte do trabalho de um gerente de produção, mas nós dois achamos que você faria um trabalho fantástico.

– Pode apostar – diz Bob.

Ela olha calmamente para mim e diz:

– Ontem à noite eu estava deitada na cama rezando. Estava rezando para que me oferecessem esse cargo.

– Ótimo – Bob grita rapidamente.

– Agora que você aceitou – digo a Stacey –, pode nos dizer por que quer tanto assim esse trabalho?

– Parece que ser gerente de materiais – Bob interrompe – está começando a ficar sem graça nesta fábrica; não há muita correria, não há muitos incêndios... eu não sabia que você gostava desse tipo de agitação.

– Não, não gostava e não gosto. É por isso que eu estava tão feliz com o nosso novo método de liberar material de acordo com o consumo do gargalo. Mas vocês sabem qual é o meu medo? O que acontecerá se aparecerem novos gargalos? O que o meu pessoal e eu fazemos é examinar diariamente as filas antes da montagem e dos gargalos; nós as chamamos de "pulmões". Verificamos apenas para ter certeza de que tudo o que foi programado para ser processado está lá e de que não vai haver "buracos". Acreditamos que, se aparecer um novo gargalo, ele imediatamente se mostrará como um buraco em pelo menos um dos pulmões. Levou algum tempo para aperfeiçoarmos essa técnica, mas agora ela está funcionando muito bem. Sabe, sempre que há um buraco no pulmão (e não estou apenas falando do trabalho que deve ser feito em um determinado dia, mas do trabalho previsto para daqui a dois ou três dias), nós vamos verificar em que centro de trabalho os materiais estão presos. E então...

– E então você apressa o trabalho! – Bob interrompe.

– Não, nada disso. Nós não interrompemos trabalhos em andamento. Apenas mostramos ao chefe da seção o lote que gostaríamos que fosse trabalhado na sequência.

– Isso é muito interessante – observo.

– É, e ficou ainda mais interessante quando percebemos que estávamos visitando sempre os mesmos seis ou sete centros de trabalho, que não são gargalos, mas a sequência na qual eles trabalham se tornou muito importante. Nós os chamamos de "recursos com restrição de capacidade", ou RRC.

– É mesmo, já fiquei sabendo disso. Os chefes de seção ficaram quase dependentes de você e do seu pessoal para priorizar o trabalho deles – diz Bob. – Mas, Stacey, você não respondeu à nossa pergunta.

– Já chego lá. Vocês sabem, ultimamente esses buracos têm se tornado cada vez mais perigosos; algumas vezes a tal ponto que a montagem tem de se desviar significativamente da sequência programada. E ficou evidente que os chefes de seção dos RRCs têm tido cada vez mais dificuldade para entregar as peças no prazo. Ralph estava me contando que esses centros de trabalho ainda têm capacidade suficiente, e talvez na média ele tenha razão, mas temo que qualquer aumento nas vendas possa nos levar ao caos.

Então aqui há uma bomba, bem embaixo dos nossos pés, e eu não tinha percebido. Estou pressionando o marketing com tanta força para que ele venda, e, de acordo com o que Stacey acabou de revelar, isso pode implodir a fábrica toda. Ela continua falando enquanto eu tento digerir isso.

— Vocês não percebem que nós concentramos os nossos esforços de melhoria de forma muito limitada? Tentamos com tanto empenho melhorar nossos gargalos, quando na verdade também deveríamos estar aprimorando os RRCs. Caso contrário, vamos criar uma situação de gargalos "interativos". Estão vendo, a chave não está na mão do pessoal de materiais. Se emergirem gargalos interativos, o caos será inevitável; nós teremos que apressar tudo em toda a fábrica.

— Então o que você sugere? — pergunto.

— A chave está nas mãos da produção. Essas técnicas de gerenciar os pulmões não deveriam ser usadas apenas para descobrir as peças que estão faltando enquanto ainda há tempo; deveriam ser usadas principalmente para enfocar os nossos esforços de melhorias locais. Devemos garantir que as melhorias nos RRCs sejam sempre suficientes para evitar que eles se tornem gargalos.

— Alex, Bob, é por isso que quero tanto esse cargo. Quero ter certeza de que o trabalho do gerente de materiais continue sendo monótono. Quero demonstrar como as melhorias locais devem ser gerenciadas e mostrar a todos vocês quanto ganho a mais podemos obter com esses mesmos recursos.

— E você, Ralph, é a sua vez de me surpreender.

— Como assim? — ele diz, em voz baixa.

— Parece que todo mundo por aqui tem algo especial que quer fazer. O que você está escondendo na sua manga?

Ele sorri gentilmente.

— Nada, apenas um desejo.

Nós todos olhamos para ele encorajando-o.

— Comecei a gostar do meu trabalho. Sinto que faço parte de um time.

Nós todos concordamos com a cabeça, aprovando.

– Não somos mais só eu e o computador, tentando lidar com dados imprecisos ou desatualizados. Agora as pessoas realmente precisam de mim, e sinto que estou contribuindo. Mas sabem de uma coisa? Acho que a mudança, pelo menos no que diz respeito à minha função, é muito fundamental. O que tenho nos meus arquivos são dados. O que vocês geralmente me pedem é informação. Sempre encarei a informação como dados necessários para se tomar uma decisão; e para isso eu admito que meus dados simplesmente não eram adequados para a maior parte das decisões. Lembram-se de quando estávamos tentando identificar os gargalos? – Ele olha para cada um de nós. – Levei quatro dias para admitir que eu simplesmente não podia achar a resposta. O que comecei a perceber é que informação é outra coisa. Informação é a resposta à pergunta. Quanto mais sou capaz de fazer isso, tanto mais faço parte do time.

– Esse conceito do gargalo realmente me ajudou a crescer. Hoje a fábrica obedece a uma programação dada pelo computador.

– Você quer saber qual é o meu desejo? Quero criar um sistema que ajude Bob no que ele quer fazer, que ajude a reduzir drasticamente o tempo e o esforço necessários para arquitetar uma venda, como ele diz. Quero desenvolver um sistema para ajudar a Stacey a gerenciar os pulmões, e até mesmo que ajude a gerenciar as melhorias locais. Quero desenvolver um sistema que ajude Lou a medir, de uma forma muito mais proveitosa, o desempenho local. Estão vendo? Como qualquer pessoa, eu também tenho meus sonhos.

# -34-

Já é bem tarde e as crianças já estão no sétimo sono. Julie e eu estamos sentados na cozinha, cada um com uma xícara de chá nas mãos. Conto a ela o que aconteceu hoje na fábrica. Ela até parece estar bem interessada; na verdade, diz que acha fascinante.

Eu adoro isso. Conversar sobre os eventos do dia com Julie realmente me ajuda a digerir isso tudo.

– Então, o que você acha? – pergunto.

# A META

– Eu começo a ver o que Jonah queria dizer quando ele lhe falou sobre aumentar a dependência.

Isso me faz pensar um pouco, mas ainda não consigo ver a conexão.

– O que você quer dizer com isso?

– Talvez eu esteja errada, mas você me passou a ideia de que não tem bem certeza se Lou será capaz de criar um novo sistema eficiente de medição.

– É verdade – eu sorrio.

– Um novo sistema de medição é importante para você?

– Você está brincando? Não há nada que seja mais importante que isso.

– Então, se Jonah não tivesse se recusado a continuar lhe fazendo perguntas direcionadas, posso apostar que agora mesmo você estaria ao telefone tentando obter mais algumas dicas, não é?

– Muito provavelmente – eu admito. – Com certeza isso é muito importante.

– E quanto à ideia do Bob? – ela continua. – Você acha isso importante?

– Se ele conseguir fazer o que quer, isso será uma revolução. Garantirá para nós uma grande participação de mercado. Com certeza o nosso problema de obter mais vendas estará resolvido.

– E, na sua opinião, qual a probabilidade de ele ser bem-sucedido?

– Infelizmente, não muito grande. Ah, agora eu estou vendo aonde você quer chegar. Sim, eu também teria feito essas perguntas ao Jonah. E também aquelas referentes às questões levantadas pela Stacey e pelo Ralph, igualmente muito importantes.

– E quantas outras coisas vão aparecer quando você começar a administrar a divisão?

– Julie, você está certa. E o Jonah também está certo. Também percebi isso hoje. Quando cada um disse o que queria fazer de uma forma tão tangível, fiquei tentando imaginar o que eu quero fazer. A única coisa que surgia na minha cabeça era que eu preciso aprender a gerenciar. Mas onde diabos eu vou encontrar a resposta para a pergunta de Jonah: "Quais são as técnicas necessárias para gerenciar?". Eu não sei, Julie. O que você acha que eu deveria fazer agora?

– Todas as pessoas lá na fábrica devem muito a você – ela diz, passando a mão no meu cabelo. – Estão orgulhosas de você, e com razão. Você criou uma ótima equipe. Mas essa equipe deixará de existir em dois meses quando você for para a divisão. Por que você não usa o tempo que lhe

— 294 —

resta para se reunir com eles e analisar a sua questão? Depois que você for embora, eles terão muito tempo para se dedicar aos problemas deles. De qualquer forma, será muito mais fácil para eles alcançarem o que querem, se você tiver as técnicas gerenciais.

Olho para ela em silêncio. Ela é a minha verdadeira conselheira.

Fiz o que a minha conselheira sugeriu. Reuni todos e expliquei que, se cada um quiser ficar livre para se concentrar no que mais quer fazer, a divisão precisa ser bem gerenciada, e, para que a divisão seja bem gerenciada, o gerente da divisão precisa saber o que ele está fazendo. E como eu, falando francamente, não tenho a menor ideia de como administrar uma divisão, é melhor que eles ponham seus cérebros para funcionar e me ajudem. Portanto, decidimos dedicar as tardes – desde que, obviamente, não haja nenhuma emergência – a uma análise de como a divisão deveria ser gerenciada por mim.

Começo a reunião com perguntas um tanto óbvias. Inicialmente eles podem pensar que perdi a minha autoconfiança, mas preciso mostrar a eles a magnitude do problema que vou enfrentar. Caso contrário, na melhor das hipóteses, vou acabar com um punhado de sugestões vagas e fragmentadas.

– O que devo fazer logo que assumir o meu cargo? – pergunto.

Eles olham um para o outro e Bob diz:

– Eu começaria visitando a fábrica de Hilton Smyth.

Depois que eles param de rir, Lou diz que eu deveria primeiro me reunir com o meu pessoal.

– Você conhece a maioria deles, mas nunca trabalhou em contato direto com eles.

– Qual o propósito dessas reuniões? – pergunto, inocentemente.

Se essa pergunta tivesse sido feita em qualquer outra situação, eles a teriam tomado como evidência de uma total falta de conhecimento gerencial. Na atual situação, eles entram no jogo.

– Basicamente, primeiro você tem de ficar a par dos fatos – Lou responde.

– Você sabe – Bob acrescenta –, coisas tais como onde é a entrada, onde é o banheiro.

A META

– Acho que conhecer as pessoas é importante – Stacey interrompe as risadas. – Números financeiros revelam apenas uma fração do retrato global. Você tem de descobrir o que as pessoas acham que está acontecendo. O que elas acham problemático? Qual a situação diante dos clientes?

– Quem não gosta de quem? – Bob contribui, e depois, em um tom mais sério: – Você também tem de tentar entender a política local.

– E depois?

– E depois – Bob continua –, eu provavelmente visitaria as várias fábricas, visitaria alguns dos grandes clientes e, provavelmente, até alguns fornecedores. Você tem de ter uma ideia do conjunto.

Sem alterar a expressão do rosto, pergunto:

– E depois?

Finalmente consegui provocá-los, já que tanto Stacey quanto Bob respondem com veemência:

– E depois você se vira sozinho!

Como é fácil dar conselhos quando a responsabilidade está nas costas dos outros! Muito bem, sabichões, está na hora de eu virar a mesa e, com uma voz calma, digo:

– Sim, o que vocês acabaram de sugerir são as medidas que geralmente são tomadas quando pedem a alguém "para ajeitar as coisas". Vou mostrar a vocês o que me aconselharam, mas de uma forma esquematizada. Onde estão as canetas coloridas?

Pego uma caneta vermelha e vou até a lousa.

– O primeiro passo, como todos vocês afirmaram, é conhecer os fatos. Eu organizo uma reunião com o meu pessoal e o que encontro? Bem, aqui temos o fato A. – E eu desenho um círculo vermelho. – E aqui temos mais três círculos um pouco menores. E aqui temos um bem pequeno e há dois círculos que se sobrepõem. Agora vamos conversar com outro gerente, isso é muito útil. Ele afirma que esse círculo não é tão grande quanto as outras pessoas acham que é. E aqui, no canto esquerdo superior, nós temos mais dois grandes círculos. Agora outra pessoa revela que existem alguns retângulos. Nós verificamos e, sim, ela tem razão. Aqui há um retângulo, e aqui, e aqui. Estamos progredindo, o quadro começa a se formar.

Na realidade, o que eles estão vendo é que a lousa está ficando com sarampo. Parece um daqueles desenhos que meus filhos traziam para casa no jardim de infância.

Acho que eles não entenderam a mensagem, parecem confusos; por isso decido ser um pouco mais direto:

— Já está na hora de falar com outro gerente, precisamos começar a entender a política local. Ah, isso é muito interessante, também temos círculos verdes, e até mesmo algumas estrelas verdes. Aqui temos uma forma não identificada; não tem problema, depois examinamos isso. Agora vamos visitar as fábricas, os clientes, e até mesmo alguns fornecedores. Encontraremos muitos outros dados interessantes. — Enquanto falo, a lousa fica coberta com formas que se sobrepõem. — Agora que temos o quadro completo posso assumir o comando das coisas — finalmente concluo e coloco a caneta na mesa. — E então?

A lousa parece um pesadelo em tecnicolor. Respiro fundo e pego o telefone para pedir mais café.

Ninguém diz nada, nem mesmo Bob.

— Vamos fazer algo menos pessoal — digo, depois de algum tempo. — Vamos supor que somos um comitê que tem a ingrata tarefa de "descobrir o que está acontecendo". Por onde vocês sugerem que comecemos?

Todos sorriem. De alguma forma, fingir que somos um comitê faz com que todos se sintam melhor. "A segurança de fazer parte de um rebanho", penso comigo mesmo; a culpa não será colocada em ninguém em particular.

— Ralph, você pode ser o voluntário que vai explicar as ações do comitê?

— O comitê provavelmente começaria da mesma forma: inteirando-se dos fatos. E como você demonstrou muito bem, acabaríamos no mesmo buraco colorido. Mas, Alex, há alguma outra forma de se começar? Como você pode fazer alguma coisa sensata sem saber o que está acontecendo, sem ter os dados? — Ralph é fiel à sua profissão; para ele, saber o que está acontecendo é equivalente a ter os dados muito bem armazenados no computador.

Bob aponta para a lousa e ri.

— Você chama essa bagunça de saber o que está acontecendo? Alex, vamos lá. Todos nós sabemos que essa besteira de conhecer os fatos vai continuar até que o nosso comitê não tenha mais ideia de como coletar mais dados.

— Ou não haja mais tempo — Stacey acrescenta com um sorriso amargo.

# A META

– Sim, claro – Bob concorda e, dirigindo-se a todos, conclui sua pergunta. – O que vocês acham que nós, como comitê, faríamos depois disso? Sabemos que um comitê não pode apresentar uma bagunça dessas.

Todos riem nervosamente, e eu estou muito satisfeito. Finalmente eles começam a entender o problema que tenho de enfrentar.

– O que o comitê faz agora? – pergunta Stacey. – Provavelmente vai pôr alguma ordem nessa pilha monstruosa de dados.

– Muito provavelmente – Lou concorda. – Mais cedo ou mais tarde um dos membros do comitê vai sugerir que se organizem as formas de acordo com os seus tamanhos relativos.

– Não concordo – diz Bob. – Determinar o tamanho relativo de formas diferentes é bem difícil. Provavelmente tentaremos organizá-las de acordo com os tipos.

Lou parece não aceitar isso e então Bob explica:

– Podemos arrumar os dados em círculos, retângulos e estrelas.

– E o que vamos fazer com essas quatro formas arbitrárias? – Ralph pergunta.

– Elas provavelmente serão colocadas em uma categoria própria, a das exceções.

– Sim, claro – Ralph concorda. – A razão principal para a reprogramação constante são as exceções que aparecem constantemente.

– Não, eu tenho uma ideia melhor – Lou diz, com vigor. – Provavelmente vamos organizá-los conforme a cor; assim não haverá ambiguidade. Vou lhes dizer como – ele continua quando percebe que Bob vai discordar. – Vamos organizá-los primeiro segundo a cor, a seguir segundo a forma e, em cada subcategoria, vamos organizá-los de acordo com o tamanho. Assim, todos vão ficar felizes. – Pode-se confiar em Lou quando se trata de encontrar acordos conciliadores.

– É uma ótima ideia – Ralph continua. – Agora podemos apresentar nossas descobertas como tabelas e histogramas. Será um relatório muito impressionante, especialmente se usarmos o meu software especial para gráficos. No mínimo umas duzentas páginas, com certeza.

– Sim, um levantamento impressionante e profundo – digo com sarcasmo. Nós todos sentamos em silêncio, absorvendo a amarga lição que acabamos de nos dar.

– Sabem – digo depois de algum tempo –, isto é muito mais grave que simplesmente perder tempo criando relatórios inúteis e pomposos. Essa preocupação excessiva com a forma "apropriada de arrumar as coisas" manifesta-se de outras formas prejudiciais.

– O que você quer dizer? – Lou pergunta.

– Estou me referindo ao círculo vicioso com o qual todos nós estamos bem familiarizados: organizar a empresa de acordo com a linha de produtos e depois mudar para organizar de acordo com as capacidades funcionais e vice-versa. Decidir que a empresa está gastando muito dinheiro ao duplicar os esforços e por isso mudar para uma administração mais centralizada. Dez anos depois, resolver encorajar o espírito empreendedor e voltar para a descentralização. Quase toda grande empresa está oscilando, a cada cinco ou dez anos, de centralizada para descentralizada, depois vice-versa.

– É mesmo – diz Bob. – Como presidente de uma empresa, quando você não sabe o que fazer, quando as coisas não estão indo bem, você sempre pode embaralhar de novo as cartas; reorganizar. – Ele continua, brincando: – Isso vai resolver! A reorganização vai resolver todos os nossos problemas!

Se isso não fosse tão dolorosamente verdadeiro, nós talvez ríssemos.

– Bob – digo –, isso não é engraçado. As poucas ideias práticas que eu tinha em mente para quando assumisse a divisão eram baseadas na reorganização.

– Ai, ai, ai – todos se lamentam.

– Está bem. – Eu me volto novamente para a lousa. – O que mais pode ser feito com esse monte de formas coloridas a não ser tentar colocá-las em ordem? Lidar diretamente com a pilha é completamente impraticável. Portanto, arrumar os fatos em algum tipo de ordem, classificá-los, deve ser o primeiro passo. Talvez a partir daí possamos fazer algo mais do que escrever relatórios ou reorganizar a empresa, mas o primeiro passo, definitivamente, tem de ser colocar alguma ordem na bagunça.

Enquanto estou na lousa, uma nova pergunta começa a me perturbar:

– De quantas maneiras diferentes nós podemos organizar os dados encontrados?

– Nós obviamente podemos organizá-los de acordo com a cor – Lou responde.

– Ou de acordo com o tamanho – Stacey acrescenta.

– Ou de acordo com a forma – Bob não desiste da sua sugestão.

# A META

— Mais alguma possibilidade? – pergunto.

— Sim, claro – diz Ralph. – Podemos dividir a lousa em eixos imaginários e organizar as formas de acordo com as suas coordenadas.

Ao ver nosso ar intrigado, ele explica:

— Isso vai nos permitir a elaboração de muitas combinações diferentes baseadas na posição relativa das formas na lousa.

— Que ótima ideia – Bob diz com sarcasmo. – Sabe de uma coisa, eu prefiro usar a técnica do dardo; jogamos um dardo e começamos a arrumar as formas de acordo com a ordem em que nós as acertamos. Todos esses métodos têm o mesmo sentido. Pelo menos a minha última sugestão é divertida.

— Muito bem, pessoal – falo com firmeza –, a última sugestão de Bob realmente esclareceu com o que estamos lidando. Lidamos com o fato de que não temos a menor ideia do que estamos fazendo. Se estamos apenas procurando uma ordem arbitrária, e podemos escolher entre tantas possibilidades, então para que se esforçar tanto para obter tantos fatos? O que ganhamos com isso, a não ser a habilidade de impressionar as pessoas com um relatório enorme, ou simplesmente reorganizamos a empresa para escondermos o fato de que na verdade não sabemos o que estamos fazendo? Esse caminho de primeiro coletar dados, nos familiarizarmos com a situação, parece que não nos leva a lugar algum. Não é nada mais que um exercício sem sentido. Vamos lá, nós precisamos de um outro modo para atacar o problema. Alguma sugestão?

Como ninguém responde, concluo:

— Já é o bastante por hoje. Amanhã continuamos; no mesmo horário, no mesmo lugar.

# - 35 -

— Bem, alguém tem algo de bom, alguma ideia revolucionária?

Tento começar a reunião o mais animadamente possível. Mas não é exatamente assim que eu me sinto; passei a noite toda virando de um lado para o outro na cama, procurando uma saída, coisa que não consegui achar.

— Acho que eu tenho algo – Stacey diz. – Não é exatamente uma ideia revolucionária, mas...

– Espere – diz Ralph.

Ralph interrompendo alguém, isso é novidade. Em um tom apologético, ele explica:

– Antes de enveredarmos por outro caminho, eu gostaria de voltar ao ponto onde estávamos ontem. Acho que fomos muito precipitados na nossa decisão de que a classificação dos dados não pode levar a nada bom. Vocês me permitem?

– Claro – Stacey diz, quase aliviada.

– Bem – Ralph se mexe nervosamente e aparentemente com certo desconforto –, como vocês sabem, ou talvez não saibam, eu estudei química na faculdade. Uma história ficou na minha cabeça, apesar de eu não conhecer tão bem o assunto. Ontem à noite, examinei minhas anotações de aula e encontrei algo que acho que pode interessar a vocês. É uma história que aconteceu há cerca de 150 anos sobre um russo extraordinário cujo nome era Mendeleiev.

Ralph fica mais confiante percebendo que conseguiu atrair a nossa atenção. Ele tem três crianças pequenas e provavelmente está acostumado a contar histórias.

– Desde a Grécia Antiga, as pessoas postulavam que por trás da enorme variedade de matéria deveria haver um conjunto simples de elementos que compunham todas as substâncias.

À medida que ele começa a contar a história, sua voz ganha novas e ricas modulações.

– Ingenuamente, os gregos pressupunham que os elementos fossem o ar, a terra, a água e...

– O fogo – Bob completa a lista.

– Isso mesmo – diz Ralph.

Que talento desperdiçado, penso comigo mesmo, ele é um ótimo contador de histórias. Quem diria?

– Desde aquela época, como vocês sabem, ficou provado que terra não é um elemento básico, mas é na verdade composta de muitos minerais diferentes e mais básicos. O ar é composto de diferentes tipos de gases, e até mesmo a água é uma composição de elementos mais básicos, hidrogênio e oxigênio. Essa abordagem ingênua dos gregos ruiu no fim do século 18, quando Lavoisier mostrou que o fogo não é uma substância, mas sim um processo, o processo de combinação com o oxigênio. Durante vários anos, como resultado do enorme trabalho dos químicos, elementos mais bási-

# A META

cos foram surgindo, e, na metade do século 19, 63 elementos haviam sido identificados. Na realidade, a situação era muito parecida com a nossa lousa colorida. Muitos círculos, retângulos, estrelas e outras formas, em diversas cores e tamanhos, cobriam a área sem uma ordem aparente. Era uma verdadeira bagunça. Muitos tentaram organizar os elementos, mas ninguém conseguiu oferecer algo que não fosse imediatamente rejeitado como um exercício inútil e arbitrário. Chegou-se a um ponto em que a maior parte dos químicos desistiu de tentar encontrar qualquer ordem genérica e concentrou seus esforços em descobrir mais fatos concretos referentes à combinação dos elementos para criar outros materiais mais complexos.

– Faz sentido – Bob comenta. – Gosto de pessoas práticas.

– Sim, Bob – Ralph sorri para ele –, mas havia um professor que afirmava que isso era como procurar as folhas de uma árvore sem nunca ter encontrado o tronco.

– Boa colocação – fala Lou.

– Então, esse professor russo, que, diga-se de passagem, ensinava em Paris, decidiu concentrar-se em revelar a ordem subjacente que governa os elementos. Como vocês tentariam fazer isso?

– A forma está fora de questão – diz Stacey, dirigindo-se a Bob.

– Por quê? O que você tem contra as formas? – ele pergunta.

– Fora de questão – ela repete. – Alguns elementos são gases e outros são líquidos.

– É, você tem razão. Mas e a cor? Você gosta de cores, não é mesmo? Alguns gases têm cores, como o cloro, que é verde, e podemos dizer que outros têm cores transparentes.

– Boa tentativa – diz Ralph, ignorando o fato de que eles estavam tentando ridicularizar a sua história. – Infelizmente alguns elementos não têm cor determinada. Vamos pegar o carbono puro como exemplo. Ele aparece como grafite preta, ou, mais raramente, como um diamante reluzente.

– Eu prefiro os diamantes – brinca Stacey.

Todos rimos, e depois, atendendo ao gesto de Ralph, tento responder:

– Nós provavelmente temos de procurar uma medida mais numérica. Dessa forma poderemos organizar os elementos sem sermos acusados de seguir preferências subjetivas.

– Muito bom – diz Ralph, comportando-se como se fôssemos seus filhos. – E o que você sugere como uma medida adequada? – pergunta.

— 302 —

— Eu nunca estudei nada de química – respondo. – Como vou saber? Mas já que não quero ofender Ralph, continuo:

— Talvez algo como a gravidade específica, a condutividade elétrica, ou algo mais sofisticado como o número de calorias absorvidas ou liberadas quando o elemento se combina com um elemento referência, como o oxigênio.

— Muito bom, muito bom mesmo. Mendeleiev usou basicamente a mesma abordagem. Ele escolheu uma medida quantitativa conhecida para cada elemento e que não mudava em função da temperatura ou do estado (líquido, sólido ou gasoso) da substância. Essa medida era o peso atômico, que representa a razão entre o peso de um átomo de um dado elemento e o peso de um átomo do elemento mais leve, o hidrogênio. Esse número deu a Mendeleiev um identificador numérico único para cada elemento.

— Grande coisa – Bob não consegue se segurar. – Exatamente como eu suspeitava, agora ele podia organizar todos os elementos de acordo com os seus pesos atômicos, como soldados enfileirados. Mas o que isso traz de bom? Qual a consequência prática? Como eu disse, crianças brincando com soldadinhos de chumbo, fingindo que fazem algo muito importante.

— Calma – responde Ralph. – Se Mendeleiev tivesse parado aqui, eu aceitaria a sua crítica, mas ele deu um passo a mais. Ele não organizou os elementos em fila. Ele percebeu que a cada sete soldados o mesmo comportamento químico ocorria, com maior intensidade. Portanto, ele organizou os elementos em uma tabela com sete colunas. Desta forma, todos os elementos foram dispostos de acordo com o peso atômico em ordem ascendente, e em cada coluna temos os elementos com o mesmo comportamento químico em ordem de intensidade ascendente. Por exemplo, na primeira coluna dessa tabela temos o lítio, que é o mais leve de todos os metais e que se aquece quando colocado na água. Logo abaixo dele temos o sódio, que inflama quando colocado na água. O próximo da coluna é o potássio, que reage ainda mais violentamente à água. O último é o césio, que se inflama até mesmo quando exposto ao ar.

— Muito interessante, mas como eu pensava, isso não é nada mais que brincadeira de crianças. Quais são as implicações práticas disso? – diz Bob, o homem com os pés no chão.

— Há implicações práticas – responde Ralph. – Veja bem, quando Mendeleiev elaborou essa tabela, nem todos os elementos haviam sido

# A META

identificados. Assim, ficaram alguns buracos na tabela, e ele, para cobri-los, "inventou" os elementos que estavam faltando. A sua classificação lhe deu a habilidade de prever o peso e outras propriedades desses elementos. Você tem de admitir que isso é uma grande realização.

– Como isso foi aceito por outros cientistas do seu tempo? – eu pergunto. – A invenção de novos elementos deve ter sido recebida com grande ceticismo.

– Foi muito pior que isso. Mendeleiev se tornou alvo de piadas de toda a comunidade. Especialmente porque a sua tabela não era tão perfeitamente ordenada como eu descrevi a vocês. O hidrogênio flutuava acima da tabela, não pertencendo a nenhuma coluna, e algumas filas não possuíam um sétimo elemento, mas sim um apanhado de vários elementos aglomerados em um único ponto.

– E o que aconteceu no final? – Stacey pergunta impacientemente. – Suas previsões se realizaram?

– Sim – diz Ralph –, e com uma precisão surpreendente. Levou alguns anos, mas ele ainda estava vivo quando todos os elementos que ele havia previsto foram encontrados. O último dos elementos que ele "inventou" foi encontrado dezesseis anos depois. Ele havia previsto que o elemento seria um metal cinza-escuro, e era mesmo, e que seu peso atômico seria por volta de 72, e na realidade era 72,32. Ele achou que sua gravidade específica seria por volta de 5,5, e é de 5,47.

– Aposto que nesse momento ninguém riu dele.

– Com certeza não. Começaram a admirá-lo, e hoje em dia a sua tabela periódica é considerada pelos estudantes de química tão básica quanto os Dez Mandamentos.

– Eu ainda não estou impressionado – diz meu teimoso substituto.

Eu me sinto obrigado a fazer um comentário:

– Provavelmente o maior benefício era o fato de que graças à tabela de Mendeleiev as pessoas não tinham de perder tempo procurando mais elementos.

E, dirigindo-me a Bob, digo:

– A classificação ajudou na determinação, de uma vez por todas, de quantos elementos existem. Qualquer novo elemento colocado na tabela teria bagunçado a ordem.

Ralph tosse, um pouco constrangido.

— 304 —

– Desculpe, Alex, mas isso não é verdade. Apenas dez anos depois de a tabela ter sido aceita, vários novos elementos foram encontrados, os gases nobres. Descobriu-se que a tabela deveria ter sido construída com oito colunas, e não sete.

– Exatamente como eu disse – Bob comenta triunfantemente. – Mesmo quando funciona não se deve confiar.

– Espere um pouco, Bob. Você tem de admitir que a história do Ralph é muito importante para nós. Eu sugiro que nos perguntemos qual a diferença entre a classificação de Mendeleiev dos elementos químicos e as nossas várias tentativas de classificar as formas coloridas. Por que a dele foi tão eficiente e a nossa tão arbitrária?

– Essa é a questão – diz Ralph. – A nossa foi arbitrária, e a dele foi...

– Foi o quê? Não arbitrária? – Lou completa a frase.

– Esqueça isso – Ralph concorda. – Essa não é uma resposta séria. Estou apenas brincando com palavras.

– O que quer dizer arbitrária e não arbitrária? – pergunto.

Como ninguém responde, eu continuo:

– Na realidade, o que estamos procurando? Estamos procurando organizar os fatos em alguma ordem. Que tipo de ordem estamos procurando? Uma ordem arbitrária que vamos impor aos fatos, ou estamos tentando descobrir uma ordem intrínseca, uma ordem que já existe?

– Você está absolutamente certo. – Ralph está começando a se entusiasmar. – Mendeleiev definitivamente descobriu uma ordem que já existia. Ele não descobriu a razão dessa ordem, isso só aconteceu cinquenta anos mais tarde, quando a estrutura interna dos átomos foi descoberta, mas ele havia definitivamente descoberto a ordem intrínseca. Por isso a sua classificação foi tão poderosa. Qualquer classificação que tente impor alguma ordem, qualquer ordem, aos fatos dados é útil em apenas um sentido; ela permite apresentar os fatos em uma sequência, em tabelas ou gráficos. Em outras palavras, ela ajuda a preparar relatórios grossos e inúteis.

Ele continua entusiasmado.

– Vocês percebem. Nós, nas nossas tentativas de organizar as formas coloridas, não descobrimos nenhuma ordem intrínseca. Simplesmente porque naquela coleção arbitrária não havia nenhuma ordem intrínseca para ser revelada. Por isso todas as nossas tentativas eram arbitrárias, todas igualmente fúteis.

# A META

– Sim, Ralph – Lou diz, com frieza. – Mas isso não quer dizer que em outros casos, nos quais existem uma ordem intrínseca, como na administração de uma divisão, não possamos nos enganar da mesma forma. Sempre podemos procrastinar e gastar nosso tempo brincando com alguma ordem exterior artificial. Vamos ser sinceros, o que vocês acham que o Alex e eu teríamos feito com o monte de dados que nós sugerimos que ele reunisse? A julgar pelo que fizemos por tanto tempo aqui na fábrica, provavelmente faríamos exatamente o mesmo; jogar muitos jogos com números e palavras. A questão é: o que vamos fazer de diferente agora? Alguém tem uma resposta?

Olhando Ralph afundado na sua cadeira, comento:

– Se pudéssemos descobrir a ordem intrínseca dos eventos na divisão, com certeza seria uma grande ajuda.

– Sim – diz Lou. – Mas como se descobre a ordem intrínseca?

– Como se reconhece uma ordem intrínseca quando nos deparamos com uma? – acrescenta Bob.

Depois de algum tempo Lou diz:

– Provavelmente antes de responder a essa pergunta devemos fazer uma pergunta mais básica: o que proporciona uma ordem intrínseca a vários elementos? Os elementos com os quais Mendeleiev teve de lidar pareciam todos diferentes. Alguns eram metais e alguns gases, alguns eram amarelos e outros pretos, nenhum era idêntico ao outro. Sim, havia alguns que tinham semelhança, mas esse também é o caso das formas que Alex desenhou na lousa.

Eles continuam discutindo, mas não estou mais prestando atenção. Estou com a pergunta de Lou na cabeça: "Como podemos encontrar a ordem intrínseca?". Ele perguntou isso como se fosse uma pergunta teórica, como se a resposta óbvia fosse "impossível". Mas os cientistas encontram a ordem intrínseca das coisas... e Jonah é um cientista.

– Vamos supor que seja possível – eu interrompo a discussão. – Vamos supor que exista uma técnica para encontrar a ordem intrínseca. Uma técnica dessas não seria uma ferramenta gerencial poderosa?

– Com certeza – diz Lou. – Mas vamos ficar sonhando?

– E o que aconteceu com você hoje? – eu pergunto a Julie, depois de ter contado detalhadamente os eventos do dia a ela.

– Passei um tempo na biblioteca. Você sabia que Sócrates não escreveu nada? Os diálogos de Sócrates foram na verdade escritos por seu discípulo, Platão. A bibliotecária é muito simpática, gosto muito dela. De qualquer forma, ela me recomendou alguns dos diálogos e eu comecei a lê-los.

Eu não consigo esconder a minha surpresa:

– Você lendo filosofia! Para quê? Isso não é chato?

Ela sorri para mim.

– Você estava falando do método socrático como um método para persuadir pessoas. Eu queria distância da filosofia, mas, se é para aprender um método de persuadir o meu marido teimoso e os meus filhos, eu faço qualquer coisa.

– Então você começou a ler filosofia. – Eu ainda estou tentando digerir isso.

– Do jeito que você está falando até parece que é um castigo – ela ri. – Alex, você alguma vez leu os diálogos de Sócrates?

– Não.

– Eles não são ruins. Eles são na verdade escritos como histórias e são bem interessantes.

– Quantos você já leu?

– Ainda estou lendo o primeiro, *Protágoras*.

– Quero ver a sua opinião amanhã – digo, ceticamente. – Se ainda for positiva, talvez eu também o leia.

– Claro, quando os porcos conseguirem voar.

Antes que eu possa responder, ela fica de pé.

– Vamos dormir.

Eu bocejo e vou com ela.

# - 36 -

Começamos a reunião um pouco atrasados, já que Stacey e Bob têm de lidar com alguns pedidos problemáticos. Fico imaginando o que estará realmente acontecendo; será que os problemas estão voltando? Será que a previsão de Stacey sobre os Recursos com Restrição de Capacidade está se concretizando? Ela estava preocupada com qualquer aumento nas vendas e, com certeza, as vendas estão pouco a pouco, mas constantemente, aumentando. Deixo de lado esses pensamentos; isso deve ser apenas o conflito, perfeitamente previsível quando um gerente de materiais passa suas responsabilidades para o substituto. Decidi não interferir; se o problema evoluir para algo mais sério, eles não vão deixar de me contar.

Não vai ser fácil. Fomos todos orientados para agir, e procurar procedimentos básicos é quase contra a nossa natureza, não importa quantas vezes Bob diga quanto mudou.

Quando todos se sentam, lembro a eles a questão que estávamos abordando. Se quisermos seguir o mesmo caminho que começamos aqui na fábrica, em toda a divisão, com sucesso, temos de deixar claro para nós, de uma forma genérica, o que de fato fizemos. Repetir os mesmos procedimentos específicos não vai funcionar. Não só as fábricas são muito diferentes umas das outras, mas também como podemos lutar contra as eficiências locais nas vendas, ou cortar os lotes no projeto do produto?

Stacey é a única que tem algo a dizer e sua ideia é simples. Se Jonah nos forçou a começar com a pergunta "qual é a meta da empresa?", ela sugere que comecemos por perguntar "qual é a nossa meta"; não como indivíduos, mas como gerentes.

Sua ideia não foi bem aceita, pois é muito teórica. Bob boceja, parece entediado. Lou atende ao meu pedido discreto e se oferece para entrar no jogo. Com um sorriso diz:

— Isso é trivial. Se a meta da nossa empresa é "ganhar mais dinheiro hoje e no futuro", então o nosso trabalho é tentar fazer a divisão atingir essa meta.

— E podemos fazer isso? — pergunta Stacey. — Se a meta inclui a palavra "mais", podemos atingir a meta?

— Entendo o que você quer dizer — responde Lou, ainda sorrindo. — Não, claro que não podemos atingir uma meta vaga. Teremos de tentar orientar a divisão em direção à meta. E você, Stacey, tem razão, não é um esforço único, temos de nos empenhar constantemente nisso. Vou mudar um pouco minha posição inicial. — E, dando ênfase a cada palavra, ele conclui: — Seria bom iniciarmos um processo de melhoria contínua na nossa divisão.

Dirigindo-se a mim, Stacey diz:

— Você me pediu uma ideia de como lidar com o assunto, não foi? Acho que deveríamos partir daqui.

— Como? — Donovan faz a pergunta que está na cabeça de todos.

— Não sei — é a resposta de Stacey.

Quando vê a expressão de Bob, diz defensivamente:

— Eu não disse que tinha a solução, apenas uma ideia.

— Obrigado, Stacey — digo e, dirigindo-me aos outros, aponto para a lousa que ninguém ainda teve o trabalho de apagar. — Temos de admitir que esta é uma visão diferente daquela que tínhamos.

Não vemos saída. A pergunta de Donovan veio a calhar. Portanto, tento ganhar tempo apagando a lousa e escrevendo em letras grandes "Um processo de melhoria contínua".

Isso não ajuda muito. Por algum tempo ficamos sentados em silêncio olhando para a lousa.

— Comentários? — finalmente pergunto. E, como era de se esperar, é Bob quem expressa os pensamentos de todos.

— Estou cansado de todos esses *slogans*. Aonde quer que vá, ouço as mesmas coisas.

Ele fica de pé, vai até a lousa e, imitando um professor de primeira série, diz:

— Um processo... de... melhoria... contínua.

Ao se sentar, acrescenta:

— Mesmo se quisesse esquecer, eu não poderia. Os memorandos do Hilton Smyth sempre têm essa frase. A propósito, Alex, esses memorandos continuam chegando, e com mais frequência que antes. Em nome da economia, pelo menos da economia de papel, você não pode fazer algo para parar com isso?

— Ao seu tempo. Mas vamos continuar. Se não sair nada dessas reuniões, a única coisa útil que vou poder fazer como gerente da divisão é parar com esses memorandos. Vamos lá, Bob, dê vazão às suas frustrações.

Bob não precisa de muito encorajamento para dar sua verdadeira opinião.

— Toda fábrica da nossa empresa já deu início a pelo menos quatro ou cinco desses projetos chatos de melhoria. Se você quer saber a minha opinião, eles só dão dor de cabeça. Se você for lá no chão da fábrica e men-

# A META

cionar um novo projeto de melhoria, verá a reação. As pessoas já desenvolveram alergia a essa frase.

— Então, o que você sugere que se faça? — eu coloco um pouco mais de lenha na fogueira.

— Que façamos o que foi feito aqui – ele grita em resposta. – Aqui não fizemos nada disso. Não começamos nenhum projeto formal de melhoria e vejam o que conseguimos. Nada de conversa mole, de palavras bonitas, mas, se você quer mesmo saber a minha opinião, o que conseguimos fazer aqui são coisas concretas.

— Você está certo — tento acalmar o vulcão que despertei. — Mas, Bob, se quisermos fazer a mesma coisa em toda a divisão, precisamos definir muito bem qual é a diferença entre o que fizemos e o que todo mundo tenta fazer.

— Nós não começamos tantos projetos de melhoria.

— Isso não é bem verdade – responde Stacey. – Foram tomadas várias iniciativas: nos procedimentos no chão da fábrica, com relação a medições, qualidade, processos locais, sem mencionarmos as mudanças que fizemos no sistema de liberação de material para a produção.

Levantando a mão para evitar que Bob a interrompa, ela conclui:

— É verdade que não chamamos tudo isso de processo de melhoria, mas não acredito que a grande diferença esteja no fato de nós não termos usado esse nome.

— Então por que você acha que nós fomos bem-sucedidos onde tantos outros falharam? – pergunto a ela.

— Simples – Bob interrompe. – Eles falaram, nós fizemos.

— Quem é que está brincando com palavras agora? – eu o interrompo.

— Acho que a chave para tudo isso – Stacey fala de forma pensativa – está na forma diferente de interpretar a palavra "melhoria".

— Como assim? – pergunto.

— Ela está absolutamente certa! – Lou está radiante. – É tudo uma questão de medições.

— Para um contador – diz Bob, dirigindo-se a todos –, tudo é uma questão de medições.

Lou fica de pé e começa a andar de um lado para o outro. Eu raramente o vejo tão entusiasmado.

Nós esperamos.

— 310 —

ELIYAHU M. GOLDRATT

Ele finalmente vai até a lousa e escreve:

GANHO            INVENTÁRIO            DESPESA OPERACIONAL

Ele então se vira para nós e diz:

– A melhoria era interpretada sempre quase como um sinônimo de economia de custos. As pessoas se concentravam na redução de despesa operacional como se esta fosse a medida mais importante.

– Era pior do que isso – Bob interrompe. – Estávamos ocupados reduzindo custos que não tinham impacto na redução da despesa operacional.

– Isso mesmo – Lou continua. – Mas o importante é que na nossa fábrica isso foi mudado e agora consideramos o ganho como a medida mais importante. Para nós, uma melhoria não é tanto uma redução de custos, mas sim um aumento do ganho.

– Você tem razão – Stacey concorda. – O conceito de gargalo não visa à redução da despesa operacional, e sim o aumento de ganho.

– O que vocês estão dizendo – observo vagarosamente, tentando absorver isso – é que nós mudamos a escala de importância.

– É exatamente isso – diz Lou. – No passado, o custo era mais importante, o ganho vinha em segundo lugar e o inventário vinha em um terceiro lugar bem distante.

Sorrindo para mim, ele acrescenta:

– Tanto que considerávamos o inventário um ativo. A nossa nova escala é diferente. O ganho é o mais importante, depois o inventário, por causa do seu impacto no ganho, e só depois, no final, vem a despesa operacional. E os nossos números com certeza confirmam isso. – Lou providencia as provas. – O ganho e o inventário mudaram muito seus percentuais, enquanto a despesa operacional caiu menos de 2%.

– Essa é uma lição muito importante – digo. – O que você está alegando é que nós mudamos do "mundo do custo" para o "mundo do ganho".

Depois de um minuto de silêncio eu continuo:

– Sabem de uma coisa? Isso realmente levanta outra questão. Mudar a escala de importância das medidas, mudar de um mundo para o outro, é sem dúvida nenhuma uma mudança cultural. Vamos ser sinceros, é exatamente isso que tivemos de fazer, uma mudança de cultura. Mas como nós vamos levar a divisão a fazer uma mudança dessas?

— 311 —

# A META

Eu vou pegar mais café e Bob vem comigo.

– Sabe, Alex, algo ainda está faltando. Tenho a sensação de que a nossa abordagem toda foi diferente.

– De que forma? – pergunto.

– Não sei. Mas uma coisa posso lhe dizer, nós não decidimos fazer nenhum projeto de melhoria, eles nascem da necessidade. De alguma forma era sempre óbvio qual deveria ser o próximo passo.

– Acho que sim.

Tínhamos aproveitado bem o tempo que nos deram. Relembramos as medidas tomadas e constatamos que todas haviam sido guiadas pela nossa nova escala. Bob está muito quieto até que dá um pulo.

– Descobri o filho da mãe! – ele grita. – Descobri!

Ele vai até a lousa, pega uma caneta e desenha um grande círculo em volta da palavra "melhoria".

– Processo de melhoria contínua – ele diz exultante. – Lou e sua fixação por medidas fez com que nos concentrássemos na palavra melhoria. Vocês não percebem que o verdadeiro X da questão é a primeira palavra? – E ele desenha vários círculos em volta da palavra "processo".

– Se Lou tem uma fixação por medidas – digo, um pouco irritado –, você com certeza tem uma fixação por processos. Espero que a sua fixação seja tão útil quanto a dele.

– Claro, chefe. Eu sabia que a forma pela qual havíamos lidado com a situação era diferente. Que não era apenas uma questão de escalas.

Ele volta para a sua cadeira ainda radiante.

– Você se importa de explicar um pouco melhor? – Stacey pede com suavidade.

– Você não entendeu? – Bob está surpreso.

– Nem nós. – Estamos todos perplexos.

Ele olha à sua volta e, quando percebe que estamos sérios, pergunta:

– O que é um processo? Todos nós sabemos, é uma sequência de passos a serem seguidos. Certo?

– Sim…

– Então, alguém pode me dizer qual é o processo que deveríamos seguir? O que significa esse processo mencionado no nosso "processo de melhoria contínua"? Vocês acham que implementar vários projetos de melhoria contínua é um processo? Nós não fizemos isso, nós seguimos um processo. Foi isso que nós fizemos.

– Ele está certo – diz Ralph, com sua voz baixa.

Eu fico de pé e aperto a mão de Bob. Todos estão sorrindo para ele. Lou então pergunta:

– Que processo nós seguimos?

Bob não tem pressa de responder. Finalmente diz:

– Eu não sei, mas com certeza seguimos um processo.

Para evitar constrangimentos, rapidamente digo:

– Vamos identificá-lo. Se nós o seguimos não deve ser difícil encontrá-lo. Vamos pensar, qual foi a primeira coisa que fizemos?

Antes que qualquer pessoa tenha a oportunidade de responder, Ralph diz:

– Sabem, essas duas coisas estão conectadas.

– Que coisas?

– No "mundo do custo", como Alex o chamou, estamos preocupados principalmente com os custos. O custo é drenado em todo lugar, tudo custa dinheiro. Nós víamos a nossa complexa organização como se fosse composta de muitos elos, e era importante controlar cada elo.

– Por favor, vá direto ao ponto – Bob pede, impaciente.

– Deixe-o falar – Stacey também está impaciente.

Ralph ignora ambos e calmamente continua:

– É como medir uma corrente de acordo com o seu peso. Todo elo é importante. Claro que, se os elos forem muito diferentes um do outro, usa-se o princípio da regra dos vinte-oitenta em que 20% das variáveis são responsáveis por 80% do resultado.

O fato de todos nós conhecermos o princípio de Pareto nos mostra até que ponto Lou está certo, até que ponto todos nós estávamos no mundo do custo.

Stacey coloca a mão sobre a de Bob para evitar que ele interfira.

– Nós reconhecemos que a escala tem de ser mudada – Ralph continua. – Escolhemos o ganho como a medida mais importante. E onde é que conseguimos o ganho? Em cada elo? Não. Apenas no final de todas as operações. Sabe, Bob, quando decidimos que o ganho é fundamental, é como se deixássemos de considerar o peso para considerar a resistência.

– Não entendi nada – é o comentário de Bob.

Ralph não desiste:

— O que é que determina a resistência de uma corrente? — ele pergunta a Bob.

— O elo mais fraco, espertinho.

— Então, se você quiser melhorar a resistência da corrente, qual deve ser o seu primeiro passo?

— Encontrar o elo mais fraco. Identificar o gargalo! — Bob dá um tapa nas costas de Ralph. — É isso aí! Que sujeito esperto! — E ele dá outro tapinha.

Ralph parece meio encurvado, mas está radiante. Na verdade, todos nós estamos radiantes.

Depois disso, foi fácil. Relativamente fácil. Não demorou muito para que o processo estivesse claramente escrito na lousa:

PASSO 1. Identificar o gargalo do sistema.
(Afinal de contas, não foi muito difícil identificar o forno e a NCX-10 como os gargalos da fábrica.)

PASSO 2. Decidir como explorar os gargalos.
(Isso foi divertido. Perceber que essas máquinas não deveriam parar na hora do almoço etc.)

PASSO 3. Subordinar tudo à decisão anterior.
(Certificar-se de que tudo ande no ritmo das restrições. As etiquetas vermelhas e verdes.)

PASSO 4. Elevar os gargalos do sistema.
(Trazer de volta a velha Zmegma, voltarmos a usar velhos roteiros de produção que eram menos "eficientes"...)

PASSO 5. Se, em um passo anterior, um gargalo for superado, voltar ao passo 1.

Examino a lousa. É tão simples. Puro bom senso. Penso (e não pela primeira vez) como não vimos isso antes, quando Stacey diz:

— Bob tem razão, com certeza seguimos esse processo e passamos por ele mais de uma vez; até mesmo a natureza dos gargalos com os quais tivemos de lidar mudou.

– O que você quer dizer com "a natureza dos gargalos"? – pergunto.

– Estou me referindo a uma grande mudança. Sabe, algo sério como o gargalo deixar de ser uma máquina e ser algo totalmente diferente, como demanda de mercado insuficiente. Cada vez que passamos por esse processo de cinco passos, a natureza do gargalo mudou. Primeiro o gargalo era o forno e a NCX-10, depois era o sistema de liberação de material; lembram-se da última vez que Jonah esteve aqui? Depois era o mercado, e temo que logo ele estará de volta na produção.

– Você está certa – digo. – É um pouco estranho chamar o mercado ou o sistema de liberação de material de gargalo. Por que não mudamos a palavra para…

– Restrição? – Stacey sugere.

Nós corrigimos o que está escrito na lousa. Depois ficamos simplesmente sentados, admirando o nosso trabalho.


– O que vou fazer para não perder esse pique? – pergunto a Julie.

– Você nunca está satisfeito, não é? Alex, por que você cobra tanto assim de si mesmo? – ela acrescenta apaixonadamente. – Os cinco passos que você elaborou hoje não são uma realização boa o suficiente para um dia?

– Claro que é suficiente. É mais que suficiente. Descobrir o processo que todos estão procurando, a forma de proceder sistematicamente na linha de melhoria contínua, é uma grande realização. Mas, Julie, estou me referindo a outra coisa. Como podemos continuar a melhorar a fábrica rapidamente?

– Qual é o problema? Parece que tudo está correndo bem.

Eu suspiro.

– Não exatamente, Julie. Não posso correr agressivamente atrás de mais pedidos porque qualquer aumento adicional nas vendas pode criar mais gargalos e trazer de volta o pesadelo de ter de apressar vários pedidos. Por outro lado, não posso aumentar significativamente as contratações ou comprar máquinas; os lucros existentes ainda não justificam isso.

– Meu marido impaciente – ela ri. – Parece-me que você tem simplesmente de sentar e esperar até que a fábrica gere dinheiro o suficiente para justificar mais investimentos. De qualquer forma, meu amor, muito em breve isso vai ser dor de cabeça para o Donovan. Já está na hora de você deixar os outros se preocuparem.

– Talvez você tenha razão – respondo, não totalmente convencido.

# - 37 -

– Algo está errado – diz Ralph depois que nos instalamos conforta-velmente. – Ainda está faltando algo.

– O quê? – diz Bob agressivamente, pronto para proteger a nossa criação.

– Se o passo três está certo... – Ralph fala muito lentamente –, se temos de subordinar tudo à decisão que tomamos quanto à restrição, então...

– Vamos lá, Ralph – diz Bob –, o que você quer dizer com "se temos de subordinar"? Você tem alguma dúvida de que temos de subordinar as não restrições às restrições? O que são as programações que você gera nos seus computadores senão o ato de subordinar todos os outros recursos à nossa decisão sobre como explorar os gargalos?

– Eu não duvido disso – Ralph diz, justificando-se. – Mas, quando a natureza da restrição muda, deveria ocorrer uma grande mudança na forma como operamos as não restrições.

– Isso faz sentido – diz Stacey, encorajando-o. – Então o que o pre-ocupa?

– É que não me lembro de termos feito essas mudanças.

– Ele está certo – diz Bob em voz baixa. – Eu também não me lembro.

– Nós não fizemos – eu confirmo, depois de algum tempo.

– E deveríamos ter feito? – diz Bob.

– Vamos ver isso. Quando foi a primeira vez que a restrição mudou?

– Foi quando algumas peças com etiquetas verdes começaram a chegar atrasadas na montagem – diz Stacey sem hesitar. – Lembram-se de que tínhamos receio de que aparecessem novos gargalos em todo lugar?

– Sim – digo –, e Jonah nos mostrou que não eram novos gargalos, mas que a restrição havia se tornado a forma como liberávamos o trabalho para a fábrica.

– Eu ainda me lembro do choque – Bob comenta – de restringir a libe-ração de materiais mesmo que as pessoas não tivessem mais nada para fazer.

– E o nosso medo de que as "eficiências" caíssem – Lou comenta. – Agora me espanta a coragem que nós tivemos para fazer tudo isso.

– Fizemos porque havia muito sentido – digo. – A realidade provou que estávamos certos. Então, Ralph, pelo menos nesse caso, todas as não restrições foram alteradas. Vamos tratar de outros tópicos?

Ralph não responde.

– Algo ainda está perturbando você? – pergunto.

– Sim, mas não sei bem o que é.

Eu espero.

Finalmente Stacey diz:

– Qual é o problema, Ralph? Você, o Bob e eu geramos a lista de trabalho para as restrições. Você, com base nessa lista, fez o computador gerar as datas de liberação de todo o material. Se considerarmos o computador uma não restrição, com certeza mudamos a forma como operávamos uma não restrição.

Ralph ri nervosamente.

– Depois – Stacey continua –, fiz com que meu pessoal seguisse essas listas. Isso foi uma grande mudança na forma de operar, especialmente se considerarmos a pressão que os chefes de seção costumavam fazer para que houvesse mais trabalho.

– Mas você tem de admitir que a maior mudança foi no chão da fábrica – diz Bob. – Foi muito difícil para a maioria das pessoas entender que nós estávamos falando sério, que eles não precisavam trabalhar todo o tempo. Não se esqueça de que o medo das demissões dominava o ambiente.

– Acho que está tudo bem – Ralph desiste.

– O que fizemos com o método que estávamos usando? – Lou pergunta. – Vocês sabem, as etiquetas vermelhas e verdes.

– Nada – Stacey responde. – Por que deveríamos fazer algo a esse respeito?

– Obrigado, Lou – Ralph diz. – Era exatamente isso que estava me perturbando.

Dirigindo-se a Stacey, ele acrescenta:

– Você se lembra do porquê de usar essas etiquetas? Nós queríamos estabelecer prioridades claras. Nós queríamos que cada trabalhador soubesse o que era importante, e que deveria ser feito imediatamente, e o que era menos importante.

– Isso mesmo – ela responde. – Foi exatamente por isso que criamos esse sistema. Ah, entendo o que você quer dizer. Agora, diferentemente do

A META

passado, quando liberávamos material apenas para providenciar trabalho, tudo o que liberamos para o chão da fábrica tem, em princípio, a mesma importância. Deixe-me pensar por um minuto.

Todos nós ficamos pensando.

– Droga! – ela resmunga.

– O que foi? – Bob pergunta.

– Acabei de perceber o impacto que essas malditas etiquetas têm na nossa operação.

– O que é? – Bob a pressiona.

– Estou constrangida – ela diz. – Venho reclamando do problema com os seis ou sete recursos com restrição de capacidade, alertando a todos, e cheguei a exigir que limitássemos as vendas. E agora vejo que eu mesma criei o problema.

– Stacey, explique-se – peço. – Você é a única que está vendo isso.

– Claro. Vejam bem, quando é que as etiquetas verde e vermelha têm um impacto? Apenas quando um centro de trabalho tem uma fila, quando o trabalhador tem de escolher entre duas coisas que estão esperando; nesse caso ele sempre trabalha primeiro na etiqueta vermelha.

– E daí?

– As maiores filas – Stacey continua – estão antes dos gargalos, mas lá as etiquetas são irrelevantes. Os outros lugares nos quais temos filas são nos recursos com restrição de capacidade. Esses recursos fornecem algumas peças aos gargalos, peças com etiquetas vermelhas, mas eles trabalham em muito mais peças verdes, peças que passam pelos gargalos para chegar à montagem. Hoje eles fazem primeiramente as peças com etiquetas vermelhas. Isso naturalmente atrasa a chegada das peças verdes à montagem. Esses buracos são descobertos quando já é bem tarde, quando eles já são bem evidentes no pulmão da montagem. Então, e somente nesse momento, nós mudamos as prioridades nesses centros de trabalho. Basicamente, nós restauramos a importância das peças verdes.

– Então o que você está nos dizendo – Bob não consegue esconder a sua surpresa –, é que, se eliminarmos as etiquetas, as coisas ficarão bem melhores?

– Sim, é isso que estou dizendo. Se eliminarmos as etiquetas e instruirmos os trabalhadores para trabalharem na mesma sequência na qual as peças chegam – a primeira que chega é a primeira que é feita –, as peças serão feitas na sequência certa, serão criados menos buracos nos pulmões, meu pessoal não vai ter de tentar achar onde o material está, e...

– E os chefes de seção não terão de mudar constantemente as prioridades – Bob completa a frase.

Eu tento confirmar o que ouvi.

– Stacey, você tem certeza de que o seu alarme sobre os recursos restritivos era infundado? Podemos aceitar mais pedidos com segurança?

– Acho que sim – ela diz. – Isso explica uma das coisas que mais me intriga: por que há tão poucos buracos nos pulmões dos gargalos, e cada vez mais buracos no pulmão da montagem. A propósito, pessoal, o fato de haver cada vez mais buracos indica que em algum momento teremos o problema de falta de capacidade, mas não agora. Vou acabar com as etiquetas agora mesmo. Amanhã vocês não vão mais vê-las.

– Bom, essa discussão foi muito produtiva – concluo. – Vamos continuar. Quando foi quebrada a segunda restrição?

– Quando começamos a expedir tudo bem antes do tempo – Bob responde. – Entregar os pedidos três semanas antes é uma clara indicação de que a restrição não está mais na produção, mas sim no mercado. A falta de pedidos suficientes limitava a fábrica de ganhar mais dinheiro.

– Certo – Lou confirma. – O que você acha: nós fizemos algo diferente nas não restrições?

– Eu não – diz Bob.

– Eu também não – diz Ralph. – Ei, esperem um pouco. Por que continuamos a liberar material com base no forno e na NCX-10 se eles não são mais a restrição?

Nós olhamos um para o outro. Realmente, como é isso?

– Algo ainda mais engraçado está acontecendo. Por que o meu computador mostra que esses dois centros de trabalho ainda são uma restrição e que a capacidade deles é 100% usada constantemente?

Pergunto a Stacey:

– Você sabe o que está acontecendo?

– Infelizmente, sim – ela admite. – Hoje definitivamente não é o meu dia. E todo esse tempo eu ficava imaginando por que os nossos produtos acabados não eram consumidos mais rapidamente.

– Alguém quer dizer o que está acontecendo? – Bob diz impacientemente.

# A META

— Fale você, Stacey.

— Vamos lá, pessoal, não olhem para mim assim. Depois de trabalhar tanto tempo com montanhas de estoque de produtos acabados, vocês também não fariam isso?

— Fariam o quê? — Bob está perdido. — Você quer parar de enrolar?

— Todos nós sabíamos como era importante manter os gargalos trabalhando todo o tempo — Stacey começa a explicar. — Lembrem-se, "uma hora perdida em um gargalo é uma hora perdida em toda a fábrica". Portanto, quando eu percebi que a carga para os gargalos estava caindo, emiti pedidos de produtos para pôr nas prateleiras do estoque. Agora sei que isso foi estúpido, mas, pelo menos no momento, nosso estoque de produtos acabados vai ficar equilibrado em umas seis semanas. Não temos mais aquela situação horrível na qual temos montanhas de alguns produtos e nem uma única unidade de outros produtos.

— Isso é bom — Lou comenta. — Isso quer dizer que podemos facilmente acabar com o estoque. Alex, tenha cuidado para não fazer isso muito rapidamente, lembre-se das consequências em termos de lucro.

Agora é a vez de Stacey ficar perplexa.

— Por que não deveríamos nos livrar dos produtos acabados o mais rápido possível? — pergunta.

— Deixe isso para lá — digo, impacientemente. — O Lou pode e deve explicar isso a vocês mais tarde. Neste momento vamos corrigir o nosso processo de cinco passos. Agora todos nós sabemos até que ponto Ralph estava certo, com certeza está faltando algo.

— Posso fazer a correção? — Stacey diz timidamente e vai até a lousa. Quando ela volta ao seu lugar, temos o seguinte na lousa:

1. IDENTIFICAR a(s) restrição(ões) do sistema.
2. Decidir como EXPLORAR a(s) restrição(ões) do sistema.
3. SUBORDINAR tudo o mais à decisão anterior.
4. ELEVAR a(s) restrição(ões) do sistema.
5. CUIDADO!!!! Se em um passo anterior uma restrição tiver sido quebrada, volte ao passo 1, mas não deixe que a INÉRCIA cause uma restrição no sistema.

Examinando a lousa, Lou resmunga:

– É muito pior do que eu imaginava.

– Pelo contrário – estou surpreso. – É bem melhor do que eu imaginava. Olhamos um para o outro.

– Você primeiro – digo. – Por que você acha que é bem pior?

– Porque perdi a minha única diretriz.

Percebendo que nós não estamos entendendo o que ele diz, explica:

– Todas as mudanças que fizemos até agora, todas as vacas sagradas que tivemos de sacrificar tinham uma coisa em comum: provinham da contabilidade de custos. Eficiências locais, tamanho ótimo de lotes, custo do produto, avaliações dos estoques, tudo veio da mesma fonte. Para mim, isso não era problema. Como *controller,* há tempos questiono a validade da contabilidade de custos. Lembrem-se, essa é uma invenção do começo do século, quando as condições eram bem diferentes das que temos hoje. Na realidade, comecei a ter uma diretriz muito boa; se vier da contabilidade de custos, deve estar errado.

– Uma ótima diretriz. – Eu sorrio. – Mas qual é o seu problema?

– Você não percebe que o problema é bem maior; não é apenas a contabilidade de custos. Nós não colocamos as etiquetas vermelhas e verdes por causa da contabilidade de custos, mas porque percebemos a importância dos gargalos. A Stacey criou pedidos de produtos acabados por causa da nossa nova visão, porque queria ter certeza de que a capacidade dos gargalos não seria desperdiçada. Eu achava que era preciso muito tempo para se desenvolver a inércia. O que agora vejo é que leva menos de um mês.

– Sim, você tem razão – digo, desalentadamente. – Sempre que uma restrição é quebrada, as condições são de tal maneira alteradas que é muito perigoso fazer deduções com base no passado.

– Na verdade – Stacey acrescenta –, mesmo o que nós criamos para elevar a restrição tem de ser reexaminado.

– Como podemos fazer isso? – Bob pergunta. – É impossível questionar tudo todo o tempo.

– Ainda está faltando algo – Ralph observa.

Com certeza ainda está faltando algo.

– Alex, é a sua vez de explicar – diz Lou.

– Explicar o quê?

– Por que você afirmou que isso é bem melhor do que você esperava? Eu sorrio. Já está na hora de dar uma boa notícia.

# A META

– Meus caros, o que foi que impediu que tivéssemos mais um grande aumento na lucratividade? Nada, a não ser a convicção de que não tínhamos capacidade suficiente. Bem, agora sabemos que não é esse o caso. Agora sabemos que temos muita capacidade de sobra.

Quanta capacidade ociosa temos de fato?

– Stacey, quanto da carga atual do forno e da NCX-10 é por causa dos pedidos fictícios?

– Mais ou menos 20% – ela diz com uma voz sumida.

– Maravilhoso! – esfrego as mãos. – Temos capacidade suficiente para realmente ganhar o mercado. Acho melhor eu ir até a matriz amanhã e bater um papo pessoalmente com Johnny Jons. Lou, com certeza vou precisar de você. Pensando melhor, Ralph, você quer ir conosco? E traga o seu computador, vamos mostrar algumas coisas a eles.

# -38-

Apanho Lou e Ralph às seis da manhã na fábrica. Nós (de fato, eu) decidimos que era melhor assim, pois se tivesse de buscá-los em casa teria de sair de casa lá pelas cinco da manhã. De qualquer forma, provavelmente não vamos nos demorar mais do que algumas horas na matriz e teremos de voltar à fábrica para trabalhar à tarde.

Nós mal conversamos. Ralph, sentado no banco de trás, está ocupado com seu *laptop*. Lou provavelmente acha que ainda está na cama. Eu dirijo com o piloto automático, isto é, na minha cabeça estou elaborando a conversa com Johnny Jons. Preciso convencê-lo a obter muito mais pedidos para a nossa fábrica.

Ontem, ao descobrir a quantidade de capacidade extra de que dispomos, vi apenas o lado bom. Agora penso se não estou esperando um milagre.

Mentalmente, verifico novamente os números. Para usar toda a nossa capacidade, Johnny terá de conseguir mais de US$ 10 milhões de vendas adicionais. Não me parece sensato supor que ele tenha tanta coisa assim escondida na manga.

Portanto, usar técnicas de pressionar ou mesmo se eu implorar e suplicar não vai adiantar. Precisamos criar ideias inovadoras. Bem, a verdade é que até agora eu não consegui achar nenhuma. Vamos esperar que Johnny tenha algumas boas ideias; em princípio, ele é que é o perito em vendas.

– Quero que você conheça Dick Pashky – Johnny Jons diz quando entramos na pequena sala de reuniões. – Ele é um dos meus melhores funcionários. Dedicado, profissional e, acima de tudo, é cheio de ideias inovadoras. Achei que seria uma boa ideia você conhecê-lo. Você se importa se ele se juntar a nós?

– Pelo contrário – sorri –, nós precisamos de ideias inovadoras. Sabe, o que eu quero é que você consiga mais negócios para a minha fábrica; no valor de US$ 10 milhões.

Johnny cai na gargalhada.

– Vocês da produção são muito engraçados. Dick, o que foi que eu lhe disse? Não é fácil lidar com gerentes de fábrica. Um me pede que convença o seu cliente a pagar um aumento de 10% no preço, outro quer que eu me livre de uma pilha de produtos velhos pelo preço integral, mas, Alex, você é o mais divertido: US$ 10 milhões!

Ele continua a rir, mas eu não.

– Johnny, pense. Você precisa conseguir mais pedidos para a minha fábrica, US$ 10 milhões a mais.

Ele para de rir e olha para mim.

– Você está falando sério. Alex, o que acontece? Você sabe como é difícil conseguir mais vendas hoje em dia; lá fora é uma briga de foice. Estão todos cortando a garganta uns dos outros pelo menor pedido e você está falando em conseguir mais US$ 10 milhões?

Não me apresso para responder. Recosto na cadeira, olho para ele e finalmente falo:

– Ouça bem, Johnny, você sabe que a minha fábrica melhorou. O que você não sabe é quanto ela melhorou. Agora somos capazes de entregar qualquer pedido em duas semanas. Já provamos que não atrasamos pedidos. Nossa qualidade melhorou a tal ponto que tenho certeza de que somos os melhores do mercado. Somos muito rápidos e ágeis e, acima de tudo, confiáveis. Isso não é conversa de vendedor, isso é a verdade.

– Alex, sei de tudo isso. Ouço essas coisas da melhor fonte, dos meus clientes. Mas isso não quer dizer que eu posso transformar isso em dinheiro imediatamente. Leva tempo para vender, a credibilidade não é construída

# A META

do dia para a noite, é um processo gradual. E, a propósito, você não deveria reclamar; estou trazendo cada vez mais vendas para você. Seja paciente e não peça nenhum milagre.

– Eu tenho 20% de capacidade ociosa – digo, deixando essa frase no ar.

Como não há resposta, percebo que Johnny não vê quanto isso é importante.

– Preciso de um aumento de 20% nas vendas – traduzo para ele.

– Alex, os pedidos não são maçãs penduradas em uma árvore. Não posso simplesmente ir lá e colher alguns para você.

– Deve haver pedidos que você recusa porque a qualidade requerida é muito alta ou porque o cliente pede prazos de entrega muito curtos ou algo do gênero. Consiga esses pedidos.

– Acho que você não sabe como está a recessão – ele suspira. – Hoje em dia aceito qualquer pedido, qualquer coisa que se mova. Sei que mais tarde será necessário rebolar muito, mas a pressão atual é simplesmente muito alta.

– Se a competição é tão feroz e a recessão tão profunda – diz Lou com sua voz calma –, então os clientes devem estar pressionando por preços menores.

– Pressionando não é bem a palavra. Espremendo é muito mais apropriado. Vocês podem imaginar, e isso aqui é só entre nós, em alguns casos estou sendo forçado a aceitar negócios com margem praticamente igual a zero.

Começo a ver a luz no final do túnel.

– Johnny, eles algumas vezes propõem preços mais baixos que nossos custos?

– Algumas vezes? Todo o tempo.

– E o que é que você faz?

– O que é que eu posso fazer? – Ele ri. – Eu tento explicar da melhor maneira que posso, e algumas vezes isso até funciona.

Engulo em seco e digo:

– Estou preparado para aceitar pedidos com preço 10% abaixo do custo.

Johnny demora a responder. O bônus do seu pessoal é baseado nos dólares totais de vendas. Por fim diz:

– Pode esquecer.

– Por quê?

Ele não responde. Insisto:

— 324 —

— Por que eu devo esquecer isso?

— Porque é uma coisa estúpida de se fazer, porque não faz nenhum sentido — ele diz asperamente.

Depois, com uma voz mais suave, acrescenta:

— Alex, não sei que truques você tem em mente, mas vou lhe dizer uma coisa: todos os truques têm vida curta e acabam mal. Por que você quer arruinar uma carreira tão promissora? Você fez um trabalho fantástico, por que arruinar tudo? Além do que, se reduzirmos o preço para um cliente, é apenas uma questão de tempo até que os outros descubram e exijam o mesmo preço. E aí?

Ele tem razão. O último argumento mostrou que a luz no final do túnel era apenas um trem.

A ajuda vem de um lado inesperado.

— O Djangler não tem relação com os nossos clientes regulares — diz Dick, com hesitação. — Além do que, com as quantidades que ele pede, sempre podemos alegar que lhe demos um desconto por causa do volume.

— Pode esquecer — Johnny está quase gritando. — Aquele filho da mãe quer que lhe forneçamos os produtos quase gratuitamente, sem mencionarmos que quer também que paguemos as despesas de frete até a França.

Dirigindo-se a mim, diz:

— Esse francês é muito cara de pau, é inacreditável. Nós negociamos por três meses. Passamos a confiar um no outro, concordamos com os termos e as condições. Tudo isso leva tempo. Ele quis saber todos os detalhes técnicos que vocês podem imaginar, e não sobre um ou dois produtos, mas de quase todos os nossos produtos. Durante todo esse tempo não se falou uma palavra sobre preços. No final, há apenas dois dias, quando estava tudo acertado, ele me passa um fax dizendo que nossos preços não são aceitáveis e com uma contraoferta. Eu estava esperando o que é de costume, um pedido de redução de preço de cerca de 10% ou15%, tendo em vista a grande quantidade que ele está disposto a comprar, mas não, europeus têm um modo diferente de pensar. Por exemplo, o Modelo 12, aquele com o qual você conseguiu fazer um milagre. Nosso preço é US$ 992,00. Nós o vendemos ao Burnside por US$ 827,00; ele é um grande cliente e consome uma grande quantidade desse produto em particular. O filho da mãe tem a coragem de oferecer US$ 701,00. Vocês ouviram isso? US$ 701,00! Agora você entende?

Eu olho para Ralph.

– Qual o nosso custo de material para o Modelo 12?

– US$ 334,07 – Lou responde, sem hesitação.

– Johnny, você tem certeza de que se aceitarmos esse pedido não haverá nenhum impacto nos nossos clientes domésticos?

– A não ser que nós divulguemos a informação. Nesse ponto, o Dick está certo, não haverá impacto. Mas a ideia toda é ridícula. Por que é que nós estamos perdendo tempo com isso?

Eu olho para Lou, ele concorda com a cabeça.

– Aceitamos o pedido – digo.

Como Johnny não responde, eu repito:

– Aceitamos o pedido.

– Você pode, por favor, me explicar o que é que está acontecendo? – ele finalmente diz, com os dentes cerrados.

– É muito simples – respondo. – Eu disse a você que tenho capacidade ociosa. Se aceitarmos esse pedido, o único custo extra para sua produção será o da matéria-prima. Vamos receber US$ 701,00, e vamos gastar US$ 334,00. Isso gera US$ 367,00 de lucro por unidade.

– É US$ 366,93 por unidade, e você se esqueceu do frete – Lou me corrige.

– Obrigado. Quanto é o frete aéreo por unidade? – pergunto ao Johnny.

– Não me lembro, mas é mais de US$ 30,00.

– Podemos examinar os detalhes da negociação? – pergunto. – Estou particularmente interessado nos produtos, nas quantidades por mês e nos preços.

Johnny olha para mim por um bom tempo e depois pede a Dick que traga a papelada.

Assim que Dick sai Johnny diz, com uma voz confusa:

– Não entendo. Você quer fazer a venda para a Europa por um preço bem menor do que cobramos aqui, menor até que o custo de produção, e ainda afirma que vai ganhar muito dinheiro? Lou, você é um *controller*, isso faz sentido para você?

– Sim – diz Lou.

Vendo a expressão de miséria no rosto de Johnny eu interrompo, antes que Lou tenha a chance de explicar. Cálculos financeiros mostrando a falácia do "custo do produto" não vão ajudar, apenas vão confundir Johnny ainda mais. Decido atacar a questão por outro ângulo.

— Johnny, onde você prefere comprar uma máquina fotográfica japonesa, em Tóquio ou em Manhattan?

— Em Manhattan, é claro.

— Por quê?

— Porque em Manhattan é mais barato, todo mundo sabe disso — Johnny diz com confiança, pois disso ele entende. — Conheço uma loja na Rua Quarenta e Sete onde você pode conseguir um ótimo preço; metade do preço que me pediram em Tóquio.

— Por que você acha que é mais barato em Manhattan? — pergunto, e então respondo à minha própria pergunta: — Ah, nós sabemos, os custos de transporte devem ser negativos.

Nós todos rimos.

— Está bem, Alex, você me convenceu. Ainda não entendo, mas se é bom para os japoneses, deve ser lucrativo.

Trabalhamos nos números por quase três horas. Foi uma boa ideia eu ter trazido Ralph e Lou.

Calculamos a carga que esse grande pedido colocará nos gargalos; isso não vai ser problema. Verificamos o impacto em cada um dos sete centros de trabalho problemáticos; dois podem atingir a zona perigosa, mas dá para resolver. Aí calculamos o impacto financeiro; impressionante. Muito impressionante. Finalmente estamos prontos.

— Johnny, tenho mais uma pergunta. O que nos garante que os fabricantes europeus não vão começar uma guerra de preços?

— Você não deveria se importar com isso. — Johnny tenta ignorar essa questão. — Com esses preços ridículos vou prender o monsieur Djangler por pelo menos um ano.

— Isso não é suficiente — digo.

— Agora você está complicando as coisas. Eu sabia que isso era muito bom para ser verdade.

— Essa não é a questão, Johnny. Quero usar esse negócio como ponta de lança para entrar na Europa. Não podemos bancar uma guerra de preços. Temos de ter algo mais além do preço, algo que torne difícil alguém

# A META

competir conosco. Diga-me uma coisa, qual é o prazo médio de entrega na Europa?

– Mais ou menos o mesmo daqui, de oito a doze semanas – ele responde.

– Ótimo. Combine com o monsieur que, se ele se comprometer com essas quantidades anuais, nós entregaremos qualquer quantia razoável três semanas depois de receber o seu fax com o pedido.

Assombrado, ele pergunta:

– Você está falando sério?

– Muito sério. E, a propósito, posso começar a entregar imediatamente. Tenho em estoque o que é necessário para o primeiro carregamento.

– É o seu pescoço que vai estar em jogo – ele suspira. – De qualquer forma você muito em breve terá responsabilidade total sobre isso. Se até amanhã não disser mais nada, eu mando um fax para ele. Pode considerar o negócio fechado.

Somente depois que saímos do estacionamento nos permitimos comemorar; levamos mais de quinze minutos para nos acalmarmos, isto é, Lou e Ralph se concentram em detalhar ainda mais os números. De vez em quando eles fazem alguma correção, geralmente nada maior que algumas centenas de dólares, o que dentro do negócio não é significativo. Mas Lou acha relaxante.

Não me perturbo. Canto com toda a minha voz.

Leva mais da metade da viagem para ficarem satisfeitos com os números. Lou anuncia o número final. A contribuição para o lucro líquido é um número impressionante de sete dígitos, fato que não o impede de especificá-lo até o último centavo.

– Um negócio bem rentável – digo. – E pensar que Johnny ia recusá-lo... Que mundo estranho.

– Pelo menos uma coisa é certa – Lou conclui. – Você não pode depender do pessoal de marketing para resolver os problemas de marketing. Eles, ainda mais que a produção, estão presos a velhas práticas comuns e devastadoras. Tente imaginar – ele continua – a reação das pessoas quando eu começar a explicar que são elas que acreditam demais na contabilidade de custos.

– Sim – suspiro. – Tomando como base o dia de hoje, eu não deveria esperar muita ajuda desses sujeitos. Apesar de eu ter alguma esperança no Dick.

– Difícil dizer – ele comenta. – Especialmente quando Johnny o está controlando tão de perto. Alex, como é que você vai lidar com tudo isso?

– Lidar com o quê?

– Com a mudança de toda a divisão?

Isso coloca um fim à minha euforia. Droga, Lou, por que você tinha de me lembrar disso?

– Que Deus tenha piedade de mim – digo. – Ontem estávamos falando sobre inércia. Estávamos reclamando da inércia que nós temos. Comparem a nossa inércia com a inércia que vamos enfrentar na divisão.

Ralph ri, Lou resmunga e eu sinto pena de mim mesmo.

Esta semana, mesmo que tenhamos tido um progresso tão impressionante, uma coisa com certeza ficou provada; eu ainda estou gerenciando às cegas. Vamos pegar ontem como um exemplo. Se não fossem os instintos de Ralph dizendo que algo estava faltando, nem teríamos percebido as enormes oportunidades em aberto. Ou hoje. Eu estive tão perto de desistir. Se Lou não tivesse nos colocado na direção certa…

Preciso descobrir quais são as técnicas gerenciais que preciso aprender. É simplesmente muito arriscado não fazer isso. Preciso me concentrar nisso. Eu até sei por onde começar…

Talvez eu estivesse com a chave na mão o tempo todo. O que foi que eu disse a Julie no restaurante? Minhas próprias palavras ecoam na minha cabeça: "Quando é que ele teve tempo de aprender tanta coisa? Até onde eu sei ele não trabalhou um dia sequer da sua vida na indústria. Ele é um físico. Não posso acreditar que um cientista, sentado na sua torre de marfim, possa saber tanto sobre a realidade do chão de fábrica".

Depois, o conceito de "cientista" apareceu de novo, quando Lou e Ralph estavam discutindo a utilidade de se classificar dados. E eu mesmo dei a resposta: como se faz para descobrir a ordem intrínseca? Lou fez essa pergunta como se fosse uma pergunta retórica, como se a resposta óbvia fosse "isso é impossível". Mas os cientistas descobrem a ordem intrínseca das coisas… e Jonah é um cientista.

Em algum lugar do método científico está a resposta para as técnicas gerenciais de que precisamos. Isso é óbvio. Mas o que eu posso fazer?

# A META

Não posso ler um livro de física, não sei matemática o suficiente nem para passar da primeira página. Mas talvez não precise fazer isso. Jonah deixou bem claro que ele não estava pedindo que eu desenvolvesse o método, apenas que determinasse claramente o que ele deveria ser. Talvez livros de ciência mais populares sejam o suficiente? Eu poderia pelo menos tentar.

Eu deveria ir para a biblioteca e começar a procurar. O primeiro físico moderno foi Newton, provavelmente é aí que devo começar.

Estou sentado no meu escritório, com os pés em cima da mesa e olhando fixamente para o vazio.

Durante a manhã toda, recebi apenas dois telefonemas; os dois de Johnny Jons. Primeiro ele me ligou para avisar que o negócio com o francês estava fechado. Estava muito orgulhoso de ter fechado um negócio melhor que o esperado; em troca da flexibilidade e da rapidez da nossa resposta aos pedidos futuros, ele conseguiu preços mais altos.

A segunda vez ele queria saber se poderia usar a mesma abordagem com os nossos clientes domésticos, isto é, tentar fechar contratos de longo prazo nos quais apenas as quantidades anuais totais seriam fixas, e nós prometeríamos entregar em três semanas qualquer pedido específico.

Eu lhe assegurei que não temos nenhum problema em fazer isso, e encorajei-o a ir em frente.

Ele está eufórico, mas eu não estou nem um pouco.

Todos estão ocupados. Fechar esse grande negócio fez com que todos ficassem bem ocupados. Sou o único que não tem o que fazer, sinto-me inútil. Onde estão os dias em que o telefone não parava de tocar, quando eu tinha de tomar iniciativas importantes e urgentes, quando 24 horas não eram suficientes em um dia?

Todas essas ligações e reuniões eram para apagar incêndios. Eu me recordo. Quando não há fogo, não é preciso apagá-lo. Agora tudo está fluindo suavemente; quase que suavemente demais.

Na realidade, o que me perturba é que eu sei o que deveria estar fazendo. Tenho de garantir a continuidade da atual situação e fazer com que as coisas sejam pensadas com antecedência para que não haja incêndios para apagar. Mas isso quer dizer que preciso encontrar a resposta à pergunta de Jonah.

Eu fico de pé e saio. Quando passo por Fran digo:

— Se por acaso alguém precisar de mim, coisa que duvido, estarei na biblioteca pública.

— Por hoje chega. — E fecho o livro, fico de pé e espreguiço. — Julie, que tal uma xícara de chá?

— Boa ideia, eu já vou.

— Você está mesmo interessada nisso — comento quando ela vem à cozinha.

— Sim, é fascinante.

Sirvo a ela uma xícara de chá bem quente.

— O que pode ser tão fascinante em filosofia grega antiga? — penso em voz alta.

— Não é o que você pensa. — Ela ri. — Esses diálogos de Sócrates são muito interessantes.

— Se você acha. — Não tento disfarçar o meu ceticismo.

— Alex, sua ideia é errada, realmente não é como você imagina.

— O que é então?

— Bom, é difícil de explicar. Por que você mesmo não tenta ler?

— Talvez algum dia, mas no momento já tenho muita coisa para ler.

Ela dá um gole no seu chá.

— Você encontrou o que está procurando?

— Não exatamente — admito. — Ler livros populares de ciência não leva diretamente a técnicas de gerência. Mas comecei a ver algo interessante.

— O quê? — ela pergunta, encorajadoramente.

— A forma como os físicos abordam um assunto; é tão diferente do que fazemos no mundo dos negócios! Eles não começam reunindo o maior número possível de dados. Pelo contrário, começam com um fenômeno, algum fato da vida, escolhido quase que ao acaso, e a seguir eles levantam uma hipótese: uma especulação de uma causa plausível para a existência do fato. E aqui está a parte interessante. Tudo parece estar baseado em uma relação-chave: SE… ENTÃO.

De alguma forma essa última frase faz com que Julie se ajeite na cadeira.

— Continue — diz excitada.

— Na realidade, o que eles fazem é derivar logicamente os resultados inevitáveis da sua hipótese. Dizem: SE a hipótese estiver certa, ENTÃO logicamente outro fato também tem de existir. Com essas derivações lógicas abrem todo um leque de efeitos. Claro que o maior esforço é verificar se os efeitos preditos existem ou não. Quanto mais efeitos preditos forem verificados, mais óbvio fica que a hipótese por trás deles é correta. Por exemplo, é fascinante ler como Newton elaborou a lei de gravidade.

— Por quê? – ela pergunta, como quem sabe a resposta, mas está ansiosa por ouvi-la de mim.

— As coisas começam a se conectar umas às outras. Coisas que nós nunca achamos que estavam relacionadas começam a ser intimamente ligadas entre si. Uma única causa comum é a razão da existência de um leque de efeitos muito diferentes. Sabe, Julie, é como criar a ordem do caos. O que pode ser mais bonito que isso?

Com um brilho nos olhos ela pergunta:

— Você sabe o que é que você acabou de descrever? Os diálogos socráticos. Eles são feitos exatamente da mesma forma, através das mesmas relações, SE... ENTÃO. Talvez a única diferença é que os fatos não dizem respeito a coisas materiais, mas sim ao comportamento humano.

— Interessante, muito interessante. Pense nisso – digo. – A minha área de atuação, a administração, envolve tanto coisas materiais quanto comportamento humano. Se o mesmo método pode ser aplicado às duas coisas, então provavelmente essa é a base das técnicas de Jonah.

Ela pensa por algum tempo.

— Provavelmente você está certo. Mas, se estiver certo, estou disposta a apostar que, quando Jonah começar a lhe ensinar essas técnicas, você vai ver que elas são muito mais que técnicas. Elas têm de ser processos de raciocínio.

Mergulhamos em nossos pensamentos.

— E agora, o que fazemos?

— Não sei – respondo. – Francamente, não acho que toda essa leitura está me ajudando a responder à pergunta de Jonah. Lembra-se do que ele falou? "Eu não pedi a você que desenvolvesse as técnicas gerenciais, apenas que determinasse claramente o que elas deveriam ser." Acho que estou tentando pular para o próximo passo, estou tentando desenvolvê-las. A determinação das técnicas gerenciais deve vir da própria necessidade, do exame de como opero atualmente, e a seguir é que devo tentar descobrir como deveria operar.

# – 39 –

– Algum recado? – pergunto a Fran.

– Sim – ela responde, para a minha surpresa. – Bill Peach ligou. Ele quer falar com você.

Ligo para ele.

– Ei, Bill, o que é que você manda?

– Acabei de receber os seus números do último mês – diz. – Meus parabéns. Com certeza você provou o que disse. Nunca vi nada nem remotamente parecido com isso.

– Obrigado – respondo, satisfeito. – A propósito, quais são os resultados da fábrica de Hilton Smyth?

– Você tem de cutucar a ferida, não é? – Ele ri. – Como você previu, o Hilton não está indo muito bem. Os indicadores continuam a melhorar, mas a sua lucratividade continua a piorar.

Não consigo me segurar.

– Eu falei a você que esses indicadores estão baseados em ótimos locais e que eles não têm nada a ver com o resultado global.

– Eu sei, eu sei. – Ele suspira. – Na realidade acho que sabia disso todo o tempo, mas parece que uma mula velha como eu precisa ter a prova na mão. Bem, acho que agora já vi a prova.

"Já não era sem tempo", penso comigo mesmo, mas ao telefone digo:

– Então, o que fazemos agora?

– É por isso que liguei para você, Alex. Passei ontem o dia todo com o Nathan Frost. Parece que ele concorda com você, mas não consigo entender o que ele me diz. – Bill parece um pouco desesperado. – Houve um tempo em que eu achava que entendia toda essa confusão de "custo dos produtos vendidos" e variações, mas ontem ficou evidente que não entendo nada. Preciso de alguém que me explique tudo isso sem complicações, alguém como você. Você entende disso, não é mesmo?

– Acho que sim – respondo. – Na realidade a coisa é bem simples. É tudo uma questão de...

# A META

– Não, não – ele me interrompe. – Não pelo telefone. De qualquer forma você tem de vir para cá, pois só tem um mês para se familiarizar com os detalhes do seu novo cargo.

– Amanhã de manhã está bem?

– Sem problema. E, Alex, você precisa me explicar o que fez com Johnny Jons. Ele anda afirmando que podemos fazer muito dinheiro se vendermos artigos abaixo do nosso custo de produção. Isso é uma loucura.

Eu rio.

– Amanhã nos vemos.


Bill Peach está abandonando os seus preciosos indicadores? Isso é algo que preciso contar a todos; eles nunca vão acreditar. Vou até o escritório de Donovan, mas ele não está lá, nem Stacey está no dela. Eles devem estar na fábrica. Peço a Fran que os localize, e enquanto isso vou contar as novidades a Lou.

Stacey me encontra no escritório de Lou.

– Ei, chefe, estamos com alguns problemas aqui. Podemos ir daqui a meia hora?

– Não tem pressa. Não é tão importante assim, acabem o que estão fazendo.

– Eu não concordo – ela diz. – Infelizmente é importante.

– Do que você está falando?

– Provavelmente já começou – ela responde. – Bob e eu estaremos no seu escritório em meia hora. Está bem?

– Certo – respondo, um tanto confuso.

– Lou, você sabe o que está acontecendo? – pergunto.

– Não. A não ser que você esteja se referindo ao fato de que na última semana Stacey e Bob têm estado ocupados apagando alguns incêndios, apressando alguns pedidos.

– Não me diga!


– Para resumir – Bob conclui o que falaram na última hora –, já temos doze centros de trabalho fazendo horas extras não programadas.

– A situação está fora de controle – Stacey continua. – Ontem um pedido não foi expedido a tempo; hoje, mais três com certeza ficarão atrasados. De acordo com Ralph, as coisas só vão piorar daqui para a frente.

Ele afirma que antes do fim do mês vamos atrasar uns 20% dos pedidos, e não vai ser por apenas um ou dois dias.

Olho o meu telefone. Não vai demorar muito até que esse monstro comece a tocar sem parar com reclamações furiosas.

Uma coisa é ser sempre ruim; os clientes se acostumam e se protegem com estoques e prazos. Mas agora nós os acostumamos mal, eles já contam com nosso bom desempenho.

Isso é muito pior do que eu imaginei. Pode arruinar a fábrica.

Como foi que isso aconteceu? Onde eu errei?

– Por quê? – pergunto a eles.

– Eu falei a você – diz Bob. – O pedido número 49.318 está parado por causa do...

– Não, Bob – Stacey o interrompe. – Não são os detalhes que são importantes. Deveríamos procurar o problema raiz. Acho que nós simplesmente aceitamos mais pedidos do que podemos processar.

– Isso é óbvio – digo. – Mas como fizemos isso? Pensei que havíamos nos certificado de que os gargalos tinham capacidade suficiente. Verificamos também os outros sete centros de trabalho problemáticos. Erramos algum cálculo?

– Provavelmente – Bob responde.

– Não acho provável – é a resposta de Stacey. – Tomamos muito cuidado.

– E então?

– Não sei – diz Bob. – Mas isso não importa. Temos de fazer algo agora, e rápido.

– Sim, mas o quê? – Estou um pouco impaciente. – Enquanto não soubermos o que causou a situação, a melhor coisa a fazer é atirar em todas as direções. Era assim que trabalhávamos antes. Pensei que tivéssemos aprendido algo mais...

Como ninguém diz nada, suponho que todos concordam e continuo:

– Vamos chamar o Lou e o Ralph para nos reunirmos na sala de reuniões. Precisamos juntar nossas cabeças e descobrir o que realmente está acontecendo.

— Vamos deixar os fatos bem claros — Lou diz menos de quinze minutos depois. — Bob, você está convencido de que precisa usar tanta hora extra assim?

— O esforço dos últimos dias me convenceu de que, mesmo com hora extra, vamos atrasar alguns pedidos — Bob responde.

— Entendo. — Lou não parece muito feliz. — Ralph, você está convencido de que no fim do mês, apesar da hora extra, vamos atrasar vários pedidos?

— Se não encontrarmos uma forma inteligente de resolver toda essa bagunça, não tenho dúvida — Ralph responde confiante. — Não posso precisar a quantia em dólares, pois isso depende das decisões do Bob e da Stacey de quanta hora extra será usada e dos pedidos que serão acelerados. Mas é por volta de US$ 1 milhão.

— Isso é péssimo — diz Lou. — Vou ter de refazer a minha projeção.

Dirijo a ele um olhar furioso. Esse é o maior estrago que ele consegue ver? Refazer as projeções!

— Será que podemos lidar com a verdadeira questão? — falo rispidamente.

Todos olham para mim e esperam.

— Ouvindo vocês de novo, não vejo um grande problema. Está claro que nós superestimamos nossa capacidade e não estamos dando conta do recado. O que precisamos fazer é determinar quanto a mais foi superestimado e fazer uma compensação. É apenas isso.

Lou concorda com a cabeça. Bob, Ralph e Stacey continuam a olhar para mim sem nenhuma expressão no rosto. Eles até parecem ofendidos. Deve haver algo de errado no que eu disse, mas não consigo ver o que é.

— Ralph, qual é a sobrecarga nos nossos gargalos? — pergunto.

— Eles não estão sobrecarregados — ele responde secamente.

— Então aí não temos nenhum problema — eu concluo. — Então vamos…

— Ele não disse isso — Stacey me interrompe.

— Não entendo. Se os gargalos não estão sobrecarregados, então…

Ela diz secamente:

— De tempos em tempos, falta material para os gargalos. A seguir, chega um grande volume de material.

— E assim — continua Bob —, não temos outra opção a não ser usar hora extra. Isso acontece na fábrica toda. Parece que os gargalos estão sempre mudando de lugar.

Fico em silêncio. O que podemos fazer agora?

— Se fosse tão fácil quanto determinar umas sobrecargas – diz Stacey –, você não acha que teríamos facilmente resolvido isso?

Ela tem razão. Eu deveria ter mais confiança neles.

— Minhas desculpas – resmungo.

Ficamos sentados em silêncio por um minuto. A seguir, Bob diz:

— Não podemos tentar resolver o problema mudando as prioridades ou usando hora extra. Já tentamos fazer isso durante vários dias. Dessa forma conseguimos salvar um ou outro pedido específico, mas a fábrica toda fica um caos e, assim, muitos outros pedidos terão problemas.

— Sim – Stacey concorda. – Parece que a força bruta nos empurra cada vez mais para o centro da espiral. Por isso convocamos essa reunião.

Aceito a crítica deles.

— Muito bem, está claro que precisamos fazer uma abordagem sistemática do problema. Alguém tem alguma ideia de por onde devemos começar?

— Talvez devêssemos começar examinando a situação na qual temos um gargalo – Ralph hesitantemente sugere.

— Para quê? – Bob não concorda. – Nós agora temos a situação oposta. Estamos nos deparando com vários gargalos móveis. – Está claro que eles já tiveram essa discussão antes.

Nem eu nem ninguém temos outra sugestão. Decido apostar no palpite de Ralph. Isso já deu certo no passado.

— Por favor, continue – digo a Ralph.

Ele vai até a lousa e pega o apagador.

— Pelo menos não apague os cinco passos – Bob protesta.

— Parece que eles não nos ajudam muito. – Ralph ri nervosamente. – Identificar a restrição do sistema – ele lê. – No momento esse não é o problema. O problema é que os gargalos estão aparecendo em todo lugar.

Mesmo assim, ele coloca o apagador de volta e vai até o *flip chart*. Lá, desenha uma fila de círculos.

— Vamos supor que cada círculo representa um centro de trabalho – ele começa a explicar. – O trabalho está fluindo da esquerda para a direita. Agora, vamos supor que este aqui é o gargalo. – Ele marca um dos círculos do meio com um grande "X".

— Muito bom – diz Bob sarcasticamente. – E agora?

# A META

— Agora vamos introduzir Murphy na cena — Ralph fala com calma. — Vamos supor que Murphy atinja diretamente o gargalo.

— Nesse caso, a única coisa a fazer é xingar tudo o que temos direito — Bob resmunga. — Perdemos ganho.

— Certo — diz Ralph —, mas o que acontece quando Murphy ataca qualquer lugar antes do gargalo? Nesse caso, o fluxo de trabalho para o gargalo é temporariamente interrompido e o gargalo fica sem material para processar. Não é esse o nosso caso?

— Não mesmo — Bob discorda. — Nós nunca operamos dessa forma. Sempre nos certificamos de que algum inventário fique acumulado à frente dos gargalos de modo que, quando um recurso que alimenta o gargalo para por algum tempo, o gargalo possa continuar a trabalhar. Na realidade, Ralph, nós tínhamos tanto estoque antes do gargalo que tivemos de segurar a liberação de material para a fábrica. Tenha paciência! — diz nervosamente. — É exatamente isso que você está fazendo nos seus computadores. Por que temos de repetir o que todos nós já sabemos de cor?

Ralph volta para a sua cadeira.

— Estava pensando: nós realmente sabemos a quantidade de inventário que devemos deixar acumular antes dos gargalos?

— Bob, ele tem razão — Stacey comenta.

— Claro que tenho — Ralph está irritado. — Nós queríamos três dias de inventário antes do gargalo. Eu comecei liberando material para o gargalo com duas semanas de antecedência. Concluímos que era muito cedo, então passei a antecipar uma só semana e tudo ficou bem. Agora as coisas não estão bem.

— Então volte a antecipar mais — Bob diz.

— Não posso. — Ralph parece desesperado. — Isso faria com que nosso *lead time* ficasse maior do que o prazo que temos para entregar os pedidos aos clientes.

— Que diferença faz? — Bob ruge. — De qualquer forma nós não conseguiremos cumprir as nossas promessas.

— Esperem, esperem — interfiro na discussão. — Antes de fazermos algo drástico, quero entender melhor o que está acontecendo. Ralph, vamos voltar ao que você estava dizendo. Como Bob disse, mantemos sempre um pouco de inventário antes do gargalo. Agora vamos supor que Murphy ataque em algum lugar antes do gargalo. E aí?

— 338 —

– Então – diz Ralph, pacientemente –, o fluxo de peças para o gargalo para, mas o gargalo, usando o estoque acumulado antes, continua a trabalhar. Obviamente, isso consome o estoque e, portanto, se inicialmente não tivermos estoque o bastante, o gargalo pode parar.

– Algo não está certo – diz Stacey. – De acordo com o que você acabou de dizer, nós temos de garantir o trabalho ininterrupto do gargalo, acumulando um estoque que dure mais do que o tempo que levaremos para superar Murphy no recurso que alimenta o gargalo.

– Certo – diz Ralph.

– Você não percebe que essa não pode ser a explicação? – diz Stacey.

– Por quê? – Ralph não entende, nem eu.

– Porque o tempo de superar um problema nos recursos que alimentam o gargalo não mudou, nós não enfrentamos nenhuma grande catástrofe ultimamente. Então, se o estoque era suficiente para proteger o gargalo antes, também tem de ser suficiente agora. Não, Ralph, a questão não é estoques insuficientes, é simplesmente novos gargalos móveis.

– Acho que você tem razão.

Talvez Ralph tenha se convencido com o argumento de Stacey, mas eu não.

– Acho que Ralph talvez esteja certo no final das contas – digo. – Simplesmente temos de levar o seu raciocínio um pouco mais adiante. Dissemos que, quando um dos recursos que alimenta o gargalo para, o gargalo começa a consumir o seu estoque. Uma vez que o problema é resolvido, o que todos os recursos antes do gargalo têm de fazer? Lembrem-se, podemos ter certeza de que Murphy vai atacar de novo.

– Todos os recursos anteriores – Stacey responde – agora têm de repor o inventário antes do gargalo, antes que Murphy ataque novamente. Mas qual é o problema? Liberamos material suficiente para eles.

– Não é o material que me preocupa, é a capacidade. Sabe, quando o problema que causa a paralisação é superado, os recursos antes do gargalo não têm apenas de suprir o consumo corrente do gargalo, eles têm de, ao mesmo tempo, repor o inventário.

– Isso mesmo – Bob está radiante. – Isso quer dizer que há momentos em que os não gargalos têm de ter mais capacidade do que os gargalos. *Agora* eu entendo. O fato de termos gargalos e não gargalos não significa que planejamos mal a fábrica. É necessário. Se os recursos antes do gar-

— 339 —

# A META

galo não tiverem capacidade extra, não conseguiremos utilizar um único recurso ao máximo, pois seremos impedidos pela falta de material.

– Sim – diz Ralph –, mas agora a questão é de quanta capacidade extra precisamos?

– Não, essa não é a questão – delicadamente o corrijo. – Da mesma forma que a sua pergunta anterior, "quanto inventário é preciso?", também não é a verdadeira questão.

– Entendo – diz Stacey, pensativa. – Trata-se de uma troca. Quanto mais inventário colocarmos antes do gargalo, mais teremos tempo disponível para que os recursos antes dele se recuperem. Portanto, na média, os recursos precisam de menos capacidade extra. Quanto mais inventário houver, menos capacidade extra é necessária e vice-versa.

– Agora está claro o que se passa – Bob continua. – Os novos pedidos mudaram o equilíbrio. Aceitamos mais pedidos e estes, em si, não transformam um recurso em um gargalo, porém os pedidos reduziram drasticamente a quantidade de capacidade extra nos não gargalos, e isso não foi compensado com um aumento de inventário antes do gargalo.

Todos concordam com isso. Como sempre, quando a resposta finalmente aparece, é puro bom senso.

– Está bem, Bob – eu digo. – O que você acha que devemos fazer agora?

Ele não se apressa para responder. Eu espero.

Finalmente ele se dirige a Ralph e diz:

– Prometemos prazos de entrega bem apertados apenas a uma pequena parte dos clientes. Você consegue identificar esses pedidos?

– Sem problema – responde Ralph.

– Está bem – Bob continua. – Para atender a esses pedidos, continue a liberar o material com uma semana de antecedência. Em todos os outros casos, amplie o prazo para duas semanas. Vamos torcer para que isso seja suficiente. Agora precisamos repor o inventário antes do gargalo e antes da montagem. Stacey, tome todas as providências para que a fábrica, e estou me referindo a todos os não gargalos, trabalhe no fim de semana. Não aceite nenhuma desculpa, isto é uma emergência. Vou avisar o pessoal de vendas que, até segunda ordem, eles não devem prometer prazos de entrega menores do que quatro semanas. Isso vai prejudicar a nova campanha deles, mas a vida é assim.

Bem na nossa frente o bastão foi passado. É óbvio quem é o chefe agora. Sinto orgulho e inveja ao mesmo tempo.

— Bob assumiu as coisas muito bem — Lou diz quando entramos no meu escritório. — Pelo menos aqui estamos cobertos.

— Sim — concordo. — Mas eu odeio ter de colocá-lo em uma posição na qual suas primeiras providências sejam tão negativas.

— Negativas? — Lou pergunta. — O que você quer dizer com negativas?

— Todas as medidas que ele está sendo forçado a tomar estão nos levando à direção errada — respondo. — Claro que ele não tem escolha, a alternativa é bem pior, mas ainda assim...

— Alex, acho que hoje estou um pouco mais burro que de costume, mas realmente não entendo. O que você quer dizer com "nos levando à direção errada"?

— Você não entende? — Estou irritado com a situação. — Qual será, fatalmente, o resultado de informarmos o pessoal de vendas de que eles devem pedir quatro semanas para a entrega? Lembre-se, faz apenas duas semanas que nós insistimos que eles deviam prometer entregas em duas semanas. Eles já não estavam muito confiantes e agora isso vai arruinar toda a campanha de vendas.

— O que se pode fazer?

— Provavelmente nada. Mas isso não muda o resultado final; o ganho futuro caiu.

— Entendo — diz Lou. — Além disso, as horas extras aumentaram significativamente; colocar toda a fábrica para trabalhar no fim de semana vai consumir todo o orçamento de hora extra do trimestre.

— Esqueça o orçamento — peço. — Quando Bob tiver de apresentá-lo, estarei no comando da divisão. O aumento de horas extras está aumentando a despesa operacional. A questão é que o ganho terá caído, a despesa operacional terá aumentado e o aumento dos pulmões significa aumento do inventário. Tudo caminha na direção oposta.

— É mesmo — ele concorda.

— Em algum lugar eu cometi um erro — digo. — Um erro que agora está fazendo com que caminhemos um passo para trás. Sabe, Lou, nós ainda não sabemos o que estamos fazendo. A nossa capacidade de ver o que está na nossa frente parece a de uma toupeira. Estamos reagindo em vez de planejar.

— Mas você deve admitir que estamos reagindo muito melhor do que antes.

— Isso não é um grande consolo, Lou, também estamos caminhando muito mais rápido do que antes. Tenho a sensação de estar guiando e olhando apenas para o espelho retrovisor e, então, quando é quase tarde demais, fazemos algumas correções de curso de última hora. Isso não é o suficiente. Sem dúvida nenhuma, isso não é o suficiente.

# – 40 –

Volto da matriz dirigindo com Lou ao lado. Temos feito isso todo dia nas últimas duas semanas. Não estamos muito entusiasmados. Agora sabemos cada detalhe do que está ocorrendo na divisão, e não parece nada bom. A única coisa que se salva é a minha fábrica. Não, tenho de me acostumar com o fato de que é a fábrica do Donovan. E ela não é a única coisa que se salva, é a coisa que salva a divisão toda.

Donovan conseguiu colocar tudo sob controle antes de os clientes terem qualquer motivo para reclamar. Ele vai precisar de algum tempo para reconquistar a confiança do pessoal de vendas, mas, como vou pressioná-los pelo outro lado, não vai demorar muito tempo para que tudo volte a ficar bem.

Esta fábrica é tão boa que Lou e eu nos enganamos por um tempo. Os relatórios sobre a divisão nos deram a impressão de que a situação era boa. Somente depois de termos o exaustivo trabalho de separar a fábrica de Donovan é que a verdadeira situação ficou evidente, e não é nem um pouco favorável. Na realidade, a atual situação é desastrosa.

— Lou, acho que fizemos exatamente o que sabíamos que não deveríamos fazer.

— Do que você está falando? – ele pergunta. – Ainda não fizemos nada.

— Nós já coletamos dados, toneladas de dados.

— Sim, e há um problema com os dados – ele diz. – Francamente, nunca vi nada tão desorganizado. Estão faltando detalhes em todos os relatórios. Você sabe o que descobri hoje? Não existe um relatório de contas a receber atrasadas. A informação está lá, mas (por incrível que pareça) fica espalhada em pelo menos três lugares diferentes. Como eles podem trabalhar dessa forma?

– Lou, esse não é o ponto.

– Não? Você sabe que, tomando-se as devidas providências, podemos reduzir as contas a receber atrasadas em pelo menos quatro dias?

– E isso vai salvar a divisão? – pergunto sarcasticamente.

– Não – ele sorri –, mas vai ajudar.

– Vai mesmo?

Lou não responde, por isso continuo:

– Você realmente acredita que isso vai ajudar? Lou, o que foi que aprendemos? O que foi que você mesmo disse quando me pediu que lhe desse esse cargo? Você ainda se lembra?

Irritado, ele diz:

– Não sei do que você está falando. Você não quer que eu corrija as coisas que estão obviamente erradas?

Como posso lhe explicar? Tento novamente.

– Lou, vamos supor que você consiga reduzir em quatro dias as contas a receber. Quanto o ganho, o inventário e a despesa operacional serão melhorados?

– Tudo ficará um pouco melhor – ele diz. – Mas o maior impacto será no caixa. Você não deve menosprezar quatro dias de caixa. Além do que, melhorar a divisão requer muitos passos pequenos. Se todos fizerem a sua parte, juntos, poderemos melhorá-la.

Dirijo em silêncio. O que Lou falou faz sentido, mas de alguma forma sei que está errado. Muito errado.

– Lou, me ajude. Eu sei que melhorar a divisão requer vários pequenos passos, mas...

– Mas o quê? Alex, você é muito impaciente. Você conhece o velho ditado: Roma não foi feita em um dia.

– Nós não temos centenas de anos.

Lou tem razão, sou impaciente. Mas eu não deveria ser assim? Salvamos a nossa fábrica sendo pacientes? E, de repente, fica claro. Sim, são necessárias muitas pequenas medidas, mas isso não quer dizer que podemos nos dar ao luxo de nos satisfazermos com medidas que melhoram a

A META

situação. Precisamos escolher, cuidadosamente, em que medidas devemos nos concentrar, caso contrário...

– Lou, vou lhe perguntar uma coisa. Quanto tempo vai levar para você mudar, apenas para uso interno, a forma de avaliar o inventário?

– O trabalho mecânico não é o verdadeiro problema, isso vai levar apenas alguns dias. Mas, se você está se referindo ao trabalho que teremos para explicar todas as ramificações, para explicar aos gerentes como isso afeta seu trabalho diário, aí é outra história. Se houver um esforço concentrado, eu diria que vai levar muitas semanas.

Agora estou em terra firme.

– Qual você acha que é o impacto da nossa atual forma de avaliar o inventário, no nível de estoque de produtos acabados que a divisão possui?

– Significativo – ele diz.

– Mas quanto é significativo? – eu insisto. – Você pode me dar um número?

– Infelizmente não. Nem mesmo uma boa estimativa.

– Vamos tentar fazer isso juntos – proponho. – Você notou o aumento de produtos acabados na divisão?

– Sim, notei – ele responde. – Mas por que você está surpreso? É exatamente o esperado. As vendas caíram e há pressão para que se mostre que o lucro aumentou, então, aumenta-se o estoque de produtos acabados para gerar lucros fictícios de estoque. Entendo o que você quer dizer. Podemos pegar o aumento de produtos acabados como o indicador do impacto da forma como avaliamos o inventário. Uau, é por volta de setenta dias!

– Maravilhoso – digo. – Compare isso aos seus quatro dias de contas a receber. No que é que você deveria trabalhar? Além do mais – continuo a insistir no ponto –, qual o impacto no ganho?

– Não vejo nenhum. Vejo muito claramente o impacto no fluxo de caixa, no inventário e na despesa operacional, mas não no ganho.

– Você não vê? – digo sem piedade. – Lembra-se de qual foi a razão que eles nos deram para não lançarem os novos modelos?

– Sim – ele fala lentamente. – Eles estão convencidos de que, se introduzirem os novos modelos, serão forçados a declarar os velhos modelos que estão no estoque obsoletos. Isso prejudicaria em muito o lucro.

– Portanto, continuamos a oferecer as coisas velhas em vez de novos modelos. Continuamos a perder participação de mercado, mas isso é melhor que admitir as perdas com estoques obsoletos. Agora você entende o impacto que isso tem no ganho?

– Sim, entendo. Você está certo. Mas, Alex, sabe de uma coisa? Se eu me empenhar mais um pouco, acho que consigo resolver essas duas coisas. Posso trabalhar no problema relacionado à forma como nós avaliamos o inventário e ao mesmo tempo dar mais atenção às contas a receber.

Ele ainda não entendeu, mas agora acho que sei o que fazer.

– E os indicadores da fábrica? – pergunto.

– Isso é uma verdadeira caixa de Pandora – ele suspira.

– Qual é o estrago? Um pouco mais de quatro dias? E o fato de que o pessoal de vendas continua a julgar as oportunidades de acordo com o "custo do produto" e margens desejadas? Ou, pior ainda, eles vão procurar qualquer coisa que possam vender acima do custo variável. Qual o estrago nesse caso? E quanto aos preços de transferências entre nós e as outras divisões? Isso é realmente devastador. Você quer mais?

– Pode parar – ele levanta as mãos. – Você foi muito claro. Acho que queria tratar da questão das contas a receber porque, nesse caso, sei o que preciso fazer, enquanto nos outros casos...

– Está com medo? – pergunto.

– Sinceramente, sim.

– Eu também, eu também – resmungo. Por onde começamos? Por onde continuamos? No que é que deveríamos nos concentrar primeiro, e a seguir? É muita coisa para levar em consideração.

– Precisamos de um processo – ele diz. – Isso é óbvio. É uma pena que os cinco passos que desenvolvemos se revelaram falsos. Não... Espere um pouco, Alex, isso não é verdade. No final o problema não eram gargalos móveis, mas sim proteção insuficiente para os gargalos existentes. Talvez possamos usar aquele processo de cinco passos?

– Eu não vejo como, mas vale a pena tentar. Vamos para a fábrica tentar?

– Claro. Vou ter de fazer alguns telefonemas, mas não vai haver nenhum problema.

– Não. Eu tenho alguns compromissos para hoje à noite.

– Você está certo. Isso é muito importante, mas não é urgente, pode esperar até amanhã.

# A META

– Identificar a(s) restrição(ões) do sistema – Lou lê o que está na lousa. – Aceitamos esse primeiro passo?

– Não sei. Vamos examinar a lógica que nos fez escrever isso. Você se lembra de qual foi?

– Mais ou menos. Foi algo relacionado com o fato de adotar o ganho como a medida mais importante.

– Infelizmente mais ou menos não é suficiente – respondo. – Pelo menos não em um estágio tão inicial da nossa análise. Vamos tentar de novo, partindo de princípios básicos.

– Sou totalmente a favor de fazermos isso – ele diz. – Mas o que você entende por princípios básicos?

– Não sei. Algo básico, que aceitamos sem hesitação.

– Muito bem, eu tenho um para você. Toda a organização foi construída com um propósito. Ninguém cria uma organização apenas para que ela exista.

– Certo – eu rio. – Apesar de eu conhecer certas pessoas em algumas organizações que costumam se esquecer disso.

– Você está se referindo a Washington?

– Também. E pensei na nossa organização, mas isso não importa. Vamos continuar. Outro fato é que toda organização é formada por mais de uma pessoa, caso contrário não seria uma organização.

– Certo – diz Lou –, mas não vejo aonde você quer chegar com tudo isso. Eu posso fazer muitas afirmações corretas sobre organizações em geral.

– Sim, é provável, mas veja a conclusão que já podemos extrair disso. Se toda organização foi construída com um propósito e qualquer organização é formada por mais de uma pessoa, então temos de concluir que o propósito da organização requer os esforços sincronizados de mais de uma pessoa.

– Isso faz sentido – ele diz. – Caso contrário, não precisaríamos criar uma organização; os esforços individuais seriam suficientes. E depois?

– Se precisamos de esforços sincronizados – eu continuo –, então a contribuição de uma pessoa para o propósito da organização é dependente em grande parte do desempenho de outras pessoas.

– Sim, isso é óbvio.

Com um sorriso amargo ele acrescenta:

— 346 —

ELIYAHU M. GOLDRATT

– Isso é óbvio para todo mundo menos para o nosso sistema de medição.

Mesmo que eu concorde plenamente com isso, ignoro o seu último comentário.

– Se esforços sincronizados são necessários e a contribuição de um elo é muito dependente do desempenho dos outros elos, não podemos ignorar o fato de que as organizações não são apenas um amontoado de elos, estes devem fazer parte de uma corrente.

– Ou pelo menos de uma rede – ele me corrige.

– Sim, mas veja bem, toda a rede pode ser vista como composta de várias correntes independentes. Quanto mais complexa a organização, quanto mais interdependências entre os vários elos, menor o número de correntes independentes que a compõem.

Lou não quer perder muito tempo com esse assunto.

– Se você diz que é assim... mas isso não é tão importante. O que é importante é que você acabou de provar que qualquer organização deve ser encarada como uma corrente. Eu posso continuar a análise daqui. Como a resistência da corrente é determinada pelo elo mais fraco, o primeiro passo para aprimorarmos uma organização tem de ser identificar o elo mais fraco.

– Ou os elos – eu o corrijo. – Lembre-se: uma organização pode ser composta de várias correntes independentes.

– Sim – ele concorda, com impaciência. – Mas como você disse, a complexidade das nossas organizações quase garante a inexistência de muitas correntes independentes. De qualquer forma já resolvemos essa questão colocando o "s" entre parênteses no final da palavra "restrição". Está bem, Alex, o que vamos fazer com relação às medidas?

– Medidas? – digo, surpreso. – De onde elas vieram agora?

– Ontem nós havíamos concordado quanto ao fato de as medidas distorcidas serem a maior restrição da divisão, não foi?

Bob Donovan tem razão, Lou realmente tem uma fixação por medidas.

– Elas com certeza são um grande problema – digo, com cautela. – Mas não estou convencido de que sejam a restrição.

– Não? – Lou está surpreso.

– Não, não estou – declaro com firmeza. – Você não acha que o fato de a maior parte dos nossos produtos estar ultrapassada em comparação com o que a concorrência está oferecendo seja um problema? Você não

— 347 —

# A META

percebe que a atitude da engenharia, ao afirmar que um projeto nunca acaba no prazo, é uma regra básica da natureza, é um problema ainda maior? E o marketing, você já viu algum plano de marketing que tivesse a menor chance de fazer a empresa dar a volta por cima?

– Não. – Ele sorri. – Na realidade, tudo o que eu já vi relacionado a planejamento de longo prazo deveria ser classificado mais apropriadamente sob o nome de "falcatrua de longo prazo".

Estou no meu limite. Qualquer pergunta sobre problemas é como abrir uma barragem.

– Espere um pouco, Lou, ainda não terminei. E que tal a mentalidade que prevalece na matriz, a mentalidade de "livrar a cara"? Você ainda não percebeu que, sempre que comentamos que alguma coisa não vai muito bem, todo mundo começa a colocar a culpa no outro?

– Como é que eu poderia ter deixado de perceber isso? Está bem, Alex, entendo o que você está querendo dizer. Parece que na nossa divisão há uma penca de restrições, não apenas umas poucas restrições.

– Eu ainda afirmo que há poucas restrições. A nossa divisão é muito complexa para ter mais do que umas poucas correntes independentes. Lou, você não vê que tudo o que nós mencionamos até agora está muito interligado? A falta de uma estratégia sensata de longo prazo, o problema das medições, a lentidão nos projetos de produto, os altos *lead times* na produção, a atitude generalizada de passar a bola, de apatia, tudo está interligado. Temos de colocar o dedo na ferida, na raiz de todos os problemas. Na verdade é isso que significa identificar a restrição. Não é priorizar os efeitos prejudiciais, é identificar a sua causa.

– E como vamos fazer isso? Como podemos identificar as restrições da divisão?

– Não sei. Mas, se nós conseguimos fazer isso aqui na fábrica, deve ser possível fazer o mesmo na divisão.

Ele pensa alguns minutos e depois diz:

– Não concordo. Aqui tivemos sorte, nós estávamos lidando com restrições físicas, com gargalos, e isso é fácil. Mas na divisão teremos de lidar com medições, com políticas, com procedimentos. Boa parte dessas coisas já está entranhada no comportamento de todos.

– Não vejo a diferença – discordo. – Aqui nós tivemos de lidar com tudo o que você falou. Pense nisso, mesmo aqui as restrições nunca foram

— 348 —

as máquinas. Sim, nós chamamos o forno e a NCX-10 de gargalos, mas se eles realmente fossem gargalos, como conseguimos tirar deles quase o dobro do que tirávamos antes? Como foi que aumentamos tanto o ganho sem comprar mais capacidade?

— Mas nós mudamos quase que totalmente a forma de operá-los, e a forma de operarmos tudo à sua volta.

— É exatamente disso que estou falando. Que aspectos da operação foram mudados?

Imitando a sua voz eu respondo:

— As medições, as políticas, os procedimentos. Muitas dessas coisas estavam entranhadas no comportamento de todos. Lou, você não percebe? As verdadeiras restrições, mesmo na nossa fábrica, não eram as máquinas, eram as políticas.

— Sim, agora eu vejo. Mas mesmo assim ainda há diferenças — ele diz, teimosamente.

— Que diferenças? Dê um exemplo.

— Alex, qual o objetivo de me encurralar? Você não vê que tem de haver grandes diferenças? Se não houvesse, por que não teríamos a menor ideia de qual é a natureza da restrição da divisão?

Isso me faz pensar.

— Desculpe-me, você tem razão. Sabe, Lou, talvez nós apenas tenhamos tido sorte aqui. Tínhamos restrições físicas que dirigiram a nossa atenção de modo a encontrarmos a verdadeira restrição política. Esse não é o caso da divisão. Lá, temos capacidade em excesso saindo pelo teto. Temos recursos de engenharia em excesso — os quais somos peritos em desperdiçar. Tenho certeza de que não há falta de mercado. Simplesmente não sabemos como nos organizar e capitalizar o que temos.

Já mais calmo, ele diz:

— Isso nos leva à verdadeira questão, como identificar a restrição do sistema? Como descobrir as políticas erradas mais devastadoras? Ou, como você diz, como podemos identificar o problema raiz, aquele que é responsável pela existência de tantos efeitos indesejáveis?

— Sim — concordo. — Sem dúvida alguma essa é a questão.

Olhando para a lousa, acrescento:

# A META

– O que está escrito ali ainda é válido. Identificar a restrição do sistema é o primeiro passo. O que sabemos agora é que precisamos de uma técnica que nos possibilite fazer isso. Lou, aí está, achamos!

Fico em pé, de tanta euforia.

– Aqui está – declaro –, aqui está a resposta à pergunta de Jonah. Vou ligar para ele agora mesmo. Vocês podem imaginar a minha primeira frase: Jonah, quero que você me ensine a identificar o problema raiz.

Já estou saindo quando Lou diz:

– Alex, acho isso um pouco precipitado.

– Por quê? – pergunto, com a mão na maçaneta. – Você não acha que essa é a primeira coisa que preciso aprender?

– Quanto a isso – ele diz – não tenho a menor dúvida. Só acho que talvez você devesse perguntar mais coisas. Conhecer exatamente qual é o problema raiz pode não ser o bastante.

– Você está certo de novo. – Eu me acalmo. – É que faz tanto tempo que eu procuro pela resposta...

– Entendo, acredite em mim, eu entendo. – Ele sorri.

– Está bem, Lou. – Eu me sento. – O que mais você acha que eu deveria pedir ao Jonah que me ensine?

– Não sei – responde –, mas, se os cinco passos estão certos, talvez o que você devesse pedir a ele são as técnicas necessárias para que possamos segui-los. Já encontramos a necessidade de uma técnica, por que não continuamos a examinar os outros quatro passos?

– Boa ideia – digo com entusiasmo. – Vamos em frente. O segundo passo é – leio o que está na lousa – "Decidir como explorar a(as) restrição(ões) do sistema". Para mim isso não faz sentido. Por que tentar explorar uma política errônea?

– Isso só faz sentido se a restrição for física, mas, como se trata de restrições políticas, acho que é melhor seguir para o próximo passo – Lou concorda comigo.

– "Subordinar tudo o mais à decisão anterior"– eu leio.

– Mesma ressalva, se a restrição não é física, esse passo não tem sentido. O quarto passo é "Elevar a restrição do sistema". Humm, o que vamos fazer com esse aqui?

– Qual é o problema? – Lou pergunta. – Se nós identificamos uma política errônea, deveríamos elevá-la, deveríamos mudar a política.

– Que ótimo. Você faz isso parecer tão simples – digo, com sarcasmo. – Mude a política! Mas o quê? É assim tão fácil encontrar uma política substituta adequada? Talvez para você, Lou, mas não para mim.

– Para mim também não. – Ele sorri. – Sei que a contabilidade de custos é errada, entretanto isso não significa que eu já saiba exatamente com que substituí-la. Alex, como podemos corrigir uma medida ou qualquer outra política errônea?

– Em primeiro lugar, acho que precisamos de uma ideia inovadora. As técnicas gerenciais de que Jonah fala têm de incluir a habilidade de gerar tais ideias, caso contrário não teriam utilidade para os mortais. Sabe, Lou, a Julie previu que, à medida que começasse a encontrar respostas, eu perceberia que, na verdade, estamos lidando com processos de raciocínio e não apenas com técnicas gerenciais.

– É verdade, parece que é isso que está acontecendo – Lou concorda. – Mas criar ideias revolucionárias não basta. O problema maior é verificar se essa ideia realmente elimina todos os maus efeitos resultantes.

– Sem criar novos maus efeitos – acrescento.

– Será que é possível fazer isso? – Lou parece cético.

– Tem de ser, se quisermos planejar, e não apenas reagir. – Enquanto falo encontro uma resposta bem melhor. – Sim, tem de ser possível. Vejam o que aconteceu conosco quando achamos a solução de aumentar as vendas. Como resultado direto do pedido da França, fizemos a fábrica passar duas semanas muito desagradáveis e matamos, ou pelo menos postergamos, uma boa campanha de marketing. Se tivéssemos apenas pensado sistematicamente antes de implementar, e não depois, teríamos evitado muitos problemas. Conhecíamos todos os fatos, simplesmente não tínhamos um processo de raciocínio que nos forçasse e conduzisse a examinar a questão desde o princípio.

– Para o que devemos mudar? – Lou diz.

Isso me deixa perplexo.

– Como é que é?

– Se o primeiro processo de raciocínio deve nos levar à resposta da pergunta "O que mudar?", o segundo processo de raciocínio deveria nos levar à resposta da pergunta "Para o que mudar?". Já vejo a necessidade de um terceiro processo de raciocínio.

– Sim, eu também. "Como causar a mudança?"

# A META

Apontando para o quinto passo eu acrescento:

– Com o montante de inércia que podemos esperar na divisão, a última é provavelmente a mais importante.

– Parece que sim – Lou diz.

Fico de pé e começo a andar de um lado para o outro.

– Você compreende o que é que estamos pedindo? – Não consigo controlar minha emoção. – Nós estamos querendo as coisas mais fundamentais e ao mesmo tempo estamos querendo o mundo.

– Eu me perdi – Lou fala baixinho.

Paro e olho para ele.

– O que é que estamos querendo? Estamos querendo a habilidade de responder a três questões simples: "O que mudar?", "Para o que mudar?" e "Como causar a mudança?". Estamos basicamente buscando as habilidades mais fundamentais que um gerente deve possuir. Pense nisso. Se um gerente não sabe responder a essas três perguntas, pode ser chamado de gerente?

Lou indica que está acompanhando o meu raciocínio.

– Ao mesmo tempo – continuo –, você consegue imaginar a importância de conseguir descobrir o problema raiz mesmo em um ambiente muito complexo? Conseguir encontrar soluções que realmente resolvam todos os efeitos negativos sem criar novos? E, acima de tudo, conseguir uma mudança de tamanha magnitude, de forma suave, sem criar resistências, pelo contrário, criando entusiasmo? Você pode imaginar alguém com essas habilidades?

– Alex, foi isso que você fez. Foi exatamente isso que você fez na nossa fábrica.

– Sim e não – respondo. – Sim, foi isso que fizemos. Não, Lou, sem a orientação de Jonah hoje estaríamos todos procurando emprego. Agora eu entendo por que ele se recusou a continuar me aconselhando. Jonah disse isso bem claramente, nós deveríamos aprender a nos virarmos sem qualquer ajuda externa. Preciso aprender esses processos de raciocínio, só então terei certeza de que estou fazendo o meu trabalho direito.

– Nós devemos, e podemos, ser nossos próprios Jonahs – diz Lou, ficando de pé.

A seguir, essa pessoa reservada me surpreende: coloca o braço em volta dos meus ombros e diz:

– Tenho orgulho de trabalhar para você.

— 352 —

## Cinco etapas de foco

1. IDENTIFICAR a(s) restrição(ões) do sistema.

2. Decidir como EXPLORAR a(s) restrição(ões) do sistema.

3. SUBORDINAR tudo o mais à decisão anterior.

4. ELEVAR a(s) restrição(ões) do sistema.

5. Se em um passo anterior uma restrição tiver sido quebrada, volte ao passo 1, mas não deixe que a INÉRCIA cause uma restrição no sistema.

# Sobre os ombros de gigantes[*]

Conceitos de produção *versus* aplicações de produção
O exemplo da Hitachi Tool Engineering
© Eliyahu M. Goldratt, 2008

*Tradução de Thomas Corbett*

## Introdução

É fácil traçar a popularidade da produção enxuta (também conhecida por *Lean*) ao sucesso da Toyota. O sucesso da Toyota era inegável. A fábrica produzia tantos carros quanto a líder tradicional, a GM, e fazia isso enquanto gerava lucro. Entre 2003 e 2008, o lucro líquido médio sobre as vendas da Toyota era 70% mais alto que o da média da indústria, enquanto a GM perdia dinheiro.[**] Esse sucesso é totalmente atribuído ao Sistema Toyota de Produção (TPS, em inglês).[***] Pelo menos, essa é a convicção da administração da Toyota – e o seu maior desafio é passar o TPS como o DNA da empresa para a próxima geração.

Considerando que a Toyota é o carro-chefe da indústria do Japão, deveríamos esperar que o *Lean* fosse implementado em quase todo o país. Surpreendentemente, esse não é o caso. É de conhecimento comum no Japão que menos de 20% das indústrias implementaram o *Lean*. Como pode?

Não foi por falta de interesse. Muitas empresas no Japão tentaram implementar o *Lean*, mas fracassaram. Uma delas foi a Hitachi Tool Engineering; e a sua incapacidade não pode ser explicada pela falta de esforço.

---

[*] Este artigo foi publicado originalmente pela revista *Week Diamond*, em dezembro de 2008, no Japão. Foi escrito por Eliyahu M. Goldratt por ocasião do 25º aniversário da 1ª edição de *A Meta*.

[**] http://investing.money.msn.com/investments/key-ratios?symbol=TM

[***] O sistema Toyota de produção ficou conhecido mundialmente primeiro pelo nome de Just-in-Time (JIT) e mais tarde por Produção Enxuta. A própria Toyota afirma que a Produção Enxuta não captura por completo o espírito do seu TPS por causa de distorções em comunicações e implementações.

A empresa tentou repetidamente implementar *Lean*, mas a deterioração no desempenho da produção a forçou a voltar às formas mais tradicionais de administrar a produção.

Do mesmo modo, o fato de a maior parte das indústrias japonesas não implementar *Lean* não pode ser atribuído à falta de conhecimento suficiente. A Toyota foi muito generosa em compartilhar sua experiência. A empresa colocou todo o conhecimento do TPS em domínio público e chegou a convidar seus concorrentes diretos a visitarem suas fábricas. A Hitachi, como tantas outras empresas, estava usando o conhecimento disponível e não tinha reservas em contratar a ajuda dos melhores especialistas.

Existe uma explicação para o fracasso dessas empresas em implementar o *Lean*, que se torna evidente para qualquer observador de empresas como a Hitachi Tool Engineering: as diferenças fundamentais nos ambientes de produção. Quando Taiichi Ohno desenvolveu o TPS, ele não o fez no abstrato, mas para a sua empresa. Não é de espantar que a poderosa aplicação desenvolvida por Ohno pode não funcionar em ambientes de produção que são fundamentalmente diferentes. Mas isso não quer dizer que o trabalho de Ohno não pode ser de extremo valor para outros ambientes. A genialidade de Ohno é completamente revelada quando percebemos que ele encarou a mesma situação. Naquela época, o sistema de produção que revolucionou a produção foi o método de linha de fluxo desenvolvido por Henry Ford. O método de Ford já era usado não apenas para quase toda linha de montagem de veículos, como também em indústrias muito diferentes, como as de bebidas e munição. Também naquele tempo já era aceito que a linha de fluxo pode e deve ser implementada apenas em ambientes nos quais as quantidades requeridas justifiquem o equipamento dedicado a um único produto. Sempre que as quantidades de produção não eram suficientemente grandes, ninguém contemplava a possibilidade de se usar linhas – a não ser Ohno.

Ohno percebeu que os conceitos por trás do sistema de Ford são genéricos; que sua aplicação era restrita a certos tipos de ambientes, mas os conceitos eram universais. Ohno teve a visão clara de começar pelos conceitos, a genialidade de desenhar uma aplicação adequada para o ambiente da Toyota, no qual não era viável dedicar equipamento para a produção de um componente, e a tenacidade de superar os enormes obstáculos que estavam no caminho de implementar essa aplicação. O resultado é o TPS.

Em vez de abster-nos de usar os conceitos corretos ou, pior ainda, tentar forçar a aplicação em ambientes que são aparentemente muito diferentes, nós deveríamos seguir os passos de Ohno.

Neste artigo apresentamos:

- Os conceitos fundamentais de fluxo – nos quais *Lean* se baseia
- Uma aplicação genérica desses conceitos que pode ser usada em um espectro muito mais amplo de ambientes
- Os resultados impressionantes que a Hitachi Tool Engineering alcançou com essa aplicação mais ampla

## PERSPECTIVA HISTÓRICA

A indústria de manufatura foi moldada por dois grandes pensadores, Henry Ford e Taiichi Ohno. Ford revolucionou a produção em massa introduzindo as linhas de fluxo. Ohno levou as ideias de Ford para um próximo nível com o seu TPS, um sistema que forçou toda a indústria a mudar seu entendimento do estoque como um ativo para um passivo.

O ponto de partida de Ford foi determinar que a chave para uma produção efetiva é se concentrar em melhorar o fluxo global de produtos pelas operações. Seus esforços para melhorar o fluxo foram tão bem-sucedidos que em 1926 o *lead time*, desde a extração do minério de ferro até um carro composto por mais de cinco mil peças pronto para a entrega, era de 81 horas!* Oitenta anos depois, nenhum fabricante de carros no mundo conseguiu atingir, ou até mesmo chegar perto de um *lead time* tão curto.

Fluxo quer dizer que os estoques em uma operação estão se movendo. Quando o estoque não está se movendo, ele acumula. O acúmulo de estoque ocupa espaço. Portanto, uma forma intuitiva de conseguir um fluxo melhor é limitando o espaço alocado para estoque em processo entre duas estações de trabalho. Essa é a essência das linhas de fluxo, como pode ser verificado observando que as primeiras linhas de fluxo não tinham nada mecânico, como esteiras, para mover estoque de um centro de trabalho a outro.

A natureza audaciosa do método de Ford é revelada quando percebemos que uma consequência direta de se limitar o espaço é que, quando ele está cheio, os trabalhadores que o alimentam têm de parar de produzir.

---

* FORD, Henry. *Today and Tomorrow*. Productivity Press, 1988 (originalmente publicado em 1926).

# A META

Portanto, para atingir fluxo, Ford teve de abolir as eficiências locais. Em outras palavras, as linhas de fluxo estão em contradição com a sabedoria convencional, que diz que, para serem efetivos, todo trabalhador e todo centro de trabalho têm de estar ocupados 100% do tempo.

Alguém pode pensar que impedir recursos de trabalharem continuamente irá reduzir o ganho (*output*) da operação. Esse efeito indesejado poderia ter sido o resultado se Ford tivesse ficado satisfeito com apenas limitar o espaço. Mas há outro efeito que deriva de se restringir o acúmulo de estoque. Isso torna muito visível os verdadeiros problemas que prejudicam o fluxo – quando um centro de trabalho em uma linha para de produzir por mais que um curto período de tempo, logo toda a linha para. Ford tirou vantagem da visibilidade clara resultante para balancear melhor o fluxo, tratando e eliminando as paradas aparentes.[*] O resultado final de se abolir eficiências locais e de se balancear o fluxo é um aumento substancial do fluxo. Henry Ford alcançou o maior ganho por trabalhador de qualquer empresa de carros do seu tempo.

Resumindo, as linhas de fluxo de Ford são baseadas nos quatro conceitos abaixo:

1. Melhorar o fluxo (ou de forma equivalente o *lead time*) é um objetivo primário das operações.

2. Esse objetivo primário deve ser traduzido em um mecanismo prático que orienta a operação a saber quando parar de produzir (impede a superprodução).

3. Eficiências locais devem ser abolidas.

4. Deve-se implementar um processo de enfoque para se balancear o fluxo.

Como Ford, o objetivo primário de Ohno era melhorar o fluxo – reduzindo o *lead time* –, como indica sua resposta à pergunta sobre o que a Toyota estava fazendo:

"Tudo o que estamos fazendo é olhando a linha do tempo desde o momento em que o cliente nos faz um pedido até o momento em que recebemos o dinheiro. E estamos reduzindo esse tempo..."[**]

---

[*] Balancear o fluxo não é a mesma coisa que balancear a capacidade – ter a capacidade de cada centro de trabalho igual a sua carga – um erro comum cometido quando se balanceia linhas de fluxo.

[**] OHNO, Taiichi. *Toyota Production System*. Productivity Inc., 1988, p. ix (Prefácio do editor). Também vale a pena notar que nesse e nos seus outros livros Ohno dá todo o crédito a Ford pelos conceitos subjacentes.

Ohno encarou um obstáculo quase intransponível ao decidir aplicar o segundo conceito. Quando a demanda por um único produto é alta, dedicar uma linha para produzir cada componente, como Ford fez, é justificável. Entretanto, naquela época, no Japão, a demanda de mercado era por pequenas quantidades de uma variedade de carros. Portanto, Ohno não podia dedicar linhas na Toyota. Como já dissemos, todas as outras indústrias que estavam nessa situação simplesmente não contemplavam a ideia de usar linhas. Mas Ohno estava pensando na ideia de usar linhas quando o equipamento não é dedicado, quando cada centro de trabalho está produzindo uma variedade de componentes. O problema é que, nesse caso, usar o mecanismo de espaço limitado levaria a impasses – nem todos os componentes estão disponíveis para a montagem (a montagem não pode trabalhar) enquanto o espaço alocado já está cheio (as linhas que alimentam a montagem estão impedidas de trabalhar).

Ohno escreveu que encontrou a solução quando ouviu falar de supermercados (muito antes de ele, na verdade, ter visto um durante sua visita aos Estados Unidos em 1956). Ele percebeu que tanto os supermercados quanto as linhas da Toyota tinham de gerenciar uma grande variedade de produtos. Nos supermercados, os produtos não estavam lotando os corredores; na verdade, a maior parte da mercadoria estava sendo mantida no depósito da loja. Na loja mesmo era alocado um espaço de prateleira limitado para cada produto. A reposição era feita somente após o produto ser retirado da prateleira por um cliente, e consistia em pegar outro produto no depósito atrás da loja para completar o espaço designado na prateleira. O que Ohno imaginou é o mecanismo que permitiria orientar a operação da Toyota a saber quando não produzir. Em vez de usar um espaço único entre centros de trabalho para restringir a produção de estoque em processo, ele teve de limitar a quantidade permitida a acumular de cada componente específico. Baseado nessa realização, Ohno desenhou o sistema Kanban.

O sistema Kanban já foi descrito em inúmeros artigos e livros. Aqui vou descrever apenas a essência para mostrar como Ohno foi verdadeiro aos conceitos fundamentais. Entre cada dois centros de trabalho* e para

---

* Para reduzir o número de lugares que precisam de contêineres, Ohno usou muitas células em U em vez de usar centros de trabalho compostos por um único tipo de máquina.

cada componente separadamente, o acúmulo de estoque é limitado determinando-se um certo número de contêineres e o número de unidades por contêiner. Esses contêineres, como todo contêiner em qualquer indústria, também contêm a papelada necessária. Mas uma página desses documentos – geralmente um cartão (*Kanban*, em japonês) –, que especifica apenas o código do componente e o número de unidades por contêiner, é tratada de forma não convencional. Quando o centro de trabalho posterior retira um contêiner para processá-lo, esse cartão não é removido junto com o contêiner; em vez disso, ele é passado de volta para o centro de trabalho anterior. Essa é a notificação para esse centro de trabalho de que um contêiner foi removido, de que o estoque não está cheio. Apenas nesse caso é permitido ao centro de trabalho anterior produzir (um contêiner de peças especificado pelo cartão). Na sua essência, o sistema Kanban orienta cada centro de trabalho quando e o que produzir, mas, mais importante, ele orienta quando não produzir. Nenhum cartão, nenhuma produção. O sistema Kanban é o mecanismo prático que orienta a operação quando não produzir (impede a superprodução). Ohno conseguiu expandir os conceitos de Ford mudando a base do mecanismo de espaço para estoque.

Aderir aos conceitos do fluxo obriga a eliminação das eficiências locais. Ohno tocou nessa questão várias vezes nos seus livros, enfatizando que não faz sentido encorajar as pessoas a produzirem se os produtos não são necessários no curtíssimo prazo. Provavelmente essa ênfase é a razão pela qual, fora da Toyota, o TPS ficou primeiro conhecido como produção Just-in-Time.[*]

Depois que o sistema Kanban – o sistema que orientava a operação a quando não produzir – era implementado no chão de fábrica, a redução imediata no ganho exigia um esforço gigantesco para balancear o fluxo. O desafio que Ohno encarou era muito maior do que o que Ford teve. Para perceber como esse desafio era grande, basta realçar apenas um dos muitos aspectos. Ao contrário de ambientes com linhas dedicadas, o sistema de Ohno forçava um centro de trabalho a mudar com frequência a produção de um componente para outro componente. Em quase todos os centros de trabalho, para cada mudança dessas é necessário gastar um tempo para

---

[*] Todavia, na literatura sobre *Lean* não existe ênfase no fato de que o TPS exige a abolição das eficiências locais.

# ELIYAHU M. GOLDRATT

se fazer o *setup* requerido. Como os contêineres foram criados para conter um número relativamente pequeno de peças, os lotes de produção que eles ditavam eram, muitas vezes, ridiculamente menores em relação aos *setups* necessários. Inicialmente, para muitos centros de trabalho, o tempo requerido para *setups* era maior que o tempo requerido para produção, resultando em uma queda significativa de ganho. Não é para menos que Ohno teve de enfrentar uma resistência enorme – tanto que Ohno escreveu que seu método era chamado de "o abominável sistema do Ohno" desde os últimos anos da década de 1940 até os primeiros anos da década de 1960.[*] Ohno (e seus superiores) com certeza tinham uma determinação e visão extraordinárias para continuar a pressionar pela implementação de um sistema que, para qualquer pessoa que olhasse para ele com uma perspectiva local, como quase todo mundo do chão de fábrica deve ter feito, simplesmente não fazia sentido.

Ohno teve de criar um novo caminho para superar o problema do *setup*. Naquela época, e até o TPS ficar famoso no mundo todo, a forma tradicional de lidar com *setups* era aumentando o tamanho dos lotes – "lote econômico" era o nome popular sobre o qual milhares de artigos foram escritos.[**] Ohno ignorou todo esse corpo de conhecimento, já que aceitar usar lotes "econômicos" teria arruinado sua busca por reduzir os *lead times*. Em vez disso, ele insistiu que os *setups* necessários não são imutáveis, que os processos podem ser modificados para reduzir de forma drástica o tempo de *setup* requerido. Ele liderou os esforços para desenvolver e implementar técnicas de redução de *setup* que, por fim, reduziram todos os tempos de *setup* na Toyota para, no máximo, apenas alguns minutos.[***] Não é de admirar que hoje em dia o *Lean* tem uma forte associação com lotes pequenos e técnicas de redução de *setup*.

Mas a necessidade de se balancear o fluxo necessitava muito mais do que apenas lidar com o obstáculo dos *setups*. O fato de que a maior parte dos centros de trabalho não era dedicada a um único componente tornou quase impossível usar a observação direta para encontrar os verdadeiros

---

[*] OHNO, Taiichi; MITO, Setsuo. *Just-in-Time for Today and Tomorrow*. Productivity Press, 1988.

[**] O primeiro artigo foi publicado por Ford W. Harris em *Factory, The Magazine of Management*, v. 10, n. 2, fev/1913, pp. 135-136, 152. Desde então, mais artigos sobre o assunto são publicados periodicamente.

[***] Por exemplo, a troca de moldes na Toyota foi de duas a três horas na década de 1940 para menos de uma hora e até mesmo para quinze minutos na década de 1950 e para três minutos na década de 1960 (Ohno escreveu isso no seu livro *Toyota Production System*.)

# A META

problemas que estavam prejudicando o fluxo. Ohno estava totalmente ciente de que havia muitas coisas que poderiam ser melhoradas, que, sem uma forma de focar os esforços de melhoria do processo, levaria muito tempo para balancear o fluxo.

O sistema Kanban dava a ele uma forma de fazer isso. A analogia do *Lean* da água e das pedras é útil para entender como isso é feito. O nível de água corresponde ao nível do estoque, enquanto as pedras são os problemas que perturbam o fluxo. Existem muitas pedras no fundo do rio, e leva tempo e esforço removê-las. A questão é quais pedras devem ser removidas. A resposta é dada reduzindo o nível da água; as pedras que emergirem são as que devem ser removidas. No início do sistema Kanban, para obter um ganho razoável, Ohno teve de começar com muitos contêineres, cada um contendo uma quantidade não negligenciável de uma determinada peça. Gradativamente, Ohno reduziu o número de contêineres e, depois, a quantidade dentro de cada contêiner. Se o fluxo não era perturbado, a redução no número de contêineres e quantidades por contêiner continuava. Quando o fluxo era perturbado, o método dos Cinco Porquês era usado para identificar a causa raiz. Ela tinha de ser resolvida antes de poderem reduzir ainda mais as quantidades. Isso levava tempo, mas o resultado final era uma melhora extraordinária na produtividade.

É preciso dizer que, mesmo que nos últimos anos todas as empresas de carros tenham implementado uma versão ou outra do sistema Toyota e colhido grandes benefícios com isso, a produtividade da Toyota é inigualável. Esse fato aponta para a importância de fazer a escolha correta do processo que enfoca os esforços de melhoria locais. Infelizmente, os esforços de melhoria de outras empresas são equivocados, já que visam a atingir economias de custo em vez de serem totalmente focados em melhorar o fluxo.

Ohno não investiu tanto esforço em redução de tempo de *setup* para obter economias de custo. Se economizar custos tivesse sido o seu objetivo, ele não teria "gasto" o tempo reduzindo ainda mais os lotes e, portanto, fazendo muito mais *setups*. Ohno não tentou reduzir o número de peças com defeito para economizar algum custo (trivial); ele o fez para eliminar as principais interrupções ao fluxo que resultam de ter uma peça com defeito. Ohno nem tentou espremer preços melhores dos fornecedores da Toyota ou cortar a folha de pagamento da Toyota (os dois principais elementos do custo); em vez disso ele colocou toda sua energia em melhorar o fluxo.

— 362 —

O que está destruindo essa visão é que o resultado final de focar o fluxo e ignorar questões locais de custos é um custo por unidade muito menor. Exatamente como o resultado final de se abolir eficiências locais é uma eficiência muito maior da mão de obra. Se isso soa estranho é porque os gestores ainda não perceberam a diferença conceitual em orientar as operações a se concentrar em melhorar o ganho em vez de se concentrar em reduzir custos. Uma das ramificações de se concentrar na redução de custos é que quase todas as iniciativas para promover um processo de melhoria contínua rapidamente atingem um ponto de retornos decrescentes e, como resultado, muitas acabam se deteriorando para "inglês ver". Mas essa questão é muito ampla e muito importante para ser resumida neste artigo.

Resumindo, tanto Ford quanto Ohno seguiram quatro conceitos (de agora em diante vamos nos referir a eles como os conceitos de fluxo):

1. Melhorar o fluxo (ou de forma equivalente o *lead time*) é um objetivo primário das operações.

2. Esse objetivo primário deve ser traduzido em um mecanismo prático que orienta a operação a quando não produzir (impede a superprodução). Ford usou espaço; Ohno usou estoque.

3. Eficiências locais devem ser abolidas.

4. Deve-se implementar um processo de enfoque para se balancear o fluxo. Ford usou a observação direta. Ohno usou a redução gradual do número de contêineres e depois a redução gradual das peças por contêiner.

## As fronteiras do TPS

A abordagem de Ohno no desenvolvimento do *Lean* demonstra uma ideia importante: existe uma diferença entre uma aplicação e os conceitos fundamentais nos quais a aplicação é baseada. Os conceitos fundamentais são genéricos; a aplicação é a tradução dos conceitos para um ambiente específico. Como já vimos, a tradução não é trivial e exige um certo número de elementos. O que temos de manter em mente é que a aplicação faz pressupostos (alguns pressupostos ocultos) sobre o ambiente. Não devemos esperar que uma solução funcione em ambientes nos quais seus pressupostos não são válidos. Podemos evitar muito esforço e frustração se dedicarmos tempo para articular abertamente esses pressupostos.

# A META

O pressuposto mais exigente que o TPS faz sobre o ambiente de produção é de que este é estável. E ele exige estabilidade em três aspectos diferentes.

O primeiro aspecto é revelado quando prestamos atenção ao fato de que, mesmo quando um ambiente apropriado é escolhido e os melhores especialistas estão supervisionando a implementação, leva um tempo considerável para implementar o *Lean*. Liker comenta no seu livro *The Toyota Way* que implementações *Lean* lideradas pelo Toyota Supplier Center (TSSC, Centro Toyota de Fornecedores, a organização que a Toyota criou para ensinar o TPS a empresas nos Estados Unidos), leva no mínimo de seis a nove meses por linha de produção.[*] Isso não é nenhuma surpresa para quem conhece o número de distúrbios ao fluxo que existe em quase qualquer ambiente fabril e a sensibilidade do sistema Kanban uma vez que ele começa a atingir o seu alvo de baixos estoques. Como o sistema Kanban leva tempo para implementar, seu pressuposto é de que o ambiente seja relativamente estável – que os processos e produtos não mudam de forma significativa por um período de tempo considerável.

A Toyota tem um ambiente relativamente estável. A indústria automobilística permite mudanças apenas uma vez ao ano (mudança no modelo do carro) e geralmente, de um ano para outro, a maioria dos componentes é a mesma. Esse não é o caso para muitas outras indústrias. Em partes importantes da indústria eletrônica, a vida de um produto é menor que seis meses. Até certo ponto, instabilidade em produtos e processos existe em quase todas as outras indústrias. A Hitachi Toll Engineering, por exemplo, produz ferramentas de corte, um tipo de produto relativamente estável, mas uma forte concorrência faz com que a empresa lance novas ferramentas de corte, que requerem nova tecnologia, a cada seis meses. É uma tarefa digna de Sísifo implementar *Lean* em um ambiente como esse.

Um segundo aspecto da estabilidade requerida pelo TPS é a estabilidade na demanda por produto através do tempo. Vamos supor que o *lead time* para produzir um certo produto é de duas semanas, mas a demanda por esse produto é esporádica; na média, existe apenas um pedido por trimestre para esse produto. Atualmente esse produto contribui ao estoque em processo apenas durante duas semanas do trimestre; enquanto no resto do tempo ele não está presente no chão de fábrica. Mas

---

[*] LIKER, Jeffrey K. *The Toyota Way*. McGraw-Hill, 2004.

esse não será o caso com o *Lean* que exige contêineres e que mantém estoques permanentes de cada produto entre cada centro de trabalho.

A Hitachi Toll Engineering produz mais de vinte mil diferentes SKUs. Para a maioria dos SKUs, a demanda é esporádica. A necessidade de manter permanentemente estoque de cada SKU entre cada dois centros de trabalho levaria, no caso da Hitachi, a manter um estoque em processo consideravelmente maior do que o que eles têm hoje. Aparentemente esse não é um ambiente apropriado para a aplicação de Ohno.

Mas o aspecto premente da estabilidade exigida pelo TPS é a estabilidade na carga imposta pelos pedidos nos vários tipos de recursos. Vamos supor que, como na maioria das empresas, os pedidos não sejam uniformes no decorrer do tempo. É muito provável que a carga colocada essa semana em um certo centro de trabalho seja consideravelmente menor que sua capacidade, enquanto na próxima semana a carga seja maior que sua capacidade. Nesse caso bem comum o sistema Kanban, que está impedindo a produção com antecedência, levaria a atrasos na entrega na segunda semana. Os pedidos da Toyota são relativamente estáveis, e mesmo assim a Toyota teve de estabelecer um modo de recebimento dos pedidos (e de prometer entregas) que restringe a mudança de mix de um mês para o outro. A maioria das empresas não é capaz de impor condições tão favoráveis a seus clientes.

É importante ressaltar que a melhoria da estabilidade requerida está além dos poderes da produção. Todos os três aspectos da estabilidade têm a ver com o modo como a empresa desenha e vende seus produtos, e não com o modo como ela os produz. Infelizmente, a maioria das empresas sofre de pelo menos um aspecto de instabilidade, se não de todos os três.

Isso não quer dizer que em ambientes nos quais os pressupostos de *Lean* não são válidos não se pode usar fragmentos do *Lean* (ex.: células em U podem ser usadas em vários ambientes, e técnicas de redução de *setup* podem ser usadas em quase qualquer ambiente). Mas significa que em ambientes assim não deveríamos esperar obter a mesma magnitude de resultados que a Toyota alcança – resultados que elevam essa empresa ao que ela é hoje. Não deveríamos considerar como uma verdadeira implementação de *Lean* quando apenas usamos algumas técnicas específicas do *Lean* ou ficamos satisfeitos com algumas economias de custo.

# A META

## A IMPORTÂNCIA DO FLUXO EM AMBIENTES RELATIVAMENTE INSTÁVEIS

Ford e Ohno abriram nossos olhos para o fato de que um fluxo melhor (reduzindo *lead time*) leva a operações muito mais efetivas. Eles demonstraram isso em ambientes estáveis. Mas qual o impacto de um fluxo melhorado em ambientes relativamente instáveis?

O primeiro aspecto da instabilidade é aquele gerado pela curta vida do produto. Quando a vida do produto é curta, a superprodução pode se tornar obsolescência. Além do mais, como a vida é curta, longos *lead times* de produção levam à perda de demanda de mercado. Por exemplo, vamos supor que a vida de um produto seja de aproximadamente seis meses e o *lead time* de produção desse produto seja de dois meses. O longo *lead time* de produção resultaria em vendas perdidas, não porque não haveria a demanda, mas porque por um período significativo da vida do produto a produção não poderia atender à demanda.

O segundo aspecto é o da instabilidade da demanda por produto ao longo do tempo. A prática comum em ambientes que têm um alto número de SKUs sujeitos a demanda esporádica é de diminuir a complicação tentando atender essa demanda com estoque. A desvantagem dessa prática é um alto estoque de produtos acabados que gira muito lentamente e que ao mesmo tempo tem altos níveis de rupturas. Um sistema de produção capaz de organizar o chão de fábrica ao ponto no qual se atinge um fluxo muito melhor tem um drástico impacto nesses ambientes.

Ambientes que sofrem do terceiro aspecto de instabilidade, instabilidade na carga total, são os que mais podem ganhar com um fluxo muito melhor. As altas cargas temporárias nos vários recursos fazem com que essas empresas tenham um desempenho de entrega relativamente fraco (abaixo de 90%) e, como resultado, elas estão inclinadas a adicionar capacidade. A experiência mostra que, quando essas empresas conseguem melhorar substancialmente o fluxo, não é apenas o seu desempenho de entrega que fica muito mais alto, mas também se revela muita capacidade em excesso (podendo chegar a 50% a mais).[*]

---

[*] MABIN, Victoria J.; BALDERSTONE, Steven J. *The World of the Theory of Constraints*. CRC Press LLC, 2000. Uma revisão da literatura mundial sobre TOC analisa os resultados médios alcançados: 70% de redução no *lead time*, 44% de melhoria no desempenho de entrega e 76% de aumento em receita/ganho/lucro.

## ELIYAHU M. GOLDRATT

Ohno demonstrou que os conceitos introduzidos por Ford não estão restritos à produção em massa de um único tipo de produto. Mesmo quando os obstáculos para aplicar esses conceitos a um ambiente menos restritivo pareciam instransponíveis, a genialidade de Ohno e sua tenacidade não apenas provaram que isso poderia ser feito, mas nos mostraram como fazê-lo.

Agora percebemos que:

- O TPS é restrito a ambientes relativamente estáveis
- A maioria dos ambientes sofre de instabilidade
- Ambientes relativamente instáveis têm muito mais a ganhar de um fluxo melhor que até mesmo os ambientes estáveis

Sendo assim, não deveríamos seguir os passos de Taiichi Ohno? Não deveríamos voltar aos conceitos de fluxo e derivar uma aplicação efetiva que é adequada para os ambientes relativamente instáveis?

## UMA APLICAÇÃO BASEADA NO TEMPO DOS CONCEITOS DE CADEIA DE SUPRIMENTO

A base mais intuitiva para o mecanismo para restringir a superprodução não é espaço nem estoque, mas tempo – se queremos evitar a produção antes do tempo, não devemos liberar o material antes do tempo. Usar o tempo como base não é apenas mais intuitivo e, portanto, mais facilmente aceito pelo chão de fábrica, ele tem uma vantagem que o faz adequado para ambientes instáveis – ele é muito menos sensível a distúrbios ao fluxo.

A robustez do mecanismo baseado no tempo deve-se ao fato de que ele restringe de forma direta o trabalho total no sistema, em vez de fazer isso através da restrição de trabalho entre cada dois centros de trabalho. Em linhas de fluxo e nos sistemas baseados no Kanban, os estoques alocados entre centros de trabalho são restritos ao mínimo necessário (em geral, o correspondente a menos de uma hora de trabalho). Portanto, quando um centro de trabalho está parado por mais que um pequeno período de tempo, os centros de trabalho posteriores ficam quase que imediatamente sem trabalho, e os centros de trabalho anteriores ficam "bloqueados" de trabalhar. Quando para qualquer um dos centros de trabalho o tempo acumulado consumido pela falta de trabalho e pelo bloqueio é mais que a capacidade em excesso daquele centro de trabalho, o ganho da empresa

# A META

é reduzido. A sensibilidade das linhas de fluxo e dos sistemas baseados no Kanban se dá porque um distúrbio que ocorre em um centro de trabalho também consome capacidade dos centros de trabalho posteriores e anteriores – um fenômeno que (quase) não existe para os sistemas baseados no tempo, já que o trabalho, uma vez tendo sido liberado ao chão de fábrica, não é refreado artificialmente.

A dificuldade em usar um sistema baseado no tempo é que, para cada pedido, devemos restringir a liberação do material correspondente para um tempo apropriado antes da data de entrega do pedido. Mas como podemos calcular o tempo apropriado? Quando os computadores apareceram na cena industrial (no início da década de 1960), parecia que finalmente tínhamos a ferramenta apropriada para lidar com os enormes detalhes e cálculos necessários para computar os tempos adequados para cada material e pedido. Em dez anos, muitos programas de computador foram desenvolvidos para fazer exatamente isso, em várias empresas ao redor do mundo. Infelizmente, os resultados esperados de melhor fluxo e menos estoque em processo não se materializaram.

O problema é que o tempo que leva para converter material em um produto final pronto para ser entregue ao cliente depende mais do tempo que ele tem de permanecer em filas (ou aguardando um recurso que está ocupado processando outro pedido, ou esperando na frente da montagem para que outra peça chegue) do que do tempo de toque para processar o pedido. É comumente sabido que, em quase qualquer operação industrial (exceto para linha de processo e empresas que usam o sistema Kanban), o tempo que um lote de peças leva para ser processado é de apenas uns 10% do *lead time*. Como resultado, a decisão de quando liberar o material determina onde e quão grande serão as filas, que em contrapartida determinam quanto tempo levará para se terminar o pedido, que por sua vez determina quando liberar o material. Estamos encarando um problema do tipo o "ovo ou a galinha". Na década de 1970 sugeriu-se lidar com o problema repetindo o procedimento (MRP *closed loop*) – rodar o sistema de computação, verificar as sobrecargas planejadas nos vários recursos (o tamanho das filas), ajustar as datas de entrega para eliminar as sobrecargas, e repetir esse processo até que todas as sobrecargas significativas tivessem sido eliminadas. Essa sugestão não durou muito tempo, já que a experi-

— 368 —

ência mostrou que o processo não converge; que, não importa quantas iterações são feitas, as sobrecargas simplesmente mudam de um tipo de recurso para outro.

Como resultado, na mesma década o uso desses sistemas de computação não era para guiar o *timing* preciso da liberação do material ao chão de fábrica; em vez disso, era limitado a dar melhor informação sobre as quantidades (e *timing*) para efetuar o pedido de material aos fornecedores. O nome oficial desses sistemas foi cunhado para refletir o seu principal uso – Material Requirements Planning (MRP – Planejamento das Necessidades dos Materiais).[*]

O fato de um esforço tão monumental como esse não criar um mecanismo prático baseado no tempo que orienta as operações a quando não produzir não significa que ele não pode ser desenvolvido para os ambientes menos estáveis – aqueles que precisam atender as datas de entrega de um fluxo desigual de pedidos dos clientes. Isso não deve nem nos desencorajar de tentar usar o tempo como base para um mecanismo prático, mas deve ser um alerta quando se tenta desenvolver um mecanismo desses por meio de muitos detalhes e cálculos. O que é necessário é uma abordagem mais global.

Voltando às bases, seguindo os conceitos de fluxo, o objetivo é melhorar o fluxo – reduzir o *lead time*. Usando o tempo (em vez de espaço ou estoque) como base para o mecanismo de orientar a produção a quando parar de produzir exige que nos esforcemos para liberar o material correspondente num curto e apropriado tempo, *just-in-time*, antes da data de entrega do pedido. Mas o que queremos dizer por *just-in-time*? Apesar de o termo ser um conceito-chave do *Lean*, seu uso é figurativo, não quantitativo. No *Lean*, quando falamos em produção *just-in-time*, não significa que a peça que acabou de ser trabalhada precisa estar na plataforma de embarque, pronta para ser despachada no próximo segundo... ou minuto... ou hora. Na verdade, é provável que mesmo nos melhores sistemas Kanban essa peça não seja trabalhada logo de imediato pelo próximo centro de trabalho (considerando-se que contêineres cheios estão rotineiramente esperando entre centros de trabalho). Sendo assim, que intervalo de tempo vamos considerar ser *just-in-time*? Ou melhor, se queremos restringir a

---

[*] ORLICKY, Joseph. *Material Requirements Planning*. McGraw-Hill, 1975.

## A META

superprodução limitando a liberação de material, quanto tempo antes da data de entrega de um pedido devemos liberar o material para esse pedido?

Uma forma de se chegar a uma resposta razoável é através do exame do impacto que a escolha desse intervalo de tempo tem na magnitude da atenção necessária dos gestores para cumprir todas as datas de entrega. Vamos supor que todo o material seja liberado antes da data de entrega, apenas o tempo que leva para processar o pedido. Uma escolha dessas vai exigir muita atenção dos gestores, que terão de monitorar muito proximamente a operação, já que qualquer atraso em qualquer operação, ou até mesmo um atraso em mover as peças entre operações, irá resultar no atraso do pedido. Além disso, uma programação acurada será necessária para assegurar que nenhuma fila se forme, já que qualquer fila causa atraso para as peças esperando na fila. Essa com certeza não é uma escolha prática; mesmo uma atenção infinita dos gestores não será capaz de atender a todas as datas de entregas. Temos de escolher um intervalo de tempo mais longo que esse, um intervalo que contenha segurança para acomodar os atrasos. A necessidade de incluir segurança é a razão para se referir ao intervalo de tempo de liberação do material antes da data de entrega como "pulmão de tempo".

Escolher pulmões de tempo mais longos aumenta o *lead time* e aumenta o estoque em processo, mas já que pulmões de tempo mais longos querem dizer mais segurança, a expectativa é de que, com muito menos atenção dos gestores, uma maior porcentagem dos pedidos será completada na sua respectiva data de entrega ou antes. Isso é correto para pulmões de tempo relativamente curtos, mas quando são consideráveis outro fenômeno começa a mostrar suas garras. É preciso ter em mente que, quanto maior o pulmão de tempo, mais cedo o material é liberado, o que significa que mais pedidos estão simultaneamente presentes no chão de fábrica. Quando houver muitos pedidos no chão de fábrica, engarrafamentos começarão a ocorrer. Quanto mais engarrafamentos, mais atenção dos gestores é necessária para resolver as prioridades. A magnitude da atenção dos gestores em relação ao tamanho do pulmão de tempo escolhido é mostrada na Figura 1 a seguir.

## Figura 1

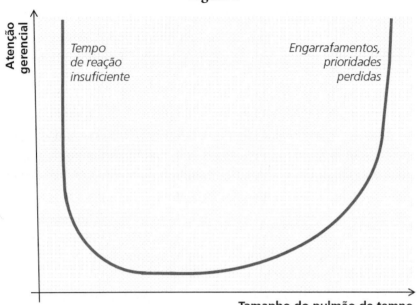

Operações que implementaram os sistemas de Ford e Ohno têm um *lead time* médio, que é apenas algumas vezes maior que o tempo de toque real, e os gestores não têm de investir quase nenhuma atenção para orientar o pessoal do chão de fábrica no que trabalhar. Eles estão definitivamente no lado esquerdo do platô baixo.

Mas em que lugar no gráfico está a maioria das operações, aquelas que estão usando a prática mais convencional?

Como já falamos, em fábricas convencionais os lotes de peças gastam apenas cerca de 10% do tempo sendo processados. Aproximadamente 90% do tempo, os lotes estão ou esperando em fila por um recurso ou aguardando outro tipo de peça com a qual serão montados. O que aprendemos de Ford e ainda mais de Ohno é que não devemos aceitar o tamanho dos lotes como determinados; que lotes econômicos não são econômicos, e que, em vez disso, devemos e podemos nos esforçar para atingir um fluxo de uma peça. Armados com essa convicção, é fácil perceber que, quando um lote de peças está sendo processado (exceto em processos como misturar e curar), apenas um item está sendo processado enquanto os outros do lote estão esperando. Isso quer dizer que, em empresas convencionais que usam lotes de mais de dez unidades cada (que é o caso na maioria dos ambientes de produção), o tempo de toque é na verdade menos de 1% do *lead time*. Há outro fenômeno que tipifica essas empresas; qualquer que seja o sistema formal de prioridades, se é que ele existe, o verdadeiro sistema de prioridade é: "quente", "muito quente" e "pare tudo e faça isso agora". Essas empresas estão aparentemente no topo do lado direito do gráfico da atenção gerencial *versus* tamanho do pulmão de tempo (Figura 1).

Estar no topo do lado direito significa estar em uma situação perde-perde; *lead times* são muito longos (em relação ao tempo de toque), estoques são altos e em muitos casos a empresa sofre com um mau desempenho de entrega (<90%), apesar da alta atenção dos gestores. Tendo em mente que a situação seria muito melhor se os gestores tivessem escolhido um pulmão de tempo mais curto (movendo-se para o largo platô do gráfico), então como pode a maioria das empresas gerenciadas de forma convencional estar nessa situação perde-perde?

A resposta foi dada por Ford e Ohno. Através dos seus trabalhos, eles mostraram de forma decisiva que, ao contrário da crença popular, esforçar-se para constantemente ativar todos os recursos todo o tempo não é uma receita para operações efetivas. Muito pelo contrário, a verdade é o oposto, que eficiências locais têm de ser abolidas. Mas empresas convencionais tentam atingir a ativação total dos recursos. Sempre que as primeiras operações não forem gargalos (e esse é o caso para a grande maioria dos ambientes), elas irão ficar sem trabalho de vez em quando. Para impedir isso, libera-se material – material que é necessário para pedidos mais distantes no tempo (ou até mesmo para pedidos previstos).

A consequência inevitável são filas mais longas. Com isso, alguns pedidos são entregues no tempo certo, o que por sua vez é interpretado como: devemos liberar o material mais cedo. E também é interpretado como: não temos capacidade suficiente. Não é difícil ver como essas forças levam empresas para o topo direito do gráfico.

Um bom ponto de partida para melhorar o fluxo é escolher o pulmão de tempo para ser igual a metade do *lead time* atual; isso vai assegurar que a empresa se encontre em algum lugar do platô do gráfico. Não faz sentido gastar tempo tentando achar ou calcular o ponto ótimo – os benefícios imediatos são significativos demais para postergar, e os próximos esforços para balancear o fluxo irão modificar o próprio gráfico.

## ELIYAHU M. GOLDRATT

Limitar a liberação de material para que seja apenas o pulmão de tempo (metade do *lead time* atual) antes das datas de entregas correspondentes dos pedidos irá melhorar consideravelmente o desempenho de entrega, reduzir o *lead time* pela metade e, portanto, enquanto os estoques em excesso estiverem sendo eliminados, diminuir o estoque em processo para menos da metade.

Mas não podemos esperar que essa mudança sozinha aumente muito o desempenho de entrega. Simplesmente ainda existem muitos pedidos no chão de fábrica, existem filas na frente de recursos, e deixar ao acaso a sequência na qual o trabalho é processado atrasaria muitos pedidos. Um sistema de prioridades é necessário, mas essa necessidade não deve abrir as portas para que algoritmos sofisticados determinem as prioridades. O número de pedidos está em constante mudança, o conteúdo do trabalho é diferente de um pedido para o outro, o comprimento da fila está em mudança constante, e não vamos esquecer que os distúrbios ainda acontecem; em resumo, esse é um ambiente com alta variabilidade. A lição que Shewhart trouxe da Física para a manufatura, e que Deming tornou famosa no mundo inteiro, é de que tentar ser mais preciso que o ruído (no nosso caso, tentar usar algoritmos sofisticados que levam em consideração todo parâmetro possível em um ambiente de alta variabilidade) não melhora as coisas, mas as faz piores – os resultados com certeza não serão uma melhoria, mas uma deterioração no desempenho de entrega.

Um sistema simples e direto de prioridade surge quando reconhecemos que o pulmão de tempo, sendo metade do *lead time* atual, ainda é muito mais longo que o tempo de toque, e como ele reduz de forma dramática os engarrafamentos, sem nenhuma interferência, muitos pedidos serão terminados dentro de apenas um terço do pulmão de tempo, e a maioria será terminada nos primeiros dois terços do pulmão de tempo. Baseado nessa realização, as prioridades são determinadas usando o "gerenciamento de pulmão". Monitora-se o tempo que se passou desde a liberação de um lote. Se menos de um terço do pulmão de tempo se passou, a cor de prioridade é verde; se mais de um terço, mas menos de dois terços, a cor de prioridade é amarela; se mais de dois terços, a cor é vermelha; se a data de entrega já passou, a cor é preta. As pretas têm mais prioridades que as vermelhas etc. Se precisarmos decidir que lote deve ser processado no caso de dois lotes com a mesma cor, isso é um ótimo exemplo de tentar ser mais preciso que o ruído.

# A META

Colocar um sistema desses no chão de fábrica é relativamente fácil. No primeiro passo, não é necessário fazer nenhuma mudança física, apenas estrangular a liberação de material para que seja metade do *lead time* histórico, antes da data de entrega correspondente, e orientar o chão de fábrica a seguir o sistema de prioridade codificado em cores. O impacto é impressionante, especialmente quando comparado ao esforço necessário. Para se ter uma primeira ideia do impacto (e da velocidade) apenas do primeiro passo, a Figura 2 mostra a porcentagem real de pedidos atrasados de uma fábrica com dois mil funcionários, que produz milhares de tipos diferentes de talheres metálicos.

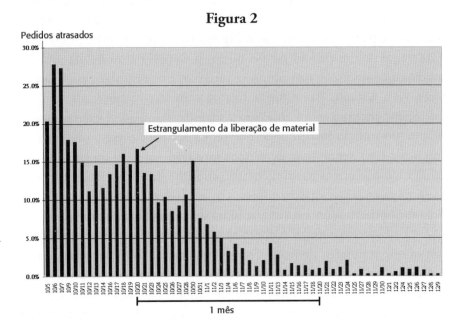

**Figura 2**

Claro que as eficiências locais têm de ser abolidas, caso contrário a pressão para liberar material muito cedo vai continuar. A experiência mostra que a velocidade na qual todos no chão de fábrica percebem o impacto positivo faz com que essa mudança seja quase totalmente sem resistência.

Mas na maioria dos ambientes ainda haverá pedidos que atrasam e muito potencial de melhorias para se capitalizar. O quarto conceito também precisa ser traduzido em prática – um processo de enfoque para balancear o fluxo deve ser implementado.

O primeiro passo para balancear o fluxo é relativamente fácil. Estrangular a liberação de material expõe a capacidade em excesso abundante que antes estava mascarada. Mas é provável que alguns centros de trabalho tenham menos capacidade que o resto. Esses centros de trabalho são sinalizados, já que têm uma fila de estoque na sua frente. O fato de as eficiências locais serem abolidas ajuda na identificação das ações simples que são necessárias para aumentar a capacidade – como a de assegurar que um centro de trabalho com restrição de capacidade não ficará ocioso durante o intervalo do almoço ou uma troca de turnos, transferindo trabalho para centros de trabalho menos eficientes que têm muita capacidade em excesso.[*]

Como as atividades que acabamos de descrever adicionam capacidade efetiva aos centros de trabalho que causam filas, elas se tornam mais curtas e menos pedidos atingem o status vermelho. Isso significa que o pulmão de tempo se torna desnecessariamente longo. Uma regra efetiva para ajustar o pulmão de tempo, sem assumir o risco de deterioração do alto desempenho de entrega, é diminuí-lo quando o número de pedidos em vermelho for menos que 5% do total de pedidos liberados, e aumentá-lo quando a proporção de pedidos vermelhos for mais de 10%.

Uma empresa que seguisse o que acabamos de descrever teria, dentro de poucos meses, um alto desempenho de entrega, *lead times* muito mais curtos e muita capacidade em excesso. É nesse momento que o verdadeiro desafio começaria. No passado, algumas vezes (vezes demais) a reação dos altos executivos para a capacidade em excesso exposta era diminuir a capacidade e economizar custos. Esse é um erro grave. A "capacidade em excesso" são os funcionários – aqueles que ajudam a empresa a melhorar e, como consequência direta, são "recompensados" com a perda dos seus empregos ou a de seus colegas de trabalho. Em todos os casos, nos quais uma ação tão equivocada como essa foi tomada, a reação inevitável rapidamente deteriorou o desempenho da fábrica, tornando-o pior do que antes da implementação. Tenho esperanças de que um comportamento como esse da alta administração seja coisa do passado.

A forma mais sensata de lidar com a capacidade em excesso é capitalizá-la, encorajar a força de vendas a tirar vantagem do melhor desempenho, para ganhar mais vendas. O aumento de vendas pode facilmente fazer

---

[*] GOLDRATT, Eliyahu M.; COX, Jeff. *A meta: um processo de melhoria contínua*. Porto Alegre: Citadel, 2024.

surgir um verdadeiro gargalo. Ignorar a capacidade limitada do gargalo quando nos comprometemos com datas de entregas para novos pedidos irá deteriorar o desempenho de entrega, e as vendas para clientes decepcionados irão cair. É essencial reforçar os laços entre vendas e operações – esse é o verdadeiro desafio. Deve-se implementar um sistema para assegurar que toda data de entrega seja dada apenas de acordo com a capacidade do gargalo ainda não alocada.

O gargalo se torna a "batida do tambor" para os pedidos; o "pulmão de tempo" traduz datas de entregas em datas de liberação, e a ação de estrangular a liberação se torna a "corda" que amarra os pedidos à liberação de trabalho. Essa é a razão pela qual essa aplicação da Teoria das Restrições baseada no tempo ficou conhecida como sistema Tambor-Pulmão-Corda ou TPC.

Atualmente existem muitas experimentações que proporcionam ajustes em um processo para melhorar as operações, mais baseado no registro e na análise das razões para os pedidos vermelhos.

## O exemplo da Hitachi

Até 2008 a Hitachi Tool Engineering Ltd. havia se tornado uma empresa de 24 bilhões de ienes que desenhava e produzia mais de 20 mil tipos de ferramentas de corte.

A demanda para a maioria dos seus produtos é esporádica, e os costumes do mercado dessa indústria forçam a empresa a lançar novas famílias de produtos a cada seis meses. Quando novas famílias de produtos são lançadas, as mais velhas ficam obsoletas. Não é para menos que seus esforços para implementar o *Lean* não tenham sido bem-sucedidos.[*]

A Hitachi Tool Engineering começou a implementar o TPC em uma das suas quatro fábricas no Japão, em 2000. O salto no desempenho de entrega (de 40% para 85%) associado à redução do estoque em processo e dos *lead times* pela metade, junto com a habilidade de entregar 20% mais produtos com a mesma força de trabalho, a encorajou a expandir a implementação. Até 2003, a empresa implementou TPC em todas as quatro fábricas.[**]

---

[*] UMBLE, M.; UMBLE, E.; MURAKAMI S. "Implementing Theory of Constraints in a Traditional Japanese Manufacturing Environment: The Case of Hitachi Tool Engineering". *International Journal of Production Research*, v. 44, n. 15, maio 2006, pp. 1863-1880.
[**] Ibid.

## ELIYAHU M. GOLDRATT

A redução drástica no *lead time* e a capacidade de resposta muito melhor permitiu uma redução de estoque na cadeia de suprimento, os distribuidores externos, de 8 para 2,4 meses. A redução de estoque melhorou de forma dramática o retorno sobre o investimento dos distribuidores, liberou o caixa deles e reforçou a relação deles com a Hitachi. Não é de admirar que os distribuidores expandiram a gama de ferramentas da Hitachi que ofereciam, o que levou a um aumento de 20% nas vendas (em um mercado estável).

O verdadeiro impacto é revelado quando avaliamos a lucratividade da empresa, sempre lembrando que durante o período de 2002 a 2007 o preço da matéria-prima (metais) aumentou muito mais que o aumento no preço de venda de ferramentas de corte. Sob essas condições, os lucros da empresa deveriam ter desaparecido. Em vez disso, o lucro líquido antes dos impostos da Hitachi Tool Engineering aumentou de 1,1 bilhão de ienes, no ano fiscal terminado em março de 2002, para 5,3 bilhões de ienes no ano terminado em março de 2007 – um aumento de cinco vezes o lucro líquido em cinco anos. A margem de lucro da Hitachi Tool Engineering aumentou de 7,2% em 2002 para 21,9% em 2007, a maior margem já registrada nesse tipo de indústria.[*]

## AS FRONTEIRAS DO TPC

Como ressaltado antes, uma aplicação faz pressupostos (algumas vezes pressupostos ocultos) sobre o ambiente, e não devemos esperar que funcione em ambientes para os quais seus pressupostos não são válidos. O pressuposto que o TPC faz é claro; ele supõe que o tempo de toque é muito pequeno (<10%) comparado ao *lead time* atual. Esse pressuposto é válido para muitos, se não para a maioria, dos ambientes típicos de produção. Mas ele definitivamente não é válido para uma gama muito grande de ambientes que são tradicionalmente chamados de ambientes de projetos.

Em ambientes de projetos, o tempo de toque é relativamente longo, e a avidez dos clientes em terminar o projeto força a operação a prometer *lead times* que são apenas o dobro (ou, raramente, três vezes) mais longo que o tempo de toque. Não é para menos que o desempenho é tão ruim

---

[*] MURAKAMI Satoru; TAKAHASHI, Jun; KOBAYASHI, Shotarou. *A Guide to Making Ever Flourishing Company – Production, Distribution, Marketing and Sales.* Chukei Publishing, 2008, pp.196-207.

e que ninguém espera que um projeto termine no prazo, dentro do orçamento e com o conteúdo completo. Espera-se que alguma coisa terá de ceder. Mas não devemos concluir que, já que o pressuposto do TPC não é válido, ele não seja apropriado para ambientes de projeto. Uma aplicação diferente que lide diretamente com os longos tempos de toque é necessária. Essa abordagem é chamada de Corrente Crítica.[*]

---

[*] GOLDRATT, Eliyahu M. *Corrente crítica*. São Paulo: Nobel, 2009.

Para obter mais informações sobre as ideias
apresentadas neste livro, acesse:

## Goldrattgroup.com

Livros para mudar o mundo. O seu mundo.

Para conhecer os nossos próximos lançamentos
e títulos disponíveis, acesse:

🌐 www.**citadel**.com.br

ⓕ /**citadeleditora**

◉ @**citadeleditora**

🐦 @**citadeleditora**

▶ Citadel – Grupo Editorial

Para mais informações ou dúvidas sobre a obra,
entre em contato conosco por e-mail:

✉ contato@**citadel**.com.br